História do Português Brasileiro

VOLUME IV

# MUDANÇA SINTÁTICA DAS CLASSES DE PALAVRA: PERSPECTIVA FUNCIONALISTA

CB123529

*Conselho Editorial deste volume*
Filomena Gonçalves (Universidade Aberta de Lisboa)
Hanna Batoréo (Universidade Aberta de Lisboa/Centro de Linguística da Universidade Nova de Lisboa)
Lilian Ferrari (Universidade Federal do Rio de Janeiro)
Márcia Lopes Fávero (Universidade de São Paulo/Pontifícia Universidade Católica de São Paulo)
Marcos Bagno (Universidade de Brasília)
Maria Helena de Moura Neves (Universidade Mackenzie/Universidade Estadual Paulista – Araraquara)
Milton do Nascimento (Pontifícia Universidade Católica de Minas Gerais)
Roberto Camacho (Universidade Estadual Paulista – São José do Rio Preto)
Rodolfo Ilari (Universidade Estadual de Campinas)
Vera Lúcia Paredes Pereira da Silva (Universidade Federal do Rio de Janeiro)
Violeta Virgínia Rodrigues (Universidade Federal do Rio de Janeiro)

Proibida a reprodução total ou parcial em qualquer mídia
sem a autorização escrita da editora.
Os infratores estão sujeitos às penas da lei.

A publicação teve apoio financeiro do Programa de Pós-Graduação
em Letras Vernáculas da Universidade Federal do Rio de Janeiro e do CNPq
(Processo: 449989/2014-3 – Chamada: MCTI/CNPq/Universal 14/2014).

A Editora não é responsável pelo conteúdo dos capítulos deste livro.
A Organizadora e os Autores conhecem os fatos narrados,
pelos quais são responsáveis, assim como se responsabilizam pelos juízos emitidos.

---

Consulte nosso catálogo completo e últimos lançamentos em **www.editoracontexto.com.br**.

# História do Português Brasileiro

Ataliba T. de Castilho
(coordenador geral)

VOLUME IV

# MUDANÇA SINTÁTICA DAS CLASSES DE PALAVRA: PERSPECTIVA FUNCIONALISTA

Célia Regina Lopes
(coordenadora)

editoracontexto

Programa de Pós-Graduação em
Letras Vernáculas da UFRJ/CNPq

*Copyright* © 2018 da Coordenadora

Todos os direitos desta edição reservados à
Editora Contexto (Editora Pinsky Ltda.)

*Montagem de capa e diagramação*
Gustavo S. Vilas Boas

*Preparação de textos*
Lilian Aquino

*Revisão*
Karina Oliveira

Dados Internacionais de Catalogação na Publicação (CIP)
Andreia de Almeida CRB-8/7889

História do português brasileiro : mudança sintática das classes de palavra : perspectiva funcionalista / Aroldo de Andrade ... [et al.] ; coordenador: Célia Regina Lopes ; coordenador geral: Ataliba T. de Castilho – São Paulo : Contexto, 2018.
416 p. (História do português brasileiro ; 4)

Bibliografia
ISBN 978-85-520-0040-2

1. Língua portuguesa – Brasil – História 2. Linguística
3. Língua portuguesa – Gramática I. Andrade, Aroldo de
II. Lopes, Célia Regina III. Castilho, Ataliba T. de

17-1884 CDD 469

Índices para catálogo sistemático:
1. Língua portuguesa

2018

EDITORA CONTEXTO
Diretor editorial: *Jaime Pinsky*

Rua Dr. José Elias, 520 – Alto da Lapa
05083-030 – São Paulo – SP
PABX: (11) 3832 5838
contexto@editoracontexto.com.br
www.editoracontexto.com.br

# SUMÁRIO

# APRESENTAÇÃO

Célia Regina Lopes

Este quarto volume[1] da Coleção História do Português Brasileiro, intitulado *Mudança sintática das classes de palavra: perspectiva funcionalista*, que ora se apresenta, reúne cinco capítulos sobre aspectos relevantes de mudança linguística em quatro classes de vocábulos: pronomes, verbos, advérbios e preposições.

O capítulo 1, intitulado "A reorganização do sistema pronominal de 2ª pessoa na história do Português Brasileiro: a posição de sujeito", foi organizado por Célia Regina Lopes, Leonardo Lennertz Marcotulio e Márcia Cristina de Brito Rumeu, entre outros autores das diversas equipes regionais do Projeto Para a História do Português Brasileiro (PHPB). Na primeira parte deste capítulo, são apresentados aspectos históricos, teóricos e metodológicos sobre as formas de 2ª pessoa na história do português. Na segunda parte, apresenta-se uma análise descritiva do emprego das estratégias de referência ao sujeito de 2ª pessoa do singular em *corpora* diversificados das diferentes regiões do Brasil nos séculos XIX e XX. Os autores objetivam, assim, apresentar um panorama mais representativo do PB a partir dos resultados obtidos em documentação de mesma natureza produzida nas localidades brasileiras estudadas até agora no âmbito do Projeto Para a História do Português Brasileiro. Essa análise contrastiva de natureza diatópico-diacrônica foi feita com base na produção escrita de brasileiros de diferentes Estados. Inicia-se pela região sudeste com resultados de três localidades: a seção do Rio de Janeiro foi elaborada por Célia Regina Lopes e sua equipe, a de Minas Gerais foi feita por Márcia Cristina de Brito Rumeu e estudantes e a de São Paulo, por Vanessa Martins do Monte e Sabrina Balsalobre. A seção seguinte refere-se à região sul, representada apenas por Santa Catarina e feita por Izete Lehmkuhl Coelho e Christiane Maria Nunes de Souza. A região nordeste reúne três localidades: a seção da Bahia foi feita por Zenaide Novais Carneiro, Aroldo de Andrade e Mariana de Oliveira Lacerda; Pernambuco, por Valéria Severina Gomes e Rio Grande do Norte, por Marco Antonio Martins e Kássia Kamilla de Moura. Os resultados remontam à primeira metade do século XIX até o século XX. Correlacionando sincronia e diacronia, os autores observaram se havia, na documentação remanescente, vestígios das diferenças atuais no sistema pronominal do português brasileiro: (i) *você* (como único tratamento pronominal empregado); (ii) *tu* (uso também exclusivo); (iii) *você-tu* (coexistência das duas formas variantes). O capítulo apresentou alguns resultados que são ponto de partida para estudos posteriores. Os autores observaram que as formas de tratamento *tu* e *você* foram registradas em todas as amostras regionais, ainda que, nem sempre, nos dois séculos analisados. Além dessas formas, outras estratégias também foram verificadas, principalmente, em fins do século XIX: *Vossa Excelência* (BA), *Vossa Senhoria* (BA), *Vossa Mercê* (MG, BA e PE), *O Senhor* (BA, PE e RN) e *Vós* (BA).

No capítulo 2, "A reorganização do sistema pronominal de 2ª pessoa na história do português brasileiro: outras relações gramaticais", Célia Regina Lopes, Thiago Laurentino de Oliveira, Leonardo Lennertz Marcotulio, Camila Duarte de Souza e Rachel Lucena dão continuidade ao tópico dos pronomes de 2ª pessoa do singular na história do português brasileiro. O foco dos autores é, porém, as outras relações gramaticais diferentes do sujeito (objeto direto, objeto indireto, oblíquos e genitivo). Uma vez que o *você* passou a integrar, ao longo do tempo, o sistema do PB variando com o pronome *tu*, os autores se questionam sobre o comportamento das outras posições sintáticas, observando se as formas do paradigma do pronome *você* passaram a ser utilizadas em todas elas com a mesma força com que são empregadas na posição de sujeito. Os autores analisaram a escrita de brasileiras e brasileiros registrada em cartas pessoais, produzidas entre os séculos XIX e XX e em sete estados diferentes (Rio de Janeiro, Minas Gerais, São Paulo, Bahia, Pernambuco, Rio Grande do Norte e Santa Catarina). O trabalho mostra que o processo de variação na expressão da 2ª pessoa do singular revela-se mais complexo e delicado em posições sintáticas diferentes do sujeito, visto que, em algumas delas, as formas relacionadas ao *tu* se mantiveram, com o passar do tempo, como variantes bastante frequentes na escrita pessoal.

No capítulo 3, intitulado "Formas simples e perifrásticas do verbo em relação ao domínio tempo-aspecto-modalidade", Raquel Meister Ko. Freitag, Josane Moreira de Oliveira e Márluce Coan procuraram delinear o panorama do paradigma verbal do português do século XVI ao início do XXI considerando o domínio tempo-aspecto-modalidade. As autoras basearam-se em resultados de estudos descritivos de variação e mudança linguística que envolvem formas verbais e que tomam por base funções semântico-discursivas (valores de tempo, aspecto e modalidade) desempenhadas por formas verbais variantes com matizes de significado.

O capítulo 4, intitulado "Os advérbios: aspectos históricos e usos atuais", de Maria Maura Cezario, Karen Sampaio Alonso, Deise de Moraes Pinto, Julia Costa Nunes, Bruna Soares e Érika Ilogti de Sá, aborda a classe de palavras dos advérbios com base na Linguística Funcional centrada no uso (cf. Bybee, 2010; Cezario e Cunha, 2013; Oliveira e Rosário, 2015). As autoras procuram mostrar a não homogeneidade da classe dos advérbios tendo em vista que funcionam num plano que oscila entre o campo do léxico e o campo da gramática. Trabalhando com as noções de contínuo e de prototipicidade, concebem, com base em Martelotta (2012), dois grandes grupos de advérbios: os centrados nos advérbios qualitativos e os centrados nos advérbios aspectuais. Dessa forma, o capítulo tenta explicar os usos dessa classe no âmbito sintático e semântico, levando em conta os usos de alguns advérbios com foco nos séculos XIX e XX.

No capítulo 5, "As preposições: aspectos históricos e usos atuais", Verena Kewitz, Maria Lucia L. de Almeida, Carlos Alexandre Gonçalves e Janderson Lemos de Souza adotam uma abordagem diferente sobre o que tradicionalmente se diz sobre as preposições. Os autores resgatam da tradição gramatical diversas descrições para permitir entender, de maneira integrada, a relação entre preposições e advérbios como um caso de heterossemia; a mudança por que passaram algumas preposições no português brasileiro; e a participação das preposições e dos advérbios na formação de verbos e mudanças em curso, em que a noção de variação cede prioridade à de perspectivização. Os autores partem da proposta de Charles Fillmore para reconhecer a orientação e a perspectiva como fatores determinantes de uma quarta forma de organização funcional da sentença, associam tal proposta à de George Lakoff a identificar a polissemia em sua relação com modelos cognitivos idealizados e formulam um projeto de pesquisa em que esse recorte da linguística cognitiva é conciliado com aspectos da abordagem multissistêmica, formulada por Ataliba T. de Castilho. O interesse em identificar os fatores cognitivos que organizam a gramática e a história de uma língua natural como sucessivas reorganizações cognitivas, tal como preconizado por Joan Bybee, é desenvolvido pelos autores a partir de processos cognitivos identificados pela linguística cognitiva (*princípio da invariância*), pela linguística funcional (*chunking*) e pela multissistêmica (*princípio da recursão*), tendo em vista oferecer ao leitor outra proposta de tratamento do produto preposição condizente com modelos baseados no uso.

O volume é um ponto de partida para novos estudos históricos sobre a diacronia do português brasileiro. Mais do que uma obra conclusiva, o livro traz hipóteses de trabalho para que novas pesquisas com materiais a serem encontrados nos acervos públicos e privados possam iluminar nosso passado linguístico.

Façam bom proveito!

## NOTA

[1] A publicação teve apoio financeiro do Programa de Pós-Graduação em Letras Vernáculas da Universidade Federal do Rio de Janeiro e do CNPq (Processo: 449989/2014-3 – Chamada: MCTI/CNPq/Universal 14/2014).

# INTRODUÇÃO

Célia Regina Lopes

Os volumes IV e V da *História do Português Brasileiro* trazem pesquisas sobre a mudança sintática do português brasileiro (PB), elaboradas sob uma perspectiva funcionalista.

Esta Introdução explicita o recorte teórico levado em conta pelos autores, escolhido dentre as seguintes teorias funcionalistas da mudança linguística: (1) Teoria da variação e mudança; (2) Teoria da gramaticalização.

Essas opções são brevemente examinadas a seguir, juntamente com a metodologia da pesquisa e o *corpus* de análise.

Os exemplos citados nos diferentes capítulos vêm precedidos pela abonação, constante dos seguintes elementos, entre colchetes: século, metade do século, região do país em que foi escrito o documento, identificação do documento por meio das siglas convencionadas pelo Projeto para a História do Português Brasileiro. Assim, [16,2 SP I 5] significa que o documento procede do século XVI, em sua segunda metade, foi escrito em São Paulo e integra os *Inventários* publicados pelo Departamento de Arquivo do Estado de São Paulo, número 5. As siglas estão detalhadas no volume 1 desta série, que trata do *corpus*. A ausência de uma sigla indica tratar-se de exemplo retirado de outros materiais ou então de exemplo criado.

## TEORIA DA VARIAÇÃO E MUDANÇA

As línguas naturais são constitutivamente heterogêneas. Sua gramática abriga regras categóricas e regras variáveis. Sapir (1954 [1921]) afirmava que o fenômeno da variação linguística acarreta o da mudança: se há duas ou mais formas em competição, uma delas poderá acabar por vencer a outra, e a língua mudará.

Weinreich, Labov e Herzog (1968) escreveram o texto fundacional da Teoria da Variação e Mudança. Eles começam por destacar as inconveniências do ponto de vista estruturalista e gerativista sobre a mudança. Ambas as teorias postulam que a língua é homogênea, praticada por um falante ideal, o que vai complicar seriamente as coisas tanto no plano sincrônico da descrição linguística quanto no plano diacrônico de sua mudança. Fixando a atenção nesse último aspecto, esses linguistas reclamam que

> [...] quanto mais os linguistas se impressionarem com a existência da estrutura da língua, quanto mais apoiarem esta observação em argumentos dedutivos a respeito das vantagens funcionais da estrutura, tanto mais misteriosa se tornará a transição de um estágio para outro dessa mesma língua. Afinal de contas, se uma língua tem de ser estruturada para funcionar eficientemente, como as pessoas continuarão a falar enquanto a língua muda, isto é, enquanto ela passa por períodos de uma sistematicidade atenuada? (Weinreich, Labov e Herzog, 1968: 100)

Para dar resposta a essas e a outras questões, William Labov propôs "*quebrar a identificação entre estruturação e homogeneidade*" e ir ao encalço da competência linguística dos falantes, ancorada numa heterogeneidade sistematizada, pois a "*ausência da heterogeneidade estruturada seria disfuncional*". A ancoragem da mudança nos usos da linguagem trouxe os sociolinguistas labovianos para o campo do Funcionalismo e do Gerativismo, neste caso para o viés da Sociolinguística paramétrica, impulsionada na Universidade Estadual de Campinas por Mary Kato e Fernando Tarallo (ver volume VI desta série).

Os seguintes argumentos compõem a teoria variacionista da mudança:

1. Reconhece-se a existência de princípios restritivos que governam a mudança de determinada estrutura. Há uma covariação entre esses princípios e variações individuais, as quais devem ser definidas (Weinreich, Labov e Herzog, 1968: 101, 170).
2. A mudança das estruturas põe o problema da transição, isto é, há estágios intermediários nessa mudança, os quais podem ser empiricamente observados e controlados, visto que "*uma mudança linguística pode ocorrer numa gradação discreta*" (Weinreich, Labov e Herzog, 1968: 170).

3. Duas questões resultam daqui: (i) Questão do encaixamento: como as mudanças se encaixam "*na matriz dos concomitantes linguísticos e extralinguísticos das formas em questão?*", isto é, por que setores da estrutura linguística a mudança tem começo, e que segmentos da sociedade a incorporam primeiramente? (ii) Questão da avaliação: como as mudanças são avaliadas em termos de seu impacto sobre a estrutura linguística e sobre a eficiência comunicativa? (Weinreich, Labov e Herzog, 1968: 101, 181). A avaliação pode acelerar ou bloquear uma mudança, a depender de sua maior ou menor aceitação pelas classes sociais de mais prestígio.
4. Mas a questão central a respeito da mudança é a de sua implementação: que fatores a favorecem? Por que certas línguas dotadas do mesmo traço estrutural não passam pela mesma mudança?
5. Um dos aspectos mais interessantes da Teoria da Variação e Mudança é a possibilidade de se observar a dinamicidade da mudança em progresso quando se estudam fenômenos variáveis num determinado momento e nas diferentes faixas etárias, a que se convencionou chamar de estudo da mudança em tempo aparente. O estudo da mudança linguística, ou os caminhos que ela tende a seguir, podem ser predizíveis, antes mesmo de a mudança estar concluída. A observação de processos em curso através de uma análise distribucional e quantitativa das variáveis por faixas etárias (tempo aparente) possibilita a inferência de fenômenos que operaram no passado.

Entretanto, há de se considerar que os estudos *em tempo aparente* podem, na verdade, como discutido em Labov (1994), indicar apenas uma variação estável constituída por um padrão característico de gradação etária que se mantém em cada geração, não representando realmente mudanças na comunidade de fala. Por isso, para melhor caracterizar os fenômenos de mudança linguística, aliam-se à análise *em tempo aparente* os estudos *em tempo real*, seja, nos termos de Mattos e Silva (1991, 1995, 1997), *de longa duração*, analisando-se através de séculos um período dilatado de tempo, seja *de curta duração*, em que se comparam duas fases discretas de tempo, como duas décadas. Para os estudos de *tempo real de curta duração*, tem-se o estudo de painel (*panel study*) e o estudo de tendência (*trend study*). O primeiro consiste no recontacto dos mesmos falantes em período posterior e o segundo na constituição de uma nova amostra representativa. Os falantes das duas amostras são diferentes, mas compartilham as mesmas características sociais e integram a mesma comunidade de fala.

Para determinar a dimensão temporal da mudança, existem procedimentos rigorosos em termos da organização de uma amostra representativa, principalmente quando se está lidando, por exemplo, com uma ampla população urbana ou com um período dilatado de tempo.

Há diversas dificuldades para se fazer um trabalho através de um longo período de tempo, principalmente no que diz respeito à interpretação dos dados históricos e à própria qualidade do *corpus*. Além de não haver registros de fala, só sendo possível analisar textos escritos, "*os documentos representam o vernáculo dos seus escritores, refletindo uma variante padrão que não corresponde a um falante nativo*" (Labov, 1994: 11). Há inclusive os efeitos da hipercorreção, mistura de dialetos, erros do escriba, problemas na leitura dos manuscritos, falta de tratamento filológico adequado etc. Labov (1994: 11) considera ingênua a tentativa de alguns pesquisadores de localizarem textos que "*tenham maior probabilidade de aproximação com a língua falada*", como cartas, peças teatrais e textos literários. Uma perspectiva sociolinguística exigiria informações precisas sobre a posição social dos escritores e sobre a estrutura social da comunidade e por essas e outras razões os documentos escritos seriam limitados para o estudo da mudança linguística.

Os avanços feitos nos últimos anos com os estudos de natureza histórica, entretanto, acabaram por criar uma ramificação teórica com perfil próprio, tanto em termos metodológicos quanto em relação aos objetivos da investigação. Trata-se do que se tem denominado Sociolinguística histórica (Conde Silvestre, 2007; Hernàndex-Campoy e Conde Silvestre, 2012) que, diferentemente da Sociolinguística laboviana, busca compreender a língua do passado com base no que se tem no presente, faz o caminho inverso, reconstruindo os estágios anteriores da língua para compreender como se chegou à realidade linguística atual. Não basta à vertente histórica da Sociolinguística a simples transposição da metodologia de base laboviana, pois as fontes documentais disponíveis que chegam às mãos do investigador são "*fragmentárias, escassas e dificilmente vinculáveis com a produção real de seus falantes*" (Conde Silvestre, 2007: 35). Os dados são procedentes de amostras naturalmente enviesadas que sobreviveram na atualidade 'por sorte'. Isso significa, por exemplo, que o controle de fatores externos, como faixa etária, escolaridade, gênero, categoria social, pode ser lacunar, pois os informantes não estão mais à disposição do investigador como ocorre nos estudos sincrônicos. Os dados costumam se restringir aos grupos alfabetizados da comunidade, em geral, constituídos por homens com status médio a alto. Além disso, só determinados estilos e registros são recuperáveis nos acervos públicos e nem sempre a amostra para análise é homogênea. Outra diferença básica é que o "resultado" da mudança linguística, diferentemente do que ocorre na análise da sociolinguística sincrônica, já é conhecido pelo analista histórico. O propósito, assim, é distinto, porque o objetivo da Sociolinguística histórica é tentar acompanhar e reconstituir o processo de mudança em suas diversas etapas, observando as tendências do comportamento linguístico com base na amostra escrita constituída. A descoberta de novos materiais sempre poderá elucidar as lacunas observadas nos estudos parciais feitos com as amostras até então disponíveis. Dentro dessa perspectiva, é preciso considerar, por exemplo, o gênero textual mais propício ao aparecimento do fenômeno investigado, a disponibilidade de material para o recorte cronológico estudado e a quantidade de informações disponíveis sobre os informantes e/ou a sociedade/comunidade em que viveram.

Entretanto, mesmo conscientes de que 1) os dados retirados de textos escritos podem ser ruins ou pobres em termos de uma real distribuição sociolinguística, 2) o estudo histórico estará baseado em observações de um recorte incompleto do passado, 3) os documentos escritos não representam, nem por aproximação, a fala de um determinado período histórico, e, enfim, mesmo levando-se em conta todos os problemas advindos de um estudo *na longa duração* ou de sincronias pretéritas, mudanças sistêmicas levam séculos para se processar e necessitam de observações mais amplas de cada momento histórico para que se tenha certeza do valor significativo de cada fase histórica e de seu alcance. Torna-se imprescindível, portanto, determinar se houve realmente mudança no tempo ou se a "mudança postulada" não é resultado de simples flutuação de comportamento.

Se, por um lado, a falta de uma distribuição equilibrada e homogênea de um *corpus* numa dada sincronia pretérita pode ser um fator negativo em termos sociolinguísticos, por outro, o fato de se trabalhar com *corpora* múltiplos ou diversificados, como cartas oficiais e pessoais com a identificação do remetente, peças teatrais, além de outros gêneros, situados espacial e temporalmente, podem fornecer uma visão mais ampla do objeto de estudo. Tal perspectiva, além de poder representar diferentes estratos sociais, dá maior confiabilidade às conclusões, uma vez que, dependendo do texto (jornalístico, pessoal, literário, não literário), os resultados podem não ser os mesmos. Parte-se, pois, do pressuposto de que a mudança linguística não é uma mudança nos hábitos individuais, mas sim a difusão de novas formas individuais numa vasta comunidade e a adoção dessas formas como convenções novas e obrigatórias (Labov, 1994: 47).

A teoria mostrou, portanto, que há uma regularidade no interior da heterogeneidade das regras variáveis e que é possível identificar os fatores que condicionam as variantes escolhidas pelo falante (cf. Labov, 1972). Para a aplicação dessa teoria ao Português, ver Tarallo (1987: 33-62, particularmente p. 61):

> [...] a estrutura da língua pode ser correlacionada ao seu uso e os padrões do último podem ser objetivamente medidos, levando à diferenciação entre as escolhas que o falante efetivamente *faz* e as que ele *poderia fazer*. [...] Tal conceito amplificado de gramática abrange tanto a forma (estrutura) quanto a substância (uso).

## TEORIA DA GRAMATICALIZAÇÃO

Entende-se por gramaticalização o conjunto das alterações sofridas por um item lexical ou por uma construção, ao longo das quais ele (i) passa por modificações em suas propriedades sintáticas, morfológicas, fonológicas e semânticas, (ii) deixa de ser uma forma livre, (iii) estágio em que pode até mesmo desaparecer, como consequência de uma cristalização extrema. Esse trajeto se dá tanto no tempo real quanto no tempo aparente.

É importante reter que, na gramaticalização, um domínio cognitivo-fonte fundamenta o estágio A, que se altera para o estágio B igualmente motivado por um domínio cognitivo alvo. A pesquisa mais recente vem incluindo na agenda desta teoria a identificação dos gatilhos cognitivista e pragmático da gramaticalização.

Antoine Meillet foi o primeiro linguista a estudar o processo da gramaticalização, situando-o no plano diacrônico. Ele propõe inicialmente a existência de três classes de palavras, as *palavras principais*, as *palavras acessórias* e as *palavras gramaticais*, indicando que entre elas há uma transição gradual. A esse processo de transição ele chamou *gramaticalização*, entendida como a "*atribuição de um caráter gramatical a um termo outrora autônomo*" (Meillet, 1912a: 131).

Essa transição implica o esvaimento tanto do sentido quanto da forma, de tal sorte que em dado momento uma palavra acessória se transforma numa palavra gramatical, podendo mesmo juntar-se a uma palavra principal para atribuir a esta um papel gramatical de que ela não dispunha previamente. Para exemplificar o processo, ele chama a atenção para os usos do verbo francês *être* como palavra principal (=verbo locativo), como palavra acessória (=verbo de ligação) e como palavra gramatical (=verbo auxiliar, que pode combinar-se com o próprio *être*, enquanto verbo principal). A exemplificação de Meillet leva a crer que por gramaticalização se pode entender tanto um processo diacrônico, isto é, a derivação de usos "acessórios" e "gramaticais" de um uso "principal", quanto um processo sincrônico, isto é, a convivência dos usos assim constituídos num mesmo recorte do tempo.

Kurylowicz definiu a gramaticalização como um processo em que se verifica "*a ampliação dos limites de um morfema, cujo estatuto gramatical avança do léxico para a gramática, ou de um nível menos gramatical para mais gramatical, isto é, de formante derivativo para formante flexional*" (apud Lehmann, 1982). Ao gramaticalizar-se, o item lexical perde substância semântica (*bleaching*, *fading*) e fonológica. Quando um item lexical "migra" para a gramática, ele pode passar a comportar-se como morfema livre (no caso dos auxiliares), ou como morfema preso (no caso dos afixos derivados de um morfema livre).

Heine e Reh (1984 apud Hopper e Traugott, 1993: 87) sintetizam com as seguintes palavras o entendimento que se vem tendo do fenômeno da gramaticalização: "*evolução em que unidades linguísticas perdem em complexidade semântica, liberdade sintática e substância fonética*". Por outras palavras, a gramaticalização é o estudo de mudanças linguísticas situadas no *continuum* que se estabelece entre unidades independentes, localizadas em construções menos ligadas, e unidades dependentes tais como clíticos, partículas, auxiliares, construções aglutinativas e flexões (Traugott, 1988).

Durante o Estruturalismo, o debate sobre a gramaticalização conheceu certo refluxo, rompido por Hodge (1970) e Givón (1971, 1979 e 1983). Hodge tinha admitido dois estágios: (i) sintaxe forte e morfologia fraca, e (ii) sintaxe fraca e morfologia forte. Ele criou o slogan "*a sintaxe de ontem é a morfologia de hoje*". Essa formulação recebeu, posteriormente, o seguinte aditamento de Givón (1979: 208-9): "*a sintaxe de hoje é o discurso pragmático de ontem.* Surgiu assim a escala *Discurso → Sintaxe → Morfologia → Morfofonêmica → Zero*. A ideia dos estágios da gramaticalização passa a retornar com bastante frequência na literatura. Lehmann (1982: 13) organizou, a esse respeito, um quadro bastante ilustrativo:

**Quadro 1 – Fases da gramaticalização**

***Nível***

Discurso → Sintaxe → Morfologia → Morfofonêmica → Zero

***Técnica***

isolante → analítico → sintético-aglutinante → sintético-flexional

***Fase***

→ Sintaticização

→ Morfologização

→ Desmorfemização

***Processo***

*GRAMATICALIZAÇÃO*

Com os estudos funcionalistas sobre gramaticalização, revigorados nas décadas de 1980 e 1990, deu-se um novo fôlego para as pesquisas sobre mudança linguística no domínio da língua portuguesa. Como era de se esperar, quando surge ou, como é o caso, ressurge uma perspectiva de análise, várias polêmicas e vertentes sobre o próprio conceito de gramaticalização ganham destaque entre os seguidores e críticos. Aparentemente todos os processos de mudança eram vistos pelo viés da gramaticalização, o que criou certo ceticismo pelo nível de abrangência dado ao conceito quando se incorporou, por exemplo, os casos de discursivização[1] (*né? entende? sabe?*). Aparadas as arestas iniciais comuns nos momentos da efervescência de paradigmas novos ou revisitados, a gramaticalização já ocupou seu lugar pelos que se interessam pelo estudo da mudança.

Adotando uma noção ampla do conceito de gramaticalização, diremos que o fenômeno ocorre quando um item lexical/construção passa a assumir, em certas circunstâncias, um novo *status* como item gramatical, ou quando itens gramaticais se tornam ainda mais gramaticais,

> [...] podendo mudar de categoria sintática (= recategorização), receber propriedades funcionais na sentença, sofrer alterações semânticas e fonológicas, deixar de ser uma forma livre e até desaparecer como consequência de uma cristalização extrema. (Castilho, 1997a: 31)

Adotando uma perspectiva de caráter funcionalista,[2] diz-se que a trajetória da mudança se dá pela regularização do uso da língua que ocorre a partir da criação de expressões novas e de rearranjos vocabulares feitos pelo falante para atender a seus propósitos comunicativos. Com a repetição de uma construção ou forma,[3] algo que é ocasional se fixa, tornando-se normal e regular, ou seja, se gramaticaliza. A contínua regularidade ocorre quando as estratégias discursivas empregadas pelo falante numa situação comunicativa perdem a eventualidade criativa do discurso e passam a ser regidas por restrições gramaticais, por isso vários autores pressupõem que o percurso é do discurso para a gramática. É como se os elementos lexicais fossem perdendo suas potencialidades referenciais de representar ações, qualidades e seres do mundo biossocial e fossem ganhando a função de estruturar o léxico na gramática, assumindo, por exemplo, posições mais fixas na sentença e expressando noções gramaticais como pessoa, número, tempo, modo, aspecto etc.

Postula-se que o caráter contínuo da gramaticalização não contradiz os princípios da teoria sociolinguística laboviana (Weinreich et al., 1968), que fundamentam, como vimos, a Sociolinguística histórica. Isso se deve ao fato de podermos afirmar que fatores que produzem mudanças, não só no âmbito linguístico, como também no da vida humana, não são abruptos e repentinos, mas atuam lentamente. Na trajetória da mudança, há estágios intermediários em que formas em conflito se distribuem irregularmente entre falantes e ouvintes num processo que pode aparentemente durar séculos. As mudanças não afetam um sistema linguístico em sua totalidade e, nesse sentido, pode-se falar em um *continuum* evolutivo diacrônico, que pode ser paralelo ao *continuum* categorial sincrônico. Defende-se que os "*limites entre diacronia e sincronia se desfazem e o único que se mantém é um dinamismo constante e essencial às línguas*" (Company-Company, 2003: 19).

A partir de uma noção ampla de gramaticalização, defende-se que por ser um fenômeno gradual, a gramaticalização não é um processo que possa se extinguir, mesmo nos estágios cronologicamente mais avançados. Com base em alguns princípios e postulados de teóricos que discutem o tema, apresentam-se evidências de que nos processos de gramaticalização há sempre permanências ou resquícios de etapas anteriores. A identificação de propriedades formais e semânticas que persistem nos itens/construções gramaticalizadas ajudaria a compreender algumas aparentes idiossincrasias comuns a certas categorias gramaticais.

Embora se reconheça que as categorias gramaticais não são discretas, absolutas, homogêneas e que não exista um conjunto finito de propriedades precisas e exclusivas que consigam enquadrar todos os seus integrantes, defende-se a necessidade de postular algumas dessas características prototípicas para fundamentar a análise. Parte-se do pressuposto de que existem zonas fronteiriças, às vezes, difusas e que formas linguísticas podem ter propriedades de duas ou mais categorias, constituindo um *continuum* categorial.

Articulada à ideia do gradualismo inerente ao fenômeno levam-se em conta os princípios da *persistência* e *descategorização* discutidos por Hopper (1991), que referendam algumas das propostas adotadas em nosso volume.

A *persistência* pressupõe que alguns traços de significado original do item lexical tendem a aderir ao novo emprego mais gramatical. Assim, detalhes da história de um item lexical podem ficar aparentes em restrições de sua distribuição gramatical, na construção de que passa a fazer parte. Ampliando a proposta de Hopper (1991), entende-se que os "*detalhes da história lexical do item*" não se restringem aos valores semânticos, mas também às suas características formais. A persistência de propriedades do item original na nova forma gramaticalizada é, por assim dizer, um dos aspectos mais preponderantes nesse processo de mudança por gramaticalização, uma vez que os traços identificados pelo princípio da *persistência* marcarão as particularidades da forma que se recategoriza em dada construção.

Assume-se que a *descategorização* pode ser entendida sob pontos de vista distintos. Por um lado, numa perspectiva tradicional (talvez mais dura, embora não menos legítima), as formas que se gramaticalizam tendem a neutralizar as marcas morfológicas e as propriedades sintáticas da categoria-origem. Pelo gradualismo do processo, a *descategorização* pode evidenciar algumas *persistências*, uma vez que nem todas as propriedades lexicais são perdidas e muito menos são assumidas todas as características da nova categoria da qual passou a fazer parte a forma gramaticalizada. Nessa linha de raciocínio, a identificação das persistências formais interfere sobremaneira na *descategorização*. Por outro lado, Hopper (1991) propõe relativizar a noção de "categoria" adotando a perspectiva de 'graus de categorialidade'. A contraparte funcional da descategorização, vista como perda de marcas ótimas de categorialidade, seria a *perda da autonomia discursiva* para uma forma. Na mesma linha de Traugott (1982), o autor leva em conta que formas gramaticalizadas mudam seu significado de "*proposicional*" para "*textual*", isto é, "*as formas mudam para ter um significado ou função que está relacionada ao texto ou a alguma construção local*".

Ampliando o nível de atuação da gramaticalização, do léxico/construção para oração, Hopper e Traugott (2003), com base em Haiman e Thompson (1988a) e Halliday (2004), defendem um modo tripartite para um entendimento mais satisfatório de como as orações se articulam no interior de um complexo oracional, propondo a seguinte separação: *parataxe*, *hipotaxe* e *subordinação*. Tal distinção é explicada com base no reconhecimento de diferentes graus de integração sintática, reveladores de um percurso unidirecional de gramaticalização dessas orações. Há assim uma rejeição ao modo dicotômico como abordagens tradicionais postulam a vinculação de orações de uma oração complexa, ou por coordenação ou por subordinação, em favor de um enfoque que distribui as orações complexas ao longo de um *continuum* conforme o maior ou menor grau de integração de seus segmentos constitutivos. Valendo-se, então, da combinação dos traços [dependência] e [encaixamento], Hopper e Traugott (2003: 170) propõem o *continuum* dado abaixo, para colocar de um lado os casos de relações táticas e, de outro, os casos de subordinação estrita.

**Quadro 2 – Continuum da combinação de orações**

| | Parataxe | Hipotaxe | Subordinação |
|---|---|---|---|
| [Dependência] | – | + | + |
| [Encaixamento] | – | – | + |

Sob os critérios de *dependência*, *integração* e *tipo de ligação* entre orações, propõem ainda os autores (Hopper e Traugott, 2003: 172) as seguintes propriedades da combinação de orações:

**Quadro 3 – Propriedades gradientes da combinação de orações**

| Parataxe | Hipotaxe | Subordinação |
|---|---|---|
| (independência) | (interdependência) | (dependência) |
| Núcleo | ↔ | Margem |
| integração mínima | ↔ | integração máxima |
| ligação explícita máxima | ↔ | ligação explícita mínima |

A partir das propriedades dadas nessa esquematização, *parataxe* se caracteriza pela relativa independência e integração mínima entre as orações; *hipotaxe*, pela relativa interdependência e por um grau intermediário de integração; e *subordinação*, por total dependência e integração máxima entre orações, ou seja, a margem é encaixada em um constituinte da oração núcleo, sem necessariamente contar com um nexo que as una.

Mesmo em se tratando de subordinação *stricto sensu*, há exemplares mais gramaticalizados (ou mais integrados) do que outros, como explicita Lehmann (1988) em sua proposta de gramaticalização e dessentencialização de orações. A depender do grau de finitude da oração encaixada, ela pode apresentar-se forte ou fracamente integrada a um núcleo, que pode, inclusive, tomar como margem uma construção reduzida ao grau máximo de dessentencialização, representado pelos casos de nominalização, como mostra o esquema a seguir, adaptado do autor (Lehmann, 1988: 200).

**Quadro 4 – *Continuum* de sentencialidade**

| **sentencialidade nominalidade** | ⟵⟶ | | |
|---|---|---|---|
| oração finita<br>nominalização | < | oração não finita | < |
| integração fraca<br>integração forte | < | integração média | < |

Rearranjando a classificação tradicional das orações complexas dentro desse esquema de combinação de orações, têm-se, então, sob a designação de *parataxe*, orações coordenadas e justapostas, sob a designação de *hipotaxe*, orações adverbiais e apositivas, e, por fim, sob a designação de *subordinação*, apenas as subordinadas substantivas e adjetivas restritivas.

## NOTAS

1 Traugott defende que os marcadores discursivos podem fazer parte do objeto de estudo da gramaticalização. Para ela, se os elementos que fazem o trabalho de gerenciamento discursivo estão sujeitos ao mesmo tipo de redução sintática de escopo, os marcadores discursivos poderiam ser incluídos nos processos de gramaticalização.

2 A análise linguística de base funcionalista prioriza a linguagem como fenômeno mental e social, correlacionando fatores sociocomunicativos e/ou sociocognitivos em situações "reais" de uso.

3 A repetição é vista como um processo pelo qual sequências de palavras ou morfemas, frequentemente usados, se tornam automáticos como uma única unidade de processamento.

# A REORGANIZAÇÃO DO SISTEMA PRONOMINAL DE 2ª PESSOA NA HISTÓRIA DO PORTUGUÊS BRASILEIRO: A POSIÇÃO DE SUJEITO

Célia Regina Lopes
Leonardo Lennertz Marcotulio
Márcia Cristina de Brito Rumeu
Aroldo de Andrade
Izete Lehmkuhl Coelho
Marco Antonio Martins
Mariana de Oliveira Lacerda
Valéria Severina Gomes
Vanessa Martins do Monte
Zenaide Novais Carneiro
Christiane Maria Nunes de Souza
Sabrina Balsalobre
Janaina Pedreira de Souza
Thiago Laurentino de Oliveira
Kássia Kamilla de Moura
Iracema Cruz
Nayara Domingues Cardoso

# SUMÁRIO

## APRESENTAÇÃO

O quadro dos pronomes pessoais em português, principalmente na vertente brasileira, é bastante diferente do que se encontrava no latim, no que tange, principalmente, às formas pronominais que passaram a ocupar a posição de sujeito. Além da inserção do pronome de 3ª pessoa *ele/ela* advindo de um processo de gramaticalização do demonstrativo *ille* que ocorreu ainda no latim imperial, novas formas originadas de expressões nominais passaram a fazer parte do sistema pronominal ao lado dos antigos pronomes. Isso ocorreu tanto na segunda pessoa (singular e plural) como é o caso de *Vossa(s) Mercê(s)* → *você(s)* quanto na primeira do plural, com a gramaticalização de *a gente* (Lopes, 2003). Nesses dois casos, as formas originais que se gramaticalizaram eram de base nominal, o que levou a uma série de repercussões em diferentes âmbitos da gramática do português, sobretudo no Brasil.

O gradualismo da gramaticalização de *Vossa Mercê* → *você* ainda se nota pelas idiossincrasias que se fixaram no quadro pronominal do português. Como os processos de mudança não afetam o sistema linguístico em sua totalidade, a implementação do novo pronome *você* não ocorreu da mesma forma em todos os subtipos de pronomes (pessoais, possessivos, oblíquos átonos e tônicos etc.) que corresponderiam, por assim dizer, a diferentes funções sintáticas correspondentes a: nominativo, genitivo, acusativo, dativo e oblíquo.[1] O paradigma pronominal, principalmente no português brasileiro (doravante PB), reflete um sincretismo entre a segunda e a terceira pessoas gramaticais. *Você* e *tu* coexistem no singular e *vocês* é categórico no plural na posição de sujeito; nas demais posições, contudo, nem os pronomes complemento *o/a/os/as* nem o possessivo *vosso* se mantiveram produtivos no PB, e, em seu lugar, se empregam com maior frequência *te* variando com *você* e *lhe*; *teu/tua* variando com *seu/sua* e *de você(s)*. Com a extensão do uso do possessivo de 3ª pessoa *seu* (e variantes) para o paradigma de segunda pessoa de intimidade, ocasionada pela inserção de *você* no sistema, a forma *dele* tem sido utilizada como estratégia possessiva de 3ª pessoa para evitar a ambiguidade do possessivo *seu*, que atende às duas pessoas (segunda e terceira) (Silva, 1982). O clítico dativo de 3ª pessoa *lhe* também perdeu espaço para sintagmas preposicionados introduzidos pelas preposições *a* ou *para*.

Pelo fato de advir de uma expressão nominal de tratamento (*Vossa Mercê*), que leva o verbo para a terceira pessoa do singular, a forma *você* manteve algumas propriedades morfossintáticas que podem ter influenciado diretamente nesse rearranjo do sistema pronominal. Houve a persistência da especificação original de 3ª pessoa, embora a interpretação semântico-discursiva seja a de 2ª pessoa (Hopper, 1991). Diferentemente dos pronomes originais de 1ª e 2ª pessoa, as novas formas gramaticalizadas (*a gente* e *você*) podem figurar em todas as posições sintáticas sem flexão, além de ocorrerem combinando-se às formas oblíquas átonas e tônicas e formas possessivas dos respectivos paradigmas originais, como se vê em (1) e (2):

(1) ***Você***$_i$ *disse que eu* ***lhe/te***$_i$ *acharia* (***você***) *na faculdade para pegar o* ***seu/teu***$_i$ *livro.*

(2) ***A gente***$_i$ *precisa resolver o* ***nosso***$_i$ *problema* (***da gente***$_i$). ***Vamos***$_i$ *tomar uma decisão logo.*

No português europeu (PE), nota-se um sincretismo raro ou inexistente no PB, a partir da substituição de *vós* por *vocês*, como se vê em (3):

(3) *Imaginem se fossem* ***vocês***$_i$, *com os* ***vossos***$_i$ *filhos nos braços* (Disponível em <http://www.tsf.pt/internacional>, acesso em 09 set. 2015)

As diferenças entre as vertentes brasileira e portuguesa se dão em termos da difusão das novas formas. Até provavelmente o século XIX, o sistema pronominal sofre as mesmas mudanças nas duas variedades (desuso de *vós* na posição de sujeito, inserção do tratamento *você* advindo de *Vossa Mercê*, pronominalização de *a gente*). A partir do século XX, contudo, a generalização das novas formas nos dois territórios segue caminhos distintos. No PB, houve um crescente e progressivo aumento da forma *você* em grande parte do território nacional, em concorrência com *tu* em algumas regiões ou como única estratégia de referência ao interlocutor. No português europeu, entretanto, o antigo pronome *tu* não só continuou a ser a forma predominante como aumentou seus índices de frequência ao longo do século passado (Machado, 2011).

Diante desse quadro, o objetivo central deste capítulo é discutir a reorganização no sistema pronominal da 2ª pessoa no português brasileiro, na posição de sujeito, por uma perspectiva diatópico-diacrônica, a partir da análise das formas de tratamento encontradas em cartas pessoais[2] escritas em sete localidades distintas – Rio de Janeiro, Minas Gerais, São Paulo, Santa Catarina, Bahia, Pernambuco e Rio Grande do Norte – durante os séculos XIX e XX. A ênfase do capítulo pauta-se, sobretudo, nas repercussões gramaticais causadas pela inserção de *você* no PB e na consequente coexistência de subsistemas pronominais de tratamento com variações geográficas, sociolinguísticas e pragmáticas. O resgate histórico visa a mapear as origens das diferenças atuais tanto em termos da sociolinguística histórica como em termos da gramaticalização de *Vossa Mercê* → *você*. A questão central, como dito anteriormente, é analisar a correlação entre esses fenômenos na tentativa de resgatar e mapear cronologicamente as causas da implementação e difusão irregular de *você* no quadro de pronomes, identificando os fatores que retardam ou aceleram as alterações no sistema pronominal do português brasileiro.

Para tanto, o capítulo está organizado da seguinte forma. No primeiro momento, contemplam-se alguns aspectos históricos, teóricos e metodológicos relevantes para o estudo das formas de tratamento de 2ª pessoa na história do português. A partir de um breve histórico das transformações no quadro das formas de tratamento do latim ao português e, mais especificamente, da evolução de *Vossa Mercê* → *você*, busca-se resgatar a origem e as possíveis causas da formação dos subsistemas pronominais da atualidade com ênfase no PB, discutindo as mudanças ocorridas também pelo viés da gramaticalização. Além disso, apresentam-se questões pertinentes acerca do *corpus* e da perspectiva teórico-metodológica utilizada.

Na segunda parte do texto, apresenta-se uma análise descritiva do emprego das estratégias de referência ao sujeito de 2ª pessoa do singular (doravante 2P) em *corpora* diversificados das diferentes regiões do Brasil nos séculos XIX e XX. Objetiva-se, assim, apresentar um panorama mais representativo do português brasileiro a partir dos resultados obtidos em documentação de mesma natureza produzida nas localidades brasileiras estudadas até agora no âmbito do PHPB – Para uma História do Português Brasileiro. Essa análise contrastiva de natureza diatópico-diacrônica será feita com base na produção escrita de brasileiros de diferentes estados, tais como Santa Catarina (região Sul), Rio de Janeiro, Minas Gerais e São Paulo (região Sudeste), Bahia, Pernambuco e Rio Grande do Norte (região Nordeste), desde a primeira metade do século XIX até o século XX. Correlacionando sincronia e diacronia, observa-se se há, na documentação remanescente, vestígios das diferenças atuais no sistema pronominal do português brasileiro: (i) *você* (como único tratamento pronominal empregado); (ii) *tu* (uso também exclusivo); (iii) *você-tu* (coexistência das duas formas variantes).

## ASPECTOS HISTÓRICOS, TEÓRICOS E METODOLÓGICOS ACERCA DO ESTUDO DAS FORMAS DE TRATAMENTO DE 2ª PESSOA NA HISTÓRIA DO PORTUGUÊS

### A história de formação do pronome *você* na língua portuguesa: da gênese até o século XX no Brasil

Na sociedade portuguesa, o pronome *vós*, herdado da forma latina *vos*, mostrou-se produtivo na referência respeitosa ao sujeito de 2P do singular especificamente voltado para as relações sociais assimétricas ascendentes (de inferior para superior) e também nas relações simétricas menos solidárias (Cintra, 1972). A semântica de cortesia assumida pelo *vos* latino o fez tão produtivo que, em meados do século VI, espraiou-se também pelos representantes do clero e da nobreza, mas ainda conservando a sua produtividade, que se fez notar até a primeira metade do século XIV.

Ainda que, em 1490, houvesse dados de *vós*, tem-se um pronome que, ao perder o caráter de cortesia original, foi desprendendo-se, na sociedade portuguesa, do seu caráter prestigioso. Diante de tal fato, buscou-se a demarcação linguística da hierarquização social através de formas nominais de tratamento especificamente direcionadas às camadas sociais da realeza portuguesa. Assim, surge, no período medieval do português, a forma nominal de tratamento *Vossa Mercê* em referência específica ao rei.

A sua elaboração se deu com base em uma clara referência à benignidade do rei como traço inerente à pessoa humana que detém o poder no regime monárquico português. Ao empregar o *Vossa Mercê*, pretendia-se, através de uma associação metonímica, evocar a justiça e a benevolência sacralizadas na figura do monarca soberano. Contudo, no final do século XV, o *Vossa Mercê* deixa de ser produtivo para se referir tão somente ao rei português, ampliando o seu escopo de atuação para os duques e os infantes, em seguida, os fidalgos e, no século XVI, os burgueses que vinham, desde o século XII, em ampla ascensão.

Na segunda metade do século XV, tem-se a rápida evolução de outras formas nominais de tratamento respeitosas como *Vossa Senhoria* e *Vossa Alteza*, em detrimento do *Vossa Mercê* (Luz, 1958), como pode ser visto nos textos das Cortes quatrocentistas. Nesse século, as formas *Vossa Alteza* e *Vossa Senhoria* disputavam o mesmo espaço funcional para o tratamento real. Ao menos nos textos quatrocentistas das Cortes portuguesas, observa-se que as formas *Vossa Senhoria* e *Vossa Mercê* sofreram uma queda na produtividade, ainda que, no final do século XV, o *Vossa Mercê* tenha entrado em desuso, em favor do tratamento *Vossa Alteza*.

Em 1597, já num contexto de *Vossa Mercê* dessemantizado, o rei Felipe I elabora as "leis de cortesia" em Portugal, que estabelecem as formas nominais de tratamento *Vossa Majestade* para o rei e a rainha, *Vossa Alteza* para príncipes e seus sucessores, *Vossa Excelência* para os sucessores dos "infantes" e o duque de Bragança, e *Vossa Senhoria* para o clero e autoridades do império português (Luz, 1958; Cintra, 1972). Se houve a necessidade de legislar sobre o emprego das formas de tratamento, então é possível interpretar o seguinte: 1º) devia haver uma grande flutuação no emprego dessas formas de tratamento entre as pessoas da época e 2º) a sociedade nutria um acentuado nível de preocupação em determinar os papéis sociais desempenhados pelos membros que a constituíam.

O desbotamento da semântica de cortesia das formas *vós* e *Vossa Mercê* funciona como o gatilho para a seleção de novas formas que se prestem a delimitar linguisticamente a hierarquização da sociedade portuguesa e leva à criação de novas formas de tratamento, que também se desgastaram com o tempo. Numa etapa final de decréscimo de formalidade, *Vossa Mercê* e *Vossa Senhoria*, por exemplo, passaram a ser empregados como diferentes variantes sociais em oposição a *tu*, de uso comum no tratamento íntimo.

*Vossa Senhoria* manteve-se em uso com um *status* socialmente superior em relação à *Vossa Mercê* e sobreviveu no Brasil, ao lado de *Vossa Excelência*, como tratamento formulaico utilizado na correspondência oficial ou pelos altos escalões da administração pública (Faraco, 1996). Essas formas nominais, de uma maneira geral, são documentadas durante os séculos XVIII, XIX e XX no Brasil, em diversos gêneros textuais como cartas (públicas e privadas), cartas veiculadas pela imprensa (cartas de leitores e redatores) e textos teatrais, em relações que pressupõem algum tipo de hierarquia entre os interlocutores e/ou menor distanciamento (Lopes, e Machado, 2005; Chaves, 2006; Sales, 2007; Lopes et al., 2009; Marcotulio, 2010; Rumeu, 2013; entre outros). Quanto às demais formas, sabe-se que no período inicial de ocupação do Brasil, século XVI, o desgaste semântico sofrido por *vós*, a redução fonética de *Vossa Mercê* e o seu uso generalizado como *você* já estavam em etapa bastante avançada.

Em cartas setecentistas que retratam o português escrito *no* Brasil, a forma *você* já se apresenta como uma legítima "estratégia de cortesia descendente" (de superior para inferior), diferenciando-se socialmente de *Vossa Mercê*, que ocorre em relações sociais simétricas entre os membros da classe alta e em relações assimétricas ascendentes (de inferior para superior), ao lado de *Vossa Excelência*, *Vossa Senhoria* e, mais tarde, da forma *O Senhor*. No campo da intimidade, a forma *tu* predominava, ainda que já se pudesse visualizar casos de *você*, com motivação pragmática para seu uso (Rumeu, 2004; Marcotulio, 2010).

Já as cartas brasileiras novecentistas entremostram outro cenário. É possível visualizar, nesses materiais, uma utilização produtiva de *você*, compartilhando o terreno com *tu* em relações simétricas, em âmbitos mais privados, tanto na escrita de missivistas cultos quanto na de indivíduos menos escolarizados, com ou sem motivação pragmática para seu uso, sendo utilizada num primeiro momento, mais frequentemente, na produção escrita de mulheres. Diante desse panorama tratamental variável entre as formas *tu* e *você*, a era oitocentista do PB tem sido assumida como ponto de partida para a anuência alcançada pelo *você*, como pronome de referência ao sujeito de 2P do singular (Soto, 2001). É ainda nesse século que já se pode observar, nas missivas, a coexistência de *você*, como pronome-sujeito de 2P, com pronomes-complemento e possessivos de 2P e 3P (*te/o*, *a*, *lhe; tua/sua*), combinações que se estendem ao século seguinte (Sales, 2007) e chegam com grande produtividade aos dias de hoje (Lopes e Machado, 2005; Chaves, 2006; Lopes et al., 2009; Marcotulio, 2010; Rumeu, 2013; entre outros).

Outros gêneros textuais também revelam informações interessantes. Os dados da imprensa brasileira novecentista refletem, de certa forma, o panorama tratamental encontrado nas cartas. Por um lado, a forma *Vossa Mercê* ainda conserva o caráter de cortesia que lhe é peculiar, o que pode ser visto nas relações sociais menos solidárias. Por outro lado, o pronome *tu* mostrou-se com uma maior frequência de uso nas ambiências de menor grau de formalidade, já concorrendo com a forma *você* nas relações interpessoais mais solidárias (Barcia, 2006). Durante o século XX, diferentemente do que se observa no português europeu, em que a forma *tu* se mostra soberana para os terrenos da intimidade, o PB, como mostram textos teatrais (Machado, 2011), parece assistir a uma situação de coexistência entre *tu* e *você*, com predomínio desta última forma em detrimento do pronome original de 2P, ao longo do tempo.

A correlação entre as formas de referência à 2P e as relações sociais que as orientavam sugere uma sociedade brasileira setecentista ainda estruturada à luz da semântica do Poder, em consonância, pois, com o contexto sócio-histórico que conduziu a América Brasileira no século XVIII como reflexo da metrópole. O fato de a forma *você* ter figurado, majoritariamente, em cartas setecentistas, como uma estratégia de cortesia descendente, dá o tom da semântica do Poder através da qual as relações sociais estavam alicerçadas em terras d'aquém mar. Por outro lado, o fato de as formas *você* e *tu* terem se mostrado produtivas, no PB dos séculos XIX e XX, como expressão das relações sociais igualitárias, é uma evidência de que a sociedade brasileira já se encaminhava para as relações sociais movidas pela semântica da Solidariedade (Rumeu, 2004; 2013), afastando-se do que se observa no português europeu.

A retomada de alguns resultados acerca da dinâmica variável das formas *tu/você* evidencia a repercussão de um sistema variável de referência ao sujeito de 2P do discurso também na expressão escrita do português. Na sequência, mantém-se o foco no *você*, desvelando-o, contudo, na perspectiva da gramaticalização.

## *Vossa mercê* → *você* no viés da gramaticalização

A expressão nominal de tratamento *Vossa Mercê*, constituída por sintagma nominal (*Vossa* + 'nome abstrato' *mercê*), no seu processo de gramaticalização, sofreu notável erosão fonética (*Vossa Mercê* → *vosmicê* → *você* → *cê*) e "desbotamento" semântico, generalizando-se como uma forma pronominal recorrente de segunda pessoa. A alta frequência de uso desgastou o propósito comunicativo inicial de cortesia, respeito, distanciamento e indiretividade, características do tratamento original. Perdeu-se também o caráter metonímico, adquirindo caráter mais dêitico (Faraco, 1996: 66).

Tal mudança, entretanto, não foi um processo isolado, mas gradual, por ser um fenômeno que pode ser analisado como consequência de uma mudança encaixada (*embedding problem*[3]) não só na estrutura interna da língua, mas também na estrutura social, expondo a "língua como o sensor das transformações sociais" em consonância com Bakhtin/Voloshinov (1973: 19 apud Faraco, 1996: 57).

Como discutido na subseção "A história de formação do pronome *você* na língua portuguesa", em termos da estrutura social, emergem formas nominais de tratamento que passaram a substituir o tratamento cortês universal *vós*, em um primeiro momento pela ascensão da nobreza e mais tarde da burguesia, que também exigiu um tratamento diferenciado. Essa propagação que começou "de cima para baixo" disseminou-se pela comunidade como um todo, fazendo com que *Vossa Mercê* → *você* perdesse sua concepção semântica inicial de tratamento distante, passando a um pronome pessoal de 2P.

Alguns princípios teóricos previstos no paradigma da gramaticalização podem ser elucidativos para a compreensão de tal processo de mudança da forma nominal de tratamento para pronome pessoal de 2P.

O princípio da *estratificação* ou *layering* (Hopper, 1991) estipula a coexistência entre o novo e o velho em um domínio funcional amplo. O tratamento *Vossa Mercê* passou a concorrer com *vós*, a partir do século XV, como estratégia de cortesia. A substituição de uma estratégia pela outra não ocorreu de maneira imediata, mas ambas conviveram durante um longo período de transição. Assim, emerge uma nova camada e *Vossa Mercê* também desgastou o seu traço de polidez, como ocorreu com *vós*. Graficamente, tal forma era representada nos textos remanescentes por diferentes variantes, até aparecer como *você* (*Vosmecê, vossuncê, vossê, você* etc.). Surge uma nova camada de variação entre *Vossa Mercê* e *você*, sobretudo pela perda gradativa do traço de cerimônia da primeira forma. No século XIX, o inovador *você* é uma estratégia híbrida e ambígua, transitando por espaços discursivo-pragmáticos distintos. Por um lado, resguarda propriedades do antigo tratamento nominal abstrato com traços de distanciamento, por outro, concorre com o solidário *tu*. Em outra etapa, a forma emergente *você* assume, realmente, os contextos funcionais típicos da forma mais antiga *tu*, nesse caso, como estratégia empregada nas relações mais solidárias.

Tal aspecto remete ao princípio da *divergência*, pois, em processos de gramaticalização, postula-se a permanência do item lexical original (*Vossa mercê*) convivendo de forma autônoma ao lado do item gramaticalizado (*você*) com valores distintos. Como dito anteriormente, a partir de meados do século XIX, o emprego de *Vossa Mercê* e *você* tornou-se funcional e discursivamente divergente. A forma vulgar *você* tornou-se usual em relações assimétricas de superior para inferior, podendo assumir, inclusive, em algumas situações sociopragmáticas, conteúdo depreciativo, em oposição à sua contraparte desenvolvida *Vossa Mercê*, ainda presente nas relações assimétricas ascendentes. No Brasil do século XIX, a concorrência passou a ser maior entre *tu* e *você* em relações solidárias mais íntimas e de confiança, ao passo que *Vossa Mercê* foi-se tornando gradativamente uma forma obsoleta.

Outro princípio, o da *especialização*, associa-se à limitação das opções, que ocorre quando há um estreitamento da variedade de escolhas, fazendo com que uma das formas se torne, em determinados contextos, praticamente obrigatória. A forma *você*, ao integrar-se no paradigma de pronomes pessoais como variante de 2P, trouxe para o paradigma verbal a sua marca formal de 3P. A manutenção da concordância de terceira pessoa, propriedade proveniente das formas nominais originais, fez com que essa nova forma gramaticalizada se especializasse para indicar a pessoa gramatical na posição de sujeito, uma vez que a marca desinencial não é mais capaz de fazê-lo:

**Quadro 1 – Neutralização das marcas de pessoa**

| | |
|---|---|
| Você [2SG] | fala [3SG] |
| Ele [3SG] | |
| A gente [1PL] | |

Além da referência definida, a forma *você* teve seu uso ampliado para contextos de referência indeterminada, ocorrendo também em construções existenciais, como em ***Você** tem uma loja lá na esquina* (= *Há uma loja lá na esquina*) (cf. Duarte, 1995, 1999, 2003; Avelar, 2003).

A conservação de alguns traços do significado original, mantidos na nova forma gramaticalizada, remete ao princípio da *persistência*. Nos processos de gramaticalização, detalhes da história lexical do item podem se refletir na forma gramaticalizada, principalmente durante estágios intermediários. No caso do português brasileiro, o vestígio original de *Vossa Mercê* que se manteve em *você* estaria relacionado a um processo de abstratização do sema de cortesia e da indiretividade. Em outras palavras, a nova forma pronominal apresentava resquícios de maior distanciamento, se comparada à forma *tu*, e uma carga semântica, ainda que desgastada, de cortesia. Mesmo quando o pronome *você* passou a já ser interpretado como variante de *tu*, em alguns casos específicos, manteve resquícios de formalidade de *Vossa Mercê*. O seu emprego, em cartas do século XIX, servia como estratégia de atenuação a favor da polidez linguística, marcando um maior distanciamento, o que garantia um tom menos invasivo à interação.

Mesmo em dados orais sincrônicos ainda podem ser identificadas diferenças de uso entre o emprego de *você* e *tu*, que podem remeter a antigos valores ou persistências no âmbito semântico-discursivo e pragmático. O emprego de *tu*, na maior parte do Brasil, é favorecido em atos diretivos, contextos de referência determinada, situações mais solidárias e íntimas na fala de jovens, principalmente os de menor instrução. O emprego da forma *você*, por outro lado, é mais produtivo quando há maior neutralidade, caráter "menos invasivo", contexto indeterminado.

Pelo gradualismo do processo, além da persistência semântica, persistiram, como comentado, traços formais. Está nesse caso a concordância verbal na terceira pessoa típica dos nomes.

Por fim, o princípio da *decategorização* (ou *descategorização*), proposto por Hopper (1991), consiste na neutralização das marcas morfológicas e propriedades sintáticas da categoria-origem (nome ou sintagma nominal) e a assunção dos atributos da categoria-destino (forma pronominal). Na pronominalização de *você*, não foram perdidas todas as propriedades formais nominais, assim como não foram assumidas todas as propriedades intrínsecas aos pronomes pessoais. Quanto ao traço de pessoa, por exemplo, a forma gramaticalizada *você* integrou-se ao quadro pronominal como uma forma de 2ª pessoa, embora a concordância com o verbo tenha mantido a especificação formal de 3ª pessoa da categoria-fonte.

Outro aspecto relevante relacionado a esse princípio diz respeito ao fato de *você* ter se implementado em alguns contextos sintáticos mais do que outros, criando aparentes idiossincrasias que se fixaram no quadro pronominal do português. A inserção de *você* se deu primeiramente na posição de sujeito. *Você* e *tu* coexistem no singular e *vocês* é praticamente categórico no plural na posição de sujeito. Nas demais posições, contudo, nem o pronome complemento *o/a/os/as* nem o possessivo *vosso* se mantiveram produtivos; em seu lugar, emprega-se com maior frequência o *te* variando em menor escala com *você, lhe* e objeto nulo. É interessante ressaltar que Vitral e Ramos (2006) mostram que a redução fonética em *cê* só ocorre na posição de sujeito, enquanto *ocê* se combina a formas preposicionadas (*isso é procê*). Como afirma Company-Company (2003), trata-se de um processo dialético permanente entre várias tendências ou motivações comunicativas que se complementam e se equilibram. Uma variante pode vencer a outra a partir de um emprego novo discursivamente motivado, gerando-se assim desequilíbrios e inovações. Nesse processo dialético de forças comunicativas e de tendências, ora conservadoras (outorgando estabilidade), ora inovadoras (desestabilizando e gerando mudanças), é que se produzem fenômenos de gramaticalização.

## *Corpus* e questões teórico-metodológicas

O estudo das formas pronominais de tratamento, seja na sincronia, seja na diacronia, só pode ser realizado a partir de amostras de textos orais ou escritos específicos, nos quais haja realmente situações dialógicas e interativas. Trata-se, pois, de um fenômeno que não ocorre em qualquer gênero textual e por essa razão, como se viu na subseção "A história de formação do pronome *você* na língua portuguesa", os estudos diacrônicos sobre o tema estão calcados, principalmente, em peças teatrais ou em cartas, sejam as de leitores publicadas na imprensa, sejam as de caráter mais pessoal.

Como certos documentos previstos no *corpus* mínimo do Projeto Para uma História do Português Brasileiro (PHPB) não se prestam ao estudo do fenômeno, foi sendo constituída uma amostra de cartas pessoais para atender aos propósitos deste capítulo. Como gênero discursivo bastante conhecido no mundo ocidental, a carta se configura como uma circunstância espontânea de comunicação verbal, uma enunciação sem a presença do interlocutor *in loco* que, entretanto, é pressuposto (Bakhtin, 1997).

Apesar de a carta pessoal, nos dias de hoje, se configurar como um gênero de circulação esporádica – devido à utilização de outras formas de comunicação mais rápidas como, por exemplo, o e-mail –, ela mantém e amplia cada vez mais a sua importância para as investigações históricas de uma língua. Há de início dois fatores que evidenciam essa importância: por um lado, a carta pessoal guarda traços de proximidade comunicativa entre os interlocutores, o que evidencia o uso da língua em situação de maior espontaneidade; por outro, a carta encontra-se na gênese de muitos outros gêneros em circulação em diferentes domínios discursivos (Paredes Silva, 1988). Pessoa (2002: 197) é um dos autores que ressalta a relevância do estudo da "*evolução desse gênero textual, a sua função em diferentes épocas e seu papel no desenvolvimento de outros gêneros*".

Considerando que os rótulos ajudam a diferenciar os aspectos formais e interpretativos dos textos, Maingueneau (2006: 244) procura esclarecer os conceitos de hipergênero e gênero:

> No caso de rótulos que se referem a um tipo de organização textual, mencionamos em primeiro lugar aquilo a que demos o nome de hipergêneros. Trata-se de categorizações como "diálogo", "carta", "ensaio", "diário" etc., que permitem "formatar" o texto. Não se trata, diferentemente do gênero do discurso, de um dispositivo de comunicação historicamente definido, mas um modo de organização com fracas coerções que encontramos nos mais diversos lugares e épocas e no âmbito do qual podem desenvolver-se as variadas encenações de fala.

A carta perpassa diferentes domínios discursivos, pois está presente no domínio pessoal (cartas de família, de amor, de amigo), no domínio jornalístico (carta do leitor, carta do redator) e no domínio comercial (carta de referência, de cobrança). Por assumir várias naturezas e finalidades, a carta pode ser tratada como hipergênero, uma vez que ela apresenta um tipo de organização textual recorrente, que pode se configurar em diferentes sequências textuais, ligadas por elementos comuns (Maingueneau, 2006). Essa variedade de domínios discursivos, de natureza e de finalidade acarreta a adoção de diferentes rótulos, entre os quais: carta comercial, carta administrativa, carta do redator e carta pessoal. O emprego do vocativo, por exemplo, já dá pistas do subgênero ao qual a carta corresponde: do leitor, aberta, comercial, pessoal etc.

O gênero carta pessoal foi adotado como o *corpus* basilar para todas as análises deste capítulo. É utilizado na comunicação com amigos, parentes ou com cônjuges, tende a ser mais informal que a correspondência oficial e comercial, caracterizando-se muitas vezes pela linguagem coloquial. A carta pessoal tem servido de base a inúmeras pesquisas diacrônicas em virtude dessas características, que tendem à informalidade, à diversidade temática, à recorrência dos seus elementos constitutivos, ao caráter diverso dos interlocutores, à variedade dos propósitos comunicativos, ocupando, de acordo com essas características e com outras, diferentes espaços no contínuo da proximidade à distância comunicativa. Trata-se, por isso, de um gênero bastante recorrente nos estudos sobre os pronomes de tratamento.

Para traçar esse contínuo entre a imediatez e a distância comunicativas, Koch e Österreicher (2007) estabeleceram os parâmetros que determinam um grande número de formas comunicativas e que definem diferentes combinações das condições comunicativas que estabelecem os dois polos. Os autores postulam que as formas comunicativas passam por dois meios dicotômicos de realização, o fônico e o gráfico, e a concepção dessas formas comunicativas ocorre no contínuo das extremidades *falada* (proximidade comunicativa) e *escrita* (distância comunicativa). A carta de caráter mais pessoal prototípica, por exemplo, tem concepção *falada* e meio de realização *gráfico* (escrita) e apresenta uma combinação paramétrica que favorece a proximidade comunicativa no que diz respeito à privacidade, à familiaridade entre os interlocutores, à emocionalidade, à espontaneidade relativa e ao desenvolvimento temático livre. Daí a carta pessoal ter um caráter de "conversação escrita".

A essência das cartas está pautada na relação existente entre o remetente e o destinatário. Sendo assim, a relação entre os interlocutores de uma carta pessoal determina as escolhas linguístico-discursivas que dão corpo à carta em diferentes situações comunicativas com propósitos comunicativos diversos, tais como: expressar amizade, comentar sobre a vida alheia, dar notícias, declarar amor, fazer pedidos de dinheiro etc.

Para que se mantivesse um nível possível de comparação entre os estudos do tratamento nas localidades representativas de três regiões brasileiras (sudeste, sul e nordeste), como consta da próxima seção, as análises basearam-se, pois, em cartas pessoais consideradas aqui como um hiperônimo que abrange os subgêneros: carta familiar, de amor e de amigos.

Há uma zona de aproximação, com componentes similares que envolvem os três subgêneros. Um olhar mais superficial leva a uma identificação generalizada, englobando todos os textos em um só rótulo. Outro olhar, mais acurado, mostra que esses subgêneros estão unidos por elementos comuns, como os demais textos dessa tradição discursiva, um padrão composicional reconhecido que ancora o texto: o local, a data, o vocativo, a captação de benevolência, o corpo do texto, a despedida e a assinatura; entretanto, guardam alguns traços de autonomia fortemente relacionados ao tipo de relação estabelecido entre o emissor[4] e o destinatário, o que acarreta maior ou menor grau de cumplicidade, de afetividade, de expressividade, com implicação direta na escolha do tratamento a ser empregado. Cada subgênero desses se molda às condições de produção: uma finalidade reconhecida; parceiros legítimos, ou seja, interlocutores de acordo com a situação; lugar e momento legítimos; suporte material; organização textual (Maingueneau, 2001).

Em termos teórico-metodológicos, adotou-se uma abordagem que envolve a interface de pressupostos mais amplos da pragmática sociocultural (Teoria da Polidez e Teoria do Poder e da Solidariedade) e da Sociolinguística histórica, associadas, vez por outra, ao conceito de Tradição Discursiva (Brown e Gilman, 1960; Brown e Levinson, 1987; Conde Silvestre, 2007; Koch, 2008; Kabatek, 2006). A discussão dos resultados transita da análise quantitativa à análise qualitativa com base nos fatores pragmáticos e nos papéis sociais dos interlocutores que condicionam a opção por certas formas de tratamento e suas variantes.

No âmbito da Sociolinguística histórica (Conde Silvestre, 2007), são aplicados alguns princípios da Sociolinguística sincrônica para o estudo e interpretação dos dados do passado. É preciso, considerar, entretanto, as especificidades e as dificuldades enfrentadas nos trabalhos com base em fontes históricas. Não basta, para as análises da Sociolinguística histórica, a simples transposição da metodologia de base laboviana. Os estudos de natureza histórica, *stricto sensu*, enfrentam diversos problemas para a análise de textos de sincronias passadas, uma vez que a informação sobre as fontes que chegam às mãos do investigador é "*fragmentária, escassa e dificilmente vinculável com a produção real de seus falantes*" (Conde Silvestre, 2007: 35). Em diversos estudos de sociolinguística histórica, como o proposto aqui, a análise é feita a partir das frequências brutas dos fatores linguísticos e sociais controlados, porque nem todas as "células" podem ser preenchidas.[5] Nesse processo, a descoberta de novos materiais sempre poderá elucidar as lacunas observadas nos estudos parciais feitos com os dados até então disponíveis.

No viés sociopragmático, procura-se identificar a motivação e a intencionalidade comunicativa embutida na forma de tratamento escolhida pelos missivistas da amostra, a partir do controle do tipo de relação social existente entre remetente e destinatário. Para tanto, foram revisitadas a Teoria da Polidez e a dicotomia "poder e solidariedade". À luz da Teoria da Polidez, idealizada por Brown e Levinson (1987), leva-se em conta que, durante a interação, os interlocutores fazem uso de estratégias de polidez, como, por exemplo, as formas de tratamento, para manter preservada a própria face e a do outro (ou preservação do território). Tais recursos funcionam como formas mitigadoras dos atos de fala que por si só são considerados ameaçadores à face do interlocutor. Os autores fazem uma distinção entre face positiva (face) e face negativa (território).[6] A ideia elementar é a de que a interação é o lugar do conflito e as estratégias de polidez são recursos para evitá-lo. Assim, é preciso lidar com a preservação pessoal e o modo como se é visto socialmente.

O controle dos tipos de relações sociais baseou-se no tradicional modelo proposto por Brown e Gilman (1960). A adoção de tal perspectiva deu-se pelo fato de a amostra se referir a um período histórico em que as relações sociais e familiares ainda eram fortemente marcadas ou hierarquizadas. A oposição entre "poder e solidariedade" que aparece nesse texto clássico foi revisitada em diversos estudos. Briz (2004: 80), por exemplo, considera que a solidariedade se refere a relações de proximidade e simetria entre os interlocutores que se negociam e se constroem na interação, independentemente do estatuto social. Nesse sentido, as relações mais simétricas são aquelas em que existe, ou parece existir, igualdade funcional entre os participantes da interação, tais como idade, gênero ou profissão. Outros fatores sociopragmáticos definem as interações de mais proximidade, quando os interlocutores têm mais experiências ou saberes compartilhados, maior grau de contato físico e de compromisso afetivo. As relações assimétricas são marcadas pelo poder como relações verticais, diferenciáveis ou não recíprocas (diferentes faixas etárias, gêneros ou posições hierarquias institucionais). O papel funcional, os direitos e as obrigações se apresentam de algum modo determinados e mais estritamente submetidos a convenções sociais. Estabeleceram-se, para este estudo, os tipos básicos de relação com ênfase nas relações de parentesco e entre amigos:

a. Relações assimétricas descendentes (de superior para inferior): pai-filho, mãe-filho etc.
b. Relações assimétricas ascendentes (de inferior para superior): filho-pai, filho-mãe etc.
c. Relações simétricas (solidárias): entre amigos, entre casais etc.

Com a perspectiva das Tradições Discursivas, verificou-se que as escolhas do sistema de tratamento, na virada do século XIX ao XX, são motivadas também pela natureza e pela historicidade do texto, neste caso pela natureza das cartas pessoais. Partiu-se, então, do entendimento de que Tradição Discursiva (TD)

> [...] é a repetição de um texto ou de uma forma textual ou de uma maneira particular de escrever ou falar que adquire valor de signo próprio (portanto é significável). Pode-se formar em relação a qualquer finalidade de expressão ou qualquer elemento de conteúdo, cuja repetição estabelece uma relação de união entre atualização e tradição; qualquer relação que se pode estabelecer semioticamente entre dois elementos de tradição (atos de enunciação ou elementos referenciais) que evocam uma determinada forma textual ou determinados elementos linguísticos empregados. (Kabatek, 2006: 157)

A relevância da incorporação do modelo de TD ao tripé de sustentação teórica desta pesquisa advém do fato de tal perspectiva, no processo analítico sócio-histórico dos usos linguísticos, contribuir com a distinção entre as ocorrências que retratam a norma vigente no período estudado e as fórmulas fixas, convencionalizadas em determinado gênero particular.

Para a proposta de análise adotada neste capítulo, defende-se, com base no estudo de Koch (2008), que certos atos linguísticos diretivos, como um pedido, uma ordem, uma recomendação, por exemplo, seriam atos ameaçadores, já que pressupõem uma ação futura do ouvinte/destinatário. Por essa razão, constituem uma intromissão no "território" do outro (Goffman, 1967, apud Koch, 2008).

As línguas, no geral, apresentam procedimentos distintos de cortesia para evitar ou atenuar essas ameaças pragmáticas, como ocorre com os tratamentos abstratos de base nominal (*Vossa Mercê*, *Vossa Majestade*, *O Senhor* etc.) ou mesmo com a pluralização do pronome (o emprego de *vós* no lugar de *tu*). Nos dois casos, a referência se dá a um grupo mais amplo, a uma entidade abstrata ou a uma qualidade do interlocutor. Adotando tal perspectiva, defende-se, por hipótese, que a forma pronominal *você* pode ter mantido algum valor de cortesia advindo de *Vossa Mercê*. Nesse sentido, o seu emprego no lugar do tratamento direto *tu* poderia ser uma estratégia de polidez/cortesia, durante o século XIX, que foi se espraiando com maior ou menor velocidade pelo PB, no século XX, ao assumir os contextos antes destinados ao íntimo e solidário *tu*. Pela preservação de alguns traços originais, *você* tornou-se uma estratégia de referência neutra em algumas localidades mais que outras, funcionando como uma estratégia "coringa" para os novos papéis sociais das sociedades contemporâneas.

## A EVOLUÇÃO REGIONAL DE *VOSSA MERCÊ*, *VOCÊ* E *TU* (E OUTRAS FORMAS VARIANTES DE 2ª PESSOA DO SINGULAR) NA POSIÇÃO DE SUJEITO

Nesta seção, serão apresentados os resultados da distribuição regional quanto às formas variantes de 2ª pessoa na posição de sujeito ao longo dos séculos XIX e XX. As subseções feitas por localidade levam em conta os materiais documentais históricos que estão disponíveis para cada região brasileira. Por conta da história local de cada área analisada, as amostras não são efetivamente comparáveis, por isso as análises descritivas são apresentadas separadamente. No geral, deu-se ênfase a cartas de cunho pessoal, prevalecendo as trocadas entre membros da mesma família, cartas de amor (trocadas entre casais) e cartas de amigos, por favorecerem a emergência de estratégias de tratamento de segunda pessoa (doravante 2P). Além da descrição da amostra analisada, levam-se em conta: (i) as formas de tratamento de 2P na posição de sujeito; (ii) o controle de questões relativas às relações de poder e solidariedade; (iii) os graus de parentesco e (iv) os papéis sociais assumidos pelo remetente e destinatário das missivas.

A seção está organizada por região geopolítica e subdividida por estado e/ou sua capital, a depender das fontes documentais levantadas. Para cada área analisada, tem-se como ponto de partida o subsistema de tratamento atual empregado na posição de sujeito descrito por Scherre et al. (2009) e adaptado por Lopes e Cavalcante (2011). Do presente para o passado, parte-se da proposta do quadro pronominal de 2P atual por região para observar, na documentação remanescente, como se configuravam os subsistemas de tratamento nos séculos XIX e XX. Na sequência, serão apresentados os resultados obtidos na posição de sujeito, em cada região estudada, tendo em vista a documentação levantada e disponível para cada estado.

## Do presente para o passado: os subsistemas de tratamento atuais no PB na posição de sujeito

Embora ainda não haja um completo mapeamento descritivo da atual situação do sistema pronominal de tratamento de segunda pessoa do português brasileiro, estão sendo delineadas algumas propostas tanto no âmbito sincrônico quanto no âmbito diacrônico. Está no primeiro caso o levantamento feito por Scherre et al. (2009; 2015) a partir de estudos realizados com dados da oralidade. Os autores, com base em diversos trabalhos realizados até 2012, propõem a existência de seis subsistemas de tratamento no PB, tendo em vista o controle da concordância estabelecida entre o pronome sujeito e o verbo. Os seis subsistemas estariam assim subdivididos:

1. VOCÊ: uso exclusivo das variantes *você/cê/ocê*. Subsistema predominantemente concentrado na área central do país. Na região Centro-Oeste, com exceção de Brasília, é identificado nos estados de GO, MT e MS. Na região Sudeste, é encontrado em MG (com exceção de São João da Ponte) e SP (com exceção de Santos). Na região Nordeste, aparece basicamente na capital da BA (Salvador). Na região Norte, foi localizado até agora em TO. Na região Sul, é encontrado no PR;
2. *TU com concordância baixa*: predomínio de *tu* acima de 60% com concordância abaixo de 10%. Subsistema que aparece apenas em duas regiões: Norte (AM) e Sul (RS);
3. *TU com concordância alta*: predomínio de *tu* acima de 60% com concordância entre 40% e 60%. Também aparece nos extremos: Região Norte (PA) e Região Sul (SC);
4. *TU/VOCÊ com concordância baixa*: uso médio de *tu* abaixo de 60% com concordância abaixo de 10%. Identificado nas regiões Nordeste (MA) e Sul (SC);
5. *TU/VOCÊ com concordância média*: uso médio de *tu* abaixo de 60% com concordância entre 10% e 39%. Ocorre em vários estados da região Nordeste (MA, PI, CE, PB, PE). Na região Norte (AM) e na região Sul (SC);
6. *VOCÊ/TU sem concordância*: uso de *tu* de 1% a 90%. Identificado em todas as regiões do Brasil, com exceção na região Sul: Centro-Oeste (DF), Sudeste (RJ e SP, particularmente em Santos), MG (na área rural); Nordeste (MA, TO, BA fora da capital); Norte (RO, AC, TO).

O mapa a seguir dá um panorama geral dos subsistemas atuais pelo Brasil:

Figura 1 – Seis sistemas dos pronomes de segunda pessoa *você* e *tu* no português brasileiro

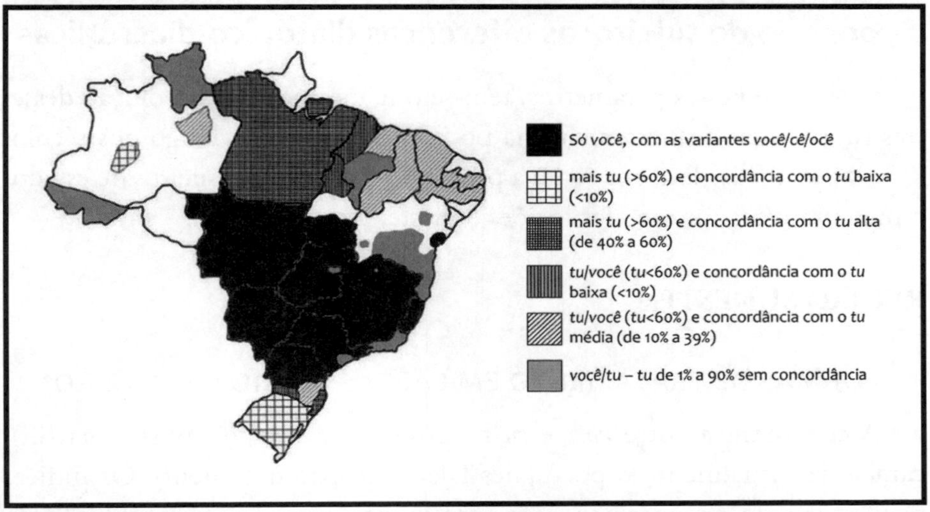


Fonte: Scherre et al., 2015: 142.

Os seis subsistemas podem ser agrupados em três se não for levada em conta a questão da concordância: (i) *você*, (ii) *tu* e (iii) *você/tu* (cf. Lopes e Cavalcante, 2011). Tal amálgama é possível sobretudo para os estudos históricos. Por se apoiarem em textos escritos, a concordância ou mesmo as marcas desinenciais de 2P aparecem sempre registradas. Nesse sentido, consideram-se como pertencentes ao subsistema (i) *você* os indivíduos/missivistas que empregam majoritária ou exclusivamente o pronome *você* no trato com o interlocutor (1); o subsistema (ii) *tu* refere-se a indivíduos/missivistas que empregam o tratamento *tu* com ou sem marcas de concordância (2); por fim, o subsistema (iii) *você/tu* contemplaria o uso variável, por parte dos indivíduos/missivistas, das duas formas de tratamento em referência ao interlocutor (3):[7]

(1) [20,1 CP MG] [...] *a nave que **você** pilota há de erguer vôo seguro elevando você às alturas onde quizer ficar.*

(2) [20,1 CP RJ] *Eu soube que **tu** vinhas do dia 4 de Setembro. Ø **pediste** que tua mãe Ø **foste** te buscar* [...]

(3) [20,1 CP RJ] ***Você** vê minha amizade por meu irmão.* [...] *Quando visite o tumulo de nossa santa mãe não te Ø **esqueças** de pedir pelas minhas intenções.*

## Evolução histórica dos subsistemas de tratamento na posição de sujeito: as diferenças diatópico-diacrônicas

Com base nesses parâmetros, tem-se o mapeamento da evolução desses três subsistemas de tratamento na posição de sujeito ao longo dos séculos XIX e XX. A análise leva em conta a produção escrita de brasileiros de estados representativos, por ora, das regiões Sudeste, Nordeste e Sul.

### REGIÃO SUDESTE

#### FORMAS DE TRATAMENTO EM CARTAS DO RIO DE JANEIRO[8]

A coexistência entre *você* e *tu* na posição de sujeito, subsistema (iii), caracteriza atualmente o português falado no Rio de Janeiro. Os índices percentuais do pronome *tu*, sem a desinência verbal canônica de 2P do singular, são bem inferiores aos de *você*. A depender do tipo de amostra de fala[9] e da situação interacional, as frequências podem ser bastante baixas, com média de 5%, ou atingirem patamares que ultrapassem 60% de frequência, como identificado em gravações ocultas de conversas naturais (cf. Paredes Silva, 1996).

As formas variantes *você* e *tu* na fala carioca são tidas ao mesmo tempo como divergentes e convergentes em termos dos sistemas socioindexicais. Isso significa que o emprego de *tu* ainda pode estar associado a um grupo social específico ou a uma situação discursivo-pragmática determinada (atos diretivos de maior proximidade e identidade social na fala de jovens). A variante *você* teria valor socioindexical neutro (forma não marcada), funcionando como uma opção mais utilizada em situações urbanas plurilíngues. A convergência entre *você*-*tu* na fala urbana carioca está em progressiva ascensão com a perda gradativa e contínua do valor estereotipado de *tu* sem marca desinencial no verbo em uma cidade cosmopolita, complexa e multifacetada como o Rio de Janeiro (Maia, 2012).

A constituição desse quadro atual de coexistência entre *você* e *tu* no Rio de Janeiro precisa ser mapeada em termos socio-históricos. As diversas análises feitas, a partir de cartas produzidas por residentes no Rio de Janeiro no fim do século XIX e ao longo do século XX, mostraram que tal coexistência das duas formas variantes é bastante antiga. Na documentação analisada, é possível verificar nitidamente remetentes empregando, em uma mesma carta, somente *você*, somente *tu* ou as duas formas em variação. Entretanto, algumas questões ainda precisam de respostas: como se constituiu o subsistema atual de tratamento do Rio de Janeiro (*você-tu*)? É possível identificar etapas de mudança ao longo do tempo? As formas *tu* e *você* sempre foram variantes com os mesmos valores sociopragmáticos?

## *Informações sobre a amostra de cartas do Rio de Janeiro*

Para uma visão panorâmica da variação *tu* e *você* em mais de 100 anos de produção escrita do Rio de Janeiro, foi utilizada basicamente a amostra de cartas organizada por Souza (2012). Embora tal amostra não seja completamente homogênea em termos dos fatores extralinguísticos recorrentes nos estudos sociolinguísticos (faixa etária, gênero, escolaridade etc.), pela própria natureza e dificuldade na organização de *corpus* em estudos históricos, considera-se um material bastante representativo, como será discutido adiante.

Foram analisadas 366 cartas escritas, entre 1870 e 1979, por pessoas que pertenciam a diferentes grupos de famílias, para que se tivesse um perfil amplo da comunidade estudada. Grande parte das cartas, levantadas para o estudo das mudanças do sistema pronominal, principalmente o de 2P, está disponível no site <www.letras.ufrj.br/laborhistorico>. A natureza da amostra é diferenciada porque o estudo de formas de tratamento depende de situações interativas, daí a necessidade de organizar um *corpus* de cartas de caráter mais pessoal, como é o caso das missivas trocadas entre familiares, amigos e casais.

Apesar da dificuldade de organizar material comparável, a preparação da amostra levou em conta o fato de as cartas terem sido escritas por brasileiros nascidos no estado do Rio de Janeiro e/ou no antigo Distrito Federal. Algumas delas foram apenas escritas por brasileiros que moraram ou passaram grande parte da vida e mantiveram suas redes de relação social no estado do Rio de Janeiro. Com exceção de um casal de noivos, que não eram pessoas ilustres, a maior parte das fontes documentais foi produzida por indivíduos oriundos de famílias abastadas. Como se sabe, é esse tipo de documentação que está disponível nos acervos, arquivos e bibliotecas públicas.

Algumas breves informações gerais sobre a amostra são dadas a seguir:[10]

- As cartas da *Família L. A.* foram escritas entre os anos de 1900 e 1910. As relações de parentesco encontradas na amostra foram: mãe → filho, pai → filho, filho → mãe, filho → pai, irmão → irmã e irmãos. Um dos filhos era um comerciante de Petrópolis, nascido no município de Vassouras, no Rio de Janeiro, em 1882. Tinha seis irmãos, com os quais se correspondia regularmente.
- O patriarca da *Família Ped.* nasceu no Rio de Janeiro, em 1826. Bacharel em Direito, escrevia para seus filhos e netos, além de seu genro. A partir desse casal, formou-se outro ramo da família. Era uma família bastante numerosa com diferentes tipos de relações: mãe → filho, pai → filho, filho → mãe, filho → pai, irmão → irmã, irmã → irmão, irmãos, irmãs, freira → madre, avô → neta, sobrinha → tia, tia → sobrinha(o) e esposo → esposa. As cartas foram escritas entre o período de 1870 e 1940.[11]
- *A. F. C.* da *Família C.* nasceu em 1852, no Rio de Janeiro. Formou-se em Direito pela Faculdade de São Paulo e teve uma vida política muito ativa no final do Império. Os parentescos encontrados nessa família do final do século XIX foram: prima → primo, esposo → esposa, mãe → filho, amigos, pai → filha.[12]
- A *Família Pe.*[13] é formada por políticos e seus familiares. As missivas que compõem o *corpus* foram escritas entre 1890 e 1920, ocorrendo os seguintes tipos de relação: mãe → filho, esposa → esposo, tia → sobrinho, irmã → irmão, filha → pai.
- As cartas da *Família Pa.* foram escritas entre os anos de 1880 e 1900. São cartas escritas trocadas entre esposo → esposa e entre avô → neta. A família é oriunda de Piraí, um distrito do Rio de Janeiro. Um dos remetentes nasceu em 1936. O assunto das missivas era o mesmo: enviar notícias sobre a viagem que fazia pelo país.
- *O. C.*[14] viveu e trabalhou grande parte da vida no Rio de Janeiro, atuando como cientista, médico, bacteriologista, epidemiologista e sanitarista. Formado pela Faculdade de Medicina do Rio de Janeiro, foi o pioneiro no estudo das moléstias tropicais e da medicina experimental no Brasil. As missivas utilizadas foram trocadas com sua esposa e sua filha entre os anos de 1880 e 1910.

- *C.B.O.*[15] nasceu em 1811 e também viveu maior parte da vida no Rio de Janeiro. Foi casado com sua prima, jovem de classe média. As cartas utilizadas foram escritas para seus netos.
- Do *casal J. e M.*[16] têm-se cartas de amor, escritas entre os anos de 1936-1937. O noivo J. residia no subúrbio carioca de Ramos, trabalhava no centro da cidade da antiga capital federal, e a noiva M. morava em Petrópolis e era mãe solteira. Os seus manuscritos testemunham claramente o discurso de pessoas comuns em sua vida cotidiana. J. possuía maior domínio dos modelos de escrita, provavelmente pelo fato de trabalhar com comércio, diferentemente de M., que tinha suas tarefas restritas ao lar.
- *F. C. S. B. N.* nasceu no Rio de Janeiro, em 1904. Formou-se pela Faculdade de Direito do Rio de Janeiro, na primeira turma de bacharéis da Universidade do Rio de Janeiro. Do acervo *Família B.*[17], têm-se cartas escritas entre 1930 e 1970, trocadas entre primo(a) → primo(a) e entre amigos.
- As cartas da *Família L.* não foram estudadas por Souza (2012), mas completam a amostra com dados novos da década de 1970. São 12 cartas trocadas por um casal de amigos que se tornaram namorados.[18]

### *Distribuição das formas variantes no Rio de Janeiro ao longo do tempo*

Foram analisados 1.525 dados, sendo 763 ocorrências de *você* e 762 dados da estratégia *tu*, como sujeito pleno ou nulo. Apesar de um equilíbrio bastante acirrado entre as formas variantes na totalidade da amostra, a distribuição da sua frequência de uso ao longo do período analisado não é regular, como pode ser observado no Gráfico 1:

**Gráfico 1 – Frequência de uso de *tu* e *você* em cartas familiares produzidas no Rio de Janeiro**

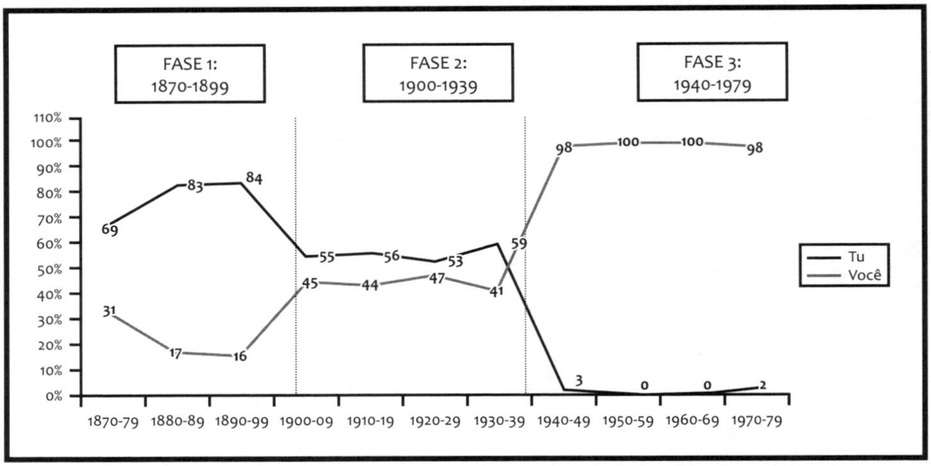


Fonte: Adaptado de Souza (2012) com acréscimo dos dados da família L. – 1970-1979.

O Gráfico 1 delineia o comportamento das formas variantes de 2P na amostra de cartas cariocas no período de 1870-1979. A sua configuração das curvas de frequência revela nitidamente etapas de um percurso de mudança como defende Souza (2012).

O pronome *você* era menos produtivo que a forma *tu* em 1870, mantendo-se assim até a virada do século XIX para o XX. A distribuição das duas formas se alternou a partir de então, com índices de frequência bastante equilibrados até 1930-1939. De 1940 em diante, houve outra mudança com a inversão do comportamento de *tu* e *você* em relação à fase inicial. O uso de *você* tornou-se majoritário com o declínio do pronome *tu* nas cartas em análise. Foi possível detectar três fases distintas ao longo dos séculos XIX e XX, conforme mostrou Souza (2012: 90):

i. de 1870 a 1899: *tu* era mais frequente que *você*;
ii. de 1900 a 1939: *tu* e *você* apresentando frequências próximas;
iii. de 1940 a 1979: predomínio de *você* sobre *tu*.

Nessas três etapas, os valores das duas formas e as próprias relações sociais se modificaram.

Na etapa (i) (1870-1899), *tu* e *você* não eram necessariamente formas variantes, uma vez que a primeira era empregada nas relações mais íntimas e a segunda ainda resguardava traços de cortesia de *Vossa Mercê*. Os contextos de uso e o efeito discursivo para o emprego das duas formas eram diversificados. O pronome *você*, empregado para atenuar pedidos (4-5), reclamações e ordens, funcionava como estratégia de discurso reportado na referência ao interlocutor, como se vê em (6). O pronome *tu*, por sua vez, era mais recorrente como estratégia de individualização do destinatário e nas relações mais íntimas, como em (7):

(4) [20,1 CP RJ] *Peço-te pois* ***intenderes*** *com elle esperando qelleasuma ao meo pedido, pelo q mui agradecido. Podia tambem escrever a seoPae, e Dr J. P. porem entendo não ser necessario só basta q* ***você*** *si interessou.*

(5) [19,2 CP RJ] ***Você*** *va pedindo a mamãe que lhe ensine a ler e escrever para com o tempo sustentarmos uã grande correspondencia*

(6) [19,2 CP RJ] *aqui se falla muito que* ***Você*** *está ganhando dinheiro como advogado, que hé muito procurado, que tens conferencias com os homens mais notaveis, qe hé muito consultado sobre negocios do Brasil enfim que tens brilhante posição, nada disto me admira*

(7) [19,1 CP RJ] ***tu*** *resolverás como entenderes, meu querido anjo, e, eu cegamente cumprirei o que* ***tu*** *ordenares*

Na fase (i), o emprego de *você* servia como estratégia de atenuação a favor da polidez linguística, marcando um maior distanciamento, o que garantia um tom menos invasivo à interação. Em (4), percebe-se um emprego motivado de *você*. Tem-se uma ordem dissimulada em um pedido, o que favoreceu o emprego de um tratamento atenuador. Na carta prevaleceu quase categoricamente o *tu*-nulo,[19] o intruso *você* não era uma variante pronominal, mas uma forma de tratamento que minimizava a solicitação feita. O tio afirma que não era preciso fazer o pedido ao pai, uma vez que o destinatário se interessou em resolver o problema e não outra pessoa.

Em (6) há outro contexto comum desse *você* híbrido no século XIX. Em grande parte da missiva, o tratamento utilizado também era pronome *tu*-nulo, em um tom que poderia ser qualificado como informal e solidário. Entretanto, o remetente dá voz a uma terceira pessoa e o que é dito pode ser lido como o pronunciamento dessa terceira voz. O remetente se descomprometeu com o que foi dito. Nesse contexto, mais marcado, o destinatário passou a ser tratado, assim, pela forma *você*.

Na fase (ii) (1900-1939), contudo, a forma *você* começou a ser empregada nos mesmos contextos funcionais de *tu*, com seu emprego em contextos mais informais e íntimos, como em (8):

(8) [20,1 CP RJ] *Pode* ***você*** *bem calcular o vasio infinito que se fez na minha vida*

O tipo de relação estabelecida nas missivas e o grau de parentesco também atuaram na escolha das formas. Quanto maior era a relação de intimidade entre os missivistas, maior o emprego de *tu*. Quanto menor a relação de intimidade, maior o uso de *você*, que preservava a semântica de [+distanciamento] e [-intimidade]. As relações familiares nucleares de consanguinidade (entre parentes de sangue) e as relações entre casais, entretanto, foram, por hipótese, os contextos de uso que resistiram à entrada de *você*.

Essa segunda fase mostra o momento crucial da disputa entre as duas estratégias na amostra do Rio de Janeiro. Uma hipótese explicativa para tal percurso deve se calcar no quadro social que se delineia ao longo do século XX em grandes cidades brasileiras, como é caso do Rio de Janeiro. As formas de referência à 2P acompanharam as mudanças nas relações sociais, inclusive familiares. Com a modernização e industrialização nos principais centros urbanos do Brasil, a partir da década de 1930, houve a ascensão de um novo grupo social: uma burguesia industrial. As alterações advindas da crise econômica do setor agroexportador do café e a consolidação econômica baseada na indústria afetaram as relações sociais e, consequentemente, as formas utilizadas no tratamento diário. Os anos 1930 constituíram um divisor de águas no Brasil marcado pela expansão de novas camadas sociais e de mobilidade na estrutura de classes. Tal mudança foi motivada também pela ampliação do mercado de trabalho e do mercado consumidor, principalmente na capital do país. Tratou-se de um período propício às mudanças no âmbito sociolinguístico do tratamento na esfera familiar, pessoal e interpessoal. Por essa razão, as formas de tratamento, vigentes até então no trato diário e nas relações de trabalho, tornaram-se instáveis nesse período. A reestruturação dos papéis sociais propiciou o emprego de um tratamento menos marcado, o que favoreceu ainda mais a crescente neutralização semântica de *você* e sua maior utilização em termos de frequência, como será discutido mais adiante.

Na fase (iii) (1940-1979), o uso de *você* suplantou a estratégia mais antiga com o seu espraiamento pelos contextos típicos de *tu*. Como uma estratégia de referência neutra, o pronome *você* tornou-se uma estratégia "coringa" para os novos papéis sociais das sociedades contemporâneas, principalmente em uma cidade cosmopolita como o Rio de Janeiro:

(9) [20,2 CP RJ] *São três e meia da manhã de domingo acabei de chegar do samba e ao subir me entregaram sua carta que em poucas linhas disse muitas coisas bonitas coisas que* ***você*** *sabe que sinto mas que não consigo passar para o papel.*

A distribuição distinta das duas variantes nas três fases postuladas, com base na amostra de cartas do Rio de Janeiro, deve ser analisada a partir dos fatores determinantes desse comportamento de *tu* e *você*. São períodos nítidos com (i) uso majoritário de *tu*, (ii) coexistência das duas formas e, por fim, (iii) emprego de *você* como um uso quase exclusivo, ou seja, com percentuais entre 95% e 99%. Por conta desses perfis distintos, análises parciais de cada período postulado se fazem necessárias para compreender como se deu a difusão de *você*, o que determinou seu espraiamento para contextos antes típicos de *tu* e em que espaços discursivo-funcionais o pronome *tu* se manteve. Na próxima seção, serão apresentados os resultados gerais e, por fase, do preenchimento do sujeito. Na seção subsequente, mostra-se a quantificação das formas *tu* e *você* tendo em vista as relações sociais estabelecidas entre remetente e destinatário. A apresentação levará em conta as fases postuladas no Gráfico 1. Serão discutidos, em seguida, os resultados das relações assimétricas e simétricas para, por fim, apresentar algumas generalizações que já podem ser feitas a partir da amostra de cartas produzidas ao longo de 100 anos no Rio de Janeiro.

## *O preenchimento do sujeito com* **você** *e* **tu** *em cartas do Rio de Janeiro*

O preenchimento do sujeito com *você* e *tu* também será observado, tendo em vista os dados globais e a sua distribuição pelas etapas observadas. Detectou-se, na amostra geral, a preferência pelo emprego de *você* como sujeito pleno (509/763 – 67%), ao lado de *tu* nulo (644/762 – 85%), como consta da Tabela 1:

**Tabela 1 – Distribuição geral do sujeito *você* e *tu* nas cartas do Rio de Janeiro (1870-1979)**

| Sujeito | Pleno | Nulo | Total |
|---|---|---|---|
| Você | 509/763<br>67% | 254/763<br>33% | 763 |
| Tu | 118/762<br>15% | 644/762<br>85% | 762 |
| Total | 627 | 898 | 1.525 |

Se for observada a distribuição do preenchimento do sujeito em 100 anos de produção escrita no Rio de Janeiro, tendo em vista as fases postuladas, têm-se os seguintes percentuais:

**Gráfico 2 – Frequência do preenchimento do sujeito *você* e *tu* em cartas do Rio de Janeiro**

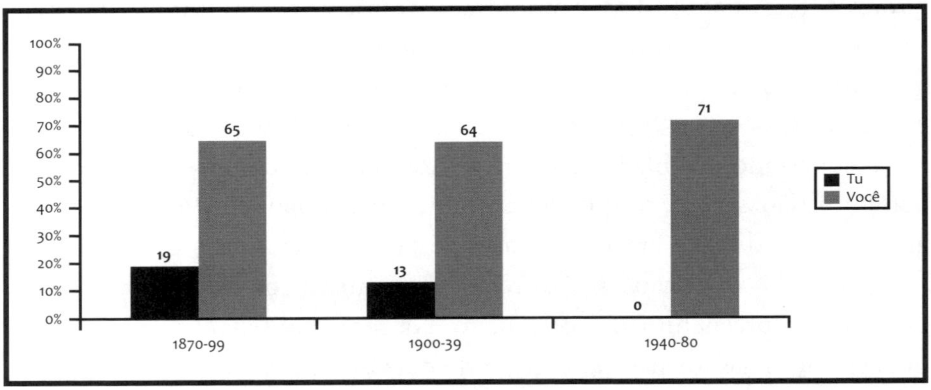


Diferentemente do que foi observado no Gráfico 1, que apresentou um comportamento distinto de *você* e *tu* ao longo do tempo, no Gráfico 2 nota-se que não houve diferenças significativas nas fases postuladas quanto ao uso do sujeito pleno. Os índices de *você* como sujeito pleno sempre foram expressivos, com valores acima de 60%: 65%, 64% e 71%, respectivamente. O pronome *tu*, por outro lado, apresentou índices abaixo de 20% também nos três períodos: 19%, 13% e 0%. Apesar desse equilíbrio identificado na amostra de cartas, destaca-se um incremento relevante na última fase para o *você* como sujeito preenchido. Embora a amostra seja de escrita, o percentual da última fase apresenta um acréscimo em relação às fases anteriores de quase 10%. Tais resultados corroboram análises anteriores que evidenciam o aumento das taxas de sujeito pleno no português brasileiro. Duarte (1993) verificou altos índices percentuais de sujeito nulo até 1950, considerando todas as pessoas gramaticais. A partir da segunda metade do século XX, as taxas de sujeito nulo começam a cair, atingindo percentuais inferiores a 30% na década de 1990.

No que se refere ao uso de *tu*, nota-se um favorecimento para o não preenchimento ao longo dos 100 anos de produção escrita. A maioria dos dados de sujeito pleno é motivada pela natureza da carta e/ou por motivações discursivo-pragmáticas, principalmente, na primeira fase. Os dados (10) e (11) foram, por exemplo, retirados de cartas amorosas em que a individualização do outro na interação fica exacerbada pela natureza do subgênero cartas de amor. O preenchimento com o *tu* ocorreu como estratégia de individualização do destinatário: ***tu*** *me pediste* (e não outra pessoa); ***tu*** *me amas* (e não outra pessoa). É possível interpretar o preenchimento por contraste, indicando referência disjunta à referência anterior, como em (12), ou mesmo posterior, como em (13), com um contraste que é estabelecido entre *eu* e *tu*. Há ainda ocorrências, entretanto, em que não se identifica uma motivação discursiva para o preenchimento. Os dados em que não há marca desinencial no verbo estariam nesse caso, como se vê em (14) e (15):

(10) [20,1 CP RJ] ***Tu*** *me pediste o retrato que te amostrei-te no Domingo*
(11) [20,1 CP RJ] *Sinto me feliz em saber que* ***tu*** *me amas*
(12) [19,2 CP RJ] *Talvez eu enviando esta com subscripto para teu tio,* ***tu*** *a recebas*
(13) [19,2 CP RJ] ***Tu*** *me dises que o O. esta aborrecido por eu me demorar aqui*
(14) [20,1 CP RJ] *nunca peissei que* ***tu*** *memandace uma carta dessas*
(15) [20,1 CP RJ] *só ati é que pertenço,* ***tú*** *é a dona do meu coração*

Os resultados do preenchimento, ou não, do sujeito com as formas de 2P (*você* e *tu*) sinalizam um comportamento bastante regular nas cartas analisadas com uma polarização fortemente estabelecida entre *você*-pleno e *tu*-nulo. Os raros dados de *tu* preenchido sem a marca desinencial de 2P que aparecem em fins dos anos 1930 anunciam, mesmo que timidamente, uma mudança de comportamento quanto ao padrão de preenchimento do sujeito. Com a ausência da desinência verbal original de 2P, coube à presença dos pronomes *tu* e *você* a indicação da pessoa, já que o verbo não traz mais tal informação.

### *Tipo de relação nas três fases postuladas*

a) Panorama geral dos resultados

Como discutido na seção "Aspectos históricos, teóricos e metodológicos acerca do estudo das formas de tratamento de 2ª pessoa na história do português", as relações sociais foram assim organizadas para a análise dos dados:

i. Assimétricas ascendentes (inferior-superior): filhos-pais, sobrinho-tio, freira-madre etc.;
ii. Simétricas (iguais): primos, amigos, irmãos, cunhados e casais;
iii. Assimétricas descendentes (superior-inferior): pai-filho, avô-neto, tio-sobrinho etc.

A hipótese principal é a de que o pronome *você* ocorreria como estratégia predominante em relações de inferior para superior (assimétricas ascendentes) pelo fato de tal forma ter herdado do tratamento nominal *Vossa Mercê* seu caráter indireto e atenuante, marcando respeito ou distância social. Nas relações simétricas (horizontais e recíprocas), haveria a disputa *você/tu*, com o uso mais frequente de uma ou outra estratégia a depender da época analisada. Já nas relações de superior para inferior (descendentes), a ocorrência de *tu* seria esperada por quem detém maior poder (diferentes faixas etárias, gêneros ou posições hierárquicas institucionais) (Arduin, 2005: 25; Valdés, 2004). Os estudos que trabalham à luz desses pressupostos discutem ainda que as sociedades contemporâneas estariam se tornando mais abertas e igualitárias, substituindo o eixo do poder pelo da solidariedade. Nesse sentido, haveria a diminuição da frequência de tratamento assimétrico em favor de um tratamento simétrico e solidário.

Como a distribuição das duas variantes é diferente nas três fases mostradas no Gráfico 1, é imprescindível analisar o emprego das formas variantes (*tu* e *você*) nas diferentes relações sociais pelas fases, como mostra o Gráfico 3:

**Gráfico 3 – Distribuição das formas *tu* e *você* nas três fases: tipo de relação em cartas do Rio de Janeiro**

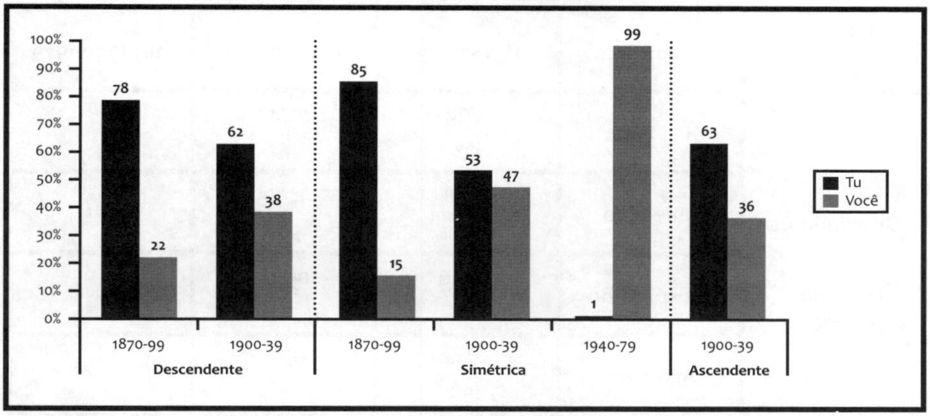


O Gráfico 3 apresenta a correlação entre as fases postuladas e as relações sociais controladas nas cartas. Em primeiro lugar, é possível observar, em termos gerais, o espraiamento e o caráter polifuncional de *você* ao longo do tempo nos diferentes tipos de relação. Nota-se também a perda gradativa do emprego de *tu*.

Nas relações descendentes (superior-inferior), com dados apenas nas duas primeiras fases, observa-se que, de uma fase para a outra, as taxas de *você* aumentaram (de 22% para 38%), embora o emprego de *tu* fosse mais frequente, confirmando a hipótese inicial. Nas relações simétricas, fica nítida a difusão gradativa de *você* de uma fase para outra: 15% na fase (i), 47% na fase (ii) e 99% na (iii). Nas relações ascendentes (inferior-superior), *você* se mostrou pouco produtivo na fase (ii) (36%), prevalecendo *tu* nas primeiras décadas do século XX (63%). Tal resultado para relações ascendentes não condiz com a hipótese de um uso mais distante e polido de *você* herdado do tratamento original *Vossa Mercê*. Que fatores podem ajudar a compreender tais resultados? A associação entre tipo de relação e grau de parentesco poderia elucidar a questão?

b) Relações assimétricas ascendentes e descendentes

A Tabela 2 apresenta de maneira pormenorizada algumas das relações de parentesco estabelecidas entre remetente e destinatário nas relações assimétricas que foram controladas na amostra, considerando as três fases postuladas na análise:

**Tabela 2 – Distribuição de frequência forma *você* em relação à forma *tu*: graus de parentesco em relações assimétricas nas cartas do Rio de Janeiro por fase**

| Relação Assimétrica | Parentesco | (I) 1870-99 | (II) 1900-1939 | (III) 1940-1979 |
|---|---|---|---|---|
| Descendente (superior-inferior) | Pai-filho | 8/69 12% | 02/45 4% | – |
| | Mãe-filho | 14/18 78% | 42/85 50% | – |
| | Tia-sobrinho | 04/06 67% | 05/16 31% | – |
| | Avô-neto | 11/74 15% | 0/03 0% | – |
| Ascendente (inferior-superior) | Filho-pai | – | 02/25 8% | – |
| | Filho-mãe | – | 08/08 100% | – |
| | Sobrinho-tia | – | 03/03 100% | – |

A Tabela 2 fornece resultados mais elucidativos para compreender os resultados não esperados para as relações assimétricas. Pode-se observar que há uma diferença de comportamento nas relações assimétricas a depender do gênero do missivista.

Em algumas relações assimétricas descendentes entre homens (pai-filho e avô-neto) prevalece o *tu*, ao passo que há predomínio de *você* se a missivista desse tipo de relação for mulher (mãe-filho e tia-sobrinho), como exemplificado de (16) a (18):

(16) [20,1 CP RJ] *A. || Saude te desejo e a todos os seus. Vamos indo sem novidade, E. tem melhorado da tosse* [...]. *O fim desta é te amolar um pouco, quando* ***vossé*** *aqui esteve conversamos a respeito da casa do J. L., por isso faço esta te perguntando, se esqueceu, estou ouvindo dizer que o F. foi ahi e quiz comprar a casa, mas não sei se estão em negocio, caso o J. L. não queira vender tudo, pode-se ver se elle vende um pedaço do terreno.* ***Vossé*** *querendo me favoreçer, compra para vossé* [...]

*Não quero te caçetear, dê um beijo nos pequenos e com M. aceite um abraço saudoso de Sua tia e ama cinçera || A. || Não repare a letra q estou muito sem vista*

(17) [20,1 CP RJ] *Meu prezado filho || Desejo que esta te encontre gozando saude. Nós passamos regularmente. Respondo hoje, a sua carta, chegad[a] aqui no dia 15 com data de 13* [...] *desde que* ***voce*** *está ahi Chuchinha vai bem com o collegio, tem 17, e dia 1º deve entrar mais uma menina e o [novato ] que esta no Rio ha dois mezes. O T. vai bem, hoje vai te escrever, elle gostou muito do Rio, papai levou elle ate Botafogo para ver a avenida beira mar*

(18) [20,1 CP RJ] *Tenho tido noticias suas, não tenho escrito porque sei que não Ø* ***tens*** *tempo para responder. Sinto bem* ***você*** *não ter mais calma para fazer o seu trabalho, não se alimentar bem e com socego. Agora* ***você*** *deve estar mais tranquilo e mais contente com a presença de M. e filhinhos*

De (16) a (18), destacam-se exemplos de remetentes femininas (mãe e tia). Em (16) e (17), o emprego de *você* na posição de sujeito é a única estratégia de 2P, seja na carta da tia pedindo ao sobrinho, em (16), informações sobre a compra de uma casa, seja, em (17), em que uma mãe dá notícias ao seu filho. Em (18), as ocorrências de *você* aparecem em variação com *tu*-nulo em uma mesma carta, evidenciando o avanço da forma inovadora *você* nos espaços funcionais típicos de *tu*.

Os exemplos (19) e (20), a seguir, foram recolhidos de cartas enviadas de pai para filho. O uso de *tu* é majoritário nas cartas ao filho, sem variação na posição de sujeito, como em (19). Em (20), entretanto, é possível interpretar o emprego de *você* com uma motivação sociopragmática. Aparentemente, tem-se uma ordem dissimulada em um pedido, o que favorece o emprego de um tratamento atenuador. Como o pai emprega quase categoricamente o "*tu*-nulo", o intruso *você* não é uma variante pronominal, mas uma forma de tratamento que minimiza a solicitação feita. O pai é bastante direto na sua determinação: "*vai uma carta de M. D. para* ***você*** *providenciar*" (é o filho que precisa providenciar, e não outra pessoa):

(19) [19,2 CP RJ] *Pela tua carta de 1º vejo os motivos que* ***tens*** *para não* ***escreveres*** *todos os dias o que me pareciam justos.* ***Escrevas*** *quando* ***puderes****, ao menos uma vez por semana.* [...] *Dou te parabens por* ***teres***

*tido occasião de mostrar tua applicação na aula de Dr E. L. Nada satisfaz mais a quem estuda do que ser chamado á licção, porque assim os Mestres tem occazião de saber quanto se vale...*

(20) [20,1 CP RJ] *Estou um pouco indefluxado, mas é causa que não vale a pena. Ahi vai uma carta de M. D. para* ***você*** *providenciar. Respondi-lhe que confiara esse negocio a você*

Nas relações assimétricas ascendentes (inferior-superior), foram obtidos poucos dados, exclusivos da fase (ii) (1900-1939), mas há, do mesmo modo, diferença no comportamento entre homens e mulheres: uso menos frequente de *você* na relação filho-pai (8%) e seu emprego categórico quando o destinatário é uma figura feminina (tia ou mãe). Nas cartas direcionadas às mulheres mais velhas, não era comum o emprego de *tu*-íntimo.

Os resultados apresentados reiteram estudos anteriores que identificaram a variante *você* como a estratégia preferida empregada pelas mulheres na sociedade brasileira do século XIX (cf. Soto, 2001; Lopes e Machado, 2005; Rumeu, 2008, 2013). Tal uso se explicaria pela manutenção da indiretividade do tratamento original *Vossa Mercê*, ou ainda pela conservação de algum resquício de distanciamento, em um primeiro momento, e a generalização do emprego de você em diversas situações de uso em uma etapa seguinte. A partir da discussão de Koch (2008: 59) para as formas *Vuestra Merced* e *Usted*, por exemplo, de forma paralela o *você* teria herdado, primeiramente, o caráter atenuante da estratégia fonte (*Vossa Mercê*), por isso seria menos invasivo, menos "ameaçador para o interlocutor". Empregar o tratamento direto *tu* poderia não ser "tão adequado" às figuras femininas no contexto social de fins do século XIX e início do XX, uma vez que tratar o interlocutor mais diretamente possível com um pronome de segunda pessoa do singular pode ser um ato de ameaça ao território do ouvinte (Brown e Levinson, 1987).

Em síntese, a hipótese do emprego de *você* marcando distanciamento, até o fim dos anos 1930 nas cartas do Rio de Janeiro, confirma-se parcialmente e deve ser relacionada ao gênero e, até mesmo, à idade do missivista. Se as mulheres empregavam mais *você* do que *tu*, elas podem ter sido, por hipótese, juntamente com as amas que criavam seus filhos, as difusoras de *você* como forma pronominal de 2P. Os resultados das relações simétricas podem confirmar tal postulação.

c) Relações simétricas: dos resultados gerais aos específicos

Para as relações simétricas, é preciso separar as relações solidárias e entre casais. No primeiro caso, os resultados da Tabela 3 mostram a substituição de *tu* por *você* ao longo das três fases. No segundo, vê-se o predomínio de *tu* até os anos 1940 (segunda fase):

**Tabela 3 – Distribuição da forma *você*: graus de parentesco em relações simétricas nas cartas do Rio de Janeiro por fase**

| Relação | Parentesco | (I) 1870-1899 | (II) 1900-1939 | (III) 1940-1979 |
|---|---|---|---|---|
| Simétricas (solidárias) | Amigos | 07/44<br>16% | 06/08<br>75% | 252/254<br>99% |
| | Primos | 14/14<br>100% | 14/15<br>93% | 24/35<br>100% |
| | Irmãs | – | 158/252<br>63% | 19/19<br>100% |
| | Irmãos | – | 65/160<br>40% | 33/34<br>97% |
| | Cunhados | – | 11/11<br>100% | – |
| (Casais) | Marido-mulher | 06/23<br>26% | 0/24<br>0% | – |
| | Noivos | 1/105<br>1% | 50/181<br>28% | – |

A Tabela 3 mostra que as relações simétricas mais solidárias apresentam uma distribuição regular nas três fases. Por essa razão, o Gráfico 4 delineia, de maneira comparativa, tal relação nas três fases:

**Gráfico 4 – Frequência de uso de *você* nas relações simétricas por fase em cartas do Rio de Janeiro**

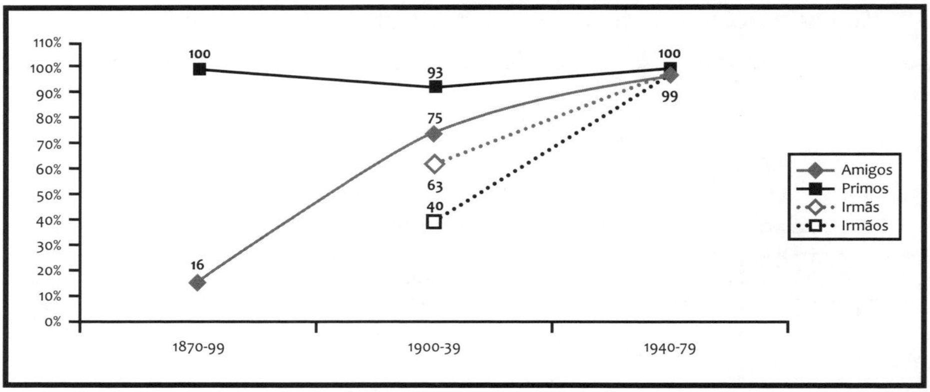


O Gráfico 4 ilustra a difusão de *você* nas relações simétricas pelas três fases postuladas. Nota-se que *você* segue substituindo o emprego de *tu* ao longo do século nas relações entre iguais. É um espaço funcional que tal forma passa a ocupar gradativamente. Pode-se inferir que o aumento de *você* nesse gráfico diacrônico-social está relacionado principalmente à disseminação de seu uso nas relações igualitárias, principalmente entre amigos, em que se verifica realmente uma mudança de comportamento de uma fase para outra, conforme ilustram os exemplos a seguir:

(21) [19,2 CP RJ] *A. || Estimando que tudo* ***encontres*** *a teu gosto, peço-te que* ***desculpes*** *a demora devida somente ao facto de ter estado até agora ausente de Pariz o amigo a quem eu incumbira de as mandar gravar*

(22) [19,2 CP RJ] *Meu caro C. || Realmente suppunha que já* ***tinhas*** *perdido a memoria que não te* ***lembravas*** *mais de um dos teus mais humildes amigos! Vejo, felizmente, que me enganei com a tua cartinha; e bem pequena que esta foi, de 7 do expirante mez.* [...] *Folgo de ver que gozas saude em companhia de D. E. a quem me* ***farás*** *lembrado, assim como L. que a abraça. Beijinhos nos pequenos. Adeus abraça ao Amigo Velho*

(23) [19,2 CP RJ] *Eu procuro me distribuir o mais possivel para não me lembrar que* ***vossê*** *prosegue n'um impenetravel mysterio; que uma bella realidade appareça que* ***mandes*** *sanar a portaria*

(24) [20,2 CP RJ] *Hontem enviei-lhe, um estamento: "mas quem é burro, péde á Deus que o mate e o diabo que o carrégue". Deixe de lado a diplomacia, em nada alteraria minha amisade por você, mêsmo que* ***você*** *ache alias com razão, que o "Glorioso Passado", não merece ser prefaciado por você, nada alteraria a nóssa cordialidade*

Os exemplos (21-24) foram extraídos de cartas de amigos e correspondem a épocas diferentes. Embora sejam fragmentos das cartas, em (21) e (22), o tratamento predominante é o sujeito nulo de *tu* (*Ø encontres, Ø tinhas, Ø lembravas* etc.). Em (23), há também o predomínio de *tu* íntimo e solidário, mas na carta há variação entre *você* (grafado *vossê*) e o sujeito *tu* nulo (*Ø mandes*). Os três exemplos foram escritos em fins do século XIX. O excerto (24) mantém o tom amistoso das cartas anteriores, mas foi retirado de uma carta da segunda metade do século XX (1966) e, nesse caso, só houve dados de *você*.

Há ainda dois aspectos interessantes que podem ser observados na análise do gráfico. O primeiro diz respeito à comparação entre homens e mulheres, como se observou nos resultados das relações assimétricas. Mais uma vez, verificou-se que os remetentes masculinos usaram, ao longo do tempo, mais *tu* do que as missivistas femininas. No Gráfico 4, nota-se que, nas missivas trocadas entre irmãs, o índice de *você* é de 63% entre 1900-39, enquanto os irmãos apresentam 40% de frequência nessa fase.

Além das relações solidárias no sentido amplo, é preciso considerar o emprego tratamental nas relações amorosas, que precisa ser discutido separadamente. Na Tabela 3, observa-se nitidamente que as cartas trocadas entre casais apresentam um comportamento diferenciado das outras relações simétricas. Nas duas primeiras fases, as cartas amorosas eram um contexto desfavorável ao emprego de *você*, com favorecimento de *tu* íntimo. Em termos comparativos, entretanto, há um ligeiro favorecimento para *você* entre marido-mulher no XIX que se altera no início do XX. Aqui podemos interpretar um *você* com um resquício de deferência e respeito, uma vez que as relações entre casais poderiam ser consideradas assimétricas em finais do século XIX. Nas primeiras décadas do século XX, nota-se maior emprego de **tu** nessas relações íntimas. Em (25), tem-se um exemplo de *você* (grafado *V.*) e o dado (26) ilustra uma ocorrência de *tu* entre marido e mulher:

(25) [19,2 CP RJ] *Eu devo formar me como já disse na 2ª feira, si Deus quizer, eu só desejo não fazer figura vaiado pois o resultado tenho certeza de que não será disponível. Assim, pois, vou a festa.* ***V.*** *me espere. Quando digo que me espere não quero dizer que guarde jantar, porque jantarei na Barra*

(26) [20,1 CP RJ] *E. Vai esta só para avisar a Vocês que acabamos de chegar aqui, 6h da tarde, em boa saúde felismente, apesar do grande calor que* ***terás*** *tido, de passar alguns dias com nossos caros Paes, em Santa Fé, alegrando-os com sua companhia; e mais que todo convertendo tantas pobres almas que vivem ahi. [...] escreve Meu anjo a teu marido que por ti suspira aqui abandonado || M.*

O dado (25) é bastante interessante e foi retirado de uma carta de fins do século XIX (1886), com *você* exclusivo. Primeiramente, *você* aparece em sua forma abreviada, nitidamente como um tratamento com deferência que remete à forma original. Tal emprego se justifica para atenuar um pedido, um tanto ameaçador ("***você*** *me espere*"). Seu uso no contexto da carta lhe pareceu demasiadamente incisivo a ponto de ser necessário justificá-lo com uma ressalva que minimiza o tom imperativo da solicitação ("*Quando digo que espere não quero dizer..*").

Por fim, não é possível deixar de lado os dados dos noivos que destoam da amostra geral. Trata-se do casal J. e M., que não eram tão ilustres como a maioria dos remetentes da amostra. Em (27), reproduz-se um fragmento com as estratégias utilizadas por J. para se dirigir à M., e em (28), indica-se um trecho da carta de M. em resposta ao noivo:

(27) [20,1 CP RJ] *Espero que não* ***Ø tenhas*** *te zangado comigo por causa do que houve, só* ***tu*** *sabes a extensão do nosso amor, e Ø* ***podes*** *avaliar o quanto tenho sofrido, para mim nada mais resta neste mundo a não [ser?] o teu amor, dele é que tiro toda a energia de minha vida.* ***Tu*** *não deves pensar em bobagens [...]* ***você*** *sabe perfeitamente que só ati é que eu amo,* ***tu*** *sabes que só ati é que pertenço,* ***tu*** *é a dona do meu coração, Ø* ***és*** *a eleita de meus sonhos, Ø****és*** *a rainha de meu pensamento.*

(28) [20,1 CP RJ] *Eu a recebi a tua carta do dia 19 – no dia 20 que muito me alegrou foi unico remedio que me pois boa eu passei dois dias que eu nunca passei na minha vida graças a Deus agora vou indo mais ou me-*

*nos. Eu não mezango com você nem* ***presizavas*** *pedir pela carta o meu amor e sego. Eeu sei perfeitamente que* ***teis*** *sofrido muito por minha causa mais tenha fé em Deus e na N. Senhora.* ***Você*** *não preçisa aranjar mais o lugar para eu mandar as minhas cartas, eu mando para a minha casa e o A. te intrega que ele se ofereceu* ***você*** *dia sim, dia não telefona para elle o numero 22.33.031 22.33.03 de pois* ***você*** *vai buscar na hora do teu almoço que da tempo, pode ter toda comfiansa no A.*

Os exemplos (27) e (28) revelam aspectos bastante interessantes dessas cartas. Nota-se o emprego variável na mesma carta das duas formas (*tu* e *você*) e um comportamento diferenciado do casal de noivos. Nas cartas do noivo (J.), em (27), a presença de *tu* é predominante, ocorrendo em alguns casos como sujeito preenchido. A noiva (M.), contudo, como ilustrado em (28), é diferente. Embora também empregue as duas variantes, nela o emprego de *você* é mais frequente, como nas outras missivistas analisadas na amostra.

Outro aspecto que se mostrou relevante nesse conjunto de cartas de pessoas não ilustres foi a identificação de dados de *tu* sem a marca desinencial de segunda pessoa do singular, como mencionado na seção do preenchimento do sujeito. Os exemplos (29-33) apresentam outras ocorrências:

(29) [20,1 CP RJ] *Só quero* ***tu crêa*** *em mim, porque não te esqueço se quer um um minuto*

(30) [20,1 CP RJ] ***tú é*** *a dona do meu coração*

(31) [20,1 CP RJ] *pesso-te pelo a mor de Deus para não* ***Ø acabares*** *com o nosso a mor eu nunca peissei que* ***tu memandace*** *uma carta dessas*

(32) [20,1 CP RJ] *Minha querida,* ***tú não pode*** *avaliar quanto me fez bem este nosso encontro*

(33) [20,1 CP RJ] *eu sei que* ***tú choraste*** *muito, eu te pedi tanto para que* ***tu não chorasse*** *e não me* ***atendeste****, porque* ***tú fazes*** *isso*?

A falta da marca desinencial de segunda pessoa com pronome *tu*, muito rara na amostra, ocorreu preferencialmente com o verbo *ser* e no presente do indicativo. Mesmo que o número de dados de *tu* sem marca desinencial seja irrisório nessas cartas de amor, esses resultados preliminares do início do século XX delineiam o que se configurará estruturalmente no século XXI no Rio de Janeiro: a combinação de *tu* com verbo flexionado na 3ª pessoa do singular é hoje categórica na fala urbana do Rio de Janeiro (Paredes Silva, 2000; Maia, 2012). O fato de já aparecer em "documentação escrita" na década de 1930 do século XX é bastante revelador e representativo. Se ocorreu desse modo em documentos escritos, é certo que circulava na fala da comunidade carioca na primeira metade do século XX.

### *Considerações finais sobre as cartas do Rio de Janeiro*

Os resultados obtidos com dados de cartas escritas por remetentes nascidos ou que viveram grande parte da vida no Rio de Janeiro evidenciaram uma mudança de comportamento com relação ao uso de *tu* e *você*. Observou-se o espraiamento de *você* e seu caráter polifuncional a partir do aumento de uso nos diferentes tipos de relação: simétricas e assimétricas. Paulatinamente, houve a perda gradativa do emprego de *tu*.

Com relação ao preenchimento do sujeito, os resultados indicam que o pronome *tu* ocorria preferencialmente nulo, ao passo que *você* apresentava índices mais altos como sujeito pleno, com taxas de frequência equivalentes ao longo do período analisado. Os poucos dados de *tu* sem concordância aparecem a partir dos anos de 1930, na documentação de pessoas com cultura mediana.

A análise possibilitou o delineamento de etapas desse processo de mudança a partir da distribuição diacrônica dos resultados. Foi possível identificar três fases distintas:

- **Fase 1** (1870-1899): *você* ainda relacionado provavelmente a *V.M.* e *tu* mais produtivo em relações íntimas;
- **Fase 2** (1900-1939): variação *você* e *tu*;
- **Fase 3** (1940-1979): generalização mais forte de *você*.

Na primeira fase, que corresponde ao fim do século XIX e alvorecer do século XX, o emprego de *tu* era mais frequente que você, principalmente nas relações simétricas e de maior intimidade, embora alguns dos espaços funcionais que se firmarão mais tarde para *você* já apareçam timidamente nesse período: maior neutralidade e caráter "menos invasivo".

Na segunda fase, verificou-se uma disputa bem significativa entre *você* e *tu*. O emprego de *você* ainda marcava certa deferência, seja de sobrinho-tia seja de filho-mãe. Nas relações descendentes, o comportamento é outro, com uso mais produtivo de *tu* nas cartas das tias e das mães para seus sobrinhos e filhos, respectivamente. Entre homens, mesmo que haja assimetria entre eles, prevaleceu o *tu*, que não era comum ou adequado para mulheres. Gradativamente, a forma *você* ocupou o lugar de *tu* também nas relações simétricas. É o espaço funcional que tal forma passou a ocupar de forma paulatina. A difusão de *você*, ao longo do século XX no Rio de Janeiro, está relacionada principalmente à disseminação de seu uso nas relações igualitárias.

Como mostrou Rumeu (2008), verificou-se na amostra de cartas analisada que homens e mulheres apresentaram comportamentos diferentes. As mulheres aparecem como pioneiras na generalização de *você* desde o século XIX. Por hipótese, e com base nos resultados que se tem até agora, defende-se que *tu* seria íntimo demais para ser empregado numa carta feminina na sociedade oitocentista. A forma *você*, embora tenha perdido o caráter reverencial de *Vossa Mercê*, era interpretada como uma forma de prestígio ou menos marcada, ou seja, mais neutra, por isso foi adotada pelas senhoras dos oitocentos.

A generalização de *você* nos diferentes tipos de relação comprova que seu caráter polifuncional – encontrado esporadicamente desde o século XIX – não se perdeu completamente, acompanhando as mudanças sociais ocorridas ao longo do século XX. A forma inovadora, como estratégia de 2P, se difundiu como uma estratégia neutra para qualquer situação.

## FORMAS DE TRATAMENTO EM CARTAS DE MINAS GERAIS[21]

Em Minas Gerais, na atualidade, a referência ao sujeito de 2P se faz majoritariamente pelo *você* e variantes *ocê* e *cê*. Peres (2006: 131) identificou, na fala de Belo Horizonte, o predomínio de *cê* com 72,6%, seguido de *você* com 23,5% e 3,9% de *ocê* (Peres, 2006: 131; Mota, 2008). Em termos diacrônicos, a proposta é verificar se o emprego da forma *você* já era produtivo na escrita mineira, desde a segunda metade do século XIX (1850) até a segunda metade do século XX (1989). As questões motivadoras desta investigação são as seguintes: (i) em que nível de variação o *você* e o *tu* estavam na escrita mineira dos séculos XIX e XX? (ii) Quais tipos de relações sociais subsidiariam a produtividade de *você* nas cartas mineiras oitocentistas e novecentistas? (iii) Como seriam expressas as relações de Poder e Solidariedade que subjazem a alternância *tu* e *você* nas cartas mineiras dos séculos XIX e XX? A partir dessas questões motivadoras, conjectura-se que o subsistema tratamental de *você* na posição de sujeito já se fazia notar em fins do século XIX e início do XX (Lopes e Cavalcante, 2011).

## *O* corpus *de cartas de Minas Gerais*

A análise está fundamentada em 89 cartas mineiras produzidas entre 1850 e 1989. Mesmo consciente dos limites que os *corpora* impõem ao trabalho na perspectiva da sociolinguística histórica, busca-se, à luz de teoria e metodologia específicas, caracterizar o processo de inserção de *você* no PB como uma mudança não só estruturalmente encaixada, mas também socialmente encaixada, mesmo que embasada em uma amostra pouco equilibrada.

Das 89 cartas, 37 são do Fundo FBC e 52 da Coleção H. L. Do primeiro grupo, 9 foram trocadas entre amigos mineiros no período de 1917 a 1989 e 28 cartas são familiares e foram produzidas entre os anos de 1854 e 1954, por mãos seguramente mineiras, segundo Chaves (2006), que as editou conservadoramente. As missivas da Coleção H.L. estão sob a guarda do Acervo dos Escritores Mineiros (AEM/Fale/UFMG). Foram organizadas e editadas com fac-símile e de forma diplomático-interpretativa por Rumeu (2004),[21] visando especificamente aos estudos linguísticos, o que justifica a ausência de qualquer tipo de interferência (acentuação, pontuação, grafia) na expressão escrita dos missivistas. Têm-se 25 missivas trocadas entre uma poetisa mineira e os seus familiares, tais como: pais, irmãos, sobrinhos e primas. Ainda há 27 cartas trocadas entre a poetisa e alguns de seus poetas-amigos. Serão apresentados, na seção a seguir, os resultados acerca das formas pronominais variantes do sujeito de 2P do discurso (*tu/você*) nas missivas mineiras.

## *Distribuição geral dos dados de* **Vossa Mercê, você** *e* **tu** *nas cartas mineiras (1850-1979)*

A Tabela 4 apresenta os primeiros resultados acerca da distribuição geral, em índices percentuais, das formas *tu, você* e *Vossa Mercê* na posição de sujeito na produção escrita dos mineiros entre 1850 e 1989.

**Tabela 4 – Distribuição das formas *Vossa Mercê*, *você* e *tu* nas cartas mineiras (1850-1989)**

| Estratégias de referência ao sujeito de 2ª pessoa (1850-1989) | | |
|---|---|---|
| Vossa Mercê | Você | Tu |
| 09/226<br>04% | 189/226<br>84% | 28/226<br>12% |

Com base na Tabela 4, verifica-se um diversificado quadro de estratégias pronominais para a referência à 2P do discurso nas cartas mineiras oitocentistas e novecentistas. Nesse sentido, observa-se a alta produtividade de *você*, com 84% (189 dados), em oposição às baixíssimas frequências de uso de *tu*, em 12% (28 dados) e do *Vossa Mercê*, em 04% (9 dados). Tendo em vista o propósito de evidenciar a gradual inserção de *você* no sistema pronominal do PB, com base na análise de cartas mineiras, observe-se o Gráfico 5, a partir do qual se esboça a dinâmica variável das formas de referência ao sujeito de 2P *Vossa Mercê*, *você* e *tu* no decorrer do tempo:

**Gráfico 5 – A distribuição das formas *Vossa Mercê*, *você* e *tu* na escrita mineira entre 1850 e 1989**

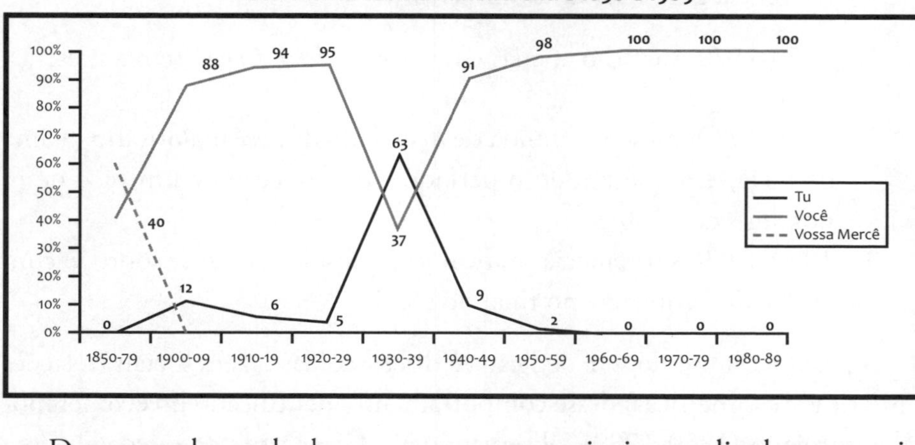


De um modo geral, observa-se, nas cartas mineiras analisadas, a promissora trajetória de ascensão de *você* no decorrer dos séculos XIX e XX. A distribuição dos dados ao longo do tempo nas cartas mineiras revela, no gráfico, alguns aspectos interessantes dessa difusão de *você*. Em um primeiro momento, entre os anos de 1850 e 1879, observa-se apenas a convivência do *Vossa Mercê* com 60% (9 dados) ao lado de *você* com 40% (6 dados). Nesse primeiro momento, não foram localizados dados de *tu*. Nas primeiras duas décadas do século XX (1900-1929), nota-se uma mudança de comportamento: os dados de *Vossa Mercê* deixam de ocorrer e a variação fica estabelecida entre as formas *você* e *tu*, ainda que os índices de frequência da primeira estratégia (*você*) sejam bastante altos e ascendentes: 88% em 1900-1909, 94% em 1910-1919 e 95% em 1920-1929. O uso de *tu*, em oposição, não atinge 20% de frequência: 12%, 06% e 05%, respectivamente. Nota-se, assim, uma fase de variação das duas estratégias, embora o processo de inserção do inovador *você* seja bastante evidente nessas cartas mineiras. No decorrer da década de 1930, identificou-se uma abrupta queda da ascensão de *você*, com 37% de frequência, contra 63% de *tu*, seguida novamente por sua retomada gradativa e contínua na década seguinte: 91% entre 1940-49, 98% entre 1950-1959 e finalmente o uso categórico entre 1960-1989 (33 dados). No período de 1940-1989, o *você* passa a predominar na produção escrita dos mineiros, como já o é, de uma forma geral, na fala mineira atual, conforme mostraram Scherre et al. (2009), entre outros autores.

O gráfico evidencia, em síntese, o seguinte comportamento das estratégias de referência à 2P nas cartas mineiras:

1. 1850-1879: variação apenas entre *Vossa Mercê* e *você*, sem a presença de *tu*;
2. 1890-1930: presença tímida de *tu* ao lado de *você* majoritário (acima de 80%) em quase todo o período, com exceção de um pico de *tu* nos anos de 1930;
3. 1940-1989: supremacia praticamente absoluta de *você* sobre *tu* com 100% de frequência no final do século.

A próxima subseção será dedicada à discussão das razões sociais (relações simétricas e assimétricas) desse comportamento identificado no eixo temporal controlado (1850-1989), observando ainda as razões da queda abrupta de *você* na década de 1930.

### *As relações de poder e solidariedade e a variação entre* **vossa mercê, você** *e* **tu** *nas cartas mineiras*

À luz da Teoria do Poder e da Solidariedade (Brown e Gilman, 1960), controlaram-se, como se vê no Gráfico 6, os contextos sociais que subsidiaram as formas de referência à 2P do discurso nas cartas mineiras, tendo em vista os lapsos temporais distribuídos por intervalos médios de 30 anos (1850-1879, 1900-1929, 1930-1959, 1960-1989):

**Gráfico 6 – Distribuição das formas *Vossa Mercê, você* e *tu* pelas relações sociais simétricas e assimétricas (ascendentes e descendentes) entre 1850 e 1989 nas cartas mineiras**

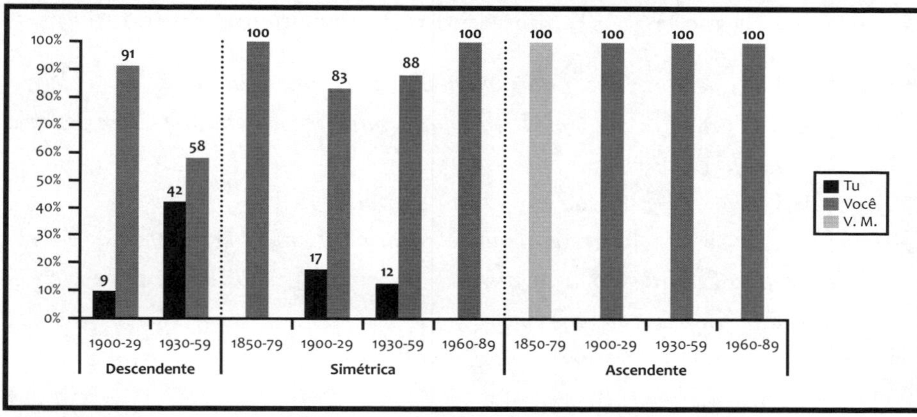


Nas cartas mineiras produzidas entre 1850 e 1879, observam-se ocorrências de *Vossa Mercê* e *você* distribuídas, respectivamente, pelas relações sociais assimétricas e simétricas. Enquanto o conservador *Vossa Mercê* se manifesta categoricamente nas relações sociais assimétricas ascendentes – de sobrinho para tio (5 ocorrências), de filho para mãe (3 ocorrências) e afilhado para padrinho (1 ocorrência) –, como se observa em (34) e (35), o inovador *você* assume uso categórico (6 ocorrências) nas cartas marcadas pelas relações sociais simétricas (entre iguais), como está ilustrado em (36).

(34) [19,2 CP MG] [...] *Minha Tia* [...] *como* ***v.***$^{mce}$ *tem de tirar dinheiro da Caixa Economica, rogo-lhe o favor de tirar já sessenta mil reis para me emprestar* [...]

(35) [19,2 CP MG] [...] *Minha Prezadíssima* [...] ***Vm***$^{ce}$ *hade ter susego só quando Ø receber esta que com muito prazer lhe-dirijo*. [...]

(36) [19,2 CP MG] [...] *Mana e Comadre [... acasa que* ***voce*** *mora amiassa próxima ruina* [...] *he de nessicidade que* ***voce*** *saia dela para não Ø acabar desgraçadamente debaixo de suas ruínas* [...]

No período de 1900 a 1929, verifica-se, nas cartas mineiras analisadas, a prevalência, de modo geral, de *você*. A sua produtividade é categórica nas relações assimétricas ascendentes (sobrinho para tio), como se tem em (37), ao passo que, nas relações assimétricas descendentes (mãe-filho e pai-filho), identificou-se 9% de *tu*, como se verifica em (39). Nas simétricas (amigos, primos etc.), em (40-42), o *você* também assume alta frequência 83% (34 ocorrências), revelando, ainda que minimamente, uma dinâmica de variação com o *tu*, como em (43), que se mostrou obviamente improdutivo:

(37) [20,1 CP MG] [...] *dizendo-me ter sido* ***voce*** *intimado* [...]

(38) [20,1 CP MG] [...] *O fim desta é para* ***voce*** *ter a bondade de mandar a copia si já tirou* [...]

(39) [20,1 CP MG] [...] *a tua roupa que Ø* ***pedes*** [...]

(40) [20,1 CP MG] [...] ***voçe*** *e menos abilitado* [...] *mais vejo pela tua delicadeza não Ø* ***deves*** *reparar minhas groceirias.* [...] *antes de* ***voce*** *me dar o fora porque isto é mais certo* [...]

(41) [20,1 CP MG] [...] *Cara amiguinha* [...] *V. Responda-me para eu saber se* ***vose*** *arecebeu* [...]

(42) [20,1 CP MG] [...] *G., só falta* ***você*** *aqui, pois esta tudo muito bom* [...]. *Diz ao M. que aqui esta danado de bão* [...]

(43) [20,1 CP MG] [...] *se* ***voçê*** *me ver* [...] ***tu*** *conheces esto muito magra.* [...]

Entre 1930 e 1959, observa-se a prevalência de *você* alcançando índices percentuais de 58% (7 ocorrências), 88% (77 ocorrências) e 100% (94 ocorrências), respectivamente, nas relações assimétricas descendentes, simétricas e nas relações assimétricas ascendentes, como está exemplificado de (44) a (47). Por outro lado, o *tu* resiste nas relações assimétricas e simétricas, alcançando 42% (5 ocorrências), nas relações assimétricas descendentes, e 12% (11 ocorrências) nas relações entre iguais travadas através das cartas mineiras novecentistas analisadas e ilustradas de (48) a (51).

(44) [20,1 CP MG] [...] *Espero em Deus que* ***voce*** *continue passando bem* [...]

(45) [20,1 CP MG] [...] *Hontem D. M. R. B., telefonou* [...] *disse todas aquelas cousas que* ***voce*** *ja esta acostumada a ouvir* [...]

(46) [20,1 CP MG] [...] *o quanto* ***voce*** *sofreria com a perda de M. L.* [...]

(47) [20,1 CP MG] [...] *e* ***você****, quando nos dará o prazer de uma visita?* [...]

(48) [20,1 CP MG] [...] *os votos que faço a Deus para que te protega concedendo graças e felicidades que* ***és*** *merecedora* [...]

(49) [20,1 CP MG] [...] *para que Ø* ***continues*** *com saude assim* [...]

(50) [20,1 CP MG] [...] *com certeza, Ø* ***vaes*** *ficar na pensão* [...]

(51) [20,1 CP MG] [...] *Desde que soube que Ø* ***andavas*** *adoentada* [...] *os votos que faço para que Ø* ***recuperes*** *quanto antes a saude* [...]

No intervalo de 1960 a 1989, verifica-se a superioridade de *você* tanto nas missivas movidas por relações sociais assimétricas ascendentes (52), quanto nas cartas conduzidas por relações simétricas (53-54):

(52) [20,2 CP MG] [...] ***Você*** *não imagina como M. está levada* [...]

(53) [20,2 CP MG] [...] *Sei que* ***você*** *andou aflita por falta de notícia* [...]

(54) [20,2 CP MG] [...] *Logo que surja,* ***você*** *será, como sempre, das primeiras a receber um exemplar* [...]

## *O predomínio de* tu *sobre* você *nas cartas mineiras da década de 1930*

Interessante voltar o foco desta análise para os dados do conservador *tu* na escrita mineira entre os anos de 1930 e 1939. Quais seriam as relações sociais que subsidiaram a produtividade de *tu* na escrita mineira novecentista? Na Tabela 5, torna-se possível visualizar as conexões sociais responsáveis por embasar o uso de *tu* nas cartas mineiras da década de 30 do século XX:

**Tabela 5 – As formas *tu* e *você* distribuídas pelas relações sociais simétricas e assimétricas entre 1930 e 1939**

| Relações Sociais | | As formas *tu* e *você* nas cartas mineiras de 1930 a 1939 | |
|---|---|---|---|
| | | **Tu** | **Você** |
| **Simétricas** | | 08/14<br>57% | 06/14<br>43% |
| **Assimétricas** | **Descendente** | 04/05<br>80% | 01/05<br>20% |
| | **Ascendente** | – | – |
| **Total** | | 12/19<br>63% | 07/19<br>37% |

Ainda que exígua seja a quantidade de dados, a análise qualitativa das ocorrências de *tu* e *você*, com base na Tabela 5, permite evidenciar um contorno de variação na análise de dez (10) cartas mineiras. Nas relações simétricas, basicamente nas cartas trocadas entre irmãos, primos e amigos, observam-se, dentre as 14 ocorrências, 8 dados (57%) de *tu* que convivem com as 6 ocorrências (43%) de *você*, ilustradas, respectivamente, de (55) a (68).

(55) [20,1 CP MG] [...] *Não **penses** que no nosso quintal* [...]
(56) [20,1 CP MG] [...] *com certeza, **vaes** ficar na pensão* [...]
(57) [20,1 CP MG] [...] *Quero que **dês** a Ella e ao papae* [...]
(58) [20,1 CP MG] [...] *Desde que soube que **andavas** adoentada* [...]
(59) [20,1 CP MG] [...] *para que **recuperes** quanto antes a saúde* [...]
(60) [20,1 CP MG] [...] *Bem **sabes**, no entanto, que ando na minha* [...]
(61) [20,1 CP MG] [...] *calculo que **tenhas** ficado aflicta por este*
(62) [20,1 CP MG] [...] ***Podes** me responder para D. de C.* [...]
(63) [20,1 CP MG] [...] *Quero que **voce** borda umas cousas para mim* [...]
(64) [20,1 CP MG] [...] *E **voce** aceita da tua amiguinha e irmã muitos abraços.* [...]
(65) [20,1 CP MG] [...] *Creio que **voce** deve saber algo a respeito do grupo de Lambarísinho, não?* [...]
(66) [20,1 CP MG] [...] *Creio que **voce** deve saber* [...] *Agradeço de todo coração o delicado presente que me ø enviou.* [...]
(67) [20,1 CP MG] [...] *Muito me tem poupado o que **voce** me manda* [...]
(68) [20,1 CP MG] [...] *so **voce** vendo o logar* [...]

No intuito de descrever e de interpretar o que teria impulsionado, nesses dados da década de 30 do século XX, o fato de *tu* ter se sobreposto ao *você*, propõe-se uma análise do perfil social dos missivistas envolvidos em relações sociais simétricas. De (55) a (57), tem-se em análise os dados de *tu* nas cartas trocadas entre irmãs. Uma delas (A.L.) interrompeu a sua atividade escolar, motivada por questões de saúde, o que a impediu de concluir um curso superior como o fizeram os demais irmãos. Nesse caso, a sua opção pelo íntimo *tu* foi uma postura linguística menos ousada, em referência a sua irmã, uma informante muito letrada. A remetente mostra-se, pois, em consonância com os preceitos da norma-padrão para a marcação do sujeito de 2P. De (58) a (61), observa-se que a remetente atribui a sua irmã o *tu* recebido em outras missivas.

Nas relações assimétricas descendentes, verifica-se que, dentre as cinco ocorrências pronominais levantadas, quatro delas (80%) referem-se aos dados de *tu* nas correspondências de mãe para filha ilustradas de (69) a (72). Por outro lado, em somente uma única ocorrência (20%), observa-se o inovador *você* pronominal, como pode ser observado em (73).

(69) [20,1 CP MG] [...] *os votos que faço a Deus para que te protega concedendo graças e felicidades que **és** merecedora* [...]

(70) [20,1 CP MG] [...] *Sinto passar este dia longe de voce, mas **terás** ahi teu Pae manos para festejar* [...]

(71) [20,1 CP MG] [...] *para que **continues** com saude assim, como todos* [...]

(72) [20,1 CP MG] [...] *Recebi hontem o registrado com o corte de vestido que **enviaste** do Rio* [...]

(73) [20,1 CP MG] [...] *Espero em Deus que **voce** continue passa[n]do bem* [...]

Observaram-se ainda mais quatro ocorrências de *tu* em cartas movidas por uma relação de assimetria descendente estabelecida entre mãe e filha. Trata-se de uma missivista que, apesar de ter estudado no colégio de freiras, não se dedicou à conclusão de um curso superior, optando pelo casamento e, consequentemente, por dedicar-se ao cuidado da família constituída por ela, o marido e os filhos gerados desse enlace matrimonial. Os dados de *tu* produzidos pela mãe parecem refletir o "recato linguístico" necessário a uma referência precisa e íntima a sua filha cuja função social (professora e poetisa) lhe impõe como uma interlocutora que tem domínio da norma-padrão. Interessante é atentar ao fato de dois desses dados de *tu*-sujeito, circunscritos a uma relação de assimetria descendente, serem concretizados em uma carta em que o *você* funciona como complemento da construção adverbial *longe de*, como se observa em (70), o que evidencia a preferência da missivista por marcar a referência direta a sua filha pelo íntimo *tu*-sujeito, optando pelo *você* no contexto de complementação de advérbio.

Por fim, em (74), destaca-se a convivência de *você* e *tu* numa mesma carta trocada entre amigos da década de 1930:

(74) [20,1 CP MG] [...] *so* ***vose*** *vendo o logar que estou passando este dia.* [...] *Ø* ***Podes*** *me responder para D. C.* [...]

A convivência de *tu* e *você* nas cartas mineiras da década de 1930 examinadas merece uma análise pormenorizada. O predomínio de *tu* nessas cartas não era esperado. Se, por um lado, a preferência pelo *tu*, no desenrolar da década de 1930, parece ser fomentada pelo seu contexto de produção, missivas direcionadas a uma interlocutora pertencente ao meio acadêmico, legitimando a opção das autoras pelo conservador e íntimo *tu*, por outro lado, com base na análise das cartas mineiras, já é possível entrever um sistema pronominal em efervescência. Se, nas cartas analisadas, o conservador *tu* sobrepôs-se ao inovador *você*, o que não seria possível captar da "boca dos mineiros" no período em questão? Nesse sentido, convém ratificar o fato de as cartas íntimas (trocadas entre parentes e amigos) terem se mostrado, pois, como um excelente material para a depreensão da dinâmica variável do sistema tratamental do PB.

Em suma, o *você* parece ter se espraiado por todas as relações sociais entre familiares e entre amigos (simétricas e assimétricas) controladas nas cartas mineiras em virtude de ter passado por um "processo de abstratização do sema de cortesia", conforme discutido por Lopes (2010: 291). Nesse sentido, entende-se o fato de o *você* ter sido utilizado tanto pela elite brasileira como ter se mostrado generalizado no uso doméstico (Lopes e Machado, 2005). O *Vossa Mercê*, por outro lado, teve o seu uso restrito às cartas da segunda metade do século XIX (1850-1879), preso aos contextos pragmáticos das relações assimétricas de superior para inferior como uma forma nominal de tratamento que manteve a sua semântica de Poder. Ao *tu*, coube um baixo índice de produtividade alcançando maiores frequências de uso nas relações familiares de superior para inferior das cartas mineiras novecentistas: de pais para filhos e entre irmãs.

## *Considerações finais:* **você** *nas cartas mineiras*

Na produção escrita mineira, o controle da alternância entre as formas *Vossa Mercê*, *você* e *tu* evidenciou o uso da primeira estratégia apenas no século XIX, emprego de *tu* bastante baixo na primeira metade do século XX e supremacia absoluta de *você* na segunda metade do século passado. O *você*-sujeito mostrou-se, desse modo, como o pronome de maior produtividade na referência à 2P do discurso, embora nem sempre tenha sido a estratégia exclusiva de referência à 2P. Os resultados obtidos a partir das cartas anunciam a instauração do subsistema de *você*, vigente na fala mineira contemporânea, conforme discutido por Lopes e Cavalcante (2011) à luz de Scherre et al. (2009). Nesse sentido, foi possível comprovar, através da análise das cartas mineiras, que o nível da variação *tu/você* já apontava para a atual prevalência de *você* entre os mineiros.

Quanto às relações sociais que subsidiaram a produtividade das formas *Vossa Mercê*, *você* e *tu* nas cartas mineiras oitocentistas e novecentistas, é possível tecer algumas generalizações:

a. Os dados de *Vossa Mercê* restringiram-se, com baixíssimas frequências de uso, à segunda metade do século XIX, nos seguintes tipos de relações assimétricas ascendentes (inferior para superior):
   i. em cartas de filho para mãe;
   ii. em cartas de afilhado para padrinho;
   iii. em cartas de sobrinho para tio.

   O irrisório número de dados de *Vossa Mercê*, aliado ao fato de as relações assimétricas de inferior para superior terem respaldado esse uso, evidenciam a perda da semântica da polidez;
b. De um modo geral, a baixíssima produtividade de *tu* entre os mineiros se deixou evidenciar tanto em cartas de assimetria descendente (de mãe para filha), quanto nas cartas movidas por relações simétricas (cartas entre irmãs e entre amigos), o que permite evidenciar a retenção da semântica de intimidade peculiar ao solidário *tu*;
c. Nas relações assimétricas descendentes (de superior para inferior), expressas pelas cartas de pai para filho, de mãe para filho e de tio para sobrinho, nas relações assimétricas ascendentes (de inferior para superior), divulgadas pelas cartas de sobrinho para tio, e nas relações simétricas, respaldadas nas cartas entre primos, entre irmãos e entre amigos, observou-se o *você* amplamente disseminado, sedimentando a semântica da solidariedade, sobretudo no Brasil novecentista.

A correlação entre a forma *você* e os tipos de relações sociais – assimétricas ascendentes, descendentes e simétricas – permitiu entrever uma forma utilizada tanto pela elite letrada mineira quanto por anônimos mineiros.

Nesse sentido, entende-se que, ainda que o *você* viesse sendo empregado, desde o século XIX, no interior da elite letrada brasileira, já se havia disseminado no uso doméstico de mineiros letrados (Lopes e Machado, 2005), bem como entre os menos ilustres analisados em nossa amostra. O *você*, no Brasil oitocentista, ainda conservava uma relativa formalidade, resguardada da sua origem nominal *Vossa Mercê*, que foi se perdendo gradativamente para a expressão atual da semântica da Solidariedade.

## Formas de tratamento em cartas de São Paulo[22]

O estado de São Paulo, à exceção de algumas cidades da Baixada Santista, pertence ao subsistema de tratamento em que se verifica atualmente o uso exclusivo das variantes *você/cê/ocê* como formas de se dirigir ao interlocutor, de acordo com a proposta de Scherre et al. (2009; 2015). Investigar a razão desse uso exclusivo, bem como suas origens históricas, são alguns dos principais objetivos de quem pesquisa as formas de tratamento e o quadro pronominal do português brasileiro.

Em cartas setecentistas paulistas da administração pública, a forma de tratamento preferencial, aparecendo em 82% das missivas editadas, é *Vossa Mercê*, usada amplamente, tanto em relações simétricas quanto assimétricas, ascendentes e descendentes (Monte, 2013). Nesse sentido, é preciso salientar que, em cartas da administração pública, não é esperado o emprego de *tu*, reservado a cartas pessoais e de relações mais íntimas. O fato de ter sido localizado e identificado um número considerável de remetentes (28 de 55 autores) permitiu estabelecer a naturalidade dos mesmos: a maioria nasceu na capitania de São Paulo e os que lá não haviam nascido estavam na região há pelo menos 18 anos. Trata-se de um dado interessante, porque aponta para um uso generalizado do *Vossa Mercê* em uma área que, mais tarde, irá se caracterizar pelo uso exclusivo de *você*. Ressalte-se, no entanto, que o *Vossa Mercê* aparece sempre abreviado, ora pelas letras *V.M.* ora por *V.M.*[ce], não sendo possível estabelecer a que estágio do *Vossa Mercê* original tais abreviaturas se referem. Podem se referir tanto a *vosmecê* quanto a *vossemecê*, ou ainda a *voncê*, para citar algumas das variações atestadas no início do século XX (Basto, 1931; Amaral, 1955).

Considerando que muitos dos remetentes localizados pertenciam a famílias que estavam no Brasil há seis gerações, fazendo parte dos primeiros colonizadores, pode-se aventar a hipótese de terem trazido o *Vossa Mercê* quinhentista, que já apresentava menor valor honorífico à época. Na capitania de São Paulo, ela foi sendo usada para se dirigir respeitosamente aos interlocutores, conservando ainda um traço de tratamento de cortesia, que, com o passar dos séculos, foi se perdendo, tornando-se uma estratégia neutra de tratamento no século XX.

É curioso notar que, em regiões com grande presença histórica de paulistas, como a área de Lages (SC), por onde passavam e onde pousavam os tropeiros, e o atual estado de Minas Gerais, para onde migraram muitos paulistas ao longo do século XVIII, nota-se o uso bastante alto ou exclusivo de *você*, como é o caso de Minas Gerais. A contextualização sócio-histórica, portanto, faz-se fundamental para a compreensão da distribuição dos tratamentos pelo território brasileiro.

A seguir, apresenta-se o *corpus* sobre o qual se efetuou a análise inicial acerca das formas de segunda pessoa do singular que ocorriam na posição de sujeito. Em função do caráter preliminar[23] do estudo, serão discutidos apenas dois períodos de tempo. O estudo baseia-se em cartas pessoais escritas de 1870 a 1939.

## *Descrição do* **corpus** *de São Paulo*

As cartas pessoais que serviram de base para as análises foram extraídas do *corpus* do PHPP – Projeto de História do Português Paulista, ou Projeto Caipira. Editadas semidiplomaticamente, as missivas envolvem personagens ilustres de São Paulo, tais como os familiares de Washington Luiz (W. L.) e políticos de renome. As edições encontram-se disponíveis no endereço <http://phpp.fflch.usp.br/corpus>.

Muitas famílias abastadas de São Paulo estão representadas na amostra. Há cartas trocadas entre membros da mesma família e cartas de amigos. Trata-se de três grupos distintos de correspondências, que perfazem 67 missivas, conforme explicado a seguir:

- Cartas a Washington Luiz: editadas por Kewitz e Simões (2005/2006) e por Kewitz (2013), as cartas foram escritas entre 1897 e 1939 por membros da família da esposa. O destinatário da vasta maioria das missivas é o político fluminense. Os remetentes mais frequentes são sua sogra e seus cunhados. As relações verificadas nesse conjunto são: sobrinho(a) → tio, mãe → filhos, sogra → genro, entre cunhados e entre primos.

- Coleção Clube Republicano: editadas por Simões (2007), as cartas foram produzidas entre 1883 e 1889 e têm como remetentes importantes políticos da então Província de São Paulo. Neste conjunto, são verificadas apenas relações simétricas entre amigos e entre primos.
- Correspondências particulares do Fundo R. T. A.: trata-se de missivas editadas por Módolo e Marques (2010). Apesar de não se ter a naturalidade precisa de cada um dos remetentes, as cartas possuem a datação tópica de São Paulo ou Santos. Há duas cartas sem datação tópica, escritas por primos que se presume serem paulistas. Neste conjunto, assim como no anterior, são encontradas somente relações simétricas entre amigos e entre primos.

As cartas pessoais referidas tratam de temáticas distintas, envolvendo assuntos familiares, como troca de informações sobre a saúde, além de política e de negócios. Nas cartas dirigidas a W. L., por exemplo, é frequente haver expressões de gratidão e reconhecimento por parte de seus sobrinhos. As cartas da Coleção Clube Republicano versam sobre assuntos políticos e de negócios. Já as missivas do último grupo tratam, sobretudo, de questões de ordem pessoal e íntima, além de algumas em que são discutidos assuntos comerciais.

### *Formas* **tu** *e* **você** *em posição de sujeito*

Conforme mencionado anteriormente, ainda é incipiente o estudo diacrônico das variedades pronominais no estado de São Paulo. Por essa razão, a partir da amostra apresentada – que contempla o intervalo temporal entre os anos de 1870 e 1939 –, foram obtidos 148 dados para a posição de sujeito. Desse total, houve uma distribuição bastante equilibrada entre as formas *tu* e *você* nas missivas estudadas: 60 ocorrências de *tu* (41%) e 68 de *você* (46%). Além dessas duas formas pronominais, os remetentes das cartas ainda utilizaram *o/a senhor(a)*, *vossa senhoria* e *vossa excelência* em posição de sujeito, como demonstrado pela Tabela 6 e pelos exemplos de 75 a 79:

**Tabela 6 – Distribuição de formas de tratamento em posição de sujeito em cartas paulistas (1870-1939)**

| Tratamento na posição de sujeito | Você | Tu | Vossa Excelência | Vossa Senhoria | o/a senhor(a) |
|---|---|---|---|---|---|
| Oco.<br>% | 68/148<br>46% | 60/148<br>41% | 2/148<br>1% | 3/148<br>2% | 15/148<br>10% |

(75) [19,2 CP SP] *Ø **Fallas**-me de economia rigorosa; como é possivel ser ella feita si não permaneço em minha casa com os meus?*[24]

(76) [20,1 CP SP] *Por noticias que dahi recebemos, soubemos, que **você** continua adoentado, venho pois fazer uma visita, desejando o seu prompto restabelecimento.*

(77) [20,1 CP SP] ***A Senhora** anda muito esquecida e por isso é que me escreveu reperguntando, o que já em Santo Antonio e depois ahi já lhe tinha exposta* [...].

(78) [19,2 CP SP] "*Participo a **Vossa Senhoria** que a preta Mgnacia que **Vossa Senhoria** me recomendou, acha se em minha digo sua caza con o sarampo, tratada pelo Senhor Doutor B.* [...].

(79) [20,1 CP SP] *Soube por noticias de casa, que **Vossa Excelência** teve a immensuravel bondade de fazer Papae ouvir a meu respeito, favoravelmente à minha decisão de fazer-me Sacerdote* [...].

Embora a presença de *tu* não tenha sido um resultado esperado para as cartas paulistas, é preciso mencionar que seu emprego somente suplantou a presença de *você* em uma década específica (1890-1899), como mostra o Gráfico 7. Em todas as décadas restantes, é possível observar a superioridade numérica de *você* em relação a *tu* ao longo do tempo. O predomínio de *tu* no intervalo de 1890-1899 pode estar associado ao fato de, até o momento, se ter apenas duas cartas: uma de autoria de H. M. que, apesar de nascido em São Paulo, residiu muito tempo no Rio de Janeiro, onde morava quando escreveu a missiva; e outra do cunhado de W. L. Para os demais intervalos de tempo analisados, sobretudo a partir de 1900, observa-se uma distribuição equilibrada na frequência das formas variantes de 2P.

**Gráfico 7 – Frequência de uso de *tu* e *você* em cartas familiares produzidas no estado de São Paulo**

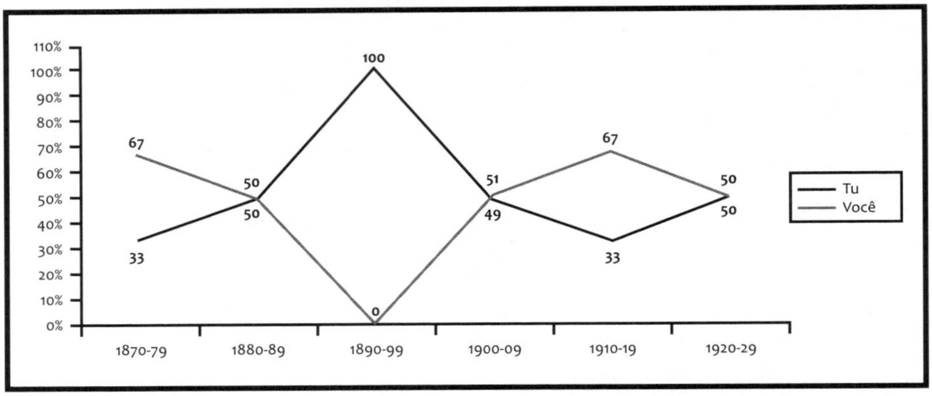


Esse resultado deve ser associado com o fato de que todas as ocorrências de *tu* em posição de sujeito nas cartas paulistas se dão em sua forma nula, por meio da desinência verbal – como ocorrem em outras localidades brasileiras –, ao passo que 84% das ocorrências de *você* são realizadas por meio de pronome pleno (cf. Tabela 7). A realização do pronome pleno parece reforçar a origem do pronome *você*, advinda da forma nominal *Vossa Mercê*, sempre preenchida nas cartas setecentistas, por exemplo (Monte, 2013). Já a forma nula de *tu* acompanha o resultado de outras localidades à época, quando é apenas esporádico seu preenchimento.

**Tabela 7 – Distribuição geral do sujeito em cartas paulistas (1870-1939)**

| Sujeito | Pleno | Nulo |
|---|---|---|
| **Tu** | – | 60/60<br>100% |
| **Você** | 57/68<br>84% | 11/68<br>16% |
| **o/a Senhor(a)** | 13/15<br>87% | 2/15<br>13% |
| **Vossa Senhoria** | 2/3<br>67% | 1/3<br>33% |
| **Vossa Excelência** | 2/2<br>100% | – |

Além disso, no caso das cartas paulistas, observa-se que há mais missivas compostas pelo uso exclusivo de *você* – quanto ao sujeito sintático – do que cartas cujo remetente é usuário exclusivo da forma *tu*. Assim sendo, do total de 148 dados, 36 (24%) foram retirados de cartas que apresentavam uso exclusivo de *você* e 28 dados (19%) de cartas com uso exclusivo de *tu*. Ainda que a diferença seja pouca – sobretudo em função dos poucos dados –, já é possível observar uma leve tendência de predomínio de *você* no estado (Gráfico 8).

**Gráfico 8 – Distribuição das escolhas pronominais em posição de sujeito na totalidade das cartas familiares produzidas no estado de São Paulo**

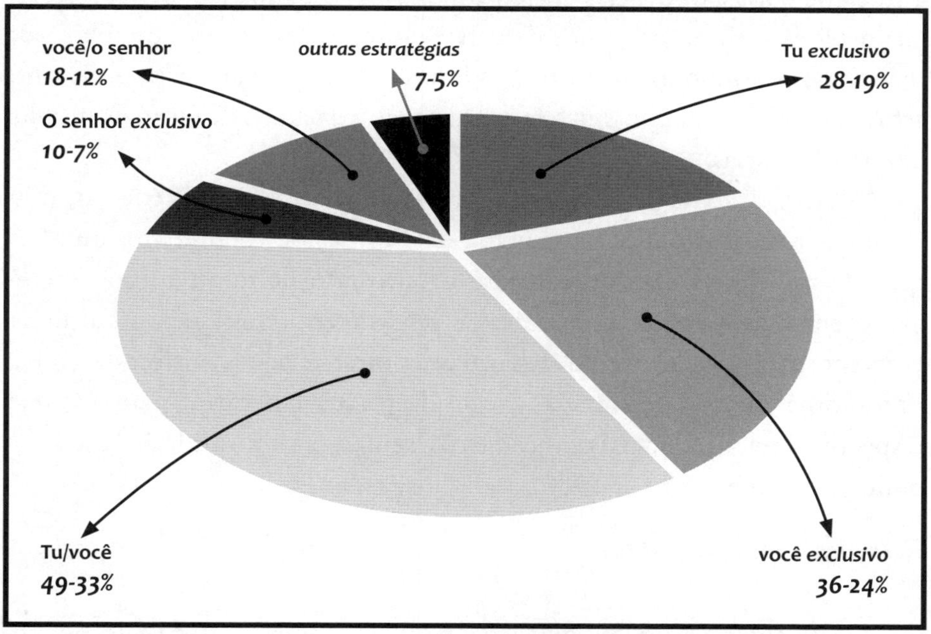


Considerando-se o total de 128 dados de *tu* e *você* na posição de sujeito, 49 dados foram encontrados nas cartas mistas, o que equivale a 33%. Nessas cartas, verificou-se a presença de 32 dados de *tu*, 65%, contra 17 dados de *você*, 35%. Nesses casos, ocorre, por um lado, uma preponderância das realizações nulas de *tu*, como era frequente no período, quando predominava o sujeito nulo, e, por outro lado, é mais recorrente a realização plena de *você*. Para caracterizar esses dois tipos de realização do sujeito em uma mesma carta, segue o exemplo:

(80) [19,2 CP SP] *Recebi hontem tua prezada carta de 13 do corrente, estimo que* ***continúes*** *com saúde, assim como S.. Pelas minhas cartas* ***Você*** *póde saber as quantias que tenho te creditado no Banco do Commercio-e Industria* [...].

### *Tipos de relação*

Na amostra de cartas pessoais do estado de São Paulo, algumas relações sociais se destacaram majoritariamente no âmbito familiar. Nesse sentido, entre missivistas e destinatários há relações simétricas – como, por exemplo, a troca de correspondências entre primos e entre cunhados – e há relações assimétricas – como nos casos de cartas de sogra para genro, de filho para mãe, e de sobrinho(a) para tio. Ainda no *corpus* formado para o presente estudo, ocorrem relações simétricas balizadas pela amizade entre os interlocutores das cartas.

A constatação das diferentes naturezas de relações sociais entre os missivistas é fundamental para a análise das formas de tratamento, uma vez que se estabelece como pressuposto geral o fato de que há uma interligação entre as escolhas linguísticas e seus motivadores sociais/culturais. Dessa forma, a seguir, serão debatidas as inter-relações entre as escolhas pronominais para a referência à segunda pessoa nas cartas paulistas e as respectivas relações sociais baseadas na semântica da solidariedade e do poder (Brown e Gilman, 1960).

### *Relações de solidariedade*

Ao considerar o *corpus* de cartas paulistas, dois tipos de relações sociais caracteristicamente simétricas e solidárias apresentaram comportamentos semelhantes no que concerne à escolha pronominal do sujeito: a correspondência trocada entre primos e entre cunhados. No geral, o tema dessas missivas é a troca de informações sobre a saúde dos parentes comuns e as relações de negócios que se estabelecem entre os membros das famílias. No Gráfico 9, apresenta-se os índices percentuais das formas de tratamento *tu*, *você* e *vossa senhoria* segundo o tipo de relação simétrica entre os missivistas:

**Gráfico 9 – Formas de tratamento na posição de sujeito em relações solidárias das cartas paulistas**

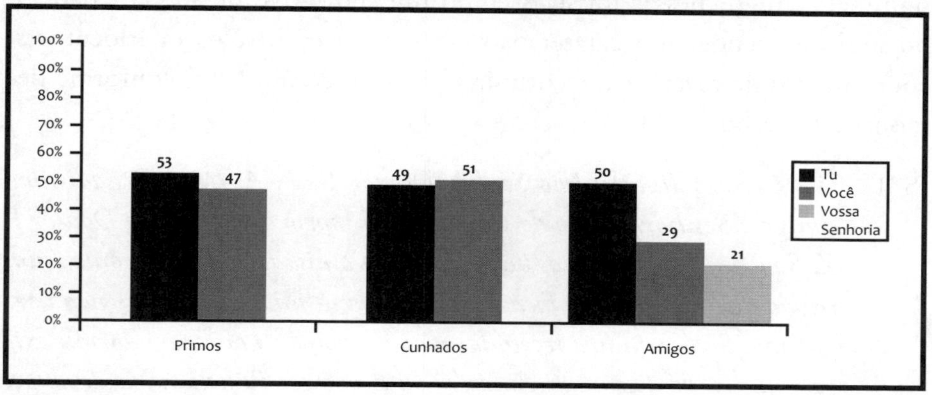


Como se pode observar no Gráfico 9, tanto os primos quanto os cunhados dirigem-se a seus destinatários por *tu* (53% entre primos e 49% entre cunhados) e por *você* (47% entre primos e 51% entre cunhados), de maneira que não há uma preferência significativa de uma das formas, haja vista a distribuição bastante equilibrada. Os excertos (81) e (82) são ilustrativos dessa convivência de *tu* e *você* dentro do texto de uma mesma carta:

(81) [20,1 CP SP] *Como bem Ø **sabes** o descredito do Brazil no momento é grande, assim sendo estou certo que não Ø **deixarás** de fazer o negocio ao typo offerecido, pois que absolutamente não foi possivel conseguir-se mais.* [...] *Confórme **você** resolver com os homens, elles seguirão terça-feira para liquidar o negocio em Londres, assim sendo mais uma vez peço providenciar sobre os documentos, pois mesmo que não se faça servirão para quando Ø **fizeres**.*

(82) [19,2 CP SP] *Querida A.C. / Estimei muito saber que **Você** e o R. estão de perfeita saúde. Agradeço te muito o doce que me mandou e peço-te que me recommende ao R. e Ø **aceites** um abraço saudozo de tua prima amada M.*

Se há equilíbrio na escolha pronominal de segunda pessoa entre primos e entre cunhados, essa situação não se repete nas cartas cujo remetente se dirige a um amigo. Do total de sujeitos pronominais nas missivas analisadas, metade da opção em dirigir-se ao interlocutor se dá por meio da desinência verbal de segunda pessoa (*tu* nulo). Além dessa escolha, os remetentes ainda utilizaram *você* (29%) e *vossa senhoria* (21%). Apesar de haver o tratamento nominal "amigo" nessas missivas como um indicativo de solidariedade, é possível depreender um caráter não tão simétrico entre os interlocutores, com indícios de reverência e cortesia típicas do século XIX,[25] conforme demonstra o trecho em (83):

(83) [19,2 CP SP] *Illustrissimo Senhor Doutor R. T. A. /Meu Presadissimo **amigo** e **Senhor**/ Venho do Cemiterio. É morto o meu amigo Doutor J. X. S victima das malditas bexigas. Tinha amisade ao finado como a um irmão querido, por isso faça **VossaSenhoria** uma idéa, o que não terei soffrido. Sua carta fica recebida, mas este golpe e noites sem dormir exigem que eu vá descansar. Amanhã ou depois serei extenso. Me desculpe. Sou DeVossaSenhoria Amigo obrigadissimo Creado Sincero.*

Conforme observado, por um lado, as relações simétricas e solidárias estabelecidas entre os interlocutores primos e cunhados paulistas preveem majoritariamente um equilíbrio no uso das formas *tu* e *você* em posição de sujeito. Por outro lado, entre amigos do século XIX, há um indicativo de maior reverência quando os missivistas dirigem-se aos seus interlocutores, uma vez que há, além do uso de *tu* e de *você*, o pronome de tratamento *vossa senhoria*. Cabe ressaltar que as cartas trocadas entre amigos versam sobre assuntos menos íntimos e pessoais, como negócios e política, além de satisfações dadas pelo remetente sobre pedidos feitos pelo destinatário, que parece ser colocado em posição ligeiramente superior pelo autor da carta. A partir de agora, relações assimétricas, permeadas pelo Poder, serão destacadas em paralelo com as suas respectivas escolhas linguísticas.

### *Esfera da assimetria/poder*

Na amostra de cartas paulistas dos anos 1870 a 1939, as formas pronominais *tu* (41%) e *você* (46%) representam as escolhas majoritárias para a posição de sujeito. Em terceiro lugar, aparece a forma de tratamento *o/a senhor(a)* com expressivos 10% das ocorrências (cf. Tabela 6). No entanto, esse tipo de tratamento ocorre apenas em cartas marcadas pela assimetria ascendente, ou seja, casos em que o missivista sente-se hierarquicamente inferior ao seu destinatário.

Assim sendo, a fim de se observar a influência das relações sociais marcadas pelo Poder e assimetria nas escolhas das formas de tratamento, serão consideradas três relações que apareceram nas cartas paulistas: i) as missivas redigidas por uma baronesa direcionadas a seu genro ilustre – trata-se de uma relação assimétrica descendente, mas não prototípica, haja vista que a baronesa, apesar de ser mais velha e estar em uma posição que prevê deferência social, trata o seu genro com um misto de carinho e vênia, sobretudo, pelo fato de ele ser uma figura importante à época, tal como ilustrado em (84); ii) as cartas de A. P. S. remetidas à sua mãe, relação assimétrica ascendente, em que o emissor é bastante cuidadoso ao se dirigir ao seu destinatário, como em (85); iii) as cartas dirigidas ao tio – todas essas correspondências são marcadas por assimetria ascendente, em que os sobrinhos tratam o tio com muito respeito e, em alguns casos, até reverência, como demonstrado em (86) e (87).

(84) [20,1 CP SP] *Presado W. / Que com S., e filhos gosem saude. Desculpe encommodal_o, junto remeto essa carta, de minha Sobrinha fasendo esse pedido, e como conheço esse Senhor,* [...] *me animo a transmitir esse pedido, e assim* ***voce*** *fará o que entender* [...] *Pretendo seguir para ahi a 6, demaneiras que* ***tens*** *de continuar a me aturar, o que bem me acanho/ Saudades a S. e meus netos, aceite as mesmas de sua mãe que o estima, considera, é muito grata.*

(85) [20,1 CP SP] *Isto tudo* ***Você*** *já sabe porque além de [lhe] explicar por varias vezes,* ***Você*** *escreveu ao L. sobre isso e elle respondeu que era muito cedo e não* ***cogitasse*** *disso, conforme carta que* ***Você*** *me mostrou.* ***A Senhora*** *anda muito esquecida e por isso e` que me* ***escreveu*** *reperguntando, o que já em Santo Antonio e depois ahi já lhe tinha exposta, na ultima vez ainda, lhe disse que precizava* ***Você*** *tratar de vêr se* ***podia*** *apressar a desapropriação ou então dispôr dos terrenos do Ypiranga* [...]. *Hoje já está o thermometro em 30º. Adeus Mamãe, aceite saudades de todos e abençoe a este seu filho que muito lhe quer e respeita/ A.*

(86) [20,1 CP SP] *Muito prezado tio W. / Somente agora, que já se acha definida minha situação na Prefeitura, devido a submetterem-me a um exame para certificarem-se das minhas aptidões, venho communicar* ***ao Senhor****, que fui hoje contractado como auxiliar do contador da Pre-*

*feitura, com o ordenado de Rs, 750$000, mensaes, e, que* ***o Senhor****, attendeu ao meu pedido. [...] Era mesmo meu desejo ir agradecerlhe pessoalmente este grande obsequio, o que não fiz por falta de uma boa opportunidade.* ***O Senhor****, pode estar certo de que farei tudo o que fôr preciso para não desmerecer em nada da boa recommendação do Senhor, e tornar-me sempre digno de sua preciosa proteção [...].*

(87) [20,1 CP SP] *Laudeter Jesus!/ Bondoso Tio W. / embora reconheça grande ousadia tomar a liberdade de distrahir ao Senhor dos importantissimos affazeres inherentes à posição de Vossa Excelência, manda a gratidão que eu Lhe atteste ao menos em poucas linhas o prazer experimentado ao receber a bellissima missiva inspirada pela magnanimidade de Vossa Excelência./ Ao dirigir-Lhe a missiva antecedente, fil-o para cumprir um premente dever de reconhecimento e veneração mas nem por um momento pretendi que esse meu acto tivesse alguma recompensa. Gratissima portanto foi a emmoção que experimentei ao chegarem-me às mãos as carinhosas, ardentes e animadoras phrases que* ***Vossa Excelência*** *me dirigiu, phrases essas que attesttavam ser oriundas de um coração nobre que sò trabalha pelo incremento do paiz e pela melhoria dos sentimentos da sociedade hodierna.*

A primeira relação apresentada, entre sogra e genro, é marcada por uma evidente diferença hierárquica entre os interlocutores, mas com diferentes nuances de relacionamentos: ora aparecem traços de simpatia e de solidariedade, como vocativos afetuosos do tipo "meu querido filho", "meu prezado filho" – quando se tratam de cartas cujos assuntos são de ordem familiar e pessoal –, ora aparecem traços de deferência e de respeito, em que o vocativo escolhido é "prezado W.", por exemplo. Isso ocorre, sobretudo, nas cartas com um propósito mais formal, em que se estabelecem negócios ou pedidos de favores.

Essa oscilação entre um tratamento mais íntimo e um mais formal também pode ser verificada por meio das escolhas tratamentais na posição de sujeito. Conforme expresso pelo Gráfico 10, nas escolhas pronominais da sogra há uma concorrência das formas *tu* (57%) e *você* (43%). No geral, o uso desinencial de **tu** ocorre em contextos em que há a intenção de estabelecer intimidade e afeto, e o pronome **você**, em situações em que há o desejo de mitigar a possibilidade de ameaça à face do seu interlocutor, como pode ser observado por meio do exemplo (84).

**Gráfico 10 – Formas de tratamento na posição de sujeito em diferentes relações assimétricas nas cartas paulistas**

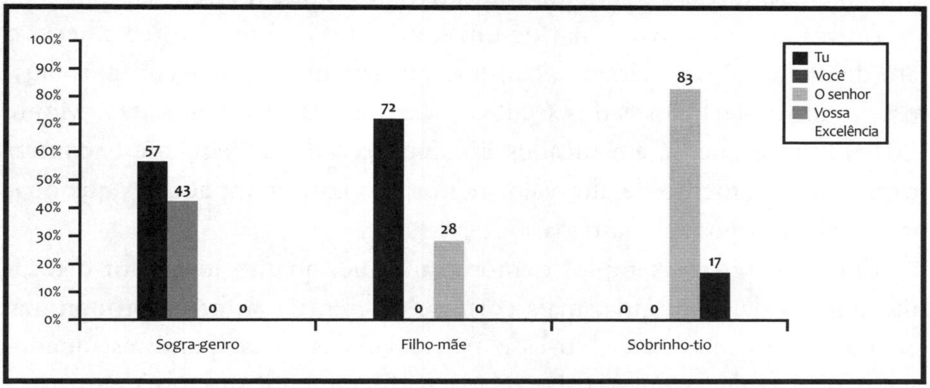


A segunda relação social aqui discutida, a de um missivista que escreve para sua mãe, conta com uma perspectiva assimétrica mais bem delineada do que na relação entre a sogra e o genro. Trata-se de um posicionamento assimétrico ascendente, em que claramente há a expressão de reconhecimento de hierarquia por parte do emissor. Nesse caso, como demonstrado pelo Gráfico 10, o missivista não lança mão da forma pronominal *tu* para dirigir-se a sua mãe, como o faz nas cartas em que se dirige ao seu cunhado, evidenciando o caráter solidário e horizontal desse tratamento. Para a sua mãe, majoritariamente, o filho utiliza *você* (72%) e também faz um uso considerável da forma pronominal *a senhora* (28%), como um marcador determinante da verticalidade da relação.

Esse marcador de verticalidade associado às formas *o/a senhor(a)*, responsável por 10% das ocorrências pronominais em posição de sujeito na amostra de cartas paulistas, é preponderantemente utilizado pelos sobrinhos ao tio (83%). Haja vista que se tratava de um tio com um posicionamento de destaque para a sociedade da época e que procurava desempenhar uma função de orientador profissional e de conduta aos seus sobrinhos – como o conteúdo das missivas deixou transparecer, com variadas expressões de gratidão e reconhecimento –, há uma preocupação dos sobrinhos em expressar respeito e reverência ao tio, em uma clara relação de assimetria ascendente. Nesse tipo de relação não houve nenhuma ocorrência nem de *tu* nem de *você*, que indiciariam maior intimidade. Ao invés disso, para além de *o senhor*, um dos sobrinhos dirigia-se ao tio também por meio da expressão nominal *vossa excelência*, em um indicativo de grande reverência.

Acerca desse uso particular de um sobrinho G., é preciso reconhecer o fato de que ele é um clérigo e, como tal, utiliza uma linguagem mais faustosa, típica dos religiosos dos séculos XIX e início do XX. Sobre isso, Monte (2013) afirma que, já em meados do século XVIII, era frequente encontrar formas de tratamento de alto valor honorífico para tratar aqueles que ocupavam altos cargos eclesiásticos.

Em suma, esses exemplos demonstram que, quanto maior for o reconhecimento da hierarquia, mais cortês e deferente é a forma pronominal escolhida pelo missivista. No caso particular das cartas paulistas, quanto maior o grau de assimetria das relações, diretamente proporcional será a diminuição na frequência de usos dos pronomes *tu* e *você* e o aumento na frequência da forma pronominal *o/a senhor(a)*.

### *Considerações finais sobre os dados paulistas*

De forma geral, nas cartas paulistas, houve um equilíbrio entre as formas *tu* (60/148 – 41%) e *você* (68/148 – 46%). Conforme a discussão apresentou, esse resultado, ainda que preliminar, aponta para a tendência de que o pronome *você* apresenta um uso majoritário ao longo do tempo, compreendido como uma estratégia neutra que perpassa a maioria das relações sociais.

Para a composição dessa amostra de cartas paulistas, houve um predomínio de missivas cujas relações eram familiares simétricas e assimétricas, associadas a algumas cartas estabelecidas no âmbito da amizade. A consideração dessas relações sociais é fundamental, já que é pressuposto para o estudo das formas de tratamento o reconhecimento de que há uma associação entre as escolhas linguísticas e seus motivadores sociais/culturais.

Entre as relações simétricas e solidárias, por um lado, destacaram-se as missivas trocadas por primos e cunhados de W. L., cujas opções pronominais em posição de sujeito se davam tanto por *tu* quanto por *você* de forma equilibrada (de 47% a 53%). Já nas relações entre amigos, é válido destacar que não se trata necessariamente de relação simétrica travada por esses sujeitos do século XIX, uma vez que há indícios de reverência e cortesia nesse tipo de relação. Dessa forma, houve a preponderância da forma nula de *tu* (50%) e ainda 29% de *você* e 21% de *Vossa Senhoria*.

Por outro lado, a esfera das relações assimétricas, marcada pela semântica do Poder, para além das formas *tu* e *você*, ainda conta com o/a senhor(a) e *Vossa Excelência*. Assim sendo, as formas pronominais acompanham o posicionamento hierárquico dos interlocutores – quanto maior o reconhecimento da diferença assimétrica, menor o uso de *tu* e de *você* e maior o uso de *o/a senhor(a)* e *Vossa Excelência*.

Para um aprofundamento acerca desses resultados preliminares, faz-se necessária a ampliação do *corpus* de cartas e a consequente extensão das relações sociais envolvidas. Além disso, é também intento, para trabalhos vindouros, acrescentar ao estudo paulista a cidade de Santos em uma perspectiva diacrônica, uma vez que ela segue outros padrões pronominais na atualidade que precisam ser investigados.

## REGIÃO SUL

### FORMAS DE TRATAMENTO EM CARTAS DE SANTA CATARINA[26]

Os esforços para a descrição da variação entre *tu* e *você* em Santa Catarina se iniciaram no fim da década de 1980, com a publicação da dissertação de Ramos (1989), que focaliza a *avaliação* das formas pronominais que concorrem pela expressão da segunda pessoa do singular (2P) na cidade de Florianópolis. Com os trabalhos de Loregian (1996) e Loregian-Penkal (2004), a distribuição do *uso* de *tu* e *você* em quatro cidades catarinenses[27] foi apresentada de modo sistemático, e é partindo desses dois últimos trabalhos que normalmente se desenvolvem os estudos cujo objeto é a variação pronominal de segunda pessoa, como os de Rocha (2012) e de Davet (2013), entre outros.

O estado de Santa Catarina, embora pequeno em território, exibe, possivelmente em vista dos diversos processos migratórios pelos quais passou, significativas diferenças de uso no que diz respeito aos pronomes de 2P, perceptíveis inclusive àqueles que não se dedicam a estudar a variação e a mudança linguísticas. Não por acaso, a variação entre *tu* e *você*, reconhecida como um traço diferenciador de distintas localidades, atrai o olhar de pesquisadores que buscam descrever o português catarinense.

Ao longo da década de 1990 e no início dos anos 2000, a criação e o desenvolvimento do Núcleo de Pesquisa Variação Linguística na Região

Sul do Brasil (Varsul), cujo maior objetivo foi a formação de um banco de dados com 288 entrevistas sociolinguísticas com falantes dos três estados da região Sul, fomentou a realização de pesquisas no âmbito da sincronia. Nesse contexto é que surgiram os trabalhos de Loregian (1996) e Loregian-Penkal (2004). Em 2008, o grupo de pesquisadores do Varsul da agência Universidade Federal de Santa Catarina (UFSC) abraçou a proposta do projeto nacional Para uma História do Português Brasileiro (PHPB) e passou a se dedicar também aos estudos diacrônicos.

Coelho e Görski (2011) e Nunes de Souza (2011) foram provavelmente as primeiras autoras a investigarem a variação pronominal de 2P no português catarinense em uma perspectiva diacrônica. Para tanto, utilizaram como amostra peças teatrais coletadas pelo PHPB de Santa Catarina (PHPB-SC). Posteriormente, Nunes de Souza e Coelho (2013), já com amostras formadas por cartas pessoais, também provenientes do PHPB-SC, deram continuidade ao trabalho de descrição do português escrito no estado no decorrer dos séculos XIX e XX.

Essa retrospectiva, ao mesmo tempo em que ilumina a forma como esta subseção está organizada, também evidencia o momento em que se encontram as pesquisas acerca dos pronomes de 2P em Santa Catarina. São os primeiros anos de uma empreitada que promete ser longa: envolve a coleta, catalogação, edição, descrição e análise de dados escritos, sobretudo em cartas pessoais, em uma localidade pequena, porém diversificada.

O objetivo principal é apresentar os frutos dos primeiros estudos diacrônicos sobre a variação pronominal de 2P (*tu* e *você*) na posição de sujeito em cartas pessoais catarinenses, provenientes do *corpus* PHPB-SC. A descrição dos pronomes será conduzida com base na análise prévia de Nunes de Souza e Coelho (2013) e se desenvolverá em duas direções: num primeiro momento, são focalizadas cartas escritas por florianopolitanos ilustres, separados no tempo por cerca de cem anos; na sequência, cartas escritas por catarinenses não ilustres são investigadas sob uma perspectiva diatópica.

### *Do presente para o passado: o colonizador e os pronomes em Santa Catarina*

Santa Catarina, conforme já assinalado, agrega em seu território uma vasta variedade de etnias. Os principais colonizadores do estado são europeus – sobretudo portugueses/açorianos, alemães e italianos –, mas a área recebeu, também, africanos escravizados, bem como foi (e ainda é, em menor proporção) habitada por indígenas. O material investigado pelo grupo de pesquisadores do PHPB-SC concentra-se, em especial, nos séculos XIX e XX, período ao longo do qual ocorreram as imigrações italiana e alemã, que são posteriores à imigração açoriana, no século XVIII, e à ocupação portuguesa, que se deu desde o século XVI.

Nos trabalhos pioneiros de Loregian (1996) e Loregian-Penkal (2004), os resultados encontrados deram indícios de que o grupo colonizador poderia ser um fator relevante para a preferência por um ou outro pronome de 2P. A autora investigou a distribuição dos pronomes *tu* e *você* em zonas urbanas de quatro cidades: Florianópolis (capital; colonizada por açorianos), Blumenau (colonizada por alemães), Chapecó (colonizada por italianos) e Lages (colonizada por um grupo misto de tropeiros paulistas, mineiros e gaúchos). Considerou, ainda, um bairro do município de Florianópolis, o Ribeirão da Ilha, confiando na hipótese de que, por se tratar de uma comunidade mais afastada, que um dia foi uma *freguesia*,[28] o bairro poderia conservar traços linguísticos açorianos (no caso, o pronome *tu*) mais do que a zona urbana de Florianópolis.

Dentre as quatro cidades (Florianópolis, Blumenau, Chapecó e Lages), Florianópolis é aquela que apresenta uma maior preferência de uso do pronome *tu* em detrimento de *você* (13 informantes usam somente *tu* e 1 informante usa somente *você*). No bairro Ribeirão da Ilha, nenhum informante fez uso somente da forma *você* ao longo da entrevista. Nas demais cidades, a maioria dos informantes usa de modo variável os dois pronomes. Em Lages, porém, há o maior número de informantes que preferem usar apenas a forma *você* (6 informantes usam somente *você* e 1 informante usa somente *tu*).

Assim, a hipótese que relaciona colonização e preferência por um ou outro pronome de segunda pessoa encontra respaldo nos dados empíricos de Loregian-Penkal (2004): Florianópolis preserva em maior grau o pronome *tu*, herança dos colonizadores açorianos; Lages, que teve seu território percorrido por tropeiros (dentre os quais, muitos paulistas), tem o maior número de informantes que usa somente a forma *você*.

Acrescente-se ao fator "colonização", ainda, a questão geográfica: a Serra Geral atravessa o estado de Santa Catarina, separando as cidades do litoral (como Florianópolis) das cidades do planalto (como Lages). O isolamento manteve-se até o século XX, mais precisamente até a década de 1970, quando foi construída uma rodovia que liga o planalto ao litoral. Considere-se, ademais, que Florianópolis, cuja maior porção do território é insular, teve sua primeira ponte ligando a ilha ao continente na década de 1920. É recente, portanto, o contato entre as duas cidades.

Os critérios para seleção das localidades a serem investigadas pelo Varsul, sobretudo a oposição entre Florianópolis e Lages, se mostraram relevantes também no tratamento de outros fenômenos variáveis, como a expressão do modo subjuntivo (Pimpão, 2012) e a expressão do modo imperativo (Cardoso, 2012). Por conta disso, ao selecionar as cidades que teriam seu dialeto estudado diacronicamente, o grupo do PHPB-SC optou por fazer suas coletas, ao menos inicialmente, nas quatro localidades investigadas sincronicamente pelo Varsul. Para esta análise, interessam particularmente as localidades de Florianópolis e Lages.

### *A constituição da amostra de Santa Catarina: ilustres e não ilustres*

O *corpus* a ser utilizado leva em conta a separação entre cartas de informantes ilustres e cartas de informantes não ilustres, uma vez que o nível de letramento do missivista poderia interferir, de algum modo, no uso dos pronomes. Como mencionado anteriormente, para captar as especificidades histórico-sociais de Santa Catarina, será necessário realizar exames contrastivos entre localidades distintas, buscando identificar como, no trajeto percorrido desde a entrada do pronome *você* em Santa Catarina, se chegou à realidade descrita por Loregian-Penkal (2004) em dados sincrônicos de fins do século XX. Nesse sentido, são três frentes a serem, em certa medida, contempladas, como pode ser verificado nas discussões que se desenrolam a partir da descrição dessas amostras nas próximas seções.

### *Do passado para o presente*

- Descrição e análise dos resultados (séculos XIX e XX)

Os primeiros materiais coletados pelo PHPB-SC foram, como normalmente ocorre, correspondências de informantes ditos "ilustres", nascidos na capital. Do século XIX, foram coletadas, junto ao Núcleo de Pesquisas em Informática, Literatura e Linguística (Nupill) da UFSC, cartas escritas por um escritor catarinense à sua noiva, bem como cartas de outros escritores endereçadas a ele. Essa amostra será identificada como Amostra C. S. Do século XX, foram coletadas cartas também e um escritor, endereçadas a uma missivista francesa. Essa amostra será identificada como Amostra H. L. Posteriormente, foi cedido ao PHPB-SC um conjunto de cartas de moças endereçadas a um mesmo jovem, datadas da década de 1960. Foi com esse material que Nunes de Souza e Coelho (2013) deram início às análises diacrônicas a respeito da variação dos pronomes de 2P em cartas pessoais.

O Quadro 2 apresenta de modo sistemático o recorte utilizado como amostra nesta análise de cartas de missivistas ilustres.

**Quadro 2 – Amostras de missivistas ilustres**

| Amostra dos ilustres | |
|---|---|
| Século XIX: décadas de 1880 e 1890 | Século XX: décadas de 1980 e 1990 |
| 20 cartas de amor e de amizade<br>Amostra C. S. | 17 cartas de amizade<br>Amostra H. L. |
| Total: 37 cartas escritas por quatro remetentes distintos | |

Mais detalhadamente, a Amostra CS é composta por 10 cartas escritas nas décadas de 1880 e outras 10 na década 1890 por 3 distintos remetentes: C. S., V. V. e A. F. Todos os 3 missivistas são escritores atuantes no cenário político desterrense oitocentista. Por fim, da Amostra H. L. foram selecionadas 17 cartas enviadas pelo escritor, nascido em Tijucas, na Grande Florianópolis, à sua tradutora e amiga francesa, entre os anos de 1987 e 1992.

É preciso levar em consideração, ao tratar de documentos escritos por ilustres, que o grau de letramento desses indivíduos é, geralmente, mais alto, e que, além das diferenças que existem entre a escrita e a fala, é preciso ter em mente que a escrita de um ilustre letrado pode não refletir a escrita dos demais indivíduos que viveram em uma mesma época. No caso dessas duas amostras, mais especificamente, é preciso considerar também que os missivistas são nascidos na capital e que sua escrita não é necessariamente representativa da escrita de outros ilustres de localidades distintas dentro do estado de Santa Catarina.

A análise a seguir leva em conta 20 cartas da Amostra C. S., que já havia sido objeto de investigação em Nunes de Souza e Coelho (2013), e as 17 cartas da Amostra L. H., que não havia sido examinada em sua totalidade no estudo anterior. Considerando o total de 223 ocorrências de pronomes de segunda pessoa na posição de sujeito nas duas amostras, chega-se à seguinte distribuição: 215 dados de *tu* e 8 dados de *você*. Em um estudo diacrônico, no entanto, os resultados obtidos com a totalidade dos dados podem levar a uma generalização equivocada; é preciso considerar que os dados estão dispostos em uma linha do tempo.

Na Tabela 8, veem-se os resultados acerca da variação entre *tu* e *você* distribuídos em função do cruzamento de dois condicionadores: um de natureza extralinguística, o período em que foram produzidos – se no século XIX ou no século XX –; e outro de natureza linguística, o preenchimento do sujeito – se nulo ou expresso.

**Tabela 8 – Frequência de pronomes de segunda pessoa do singular na posição de sujeito (nulos e expressos) em cartas pessoais catarinenses dos séculos XIX e XX**

| Sujeito | Amostra C. S. 1880 e 1890 | | Amostra H. L. 1980 e 1990 | |
|---|---|---|---|---|
| | Tu | Você | Tu | Você |
| **Nulo** | 67/88<br>76% | 0/0<br>0% | 116/127<br>91% | 0/8<br>0% |
| **Pleno** | 21/88<br>24% | 0/0<br>0% | 11/127<br>9% | 8/8<br>100% |
| **Total** | 88/88<br>100% | 0/88<br>0% | 127/135<br>94% | 8/135<br>5% |

Da forma como estão organizados na Tabela 8, os resultados permitem que se perceba a completa ausência do pronome *você* nas cartas escritas nas duas últimas décadas do século XIX. Não se pode inferir, contudo, que ainda não havia, no português da capital catarinense, ocorrências desse pronome. Nunes de Souza (2011), em uma análise de peças teatrais escritas por autores florianopolitanos no decorrer dos séculos XIX e XX, identifica (embora em baixo número) o uso da forma *você* em posição de sujeito por parte de determinados personagens – em geral, em relações assimétricas descendentes, associado, inclusive, a uma carga pejorativa – em textos datados da primeira metade do século XIX (3 ocorrências) e da segunda metade do século XIX (13 ocorrências).

Na escrita dos missivistas ilustres considerados nesta análise, no entanto, o pronome *você* ainda não aparece.

Ainda com relação aos resultados referentes ao século XIX, nota-se que há predileção pelo não preenchimento do sujeito pronominal, ou seja, pelo sujeito nulo. Esses números vão ao encontro de outros estudos acerca do português brasileiro (Duarte, 1993, 1995, entre outros), que indicam que o pronome nulo era, de fato, a estratégia preferida no século XIX, em detrimento do pronome expresso. O exemplo (88) ilustra a preferência dos missivistas por essa estratégia.

(88) [19,2 CP SC] *Se o juramento que me* ***fizeste*** *dentro da egreja é sagrado e se* ***pensas*** *n'elle com amor, eu creio em ti para sempre, em ti que* ***és*** *hoje a maior alegria da minha vida, a unica felicidade que me consóla e que me abre os braços com carinho.*

Um olhar qualitativo sobre os dados revela que boa parte dos 21 casos de sujeitos expressos, encontrados nas cartas do século XIX, se assemelham a uma estratégia discursiva de ênfase, utilizada em línguas de sujeito nulo para focalizar o sujeito pronominal. Em outras palavras, a presença de um pronome sujeito implica ênfase contrastiva e a sua omissão, neutralidade. Os exemplos (89) e (90) ilustram o pronome expresso na função de foco contrastivo. Nota-se que, nesses casos, o pronome não poderia ser omitido.

(89) [19,2 CP SC] *Só* ***tu és*** *merecedôra de que eu te ame muito, como te amo, muito, muito, muito, e cada vez mais, com mais firmeza, sempre fiél, sempre teu escravo bom e agradecido, fazendo de ti, minha estrella, a esposa santa, adorada companheira dos meus dias.*

(90) [19,2 CP SC] ***Tu****, G., não me* ***conheces*** *ainda bem, não sabes que amor eterno eu tenho no coração por ti, como eu adóro os teus olhos que me dão alegria, as tuas graças de mulher nova, de moça, carinhosa e amiga de sua boa mãe*

Ao se observarem os números referentes à Amostra HL, no entanto, não se encontra convergência absoluta entre os resultados obtidos nesta análise e aqueles referentes a dados da região Sudeste (cf. Paredes Silva, Santos e Ribeiro, 2000; Lopes e Machado, 2005; Rumeu, 2008; Lopes, 2008, 2009; Machado, 2011; entre outros). Em geral, considera-se que foi na década de

1930 que se iniciou de modo mais consistente uma mudança tanto com relação à opção pelo pronome *você* – que passa a ser a estratégia de 2P mais utilizada – quanto no que tange ao preenchimento do sujeito – que passa a ser expresso, cada vez mais, em sua forma plena – naquela região.

Nos dados produzidos nas décadas finais do século XX, entretanto, o pronome *tu* é majoritariamente utilizado e, em geral, em sua forma nula. A forma *você* fica reservada a poucos contextos, como será visto adiante, e apresenta-se, em todas as suas ocorrências, como sujeito pleno. Os exemplos (91) e (92) ilustram a correlação entre pronome *tu* e sujeito nulo e entre pronome *você* e sujeito pleno na Amostra HL.

(91) [20,2 CP SC] *Fiz obras na casa de Porto Belo, agora tenho um banheiro privativo no meu quarto e onde era a cozinha é outro quarto e, com o fechamento e ampliação da varanda externa, aos fundos, lá ficou copa-cozinha. Quando* ***vieres***, ***terás*** *mais conforto.*

(92) [20,2 CP SC] *Gostei muito de tua conferência sobre os problemas da tradução. Acho que é perfeita para ser dita ou lida no Brasil. Confesso que sempre me admirou muito o quanto* ***você consegue*** *ser fiel ao escritor, inclusive ao ritmo da frase. Também se aprende coisas sobre o português, como nossa oralidade, modulação, canto, etc. E achei excelente cito de o escritor ouvir o que escreve. É exato.*

Na Amostra HL, a maior parte dos 11 casos de sujeito pronominal expresso *tu*, à semelhança do que foi apontado na Amostra CS, também parece corresponder a estratégias de ênfase contrastiva, como ilustram os exemplos (93) e (94). Novamente, os sujeitos pronominais nesses casos dificilmente seriam omitidos.

(93) [20,2 CP SC] *É isto. Um beijo (em retribuição àquele furtivo que me deste uma noite em que eu estava em minha mesa de trabalho e* ***tu*** *ias dormir).*

(94) [20,2 CP SC] *O diretor será um rapaz daqui que trabalha em Los Angeles e apaixonou-se pelo roteiro e veio para cá cheio de esperanças. Já conseguimos o apoio da RBS (Rede Brasil Sul de Comunicações), a cadeia de TV mais importante do Sul. Quando o roteiro final estiver pronto, pretendo mandar-te uma cópia, pois quem sabe não se poderia vender o vídeo na França, e nesse caso,* ***tu*** *serias a tradutora dos diálogos.*

Nota-se que a escrita do final do século XX, aqui investigada, conserva um sistema semelhante ao do século XIX, notadamente de língua de sujeito nulo. Os oito casos do pronome *você* – categoricamente expressos – são pouco representativos para indicarem alguma mudança pronominal em curso. Além disso, observa-se que contextos de *tu* e *você* são utilizados pelo autor para marcar diferentes estratégias ligadas a relações simétricas e assimétricas de poder e solidariedade, conforme será discutido a seguir.

No que tange às relações de simetria e assimetria estabelecidas entre remetentes e destinatários, na Amostra CS a temática das cartas escritas pelo escritor é, em geral, amorosa. Nas missivas trocadas entre amigos, a temática varia entre um conteúdo de natureza profissional – tratam de livros a serem publicados e de compras de material em outras cidades do Brasil, por exemplo – e um conteúdo de natureza mais pessoal – dizem que têm saudades, que visitaram a família do destinatário, reclamam da falta de notícias etc. Os exemplos (95), (96) e (97) ilustram, respectivamente, a temática amorosa e as temáticas profissional e pessoal das cartas.

(95) [19,2 CP SC] *Minha estremecida V. A'hora em que te escrêvo tenho diante de mim teu retrato, que trago sempre comigo, que é o meu melhor companheiro e amigo. Adorada do meu coração, não* ***calculas*** *a saudade que sinto de ti, como desejo agora estar ao pé de ti, na alegria e na felicidade da tua presença querida, flôr da minha vida, consolo do meu coração.*

(96) [19,2 CP SC] *Alegra-me festivalmente isso, porque era uma justiça que te fazia a digna imprensa de Bagé, publicando os teus soberanissimos versos nas folhas diarias e concorrendo eficazmente em seguida para que elles sáias tambem em volume. Isto é uma prova de sympathia do povo rio-grandense pela mentalidade moderna que* ***tu*** *tão caraceristicamente* ***representas*** *nessa esccursão artistica na provincia dos pampas.*

(97) [19,2 CP SC] *No entanto nostalgico não vivo, nem desolado, porque ainda, segundo posso affirmar, continuo a ter a alma cheia de affectos para com todos, principalmente para comtigo que, comquanto passassemos tanto tempo sem nos communicar por meio da escripta,* ***continúas*** *aser meu maior amigo, o mais altamente sincero e dedicado; porque vive junto de mim, habitando o mesmo castello de esperanças, a doce Eleita dos meus sonhos, achada entre as mais procuradas.*

Na Amostra HL, o escritor trata de temáticas diferentes ao se dirigir a sua interlocutora. Com o passar do tempo, remetente e destinatária desenvolvem, além de uma relação profissional entre escritor e tradutora, também uma relação de amizade. Qualitativamente, é possível observar, em uma mesma carta, o missivista usando o pronome *você* para tratar de assuntos profissionais e o pronome *tu* para tratar de questões mais pessoais – conforme se observa nos exemplos (98) e (99).

(98) [20,2 CP SC] *Quelação é um tratamento à base de soro com aplicação duas vezes por semana, no início, depois uma vez por semana, com acompanhamento de diversos medicamentos de sustentação (minerais, vitaminas, etc).* [...] *Há um material impresso que vou conseguir para te* ***informares*** *a respeito. A medicina tradicional condena porque, se tudo der certo pelo novo método, cai por terra, por exemplo, a necessidade de várias operações, como as chamadas "pontes de safena. Sobre "Teias", o que eu disse para a moça é que* ***você****, geralmente, não* ***traduz*** *os nomes dos personagens mas que, no caso do Zenão, há o caso do filósofo, etc. Quanto ao jogo aliterativo que* ***citas*** *eu não havia percebido.*

(99) [20,2 CP SC] *Estou com tuas cartas de 10 e 11 e começo agradecendo as fotos de A. B. que vou usar na divulgação do lançamento do Zenão, ou dos Zenões. Gostaria de ter o endereço dela para mandar um cartão. Como* ***dizes*** *que virá um artigo dela, agradecerei ambos. Veio também o folheto do Encontro de Tradutores e agora é a vez de se falar nas traduções que* ***você*** *já* ***fez****.*

A seguir, são analisadas amostras de cartas de missivistas não ilustres, explorando, através de uma comparação entre amostras de Florianópolis e de Lages, a dimensão espacial da variação entre *tu* e *você* em Santa Catarina, que se mostrou relevante em estudos sincrônicos.

### *Seguindo em frente: os resultados dos não ilustres*

À medida que o PHPB-SC se desenvolve, outros materiais estão sendo coletados, transcritos e editados pelos pesquisadores. As amostras de cartas pessoais, antes concentradas na capital e escritas por informantes ilustres, agora já dão conta de missivas de outras localidades, como Blumenau e

Lages, e têm como remetentes e destinatários informantes não ilustres. Essa ampliação permitiu que novas análises fossem realizadas, como a comparação diatópica a ser apresentada, e possibilitou, inclusive, que recortes fossem feitos em determinadas amostras para, na medida do possível, garantir uma maior comparabilidade entre os conjuntos de cartas.

A Amostra Vale, utilizada por Nunes de Souza e Coelho (2013) em uma análise mais ampla, está constituída por 12 cartas amorosas de 7 moças moradoras das regiões da Grande Florianópolis e do Vale do Itajaí que escrevem, na década de 1960, a um mesmo destinatário, um jovem músico e professor de língua portuguesa nascido no Vale do Itajaí. Observou-se que algumas informantes dessa amostra escreviam do Vale do Itajaí enquanto outras escreviam da Grande Florianópolis. Com base na diferenciação no uso dos pronomes de 2P evidenciada por Loregian-Penkal (2004) com dados de fala do final do século XX, decidiu-se por opor cartas de não ilustres provenientes da capital a cartas de não ilustres oriundas de Lages – cartas essas que compõem a Amostra Medeiros.

A Amostra Medeiros é constituída por cerca de 70 missivas endereçadas a uma única destinatária, nascida em Urubici, um município cujo território já pertenceu a Lages e cuja colonização se assemelha à lageana. Entre os remetentes da Amostra Medeiros, há informantes tanto do litoral quanto do planalto, e aqui serão considerados somente aqueles que nasceram e viveram em Lages ou Urubici. A destinatária, embora urubiciense, viveu na cidade de Lages até ir para Florianópolis cursar o ensino superior. Foi basicamente no período em que a destinatária estava morando na capital que as cartas da Amostra Medeiros foram escritas.

O recorte utilizado recobre 15 correspondências (12 cartas e 3 bilhetes) escritas de mãe para filha, entre amigas e entre primas, na década de 1980. Para complementar a Amostra Medeiros, é acrescido um pequeno conjunto de 6 cartas – aqui reunidas sob o rótulo Amostra de Sena –, sobre as quais se sabe apenas que foram escritas por 2 lageanos nas décadas de 1950 e 1970 para 2 destinatários distintos.

No Quadro 3, pode ser visualizado o recorte selecionado para a análise comparativa entre cartas produzidas por informantes não ilustres de Florianópolis e de Lages.

**Quadro 3 – Cartas de missivistas não ilustres (Amostra Vale, Amostra Medeiros e Amostra de Sena)**

| Amostra dos não ilustres | |
|---|---|
| **Florianópolis – década de 1960** | **Lages – décadas de 1950, 1970 e 1980** |
| 16 cartas<br>7 remetentes distintas → jovem professor do Vale do Itajaí | 18 cartas e 3 bilhetes<br>6 remetentes distintos → 3 destinatários |
| Total: 34 cartas escritas por 13 remetentes distintos | |

Uma das vantagens de se analisar a correspondência de remetentes não ilustres é que eles, normalmente, não têm a mesma preocupação com a norma culta que escritores profissionais têm ao escrever – o que aproxima seu texto de uma linguagem mais informal e espontânea. Isso não quer dizer, contudo, que tais textos sejam necessariamente representativos da escrita de uma época. Será preciso, ainda, que um determinado volume de pesquisas diacrônicas acerca da variação entre os pronomes de segunda pessoa em Santa Catarina seja realizado para se ter ideia da representatividade das amostras selecionadas para esta análise.

Sobre esses informantes também importa salientar que, embora o parâmetro de comparação seja o fato de não serem ilustres, há entre eles diferenças de idade e escolaridade (e possivelmente outras, ainda não detectáveis através da leitura das cartas), que serão levadas em conta mais adiante, quando forem exploradas as relações de simetria e assimetria entre remetentes e destinatários. Diferentemente do que ocorre com informantes ilustres, que têm sua biografia conhecida, a identificação de determinadas características sociais de informantes não ilustres depende, na maior parte dos casos, da memória de quem doa suas cartas para pesquisa. Alguns aspectos, como o nível de instrução, podem ser também deduzidos pela leitura atenta das cartas pelo pesquisador.

Os resultados acerca da distribuição dos pronomes *tu* e *você* obtidos por meio da análise comparativa entre cartas de não ilustres florianopolitanos e lageanos podem ser conferidos na Tabela 9, na qual se encontram organizados em função do cruzamento entre localidade e preenchimento do sujeito.

**Tabela 9 – Frequência de pronomes de segunda pessoa do singular na posição de sujeito (nulos e expressos) em cartas pessoais catarinenses de Florianópolis e Lages (segunda metade do século XX)**

| Sujeito | Segunda metade do século XX | | | |
|---|---|---|---|---|
| | Florianópolis | | Lages | |
| | Tu | Você | Tu | Você |
| Nulo | 66/73<br>90% | 17/39<br>44% | 11/15<br>73% | 26/77<br>34% |
| Expresso | 7/73<br>10% | 22/39<br>56% | 4/15<br>27% | 51/77<br>66% |
| Total | 73/112<br>65% | 39/112<br>34% | 15/92<br>16% | 77/92<br>83% |

Certamente os números que mais chamam a atenção na Tabela 9 são aqueles que apontam para uma preferência pelo uso do pronome *tu* em Florianópolis e pelo uso do pronome *você* em Lages. Considerando-se que se trata de dados de escrita datados das décadas de 1950, 1960, 1970 e 1980, e que, em geral, as mudanças linguísticas ocorrem mais rapidamente na fala do que na escrita, é possível estimar que a variação diatópica que se observa no uso dos pronomes de segunda pessoa em Florianópolis e Lages – também verificada em dados de fala da década de 1990 por Loregian-Penkal (2004) – é anterior à segunda metade do século XX. Esses resultados, da mesma forma, dão indícios de que diferenças relativas à colonização das duas cidades, associadas aos obstáculos geográficos entre o planalto e o litoral, podem ser um fator que interfere na variação entre *tu* e *você*.

Ainda com relação à Tabela 9, é possível notar que, respeitadas as preferências gerais de uso por uma ou outra forma pronominal em cada uma das cidades, a referência à segunda pessoa se faz preferencialmente com a não realização fonética do pronome *tu* (sujeito nulo) e com o pronome *você* como sujeito expresso, como os exemplos em (100) e (101) evidenciam. Essa associação entre o uso de *tu* e um menor preenchimento do sujeito e entre o uso de *você* e um maior preenchimento do sujeito pode ser considerada como um indicativo de que a variação entre sujeito nulo e sujeito pleno, no português catarinense e no português brasileiro de modo geral, está em maior grau relacionada a fatores internos ao sistema da língua, em detrimento de fatores externos.

(100) [20,2 CP SC] *Desejo que esta além de encontrá-lo com saúde e felicidade, o encontre ainda mais simpático do que o tenho em mente! Agradeço sinceramente sua cartinha, não só pelo fato de **teres** mandado, mais sim por **teres** feito com que em horas de labuta diária me viesse a mente uma linda recordação como a [de certas] horas que a seu lado eu passei!*

(101) [20,2 CP SC] *Espero que vocês estejam bem com a minha ausência. Aqui está tudo bem, ou mais ou menos bem. O I. não anda muito legal e eu precisava que **você olha**-se ai neste livro de Remédios o remédio de nome PET MOSOL, não sei se [rasurado] escreve junto ou separado. O irmão dele me falou que ele anda tomando muito e nós não sabemos para o que serve. Se você conseguir me mande dizer o mais rápido possível. Pois ando muito preocupada.*

Embora os resultados gerais exibidos na Tabela 9 ofereçam um panorama da distribuição dos pronomes de segunda pessoa na escrita de Florianópolis e de Lages na segunda metade do século XX, o exame de particularidades dos informantes pode, ainda, ajudar a elucidar algumas questões envolvidas na variação entre *tu* e *você* nessas localidades.

A Tabela 10 mostra a distribuição dos pronomes *tu* e *você* por informante na Amostra Vale (Florianópolis) e nas Amostras Medeiros e de Sena (Lages).

**Tabela 10 – Distribuição dos pronomes *tu* e *você* por informante nas amostras de Florianópolis e de Lages (século XX)**

| | Remetentes | Tu | | Você | |
|---|---|---|---|---|---|
| Amostra Florianópolis | Remetente E | 0/20 | 0 | 20/20 | 100% |
| | Remetente Z | 2/3 | 66% | 1/3 | 33% |
| | Remetente C | 5/5 | 100% | 0/5 | 0% |
| | Remetente L | 2/8 | 25% | 6/8 | 75% |
| | Remetente O | 58/65 | 89% | 7/65 | 10% |
| | Remetente B | 4/5 | 80% | 1/5 | 20% |
| | Remetente T | 2/6 | 33% | 4/6 | 66% |
| Total | 112 ocorrências | 74/112 | 65% | 39/112 | 34% |
| Amostra Lages | Remetente W | 13/19 | 68% | 6/19 | 31% |
| | Remetente A | 1/20 | 5% | 19/20 | 95% |
| | Remetente B | 0/3 | 0% | 3/3 | 100% |
| | Remetente F | 1/12 | 8% | 11/12 | 91% |
| | Remetente R | 0/7 | 0% | 7/7 | 100% |
| | Remetente S | 0/31 | 0% | 31/31 | 100% |
| Total | 92 ocorrências | 15/92 | 16% | 77/92 | 83% |

Pode-se observar, na Tabela 10, que praticamente todas as missivas de informantes da Amostra Vale – cuja temática geral são as relações amorosas entre as remetentes e o destinatário – apresentam comportamento linguístico variável no que diz respeito à alternância entre os pronomes de segunda pessoa na posição de sujeito, à exceção da Remetente C, que faz uso categórico de *tu*, e da Remetente E, que faz uso categórico do pronome *você*. Ainda com relação à Amostra Vale, ressalte-se que a maioria das remetentes que varia entre os dois pronomes dá preferência à forma *tu*.

Na junção das amostras lageanas Medeiros e de Sena, nota-se que, à exceção do Remetente W, os demais têm comportamento ou categórico ou semicategórico em relação ao uso de *você* como sujeito. A temática das missivas lageanas parece ter pouco a esclarecer com respeito a essa exceção: as cartas da Amostra Medeiros são trocadas entre familiares e entre amigas, e as cartas da Amostra de Sena são cartas de amor e de amizade.

Um olhar qualitativo sobre os dados revela que o Remetente W apresenta um nível de instrução diferente dos demais informantes de Lages. Em suas cartas, há variações e erros de grafia que não são encontrados nos textos dos demais missivistas. O exemplo (102) ilustra alguns dos fenômenos que aparecem nas cartas do Remetente W.

(102) [20,2 CP SC] *Bem deves saber que intereçeique* ***vosse****se acertasse com o J. novamente muinto conselho dei a ele não sei se viz-bem ou mal o outro rapaz tambem não éra mau mais estava muito errado em debochar o outro por isto e eu éracomtra, fiquei satisfeito quando sube que* ***vosse*** *estava bem com o José* [...]

Resta a dúvida acerca da relação entre o nível de letramento do informante e o uso dos pronomes de segunda pessoa. É possível que o Remetente W tenha outras razões para preferir o pronome *tu* que escapam à visão dos analistas. De fato, nem mesmo quem doou as cartas do Remetente W para pesquisa sabe caracterizar socialmente o informante.

A seguir, são tecidas algumas contribuições apresentadas em relação à descrição do português escrito catarinense e de futuros encaminhamentos nos estudos sobre a variação entre os pronomes *tu* e *você* no estado de Santa Catarina.

## *Algumas considerações sobre o tratamento em Santa Catarina*

Os primeiros resultados diacrônicos sobre a variação pronominal de 2P (*tu* e *você*) na posição de sujeito em cartas pessoais escritas por ilustres e não ilustres catarinenses, extraídas do *corpus* PHPB-SC, apontam dois contrastes: o primeiro entre o uso conservador do pronome *tu* com sujeito nulo pelos remetentes ilustres florianopolitanos e o uso variável dos pronomes *tu* nulo e *você* expresso pelos não ilustres; o segundo contraste foi entre o uso majoritário do pronome *tu* por não ilustres de Florianópolis e do pronome *você* por não ilustres de Lages, indicando um caso de variação diatópica. Esses resultados refletem, em certa medida, o caráter heterogêneo do estado de Santa Catarina.

Os resultados apresentados, no entanto, precisam ser relativizados, uma vez que a amostra aqui analisada é ainda pouco representativa da escrita catarinense. Essa limitação está relacionada diretamente ao tamanho da amostra utilizada e ao período em que as cartas foram escritas, muito espaçadas no tempo (entre as Amostras CS e HL são 100 anos, por exemplo), e é reflexo do momento em que se encontram os trabalhos de coleta, transcrição e edição do grupo PHPB – há períodos de tempo em que ainda não há material coletado. Outra limitação diz respeito a dificuldades encontradas na caracterização social dos missivistas não ilustres, isto é, à dificuldade de acesso ao perfil social desses informantes.

Como já destacado, buscou-se apresentar, em linhas anteriores, os primeiros resultados de uma empreitada que está apenas começando. Será preciso, ainda, que sejam realizadas outras pesquisas diacrônicas com material escrito de Santa Catarina. Como desdobramentos desta análise, propõe-se: a ampliação das amostras e a análise diatópica considerando também amostras de outras localidades como Blumenau e Chapecó, que também fazem parte do *corpus* PHPB-SC.

## REGIÃO NORDESTE

### FORMAS DE TRATAMENTO EM CARTAS DA BAHIA[29]

Em termos sincrônicos, não há um completo mapeamento dos usos tratamentais no estado da Bahia, do mesmo modo que se tem visto para as outras localidades investigadas. Estão disponíveis alguns estudos pontuais em algumas áreas mais centrais, como a capital Salvador e comunidades rurais isoladas no interior do estado, a maioria delas constituída por afro-brasileiros. Os trabalhos de que se têm notícia já identificaram pelo menos dois subsistemas de tratamento na Bahia. Por um lado, há áreas em que o uso *você* e suas variantes atinge entre 97% e 100% de frequência, segundo a proposta de Scherre et al. (2009). Estão, nesse caso, a capital do estado, Salvador, bem como comunidades menores, como é o caso do município de Rio de Contas e o Distrito de Helvécia, no município de Nova Viçosa, na microrregião de Porto Seguro, na mesorregião do Sul baiano (Lucchesi, Baxter e Ribeiro, 2009: 83-95). Por outro lado, há localidades onde se identifica a variação *você* e *tu*, sendo que o pronome *tu* não apresenta a concordância verbal canônica ("*tu* falaØ" frente a "*tu* falas"). Tal subsistema *Tu*/*Você* foi identificado nas seguintes comunidades afrodescendentes: Cinzento (Chapada da Diamantina), Sapé (distrito do município de Valença, ao sul do Recôncavo Baiano) e Poções.

Além dessas comunidades rurais de afrodescendentes, estudos recentes feitos a partir de entrevistas sociolinguísticas ou fotografias apresentam registros de *tu* em Feira de Santana nas relações de maior intimidade, com frequências abaixo de 30% (Almeida, 2012; Santana, 2009). Outros trabalhos, como os de Amor Divino (2008), em Santo Antônio de Jesus, e o de Costa et al. (2007: 27), em Jitaúna, também mostram a presença de *tu* sem concordância com índices acima de 70%. O estado da Bahia tem, desse modo, um comportamento bastante complexo quanto aos seus subsistemas de tratamento na sincronia.

Adotando a mesma linha investigativa das análises anteriores, esta análise pretende contribuir com os estudos que buscam compor um quadro da configuração diatópico-diacrônica do sistema de tratamento do português brasileiro (PB), trazendo, *lato sensu*, os resultados da região Nordeste, especificamente, dados de cartas escritas por baianos, disponibilizadas no Corpus Eletrônico de Documentos Históricos do Sertão/CE-DOHS (<http://www.uefs.br/cedohs/>). A análise de cartas dos remetentes baianos pode elucidar o fato de, nessa localidade brasileira, observar-se um uso de estratégias diferentes de referência à 2ª pessoa, com valores sociopragmáticos também particulares. Isso pode explicar discrepâncias na evolução histórica das formas de tratamento encontradas na Bahia face aos resultados obtidos para outras regiões do país.

Na sequência, apresenta-se, inicialmente, a descrição do *corpus*, com informações mais precisas sobre documentação epistolar analisada e o perfil dos remetentes. Posto isso, são descritos os dados obtidos para esta análise e são feitas as considerações sobre as formas de tratamento localizadas em missivas produzidas por remetentes baianos do século XIX e XX.

### *A constituição das cartas e o perfil dos remetentes baianos*

A análise apresentada nesta seção baseia-se numa amostra de 383 cartas, presentes em diferentes *subcorpora*, conforme a distribuição apresentada no Quadro 4:[30]

**Quadro 4 – *Subcorpus* de cartas de remetentes baianos**

| Década | *Subcorpus* de cartas | Quantidade de cartas |
|---|---|---|
| 1810-1850 | Cartas para Vários Destinatários | 7 |
| 1860 | Cartas para Vários Destinatários | 19 |
| 1870 | Cartas para Vários Destinatários | 18 |
| 1880 | Cartas para C. D. M. | 18 |
| 1890 | Cartas para C. D. M. | 151 |
| 1900 | Cartas para C. D. M. | 69 |
| 1910 | Cartas Baianas: o acervo de J. C. P. V. | 10 |
| 1920 | Cartas Baianas: o acervo de J. C. P. V. Cartas do Acervo D. Jr. | 19 |
| 1930 | Cartas do Acervo D. Jr. | 16 |
| 1940 | Cartas do Acervo D. Jr. | 18 |
| 1950 | Cartas do Acervo D. Jr. | 14 |
| 1960 | Cartas do Acervo D. Jr. | 3 |
| 1970 | Acervo da Família O. | 2 |
| 1980 | Correspondências Amigas, o acervo de V., Bahia | 13 |
| 1990 | Correspondências Amigas, o acervo de V., Bahia | 6 |
| **Total** | | 383 |

A seleção e constituição desse *subcorpus* de 383 cartas, extraído da Coleção Cartas Brasileiras, se justifica pelo fato de nem todas as cartas serem de remetentes baianos. Como se trata de uma análise diatópica, feita a partir da naturalidade dos remetentes, e não do local de escrita das cartas, foram selecionadas, de diversos acervos, as cartas escritas por baianos nos séculos XIX e XX. Os acervos também foram definidos com base no grau de escolaridade dos remetentes em três grandes grupos (Carneiro, 2005):

1. *Grau superior* (Universidades no Brasil[31] e fora do Brasil, como a Universidade de Coimbra e outras): *variante culta;*
2. *Grau intermediário* (até aulas maiores): *variante semiculta;*
3. *Grau primário* (de primeiras letras até o 5º ano): *variante popular* e *semipopular*.

De modo geral, as cartas que compõem as amostras constituem a produção escrita de pessoas ilustres, cultas e citadinas, com alto grau de instrução, e de pessoas semicultas, de áreas rurais da Bahia. Há também dados de semipopulares e populares (chamados aqui de não cultos, como é o caso de 7 vaqueiros). Essa informação é importante para justificar o comportamento bastante regular dos usos linguísticos identificados na amostra em relação às formas de tratamento.

No conjunto de cartas de remetentes ilustres, também são encontradas correspondências de familiares e amigos; por essa razão, mesmo exercendo cargos públicos (remetentes e destinatários), os escreventes tratam seu destinatário por amigo, com menos formalidade do que se familiares e amigos não fossem.

### *As formas de tratamento na posição de sujeito em cartas baianas: distribuição geral*

Na amostra de cartas pessoais baianas relativas ao período de 1810-1990, foram identificados 838 dados de formas de referência à 2ª pessoa na posição de sujeito, entre sujeitos preenchidos e nulos. As formas imperativas não foram contabilizadas no cômputo geral. A distribuição dos dados de sujeito está na Tabela 11:

**Tabela 11 – Distribuição geral das formas de tratamento na posição de sujeito em cartas baianas (1810-1990)**

| Tratamento na posição de sujeito | Vossa Excelência | Vossa Senhoria | O Senhor | Vossa Mercê (Vosmecê) | Você | Vós | Tu | Total |
|---|---|---|---|---|---|---|---|---|
| Ocorrência<br>% | 392<br>47% | 30<br>3% | 33<br>4% | 8<br>1% | 343<br>41% | 26<br>3% | 6<br>1% | 838 |

Nota-se que, na amostra de cartas baianas, ao contrário do que se observa nos outros estados, a polarização deu-se entre o tratamento de base nominal *Vossa Excelência* (47%) e a forma *você* (41%).

O pronome *tu* apresentou um emprego bastante marginal, com menos de 1% de frequência no *corpus* em análise. Foram identificados apenas 6 dados no total, categoricamente como sujeito nulo. Os raríssimos dados de *tu* ocorreram, como era esperado, quando havia maior intimidade e solidariedade entre os missivistas, em certos tipos de relação pessoal, como é o caso das relações entre amigos e entre casais. Para o primeiro caso, têm-se os dados de final do século XIX e início do XX (de 103 a 106); para o segundo caso, tem-se uma carta trocada entre marido e mulher em fins do século XX, em (107):

(103) [19,2 CP BA] *Vê se Ø **combinas** com o P e S. alguma cousa a meu respeito.*

(104) [19,2 CP BA] *Responde-me; não faças o mesmo que Ø **fizeste** com a ultima que te escrevi.*

(105) [20,1 CP BA] *A Corôa que Ø **mandaste** não poude ser a tempo depo=sitada no ataúde porque o telegramache-gou depois do enterro.*

(106) [20,2 CP BA] *Se Ø **tiveres** alguma pista, ligue para mim 940-6872, aguardo-te.*

(107) [20,2 CP BA] *Bem Ø **sabis** que é a maior reprisentante de minha vida?*

Outro resultado bastante particular nessa amostra foi a presença de *vós* em referência à 2ª pessoa do singular, um traço bastante arcaizante para o português brasileiro, uma vez que esse uso era recorrente no português arcaico. Em (108), tem-se o emprego de *vós* (*pedísteis*) para se referir a um único destinatário, no caso em questão, o pai de uma das missivistas:

(108) [19,2 CP BA] *Por P. escrevi-vos hontem, e mandei tudo quanto Ø **pedisteis.***

A terceira estratégia, com baixíssimos índices de frequência, foi *Vossa Mercê* e variantes, tratamento de base nominal do qual se originou *você*. Seu uso na amostra ocorreu de maneira bastante esporádica (8 dados – 1%) em cartas do século XIX. Cabe ressaltar que a forma ocorreu grafada como *vosmicê*, como se observa em (109), o que pode evidenciar que seu emprego registra uma transição entre o tratamento formal da origem (*Vossa Mercê*) e uma estratégia utilizada em relações de menor distanciamento (110). Como se pode observar, os poucos dados apareceram, principalmente, em relações assimétricas:

(109) [19,2 CP BA] [...] *uma procuração para **Vosmice** requerér por mim ao Senhor Dr. Juiz de Direito da Comarca, os meus direitos de Eleitór como tal ahi fui qualificado* [...]

(110) [19,2 CP BA] *meu maior prazer é que* ***vosmicê*** *minha Madrinha e todos de nossa Familia tenhão sempre gosado perfeita saude e felicidades*

Tendo em vista a descrição desses usos pouco recorrentes (*tu*, *vós* e *vosmicê*), analisam-se as formas de tratamento mais produtivas com o intuito de compreender o predomínio de estratégias de base nominal na amostra de cartas baianas. O Gráfico 11 apresenta a distribuição das estratégias de referência à 2ª pessoa ao longo do tempo – *Vossa Excelência*, *Vossa Senhoria*, *O Senhor* e *você*:

**Gráfico 11 – Distribuição das formas de tratamento mais produtivas ao longo do tempo em cartas baianas**

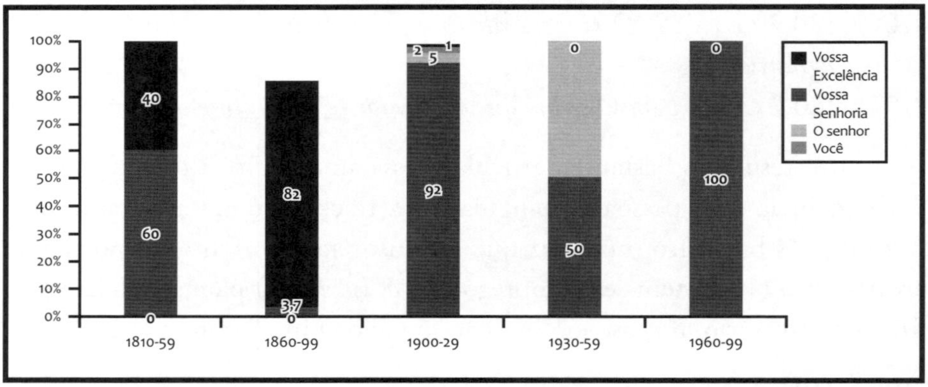


Como mencionado anteriormente, os índices mais altos de frequência são para *Vossa Excelência* e *você*, que, contudo, não ocorrem necessariamente no mesmo período de tempo e com os mesmos valores sociopragmáticos. *Vossa Excelência*, em (111), aparece nas cartas com 40% de frequência na primeira metade do século XIX (1810-59), atingindo 82% na segunda metade daquele século. *Você*, em (112), por sua vez, apresenta uma ascensão abrupta no século XX. Sua frequência é bastante baixa no final do século XIX (14,3%), mas sobe para 92% entre 1900-1929. Embora no período de 1940-1969 os índices sofram uma queda (50%), *você* atinge 100% na última fase do século XX (1960-1999). A outra estratégia, de base nominal, *Vossa Senhoria* (113), só se mostrou frequente na primeira fase do século XIX (1810-1859) com 60%. Observando o Gráfico 11, destacam-se alguns aspectos na configuração das frequências do século XIX para o XX. Percebe-se nitidamente na amostra uma distribuição entre as estratégias que marcam distanciamento ou poder. Nota-se que *o/a Senhor(a)* (114) só passa a ocorrer num período em que há pouquíssimos dados de *Vossa Excelência* na amostra de cartas baianas (2%). Essa estratégia era comum no século XIX, ao passo que aquela só foi identificada nas duas primeiras décadas do século XX, com 4% entre 1900-1939 e 50% entre 1930-1969.

(111) [19,2 CP BA] *Satisfazendo com muito prazer ao pedido que* ***Vossa Excelência*** *me fez fez me em sua carta de 14 do corrente, relativo aoSenhor C. J. B.* [...]

(112) [20,1 CP BA] *Bem avalio as linhas com que* ***você*** *se temouvido por fazer fraca a crise economica e financeira que tem assoberbado o Estado durante sua administração.*

(113) [19,1 CP BA] *espero que* ***Vossa Senhoria*** *o remunere como merece, pois nesta terra de calmas e lamas, todo o serviço he penoso.*

(114) [20,2 CP BA] [...] *acho que é um ato de humanidade e de confiança que* ***a senhora*** *deposita em minha pessoa.*

Adotando uma perspectiva mais qualitativa, nota-se como se distribuem as estratégias de tratamento em função dos eixos hierárquicos sociais. As relações sociais foram classificadas de acordo com a dicotomia entre Poder e Solidariedade (Brown e Gilman, 1960), em relações simétricas e relações assimétricas (ascendentes e descendentes). Em cada uma, as relações estabelecidas entre o remetente e o destinatário foram consideradas mais ou menos solidárias, a depender da relação interpessoal estabelecida. Assim, relações familiares mais próximas (marido-mulher, namorados, mãe-filho, tio-sobrinho etc.) foram classificadas como mais solidárias, ao passo que outras relações menos privadas ou mais distantes (primos distantes, compadres, patrão-empregado, colegas etc.) foram denominadas menos solidárias. O Quadro 5 sistematiza os resultados:

**Quadro 5 – Formas de tratamento encontradas em função das relações sociais nas cartas baianas**

<table>
<tr><th colspan="2">Tipo de relação</th><th>Formas encontradas em cartas baianas</th></tr>
<tr><td rowspan="2">Simétrica</td><td>[+solidária]</td><td>Você | Tu</td></tr>
<tr><td>[-solidária]</td><td>V. Exª | V. Sª | O Senhor | Vosmecê |Você</td></tr>
<tr><td rowspan="2">Assimétrica descendente</td><td>[+solidária]</td><td>Você</td></tr>
<tr><td>[-solidária]</td><td>Vosmecê</td></tr>
<tr><td rowspan="2">Assimétrica ascendente</td><td>[+solidária]</td><td>Vós | Vosmecê</td></tr>
<tr><td>[-solidária]</td><td>V. Exª | V. Sª | O Senhor</td></tr>
</table>

Percebe-se que o *você* ocorre nas relações simétricas e nas assimétricas descendentes (superior-inferior) e, apesar de as estratégias de origem nominal também ocorrerem nessas relações, seu emprego é exclusivo nas relações de mais poder, como as assimétricas ascendentes (inferior-superior).

Uma informação importante sobre o comportamento de *você* nas cartas baianas pode ser depreendida do Quadro 4. Diferentemente das demais regiões, em que *você* começou por ser uma variante de *Vossa Mercê*, ocupando os contextos de maior formalidade, como as relações assimétricas ascendentes, na Bahia, a forma *você* parece ter entrado no sistema pronominal da 2ª pessoa por relações assimétricas descendentes e simétricas. Ainda que coexista com *Vosmecê* nessas relações, observa-se que esta é restrita às relações menos solidárias, ao passo que o *você* é utilizado preferencialmente em relações mais solidárias. Talvez por esse comportamento particular, a forma *você* tenha ocupado muito rapidamente os contextos de maior intimidade, não deixando espaço para o pronome original de 2P *tu*.

Assim, a suposta complexidade da distribuição variada de formas está no fato de estratégias diferentes atuarem nesses dois eixos ao longo dos dois séculos. Na primeira metade do século XIX, *Vossa Excelência* e *Vossa Senhoria* são empregadas para marcar mais Poder ao lado de *você*, que era empregado em contextos mais solidários. No século XX, a polarização já ocorre com outras formas. A partir principalmente dos anos de 1930, *o/a senhor(a)* passa a marcar Poder, enquanto a Solidariedade continua se estabelecendo com o emprego majoritário de *você*.

## *A questão do preenchimento do sujeito e as formas tratamentais em cartas baianas*

Além de observar a distribuição das formas de tratamento na amostra, foi quantificado o preenchimento, ou não, do sujeito dessas ocorrências. Os resultados gerais obtidos são apresentados na Tabela 12:

**Tabela 12 – Distribuição das formas de tratamento quanto à expressão do sujeito nas cartas baianas (1810-1990)**

| Sujeito | Realização | | Total |
|---|---|---|---|
| | Pleno | Nulo | |
| **Vossa Excelência** | 223/392<br>57% | 169/392<br>43% | 392 |
| **Vossa Senhoria** | 16/30<br>53% | 14/30<br>47% | 30 |
| **O Senhor** | 18/33<br>54% | 15/33<br>45% | 33 |
| **Vossa Mercê (Vosmecê)** | 8/8<br>100% | –<br>0% | 8 |
| **Você** | 192/343<br>56% | 151/343<br>44% | 343 |
| **Vós** | –<br>0% | 26/26<br>100% | 26 |
| **Tu** | –<br>0% | 6/6<br>100% | 6 |
| **Total** | 457 | 381 | 838 |

Os resultados do preenchimento do sujeito demonstram a preferência pela realização plena do sujeito nas formas de tratamento de base nominal, como é o caso de *Vossa Mercê*, com 100%, *Vossa Excelência/Vossa Senhoria/o/a senhor(a)*, com taxas que variam de 53% a 58%, e até mesmo a forma pronominalizada *você*, com 56%. As formas efetivamente pronominais, como é o caso de *tu* e *vós* para singular, ocorreram categoricamente como sujeito nulo, ou seja, a informação de 2P é marcada apenas na desinência verbal.

Ao focalizar somente o preenchimento da posição de sujeito nos casos que envolvem a forma *você* em correlação com a norma linguística dos remetentes, tem-se a seguinte distribuição, exposta na Tabela 13:

**Tabela 13 – Preenchimento ou não do sujeito *você* quanto à norma linguística dos remetentes**

| Sujeito | Pleno | Nulo | Total |
|---|---|---|---|
| Cultos | 57/115 | 58/115 | 115 |
| | 49% | 51% | |
| Semicultos | 66/118 | 52/118 | 118 |
| | 56% | 44% | |
| Não cultos | 69/110 | 41/110 | 110 |
| | 63% | 37% | |

A categorização dos dados, por ter sido feita com base em um levantamento de dados sócio-históricos acerca de seus remetentes, permitiu sua classificação entre cultos, não cultos e semicultos. No caso das cartas escritas no século XIX, essa separação se reflete no local onde habitam tais remetentes, sendo aqueles provenientes da costa mais cultos do que os provenientes do interior.

Os resultados demonstram que as ocorrências de *você* na posição de sujeito em sua forma plena aumentam à medida que o grau de escolarização do remetente diminui: o percentual de preenchimento do sujeito dentre os considerados não cultos ultrapassa a marca dos 60%, ao passo que entre cultos e semicultos esse percentual é inferior (49% e 56%, respectivamente). Esse fato pode evidenciar certa correlação existente entre o comportamento linguístico dos indivíduos menos letrados nas cartas e a formação de uma variedade brasileira do português.

## *Considerações sobre as formas de tratamento em cartas baianas*

Os resultados obtidos a partir da análise das cartas baianas são, objetivamente, os seguintes:

a. foram registradas como estratégias de referência à 2ª pessoa do singular na posição de sujeito as formas *Vossa Excelência*, *Vossa Senhoria*, *o/a senhor(a)*, *Vossa Mercê* (*Vosmecê*), *você*, *vós* e *tu*. Houve uma quantidade mais significativa das formas de tratamento de base nominal, se comparadas às formas pronominais;

b. Nas cartas em questão, o número de dados registrados de *tu* foi ínfimo. O *você*, que começa a aparecer no século XIX, já é preponderante no final do século XX;

c. A forma *você* parece ter passado a fazer parte do quadro de tratamento da 2P a partir de relações assimétricas descendentes e simétricas, não ocorrendo em relações assimétricas ascendentes, como apontam os resultados de algumas regiões. Ainda que coexista com a forma *Vossa Mercê* (*Vossemecê*), a forma *você* é encontrada mais frequentemente em relações mais solidárias. Os resultados permitem delinear uma hipótese para a construção do sistema atual de *você* exclusivo em vigor na Bahia: o *você* não passou a fazer parte do quadro como uma variante de *Vossa Mercê*, mas como uma estratégia mais solidária, razão pela qual não teria havido espaço no sistema para a sobrevivência de *tu*;

d. Quanto ao preenchimento do sujeito, as formas pronominais *tu* e *vós* foram categoricamente nulas, ao passo que as formas oriundas de sintagmas nominais apresentam variação, sendo encontradas na forma nula e plena, com preferência pelo preenchimento. No caso particular de *você*, observou-se que o preenchimento aumenta à medida que o grau de escolarização diminui.

Tal como se ressaltou para as análises de outras localidades contempladas na descrição do presente capítulo, também cabe ressaltar que, em relação à investigação das formas pronominais de 2P no estado da Bahia, os resultados apresentados são de caráter preliminar. Pesquisas futuras serão necessárias para completar certas lacunas existentes nos dados diacrônicos disponíveis para o referido estado. Todavia, os indícios encontrados na análise apresentada já fornecem pistas interessantes de como teria se constituído o tratamento de 2P na Bahia. Tomados como hipóteses a serem testadas, os resultados disponíveis até então representam um importante ponto de partida para investigações vindouras.

## FORMAS DE TRATAMENTO EM CARTAS DE PERNAMBUCO[32]

Os raros estudos feitos, com base em dados de fala, que analisam o estado de Pernambuco fazem menção ao uso variável de *você* e *tu* na capital Recife. O trabalho de Cardoso (apud Scherre et al., 2015), a partir dos primeiros resultados do Atlas Linguístico do Brasil (Alib), mostra que Pernambuco, dentre os cinco estados do Nordeste estudados pela autora (SE, AL, PB, PI, PE), apresenta os maiores índices de *tu* (16%) contra 6% em Aracaju (SE) e também em Maceió (AL); 13% em João Pessoa (PB) e em Teresina (PI). O estudo anterior de Sette (1980: 148-68) identificou 20% de *tu* em interações comerciais, sendo a maioria dos dados com marcas de concordância (67%). Foram tais estudos que fizeram Scherre et al. (2015) enquadrar Recife como pertencendo ao subsistema *tu/você* com concordância média, a partir do uso médio de *tu* abaixo de 60%, com taxas de concordância entre 10% e 39%.

Com base nessas referências para o tratamento atual em Pernambuco, resgata-se diacronicamente o comportamento variável das formas de 2P em cartas produzidas por remetentes pernambucanos. Para tanto, são analisadas cartas pessoais escritas de 1869 a 1969. Levam-se em consideração os contextos sociopragmáticos favorecedores do emprego das formas variantes *você* e *tu* como sujeito em cartas de família, de amigos e de amor em 100 anos de produção escrita no estado de Pernambuco.

### *Descrição da amostra de cartas pessoais pernambucanas*

As cartas pessoais pernambucanas utilizadas como *corpus* foram coletadas na Fundação Joaquim Nabuco, em Recife. Analisaram-se 123 cartas de Pernambuco, compreendidas no período de 1869 a 1969 (séculos XIX e XX), levantadas dos acervos de 11 famílias de políticos, jornalistas, diplomatas, juristas, sociólogos, escritores, promotores, industriais, professores, médicos, teatrólogos etc.

As cartas coletadas constituem a produção escrita de pessoas ilustres e com um alto grau de instrução. Essa informação é bastante significativa para justificar o padrão predominantemente regular dos usos linguísticos identificados com relação às formas de tratamento. No entanto, nesse conjunto de cartas de remetentes ilustres, também são encontradas correspondências de outros familiares e amigos que ampliam a margem de verificação de contextos de variação das formas *tu* e *você*. Nos próximos parágrafos, será apresentado o resultado geral das formas na posição de sujeito e serão discutidos qualitativamente os poucos dados referentes às formas oriundas de sintagmas nominais, as denominadas formas de base nominal (*Vossa Mercê* e *o/a senhor(a)*).

### *As formas de tratamento na posição de sujeito: cartas pernambucanas*

Em termos da totalidade de dados levantados, foram identificadas 349 ocorrências de formas de tratamento de 2ª pessoa na posição de sujeito, sendo 279 dados de *você*, 64 dados de *tu*, 2 dados de *Vossa Mercê* e 4 ocorrências de *o/a senhor(a)*, conforme consta na Tabela 14. No cômputo geral de *você* e *tu* não foram incluídos os dados de formas imperativas:

**Tabela 14 – Distribuição das formas de tratamento na posição de sujeito em cartas pernambucanas**

| Tratamento na posição de sujeito | Você | Tu | Vossa Mercê | o/a senhor(a) |
|---|---|---|---|---|
| Ocorrências<br>% | 279/349<br>80% | 64/349<br>18% | 02/349<br>1% | 04/349<br>1% |

Os estudos sobre o tema já mostraram que as formas *Vossa Mercê* e *o/a senhor(a)* denotam traços de cortesia e respeito entre os interlocutores desse gênero textual e de outros materiais. No estudo de Lopes e Duarte (2003), com base em peças teatrais brasileiras e portuguesas, as autoras também identificaram tais estratégias marcando as relações de inferior para superior com uma ligeira diferença de comportamento. Nas peças produzidas no Brasil, houve uso majoritário de *Vossa Mercê*, e em peças escritas em Portugal, o predomínio foi de *O/A senhor(a)* e de outras formas nominais. O esvaziamento do conteúdo cerimonioso do *Vossa Mercê*, nos séculos XVIII e XIX, já foi registrado por Rumeu (2004), com o aumento de sua produtividade em cartas não oficiais a partir do século XIX.

Na amostra de Pernambuco aqui analisada, todas as ocorrências de *Vossa Mercê* e *o/a senhor(a)* foram identificadas nas cartas de missivistas masculinos e adultos. Tais registros dessas formas estão em cartas pessoais trocadas entre amigos e familiares, filho e pai, excluindo, desse modo, as relações mais íntimas estabelecidas nas cartas de amor. Embora sejam pouquíssimos dados, é relevante observar a motivação para o emprego de formas de tratamento oriundas de sintagma nominal, observando quem as empregou, em que momento histórico, para quem e qual o efeito pretendido.

No caso do emprego da forma *o/a senhor(a)*, todos os quatro dados ocorreram numa mesma carta escrita por amigos no início do século XX. Foram computados aqui apenas os casos de sujeitos plenos e nulos, mas destacam-se em (115) os casos de possessivo, pronome clítico e imperativo que mantém a simetria com a forma de tratamento empregada, caracterizando a escrita de um remetente de elevado grau de instrução, como é o caso do jurista J. N.:

(115) [20,1 CP PE] *Meu caro Colega Dr. G., Acabo de ler os versos do **seu** [ilegível] filho poema "A morte da Aguia" e venho felicita**l-o** pela belleza grandeza do mytho que **o Sr.** creou. Faço, se me **permitte** a franquesa, al-gumas reservas quanto [ilegível] á deco-los á decoração litteraría e [ilegível] litteraría e mythologicos logíca do do quadro, em que o **sr.** traçou de mas em si mesma a creação [ilegível] me figura parte[2] e o meio da inspiração poderosa e original visível se assim e alguns clarões que illuminam e dos raios que o cruzam mostram que **o Sr.** pertence a essa família e apenas contou o ideal da sua morte, que espero será muito diversa. Para isto seria bom acostumar a águia que **o Sr.** tem em si a visitar as Ca-tacumbas. Alem d morte pagou há morte C.. **Creia**-me seu Patricio e amigo J. N.*

Nessa carta, o vocativo já se encarrega de expressar um tom respeitoso ao se dirigir ao colega pela utilização do título de "Doutor" acompanhado do sobrenome. Esse tom mantém-se ao longo da missiva, mas aparece com menos distanciamento no fechamento da carta, ao alçar o destinatário da posição de colega a de amigo. O tratamento pode ser considerado bastante adequado em função do conteúdo da carta, marcado pelo comentário crítico a um poema produzido pelo destinatário. A polidez e a cortesia expressas pela forma de tratamento adotada também ficam explícitas na introdução da crítica feita à obra "*Faço, se me **permite** a franquesa, algumas reservas quanto...*". A escolha da forma de tratamento empregada e esse preâmbulo teriam o propósito de atenuar o ato da crítica, funcionando, na perspectiva de Brown e Levinson (1987) e seguidores, como uma estratégia de polidez que evitaria o conflito entre os interactantes.

Os dois casos de *Vossa Mercê* como sujeito restringem-se à mesma carta, datada de 1869:

(116) [19,2 CP PE] *Mio querido Pae – deixe-me sua benção. Recebi a carta de Vosmecê com Data de 25 do corrente e fico inteirado de tudo quanto nella* ***Vosmecê*** *me mandou diser. Remeto hoje cosido em uma estopa a roupa suja que aqui havia – segundo me ordena* ***Vosmecê*** *em sua carta.* [...] *Recomendamos a todos, lanse sua benção a meos manos [inint.] sempre. Seo filho muito [amado] J. M.*

Em (116), encontra-se uma missiva enviada por um jornalista ao seu pai. O vocativo e a captação da benevolência, na abertura, revelam a afetividade e a proximidade respeitosa estabelecida entre os dois interlocutores "*Mio querido Pae – deixe-me sua benção*". O tratamento mais respeitoso que cerimonioso evidenciado pelo uso de *Vosmecê* é mantido do início ao fim da carta. O emprego da variante representada na carta como *Vosmecê* evidencia uma das etapas de erosão fonética sofrida pelo tratamento original *Vossa Mercê*. Tal uso elucida, inclusive, o desgaste semântico do tratamento-base rumo a um traço mais interpessoal, que será assumido por *você* em outra fase do seu processo de mudança. De qualquer forma, a escolha dessa variante não é aleatória e evidencia ainda uma relação de Poder marcada pela assimetria entre filho e pai, percebida também na construção com o verbo *ordenar*: "*Remeto hoje cosido em uma estopa a roupa suja que aqui havia – segundo* ***me ordena Vosmecê*** *em sua carta.* [...]".

Como mostram os exemplos comentados, as formas *Vossa Mercê* e *o/a senhor(a)* tiveram incidência bastante reduzida em relação às formas pronominais (*tu* e *você*) dentro do nosso recorte temporal e documental. Seu emprego apresenta claramente motivações de ordem sociopragmática e da natureza do texto.

### *O uso de* **tu** *e* **você** *na posição de sujeito em cartas pernambucanas*

Na análise variável, apenas entre *você* e *tu* na posição de sujeito, foram registrados 343 dados na amostra de cartas no período de 100 anos de produção escrita dos missivistas pernambucanos. Nos dados gerais, o maior número de ocorrências mantém-se em *você*, com 279 dados (81%) contra 64 dados de *tu* (19%). A distribuição desses dados ao longo do tempo mostra, entretanto, que a coexistência das duas estratégias de referência à 2ª pessoa apresenta um comportamento diferenciado, como pode ser visto no Gráfico 12:

**Gráfico 12 – Distribuição de frequência de você e tu na posição de sujeito em cartas pernambucanas**

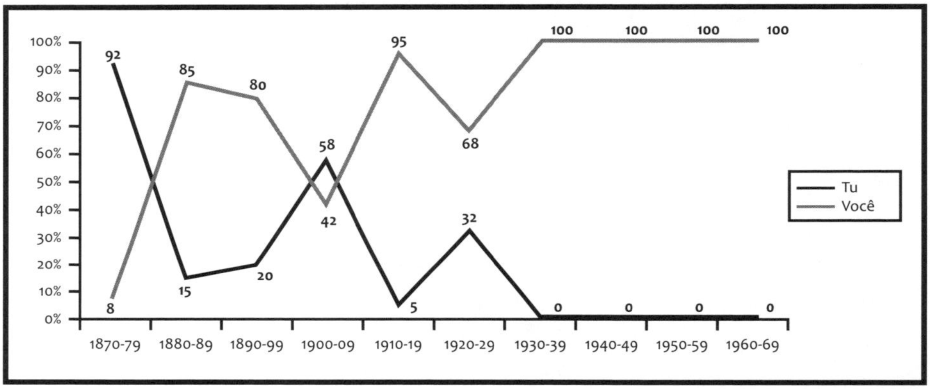


O Gráfico 12 indica o forte predomínio, nas cartas pernambucanas, da estratégia mais frequente (*você*) em vários momentos, com índices de frequência acima de 60%. A competição entre as duas formas variantes de 2ª pessoa ao longo do tempo evidencia:

- Supremacia de *tu* (92%) em fins do século XIX (1870-1879);
- Predomínio de *você* entre 1880-1900;
- Menor polarização entre *tu* e *você* em dois períodos da primeira metade do século XX: década de 1900-1910 e décadas de 1920-1929;
- Generalização de *você* a partir de 1930.

Tal comportamento, contudo, não difere substancialmente do que foi detectado, para o mesmo período, nos dados do Rio de Janeiro que, do mesmo modo, apresenta o subsistema *você/tu*. Mesmo com taxas de frequência distintas, além de outros fatores, como a história particular de cada área, natureza da documentação e o perfil social dos missivistas, é possível delinear três grandes fases:

- **Fase 1**: 1870-1899: *tu* era mais frequente que *você*;
- **Fase 2**: 1900-1929: *tu* e *você* em plena variação;
- **Fase 3**: 1930-1989: Predomínio de *você* sobre *tu*.

Fatores sociopragmáticos podem esclarecer como se deu a difusão de *você* nas cartas pernambucanas. Resgatam-se, assim, as relações de Poder e Solidariedade estabelecidas e controladas com base no grau de parentesco e nos papéis sociais assumidos pelo remetente e destinatário das missivas pernambucanas:

**Tabela 15 – Distribuição das formas de tratamento segundo as relações interpessoais dos informantes**

<table>
<tr><th colspan="2">Tipo de relação entre informantes</th><th>Grau de parentesco</th><th>Você</th><th>Tu</th></tr>
<tr><td rowspan="4">Relações simétricas</td><td>Casais</td><td>Marido-mulher</td><td>01/02<br>50%</td><td>01/02<br>50%</td></tr>
<tr><td rowspan="3">Outras</td><td>Amigos</td><td>82/104<br>78,8%</td><td>22/104<br>21,2%</td></tr>
<tr><td>Irmãos</td><td>21/21<br>100%</td><td>–</td></tr>
<tr><td>Primos</td><td>14/14<br>100%</td><td>–</td></tr>
<tr><td rowspan="4">Relações assimétricas</td><td rowspan="2">Descendentes</td><td>Mãe-filho</td><td>05/05<br>100%</td><td>–</td></tr>
<tr><td>Pai-filho</td><td>58/87<br>66,7%</td><td>29/87<br>33,3%</td></tr>
<tr><td rowspan="2">Ascendentes</td><td>Filho-mãe</td><td>97/109<br>89%</td><td>12/109<br>11%</td></tr>
<tr><td>Filho-pai</td><td>01/01<br>100%</td><td>–</td></tr>
</table>

Na Tabela 15, as relações foram divididas em simétricas e assimétricas. As relações simétricas correspondem aos informantes que mantêm um contato de igualdade, como ocorre entre irmãos, primos e amigos. As relações assimétricas consistem nos contatos estabelecidos entre interlocutores que ocupam posições hierárquicas de distanciamento. As relações assimétricas descendentes ocorrem, por exemplo, de pai e mãe para filho(a); já as relações assimétricas ascendentes ocorrem, por exemplo, de filho(a) para pai e mãe.

Observando a totalidade dos dados, verificou-se, como já discutido, o predomínio de *você* nas variadas relações observadas nas cartas pernambucanas (acima de 60% na maior parte delas, com exceção da relação entre marido-mulher). Essa predominância confirma que a forma inovadora *você* teve sempre um comportamento híbrido, o que pode ter facilitado sua generalização no PB. Na amostra de Pernambuco, como já foi observado em outros estudos, nota-se a presença de um *você* que ora marcava mais intimidade, como a carta de mãe para filha em (117), ora funcionava como estratégia de respeito, como na correspondência de filho para mãe, solicitando dinheiro para a sua manutenção na Bahia, durante o curso de Medicina, em (118).

(117) [19,2 CP PE] *Minha Filha / Todos os dias espero receber carta sua perguntei a J. disce elle q' **voce** a muito não escreve a elle q' já se **esqueceo** de escrever não basta o cuidado q' tenho em E..* [...]

(118) [20,1 CP PE] *Minha querida mamãe* [...] *Não podia **voce** mandar me na segunda-feira,alguma cousa em carta não registrada? Seria um bom allivio para mim e estou bem certo não seriagrande transtorno para você, pois se estivesse ahi, **você** me dando 200# diarios e 1000 semanaes, só me tinha dado 6.800, quantia inferior ao que me tem mandado. Já vê que sobre materia de dinheiro, não lhe estou dando grandes prejuisos.*

O emprego eventual de *tu* foi detectado nas relações assimétricas entre pais e filhos. Nas relações simétricas, *tu* ocorre, como previsto, nas relações íntimas entre amigos e entre casais.

Em função do uso variável ocorrer somente nessas relações, serão observados, no Gráfico 13, os índices de *tu* ao longo do tempo. Os exemplos também darão destaque à forma menos frequente, para que sejam discutidos os contextos motivadores de seu emprego em uma amostra com supremacia quase absoluta de *você*:

**Gráfico 13 – Dispersão dos dados de *tu* nos eixos temporal e social em cartas pernambucanas**

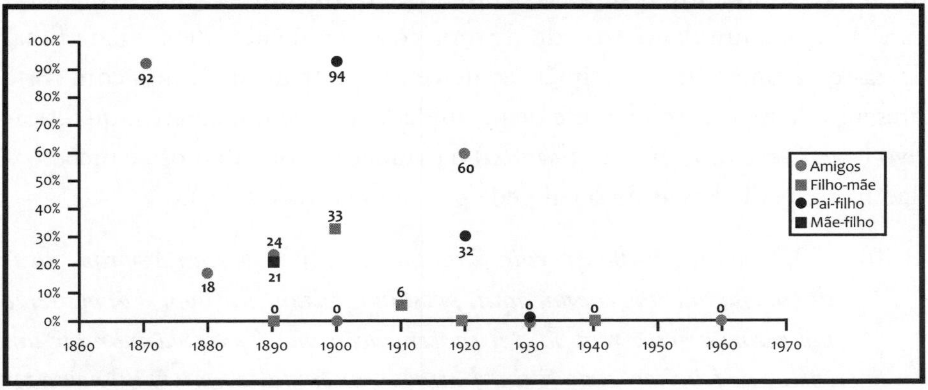


Os resultados do Gráfico 13 confirmam o que foi observado em outras localidades. Em fins do século XIX e na primeira metade do século XX, a forma *tu* era empregada, também nas cartas pernambucanas, nas relações mais íntimas entre amigos (92%). Em (119), há um exemplo de *tu* utilizado em uma correspondência trocada entre amigos numa relação solidária. Trata-se de uma carta trocada entre amigos para solicitar um favor. A forma carinhosa com que o remetente se dirige ao destinatário é marcada, desde seu início, pelo tom afetivo da saudação (*Meu caro S.*):

(119) [19,2 CP PE] *Meu caro S.*, [...] *Ela é cunhada de Mistress H. aviuva do celebre general, e por qualquer modo* ***tu*** *saberás onde encontral-a. Na carta fallo em ti, e Ella, desejará muito conhecer te pelo que eu lhe digo, e estou certode que será um muito agradável conhecimento para ambos. Adeus, meu caro S.. Cada dia mais eu te invejo – fazendo votos para que não* ***voltes*** *tão cedo á esta capital do café.*

A partir de 1870, entretanto, os índices de *tu* sofreram um declínio acentuado nas cartas destinadas a amigos: 18% em 1880, 24% em 1890, 0% de 1900 em diante. Em 1920, contudo, há novamente uma esporádica ascendência de *tu* nesse tipo relação (60%).

Outro aspecto que reitera o que foi observado nos estudos sobre o tratamento no PB é a presença de *tu* nas relações assimétricas de superior-inferior (pai-filho). No Gráfico 13, observa-se uma frequência alta apenas em 1900

(94%). Em 1930, os índices de *tu* nessa relação atingem 32% apenas. O uso de *tu* nas cartas entre mãe-filho ocorreu em 1890 com 21% de frequência. Em (120), há um dado extraído de uma correspondência de pai para filha. Trata-se de uma relação assimétrica descendente (pai-filha), mas com forte presença de marcas solidárias e de intimidade: uso de um adjetivo qualificativo (*querida*) e diminutivo (*filhinha*) na saudação; tom afetuoso e melancólico na despedida quando o pai pede por notícias (*fico triste*):

(120) [19,2 CP PE] *Minha querida filhinha Y.. [...] Vi portanto porque* ***saudaste*** *essa que não chegou aqui. Já estou inteiramente bom. Foi bom que me* ***mandasses*** *o retalho d'A concentracão que é para eu mandar um cartão de felicitações ao [inint.] e não sahir em falta maior. Eu devia ter telegraphado mas passou-me a data. Não deixes de me escrever sempre. Fico triste quando chega um vapor e não me traz noticias dahi.*

Nas relações assimétricas de inferior-superior, houve menor presença de *tu*, como era esperado. No Gráfico 13, verifica-se, na década de 1900, 33% de *tu* em cartas de filho para mãe. Em (121), o filho se dirige a sua mãe com formas do paradigma de *tu* (podes), dando notícias sobre as reconciliações familiares depois de um desentendimento entre os membros de duas famílias. Em (122), apesar do tom afetivo e íntimo, o estudante de Medicina emprega *você* para tratar sua mãe:

(121) [20,1 CP PE] *Minha adorada mãe. Abençoe a mim e a M. L. Até a presente data ainda não recebi uma carta escripta por ti, felicidade que anciosamente aguardo, como bem* ***podes*** *calcular.*

(122) [20,1 CP PE] *Minha Querida Mamãe Como* ***tem*** *passado? Eu sahi doente, ás 11 horas hontem Porque* ***você*** *não veio a Communhão hontem?*

A partir das décadas de 1930-1940, a presença de *tu* tornou-se bastante rara ou quase inexistente nas cartas pernambucanas. Fica evidente que houve, desde então, uma mudança de comportamento com a difusão de *você* nos contextos discursivo-funcionais mais típicos do íntimo *tu*. Cabe ainda comentar, por fim, aspectos relacionados à atuação conjunta desses diversos fatores discutidos: o papel social, o valor discursivo-pragmático variável das formas de tratamento e a interferência do subgênero da carta nos resultados observados.

Embora se tenha observado nas cartas pessoais analisadas uma elevada simetria no tratamento, justificada pelo alto grau de instrução dos missivistas estudados, foi possível detectar o emprego ora de *tu* ora de *você* em cartas diferentes, mas escritas pelo mesmo missivista a um único destinatário. Trata-se de duas cartas trocadas por um casal. Como pode ser visto em (123) e (124), o conteúdo da carta definiu, com base na sua temática, o emprego de um tratamento mais íntimo (formas do paradigma de *tu*) ou menos íntimo (predomínio de formas do paradigma de *você*). As duas cartas amorosas foram enviadas por um marido à sua esposa. A primeira carta, escrita em 1908, traz declarações amorosas e íntimas do casal; a segunda, também escrita em 1908, trata da compra de um imóvel.

(123) [20,1 CP PE] *Não **tenhas** medo, minha febre não é paludismo, é loucura **por ti**. Vem ver-me e olhar muito para mim. Não **te esqueças** de que é com as linhas de **teus** braços e com a cor de **teus** olhos que minha alma vai todos os dias desenhando o seu ideal. A. O.*

(124) [20,1 CP PE] *Minha Babona / Fui à Varzea e lá encontrei uma casa, no pateo das Egrejas, com jardim ao lado, grande sitio e abacateiros e laranjeiras e cajueiros e figueiras e videiras, e groselheiras, e videiras e grande cosinha com grande fogão de ferro, tanque, latrina, tudo por 100 Réis, garantindo por 3 mezes, ao todo, por tanto, 300 Réis. Que **acha**? É preciso decidir quanto antes. Não **se esqueça** de mandar-me os meus Novos Ensaios.* [...] *Venha Babona. De **teu** velho babão.*

Em (123), o emprego exclusivo de *tu* condiz com o propósito comunicativo de expressar o afeto e a relação íntima do casal. Já em (124), as formas verbais (*Que **acha**? Não **se esqueça***) remetem à destinatária. Prevalece, nesse exemplo, o comunicado sobre a compra de uma casa, portanto, uma temática de menor intimidade. As expressões de proximidade e emotividade ficam evidenciadas no vocativo e na assinatura, com os pseudônimos "*Minha Babona*" e "*De teu velho babão*". Vale destacar a única ocorrência do possessivo *teu* do paradigma original de 2P em uma correspondência de construção exclusiva com formas do paradigma de *você*. Esse emprego tem uma explicação pragmática, uma vez que denota uma proximidade afetiva entre os interlocutores.

Em suma, apesar de a forma *você* ter sido majoritária nas diferentes relações sociais ao longo do tempo, verificam-se algumas fases em que a variação entre *você* e *tu* imperou nas cartas pernambucanas: fins do século XIX (1870) e início do século XX (1900-1910). O emprego de *tu* era sociopragmaticamente motivado, ocorrendo, nas cartas pernambucanas, eventualmente nas relações assimétricas descendentes, mas solidárias. Nas relações simétricas entre amigos, tal uso também se fez presente apenas nas últimas décadas do século XIX (1870-1899) e nos anos de 1920, quando o pronome *tu* perdeu efetivamente espaço para *você*.

### *Conclusões sobre as formas de tratamento em cartas de Pernambuco*

O traçado do perfil tratamental nas correspondências de Pernambuco possibilitou verificar que as formas oriundas de sintagmas nominais (*Vossa Mercê* e *o/a senhor(a)*), cuja incidência foi bastante reduzida dentro do nosso recorte temporal e documental, tiveram motivações de ordem pragmática e da natureza do texto.

Na análise da variação entre *tu* e *você* na posição de sujeito, foi possível detectar particularidades das fontes documentais pernambucanas: o predomínio de *você*, com usos bastante episódicos de *tu* na primeira metade do século XX. Os períodos pontuais de variação, entretanto, demonstraram que, também nas cartas pernambucanas, o pronome *tu* já foi empregado para relações bastante íntimas entre casais e nas relações assimétricas. Tais resultados não contradizem, assim, o que se observou em sincronias passadas de outras partes do Brasil. Nas cartas de Pernambuco, identificou-se a generalização de *você* nos diferentes tipos de relação, confirmando o seu caráter polifuncional encontrado desde o século XIX. A forma inovadora de 2ª pessoa se firmou, desde o início do século XX, como estratégia neutra para qualquer situação, acompanhando as mudanças nas relações sociais.

O predomínio da uniformidade de tratamento nas cartas pernambucanas, ocasionado pelo uso exclusivo de formas do paradigma de *você* ou de *tu*, deveu-se, em grande parte, ao alto nível de instrução dos escreventes. Em vista disso, a variação entre *tu* e *você* na mesma carta foi bastante esporádica na amostra. De todo modo, dados de alternância dos paradigmas *tu/você* também foram encontrados, evidenciando a configuração de uma norma de uso que é recorrente na atualidade. A apresentação dos dados de Pernambuco, no que diz respeito ao sujeito, pode ser sintetizada a partir da preferência pela realização *você*.

## FORMAS DE TRATAMENTO EM CARTAS DO RIO GRANDE DO NORTE[33]

Estudos sociolinguísticos, de cunho histórico-diacrônico, realizados nos últimos anos no Brasil, têm mostrado que convivem na escrita brasileira dos séculos XIX e XX diferentes subsistemas de tratamento marcados por diferenças diatópicas. Nesta subseção, será discutido o subsistema de tratamento na posição de sujeito do Rio Grande do Norte, com base na análise de 304 cartas pessoais escritas no curso do século XX.

Em estudo anterior, Moura (2013) apresenta evidências de que na escrita norte-rio-grandense do século XX o pronome *você* vigora como forma de tratamento (quase) categórica já nas primeiras décadas desse século. A análise aqui apresentada busca evidências que reafirmem esse prognóstico referente ao processo de implementação do pronome *você* na escrita norte-rio-grandense.

Há poucos trabalhos sobre o sistema de tratamento de segunda pessoa a partir de dados de fala no estado do Rio Grande do Norte. Coelho da Silva (2015), em estudo recente, considerando 12 entrevistas do Banco Conversacional de Natal (BCN) – organizado pelo Grupo Discurso & Gramática (D&G) – gravadas na década de 1990, mostra que o pronome *você* configura a estratégia de referência ao interlocutor mais utilizada com 316 ocorrências de 378 dados obtidos (84%), em oposição ao uso de *tu*, com 62 ocorrências (16%) na fala de Natal da última década do século XX. Seguindo a descrição e a proposta apresentadas em Scherre et al. (2009), Coelho da Silva apresenta evidências de que Natal se insere no subsistema 5 proposto pelas autoras, em que há uso variável dos pronomes *tu* e *você* com índices maiores de ocorrência do pronome *você*.

### *O* corpus *de análise do Rio Grande do Norte*

O *corpus* é constituído por sete diferentes conjuntos de cartas pessoais escritas por norte-rio-grandenses ao longo do século XX. As 304 cartas pertencem ao *corpus* mínimo manuscrito do Projeto Para uma História do Português Brasileiro no Rio Grande do Norte (PHPB-RN) e estão organizadas conforme descrito no Quadro 6. Nos parágrafos subsequentes, anteriores à análise dos dados, apresentam-se algumas informações gerais acerca das amostras utilizadas.

**Quadro 6 – Distribuição das cartas norte-rio-grandenses analisadas por recorte temporal**

| Conjuntos de cartas | Número de cartas |
|---|---|
| I. 1916-1925 | 65 |
| II. 1924-1944 | 88 |
| III. 1943-1944 | 32 |
| IV. 1946-1972 | 50 |
| V. 1973-1989 | 20 |
| VI. 1973-1999 | 19 |
| VII. 1992-1994 | 30 |
| **Total** | **304** |

a. Cartas da amostra dos irmãos P. (1916-1925): o conjunto reúne 65 cartas pessoais escritas por dois irmãos nascidos em 1858 e em 1867. Um deles morava em Natal, era funcionário público estadual e tinha uma vida política e social bastante ativa, chegando até a ocupar cargos públicos de destaque, como o de major da Guarda Nacional e intendente de Natal em 1916. O outro irmão era seu sócio, residia em Monte Alegre/RN (antigamente povoado de Vera Cruz/RN) e ajudava na comercialização do algodão e da cana-de-açúcar, bem como na administração dos bens adquiridos.
b. Cartas da amostra do historiador e folclorista L. C. C. (1924-1944): o segundo grupo é constituído por 88 cartas pessoais trocadas entre dois escritores no período de 1924 a 1944. A temática dessas cartas é bastante variada e inclui notícias da cidade e dos familiares, comentários sobre livros e viagens, bem como conversas sobre a economia e política nacional.
c. Cartas da amostra J. G. F. (1943-1944): o conjunto reúne 32 cartas familiares escritas de filho para mãe nos anos de 1943 e 1944. A temática das cartas contempla notícias do dia a dia no colégio Diocesano Seridoense – em Caicó/RN, do seu cotidiano e de suas viagens com a orquestra do colégio.
d. Cartas de amor do casal L. R. e R. D. (1946-1972): o quarto conjunto de cartas familiares e amorosas reúne a correspondência tro-

cada entre dois informantes: L. R. (namorado/esposo) (1922-) e R. D. (namorada/esposa) (1931-). L. estudou até o ensino médio, foi comerciante até 1965 e, nessa época, comercializava seus produtos (algodão, arroz, oiticica, açúcar etc.) em várias cidades do RN e do Brasil. Após o fracasso da sua atividade comercial, tornou-se dentista prático. A namorada e futura esposa R. D. estudou até a terceira série primária. Segundo informações de amigos e familiares, R. D. sempre teve um perfil recatado: na sua juventude, não frequentou muitas festas, nem bailes. Em 1947, casou-se com L. R., nessa altura, com apenas 16 anos de idade. Sempre muito caseira, dedicou-se às atividades domésticas e maternas. Esse material apresenta uma particularidade, pois reúne cartas amorosas e cartas familiares do período de namoro/noivado e depois do casamento. São 16 cartas escritas por R. D. destinadas ao seu namorado/noivo/esposo e 34 cartas de L. R. escritas para sua namorada/noiva/esposa. As missivas datam de 1946 a 1972 e sua temática é diversificada, tais como: notícias pessoais, da família, dos partidos políticos, dos negócios e assuntos amorosos.

e. Cartas da amostra das irmãs R.[34] (1973-1989): esse conjunto reúne 20 cartas trocadas entre irmãs em 1973 e 1989. Há poucas informações sobre as remetentes. Sabe-se, apenas, que elas moravam em cidades distintas e trocavam cartas de cunho pessoal. Uma das remetentes morou em diferentes cidades brasileiras. A irmã que recebia as cartas sempre residiu no interior do estado do RN, na cidade de João Câmara. As cartas tratam do cotidiano familiar dessas irmãs.

f. Cartas da amostra de M. O. J. (1973-1999): são 19 cartas escritas por um desembargador norte-rio-grandense. As cartas são endereçadas a vários ilustres do RN e do país e tratam, quase que exclusivamente, de apreciações do desembargador acerca das produções bibliográficas de seus destinatários. O remetente nasceu em 1943, em Santana do Matos/RN e diplomou-se em Ciências Jurídicas e Sociais pela Faculdade de Direito de Natal em 1967. Profissionalmente, foi professor de História, repórter e assessor jurídico. Ingressou na magistratura em 1970. Em 1989, foi promovido ao cargo de desembargador do Tribunal de Justiça do RN. Aposentou-se três anos depois, em 1992.

g. Cartas da amostra de cartas de amor de W. O. (1992-1994): esse conjunto reúne 30 cartas de amor escritas por um norte-rio-grandense, natural de Patu/RN, onde estudou até o ensino médio. Passou toda a juventude na sua cidade natal e, no ano de 1989, mudou-se para São Paulo/SP. No período de 1992 a 1994, teve um relacionamento com uma mulher de Patu. Todas as cartas são endereçadas a ela e abordam assuntos amorosos e notícias pessoais.

### *Análise das formas de tratamento em cartas do Rio Grande do Norte*

A partir das 304 cartas pessoais analisadas, foram identificadas 892 ocorrências de formas de referência à 2ª pessoa, sendo a maioria de *você*, com 756 dados (84%), seguida por *tu* (86 dados, 9%) e por *a senhora* (50 dados, 5%). Cabe mencionar que todos os dados de *a senhora* estão restritos à correspondência de J. G. F. no período de 1943-1944. As cartas eram endereçadas exclusivamente à mãe do remetente, conforme os exemplos (125) e (126).

(125) [20,1 CP RN] [...] *Arranje um geito de mandar minha mala, que penso que logo que ela chegue irei para o Ginasio. A bacia para e de qualquer cor e visto é [ilegível] mesmo como **a Senhora** está está. Ainda não sei qual será o meu numero, mais não ha importancia, pois as meninas aqui botam.*

(126) [20,1 CP RN] *Mamãe / Fiz ótima viagem como **a Senhora** já deve saber. Padre. V. não me disse nada,tanto assim eu podia ter passado mais dias por aì.*

No que se refere aos dados relacionados à alternância *tu* e *você* nas cartas, os resultados parecem corroborar o que foi observado por Moura (2013): já no início do século XX, mais particularmente em cartas pessoais das décadas de 1910 e 1920, as formas associadas ao pronome de segunda pessoa *você* mostraram-se bastante produtivas, ultrapassando, inclusive, as taxas de uso das formas associadas ao pronome *tu* no estado do RN. A análise aqui apresentada parece reunir evidências que reafirmam o prognóstico delineado em Moura (2013) referente ao processo de implementação e difusão do pronome *você* na escrita norte-rio-grandense.

Quando considerada a distribuição das formas de tratamento em tela no curso do século XX, o pronome *você* mostrou-se bem mais frequente, com exceção apenas das décadas de 1940 (69 ocorrências de *tu*, no universo de 113 dados) e de 1950 (9 ocorrências, no universo de 9 dados), conforme ilustram os resultados sistematizados na Tabela 16.

**Tabela 16 – Distribuição por período de *tu/você* em cartas norte-rio-grandense do século XX**

| Período | Tu | Você |
|---|---|---|
| 1910-1919 | 2/25<br>8% | 23/25<br>92% |
| 1920 - 1929 | – | 175/175<br>100% |
| 1930- 1939 | 0/183<br>0% | 183/183<br>100% |
| 1940-1949 | 69/113<br>62% | 44/113<br>38% |
| 1950-1959 | 9/9<br>100% | – |
| 1970-1979 | – | 19/19<br>100% |
| 1980- 1989 | – | 22/22<br>100% |
| 1990-1999 | 6/296<br>3% | 290/296<br>97% |

Os dados de *tu* correspondentes às décadas de 1940 e 1950 estão no conjunto de cartas de amor trocadas entre R. D. e L. R. Há na amostra cartas correspondentes ao período de namoro, noivado e casamento deles, como mencionado anteriormente. Eles se casam no final da década de 1940 – muito provavelmente em final de 1947, de acordo com excertos de cartas da noiva, conforme se vê em (127):

(127) [20,1 CP RN] *L., entre papai, seu A. Mamãe e D. F. abordou-se o assunto de nossso consorcio; estes dias são da opinião de ser efetuado no fim do ano: mas, seu A. disse que fizessem logo, adiantando que ias a Pau-dos-Ferros, e quando voltasses, marcarias o tempo com o papai.*

Nesse período de correspondência, até o final de 1947, ambos se tratam por *tu*, cujo uso é fortemente motivado pela natureza das cartas de amor, conforme se ilustra em (128) e (129):

(128) [20,1 CP RN] *Tenho por costume ir à mala todas as noites, ou como obrigação; passar um visto num presente que me deste, julgo até mesmo* ***tu*** *não lembras; mas, para mim significa tudo...*

(129) [20,1 CP RN] *Vou terminar pedindo para não* ***deixares*** *tua noivinha passar mais tempo sem o bálsamo suavisador de tua presença.*

O tratamento dispensando do noivo para a noiva muda nas correspondências a partir do final de 1947 – depois do casamento –, em que a forma de tratamento *você* passa a ser empregada no lugar de *tu*. O assunto das cartas também é de outra natureza. De cartas de amor, o casal passa a trocar cartas familiares, em que são tratadas questões domésticas e de organização da vida familiar, como se vê em (130) e (131):

(130) [20,2 CP RN] *Tenho mais os 200 ovos levarei quando for se Deus quiser segunda ànoite, diga se* ***você*** *e osmeninos já ficaram bons dagripe, fiquei bastante preocupado. Aqui vamos com saúde graças a Deus, apenas o inverno esta muito fraco quase totalmente seco.*

(131) [20,2 CP RN] *Pelo nosso amigo A. estou remetendo a importância de Cr$ 250,00 (Duzentos e cinquenta cruzeiros),* ***você*** *mande entregar a menina desta carta a importância de Cr$ 30,00 conforme acusa na mesma,*[...].

A figura feminina é usuária de um sistema tratamental de *tu* categórico. Na função de sujeito, não há dados de *você*. Nas cartas dela de todo o período correspondente às décadas de 1940 e de 1950, há dois usos de formas de *você* dispensados ao noivo/esposo em contextos sintáticos com infinitivo e com possessivo, em (132) e (133), respectivamente.

(132) [20,1 CP RN] *D. F. ainda está ai? Fineza Ø* ***dizer*** *a ela que mamãe, brevemente irá a Mossoró, e por isso, peço-te avizar o regreço dela.*

(133) [20,2 CP RN] *Recebi* ***sua*** *cartinha com a qual fiquei bastante satisfeita pois há dias que havias saído e ainda não tinhas dado noticias de formas que não sabia se ias até Patu contudo peço-te que facãs por vir o mais breve possível poisestou anciosa que chegues apezar de que talvez ainda não estejas com sauda desde casa.*

Nessa perspectiva, corroborando as assertivas já delineadas por estudos anteriores, o contexto mais íntimo favorece fortemente o uso de *tu* na escrita norte-rio-grandense do século XX (Moura, 2013).

Observando ainda as relações entre os informantes, percebe-se, mais uma vez, a produtividade de *tu* nas missivas de cunho mais íntimo, como é o caso das cartas trocadas entre namorados, noivos e marido-mulher. Esses resultados estão sistematizados na Tabela 17:

**Tabela 17 – A distribuição das formas *tu* e *você* segundo as relações entre os informantes em cartas do RN**

| Relação entre os informantes | Tu | Você |
|---|---|---|
| Irmão para irmão | 2/41<br>4% | 39/41<br>96% |
| Amigos | – | 412/412<br>100% |
| Namorado/noivo para namorada/noiva | 29/303<br>9% | 274/303<br>91% |
| Marido para mulher | 1/3<br>33% | 2/3<br>67% |
| Namorada/noiva para namorado/noivo | 13/13<br>100% | – |
| Mulher para marido | 41/41<br>100% | – |
| Irmã para irmã | – | 29/29<br>100% |

Concernente ao subgênero da carta, identificou-se na análise que a forma inovadora *você* mostrou-se bastante produtiva em todos os subgêneros controlados, ou seja, cartas de amigos (451/453 - 99%), de amor (274/348 - 78%) e familiares (31/41 - 75%). Apesar de as frequências de uso de *você* serem significativas nas cartas de amor e familiares, há um aumento nas taxas de uso de *tu*, sendo 74 dados de 348 ocorrências (21%) em cartas de amor e 10 dados de 41 ocorrências (24%) em cartas familiares. Esses resultados confirmam o que é descrito em outros estudos sociolinguísticos: o fato de o *tu* ser mais produtivo em relações simétricas mais íntimas.

Em suma, na escrita norte-rio-grandense no curso do século XX, o emprego de *você* mostrou-se como a estratégia de segunda pessoa mais recorrente, com um uso de *tu* motivado em termos sociopragmáticos: (i) as 69 ocorrências de *tu* na década de 1940 eram circunscritas às correspondências amorosas no período de namoro e noivado do casal; (ii) as 9 ocorrências de *tu* em cartas da década de 1950 ocorreram na escrita da noiva-esposa, que apresenta uso categórico de *tu*; e (iii) as 6 ocorrências de *tu* em cartas da década de 1990 foram localizadas em cartas de amor escritas por W. O. para sua namorada – também um contexto propício para o uso de formas de *tu* – conforme exemplo (134):

(134) [20,2 CP RN] *Deixe-me andar assim no teucaminho, por toda a vida amor, devagarinho até a morte me levarconsigo...* ***tu*** *és a vida da minha própria vida por isso e que te amo amo 365X365, que De-us te conserve bonita e bela pa-ra mim.*

### *A variação* **você/tu** *e o preenchimento do sujeito em cartas do Rio Grande do Norte*

Para o mapeamento da difusão da forma de tratamento *você* na história do português brasileiro escrito no RN – espelhando o que ocorre na escrita brasileira em outros estados no Brasil do século XX, verifica-se a preferência pela não realização fonética do sujeito *tu* (sujeito nulo) ao longo do período analisado, ao passo que o *você* retrata a mudança estudada por Duarte (1993; 1995) no que se refere a um maior preenchimento do sujeito no português brasileiro: no início do século XX (1910-1919), observa-se uma taxa de 87% de *você* como sujeito nulo, acompanhado por uma brusca queda nos períodos subsequentes, conforme mostra a Tabela 18:

**Tabela 18 – Distribuição de *tu*/*você* em cartas norte-rio-grandenses segundo o preenchimento do sujeito**

| Período | *Tu* nulo | *Você* nulo |
|---|---|---|
| 1910-1919 | 2/2<br>100% | 20/23<br>87% |
| 1920 - 1929 | – | 25/175<br>14% |
| 1930- 1939 | – | 25/183<br>14% |
| 1940-1949 | 68/69<br>99% | 11/44<br>25% |
| 1950-1959 | 9/9<br>100% | – |
| 1970-1979 | – | 0/19<br>0% |
| 1980- 1989 | – | 2/22<br>9% |
| 1990-1999 | 5/6<br>83% | 5/290<br>2% |

Os exemplos apresentados em (135), (136) e (137) foram retirados do *corpus* e ilustram o *você* preenchido. Os dados (138) e (139) representam o *tu* nulo:

(135) [20,1 CP RN] *J.* [...] *A Fabrica ainda não recebera os20 fardos de lã que* ***V.*** *[?]pachou[inint.] para ella e aos quaes nos remetteop[o]r [inint.] ser a*[...]

(136) [20,2 CP RN] *Eu fiquei empaz com você já pensou seela faz um escandalo e dai como podemos ficar juntos porisso eu quero que* ***você*** *evite tudo. Pelo menos isto será muito bom prá nós dois amor.*

(137) [20,2 CP RN] *L., achei lindo ocartão de aniversario que* ***você*** *me mandou,* ***você*** *é uma pes-soa de muito bom gosto* [...].

(138) [20,1 CP RN] *Até o momento não sei se chegou às tuas mãos a minha ultima carta, a pesar de que na mesma disse que não respondeste para Páu- dos- Ferros, vista minha viagem em poucos dias depois, porém agora* ***puderas*** *escrever para mim com o endereço que darei abaixo.*

(139) [20,1 CP RN] *Caso seja possível,* ***queiras*** *dar noticias de todos. L. R.*

### *Conclusões sobre o tratamento no Rio Grande do Norte*

O pronome *você* é mais produtivo do que a forma *tu* no curso de todo o século XX. Esse quadro apresenta uma particularidade da escrita norte-rio-grandense em relação ao que se viu para os outros estados, quanto à supremacia de *você* verificada a partir da década de 1930.

Lopes e Cavalcante (2011) propõem que, referente ao tratamento de 2ª pessoa na diacronia do PB, há três subsistemas – (i) de *você* exclusivo; (ii) de *tu* exclusivo; e (iii) de alternância *você/tu*. Tendo em vista os resultados aqui apresentados, verifica-se que nas cartas do RN o subsistema de tratamento que vigora, em quase todas as décadas do século XX, é o de *você*, já bastante consolidado na primeira metade desse século.

Em síntese, a análise das cartas produzidas no Rio Grande do Norte no período de 1910-1999 evidenciaram o seguinte:

a. O predomínio do subsistema de tratamento *você* no decorrer do século XX em todos os tipos de relação controladas: relações familiares simétricas (entre irmãs) e relações simétricas entre amigos;
b. O uso exclusivo de *o/a senhor(a)* em relações assimétricas ascendentes (de filho para mãe) como traço de cortesia e respeito nos idos dos anos 1940;
c. O emprego marginal de *tu*, com índices abaixo de 10% empregado apenas em cartas de amor, nos anos de 1940-1950, como estratégia de maior intimidade.

## CONSIDERAÇÕES FINAIS

Em síntese, após a análise diatópico-diacrônica realizada a partir de amostras de cartas pessoais escritas em sete localidades distintas do Brasil, nos séculos XIX e XX, pôde-se verificar os seguintes resultados:

a. as formas de tratamento *tu* e *você* foram registradas em todas as amostras regionais, ainda que, nem sempre, nos dois séculos analisados. Além dessas formas, outras estratégias também foram verificadas, principalmente, em fins do século XIX: *Vossa Excelência* (SP e BA), *Vossa Senhoria* (SP e BA), *Vossa Mercê / Vosmecê* (MG, BA e PE), *o/a senhor(a)* (SP, BA, PE e RN) e *vós* (BA);

b. de uma forma geral, verificou-se, nas amostras de RJ, MG, SP, BA, PE e RN uma perda gradativa do pronome *tu* em proveito da nova forma gramaticalizada *você*. Tal perda foi observada majoritariamente na primeira metade do século XX. As taxas dessas formas de tratamento, no entanto, apresentaram uma produtividade distinta em termos regionais;
c. o uso de *tu* foi registrado em relações assimétricas descendentes e/ou em relações simétricas mais solidárias nas cartas de RJ, MG, SP, BA, PE e RN;
d. a forma *você* foi encontrada, por sua vez, em relações assimétricas (ascendentes e descendentes) e/ou nas relações simétricas (mais ou menos solidárias) nas amostras de RJ, MG, SP, PE e RN. De uma forma geral, tais resultados apontam para um comportamento polifuncional, uma vez que a nova forma pronominal perde a semântica do Poder, resguardada de sua origem no *Vossa Mercê*, adquirindo espaço no plano da Solidariedade. Na BA, *você* ocorre em relações assimétricas descendentes e em relações simétricas mais solidárias;
e. o uso majoritário da forma *tu* foi observado na escrita de ilustres de Florianópolis e o uso variável entre *tu* e *você* em cartas produzidas por não ilustres. Ainda que em variação, os missivistas não ilustres de Florianópolis optavam majoritariamente pelo pronome *tu*, ao passo que a forma *você* era preferida pelos não ilustres de Lages, o que evidencia um cenário de variação diatópica, influenciada pela sócio-história de formação de SC;
f. no que se refere ao preenchimento do sujeito, nas amostras de RJ, SP, SC, BA e RN, em que esse fator foi controlado, observou-se que, durante o período analisado, o pronome original de 2P *tu* tende a ser omitido, ao passo que *você* se apresentava como sujeito expresso. As taxas da nova forma gramaticalizada apresentaram um aumento crescente, sobretudo no decorrer do século XX;
g. ainda que com produtividade limitada, já se registravam dados, na amostra do RJ, de *tu* sem marca de concordância verbal canônica;
h. a análise das cartas do RJ permitiu o delineamento de três fases distintas: em um primeiro momento, de 1870 a 1899, a forma *tu* ocorre no campo da intimidade e *você* ainda mantém resquícios de cortesia

da forma original *Vossa Mercê*; o período de 1900 a 1939 é marcado pela variação *tu* e *você* nos mesmos domínios da Solidariedade; e, por fim, de 1940 a 1979 observa-se uma generalização mais fortemente acentuada de *você*. Um cenário semelhante pode ser observado através da análise das cartas de PE;

i. Em certa medida, os subsistemas de tratamento vislumbrados no eixo diacrônico correspondem aos subsistemas existentes atualmente no PB, como aqueles delineados por Scherre et al. (2009; 2015).

## NOTAS

[1] Neste capítulo, não consideraremos as formas imperativas de 2ª pessoa que merecem um tratamento à parte.
[2] Estamos considerando como sinônimos: carta, texto epistolar, correspondência e missiva.
[3] Cf. Weinreich, Labov e Herzog (2006 [1968]).
[4] Neste capítulo, estamos considerando como sinônimos os seguintes termos: emissor, remetente, locutor, missivista, escrevente. Do mesmo modo, consideramos equivalentes os termos: destinatário e interlocutor.
[5] Para detalhes sobre os limites e problemas enfrentados pela Sociolinguística histórica, ver Conde Silvestre (2007) e Hernàndex-Campoy e Conde Silvestre (2012).
[6] Para o conceito de *faces*, ver Goffman (1980) e Brown e Levinson (1987).
[7] Na sistematização feita, não foram considerados os verbos no imperativo.
[8] Autoria de Célia Regina Lopes e Janaina Pedreira de Souza.
[9] Scherre et al. (2015) fazem menção a vários estudos no Rio de Janeiro. Nas entrevistas sociolinguísticas do Programa de Estudos sobre o Uso da Língua (Peul) de 1980 e 2000 e nas gravações não ocultas da amostra do Banco de Dados Interacionais (BDI) de 89-90, os índices de *tu* não ultrapassaram 7%. Na amostra de Maia (2012: 63-70; 91, 109) com gravações ocultas de conversas estimuladas em diversos bairros do Rio de Janeiro (centro da cidade, Tijuca na zona norte e em Campo Grande, na zona oeste), o uso de *tu* é de aproximadamente 20%.
[10] Para maiores detalhes consultar Souza (2012: 68) e o site do projeto <www.letras.ufrj.br/laborhistorico>.
[11] A edição dessa amostra foi feita por Rumeu (2008).
[12] A edição foi feita por Pereira (2012).
[13] Edição feita por Pereira (2012).
[14] Edição das cartas feita por Thiago Laurentino de Oliveira e Camila Duarte.
[15] Edição completa em Lopes (2005).
[16] Edição feita por Érica Nascimento Silva e Janaina Pedreira de Souza. Ver Silva (2012) e Souza (2012).
[17] Edição feita por Janaina Pedreira Souza.
[18] Edição feita por Diogo Ribeiro e Bruna Brasil Albuquerque de Carvalho.
[19] Estamos considerando como *nulo* a não realização morfológica do pronome. Nesse caso, a identificação da estratégia de tratamento se dá pela desinência verbal.
[20] Autoria de Márcia Cristina de Brito Rumeu, Iracema Cruz e Nayara Domingues Cardoso.
[21] Projeto "Aspectos morfossintáticos da escrita culta em cartas brasileiras" subsidiado pela Fapemig (Fale/UFMG), Processo nº: APQ-01788-13, Demanda Universal. 2014-2016.
[22] Autoria de Sabrina Balsalobre e Vanessa Martins do Monte.
[23] Pelo fato de a pesquisa acerca do sistema pronominal de 2ª pessoa na história do português paulista dos séculos XIX e XX ter se iniciado apenas em junho de 2015, considera-se tratar de estudo incipiente e de caráter preliminar, tanto em termos de constituição de *corpus* quanto de análises abrangentes. Os dados já coletados e analisados sobre o uso das formas de tratamento em São Paulo referem-se ao século XVIII, não abarcado pelo escopo do projeto.
[24] Nos trechos das cartas que servem como exemplos, informa-se que as abreviaturas estão desenvolvidas, sem a marcação em itálico das letras omitidas nos originais.
[25] Todas as cartas enviadas a um destinatário caracterizado como *amigo* na amostra de cartas paulistas que ora se apresenta são datadas dos anos de 1870 a 1899.

[26] Autoria de Christiane Maria Nunes de Souza e Izete Lehmkuhl Coelho.

[27] As cidades em que Loregian-Penkal (2004) investigou a variação nos pronomes de 2ª pessoa são Florianópolis, Lages, Blumenau e Chapecó. A escolha desses municípios não foi aleatória: os dados utilizados pela autora provêm da Amostra-base do Núcleo de Pesquisa Varsul, que selecionou as localidades de coleta de acordo com determinados critérios, dentre os quais se destaca a *etnia colonizadora*, considerada como um possível condicionador de diferenças de uso da língua – hipótese que veio a se confirmar mais tarde, com o desenvolvimento de diversos trabalhos que usaram como *corpus* os dados do Varsul.

[28] *Freguesia* é o nome dado aos locais onde os colonizadores se estabeleciam. Comumente, uma freguesia contava com uma igreja e uma praça voltadas para o mar, em torno das quais os moradores construíam suas casas.

[29] Autoria de Aroldo de Andrade, Mariana Fagundes de Oliveira e Zenaide Novais Carneiro.

[30] As referidas cartas estão editadas na versão XML, com uso da ferramenta e-Dictor, e encontram-se on-line, como parte do *Corpus* Compartilhado PHPB-BA, na página do CE-DOHS – *Corpus* Eletrônico de Documentos Históricos do Sertão (http://www.tycho.iel.unicamp.br/cedohs/corpora.html), financiado pelo Edital Referência de 2011, da Fundação de Amparo à Pesquisa do Estado da Bahia (FAPESB).

[31] Inclui os cursos de escolas militares e cursos de teologia de seminários religiosos.

[32] Autoria de Valéria Severina Gomes.

[33] Autoria de Kássia Kamilla de Moura e Marco Antonio Martins.

[34] Essas cartas foram doadas ao PHPB-RN sem informações biográficas, logo, dispomos de poucas informações sobre essas informantes. Sabe-se apenas que são potiguares e consanguíneas que trocavam correspondências constantemente, as demais informações foram inferidas a partir da leitura das cartas. É importante ressaltar que estamos fazendo um levantamento a fim de obtermos informações biográficas dessas missivistas.

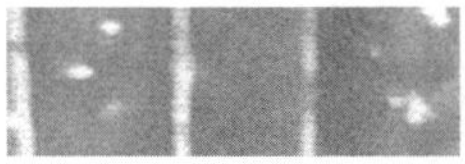

# A REORGANIZAÇÃO DO SISTEMA PRONOMINAL DE 2ª PESSOA NA HISTÓRIA DO PORTUGUÊS BRASILEIRO: OUTRAS RELAÇÕES GRAMATICAIS

Célia Regina Lopes
Leonardo Lennertz Marcotulio
Rachel Lucena
Thiago Laurentino de Oliveira
Camila Duarte de Souza

# SUMÁRIO

## APRESENTAÇÃO

No capítulo anterior, foram identificadas algumas diferenças no que se refere à constituição histórica dos subsistemas de tratamento na posição de sujeito nas localidades brasileiras estudadas – Rio de Janeiro, Minas Gerais, São Paulo, Santa Catarina, Bahia, Pernambuco e Rio Grande do Norte. No geral, detectou-se uma forte difusão de *você* para os contextos que antes eram específicos do pronome *tu*. Os valores sociais que essas formas pronominais tinham originalmente não se perderam por completo ao longo do século XX, o que acarretou a formação de subsistemas diatopicamente distintos. Essa questão, que já se mostra um tanto complexa para a função de sujeito (nominativo), parece ser ainda mais complexa para outras relações gramaticais, uma vez que nem sempre é possível correlacionar as transformações ocorridas no sujeito com as alterações verificadas nas demais relações, como será mostrado.

Dando continuidade ao capítulo anterior, este capítulo tem por objetivo mostrar como ocorreu tal reestruturação, primeiramente, para as relações de complemento verbal de 2ª pessoa (acusativo, dativo e oblíquo), tradicionalmente conhecidos como "pronomes oblíquos" (tônicos e átonos), e, em seguida, para os pronomes possessivos (relação de genitivo).

Para tanto, este capítulo está estruturado da seguinte forma. Na primeira seção, apresenta-se uma breve síntese das etapas evolutivas do sincretismo de formas de 2ª pessoa do latim ao português. Na seção a seguir, encaminha-se a discussão sobre os rearranjos ocorridos no quadro dos complementos verbais acusativos, dativos e oblíquos de segunda pessoa do singular (doravante 2P) encontrados nas cartas pessoais brasileiras dos séculos XIX e XX. Na última seção, analisa-se a relação de genitivo a partir do comportamento dos possessivos de 2P.

## AS ETAPAS EVOLUTIVAS DO SINCRETISMO DE FORMAS DE 2P: DO LATIM AO PORTUGUÊS

Ao considerar a oposição básica entre estratégias de cortesia e de intimidade na referência à segunda pessoa, é possível identificar quatro estágios evolutivos, discutidos no capítulo anterior e sintetizados a seguir no

Quadro 1. O primeiro estágio corresponde à herança do sistema latino (cf. Cintra, 1972; Faraco, 1996) e aparece registrado na documentação remanescente até o século XV. Nele, a forma *tu* situa-se no plano da intimidade e a forma *vós* é empregada para um único interlocutor como estratégia de cortesia. A partir do século XV, inicia-se um segundo estágio, com a entrada da forma de tratamento polida *Vossa Mercê*. Tal estratégia passa a disputar espaço no plano da cortesia com o pronome *vós*. No terceiro estágio, *Vossa Mercê* sofre um processo de gramaticalização e gera o pronome *você* (cf. Rumeu, 2004; Machado, 2006). Durante o século XIX, o inovador *você* transitava por espaços discursivo-pragmáticos distintos: era um tratamento veiculado pela elite brasileira com algum traço de cerimônia, que também circulava eventualmente como variante pronominal de *tu*. Até então, os sistemas pronominais do português europeu (PE) e do português brasileiro (PB) eram equivalentes. Do fim do século XIX em diante, mais no Brasil do que em Portugal, *você* passou, de fato, a disputar espaço no plano da intimidade, concorrendo com *tu* íntimo, como mostrado nos terceiro e quarto estágios (cf. Rumeu, 2004, 2008; Machado, 2006, 2011; Barcia, 2006). No plano da cortesia, as estratégias *o/a senhor(a)* ocuparam no PB do século XX o espaço deixado por *você* no sistema de cortesia.

**Quadro 1 – Sistema de tratamento de 2ª pessoa formal (V) e informal (T) na posição de sujeito: quatro etapas evolutivas.**

<table>
<tr><td>Estágios</td><td>I</td><td>II</td><td>III</td><td>IV</td></tr>
<tr><td>Séculos</td><td>Até XIV/XV</td><td>XV – XVIII/XIX</td><td>Fim do XIX-XX</td><td>XX-XXI</td></tr>
<tr><td rowspan="2">Intimidade [- formal] (T)</td><td rowspan="2">Tu →</td><td rowspan="2">→ Tu</td><td rowspan="2">→ Tu</td><td>→ Tu</td></tr>
<tr><td>↗ Você</td></tr>
<tr><td rowspan="2">Cortesia [+ formal] (V)</td><td rowspan="2">Vós →</td><td>→ Vós</td><td rowspan="2">→ Você</td><td rowspan="2">o/a senhor(a)</td></tr>
<tr><td>Vossa Mercê →</td></tr>
</table>

Todo esse processo de mudança que ocorre a partir da inserção de *você* na função de sujeito traz consequências importantes para o restante do paradigma pronominal, principalmente para as tradicionalmente chamadas formas oblíquas átonas e tônicas e formas possessivas. Embora não haja uma correspondência completa entre as formas pronominais portuguesas e latinas, tendo em vista a variação de caso[1] (cf. Maurer Júnior, 1959), será adotada aqui a seguinte terminologia para os complementos verbais e para os possessivos de 2ª pessoa:

a. acusativo (AC) – complemento ou objeto direto (OD);
b. dativo (DAT) – complemento ou objeto indireto (OI), realizado como clítico ou como sintagma preposicionado. Neste último caso, admite-se a possibilidade de cliticização por *lhe;*
c. oblíquo (OBL) – complemento, necessariamente preposicionado, que não pode ser substituído por um clítico;[2]
d. genitivo (GEN) – complemento ou adjunto do nome, representado por um pronome possessivo.

As mudanças que operaram do latim vulgar ao português também levaram à migração de formas pronominais de um caso a outro. Por exemplo, a forma do "pronome oblíquo átono" *te* do português, originalmente exprimia apenas o acusativo[3] latino, enquanto que o "pronome oblíquo tônico" *ti* do português teria derivado da forma dativa latina *tibi* (Faria,1958; Maurer Jr., 1959). Entretanto, como afirma Maurer Jr. (1959: 106), a distinção entre os casos dativo e acusativo nem sempre era clara na Romênia, o que poderia explicar, dentre outros fatos, o uso de *te* no português atual tanto como acusativo quanto como dativo.[4]

O Quadro 2 mostra que o sistema do português referente aos estágios I e II apresentava paradigmas simétricos e uniformes, tanto para o tratamento [-formal] quanto para o [+formal]:

**Quadro 2 – Sistema de tratamento de 2ª pessoa formal (V) e informal (T) nas diversas funções**

| | Pronomes de 2P: até o século XVIII | | |
|---|---|---|---|
| | **Intimidade (T)** | **Cortesia (V)** | |
| **Nominativo** | Tu | Vós | Vossa Mercê[5] |
| **Acusativo** | te | vos | o/a, Vossa Mercê |
| **Dativo** | te, a/para ti | vos, a/para vós | lhe, a/para Vossa Mercê |
| **Oblíquo** | prep. + ti, contigo | prep. + vós, convosco | prep. + Vossa Mercê |
| **Genitivo** | teu | vosso | seu, de Vossa Mercê |

Tal comportamento, porém, começou a se alterar no século XIX com a criação de um novo paradigma informal (T), ilustrado na Figura 1. Nele, a coexistência de dois subsistemas – *V. M.* → *você e tu* – levou à fusão de ambos, resultando na emergência de um paradigma supletivo. Esse novo paradigma combina, por exemplo, *você* na função de sujeito ao lado do clítico *te* (acusativo ou dativo), que pertencia ao paradigma pronominal da etapa anterior. Tal mudança no sistema de pronomes causou, no Brasil, a coexistência de diferentes subsistemas de tratamento pronominal com as variações geográficas, sociolinguísticas e pragmáticas (*tu* e/ou *você*), discutidas nesta seção:

**Figura 1 – Formação de um novo paradigma de 2ª pessoa**

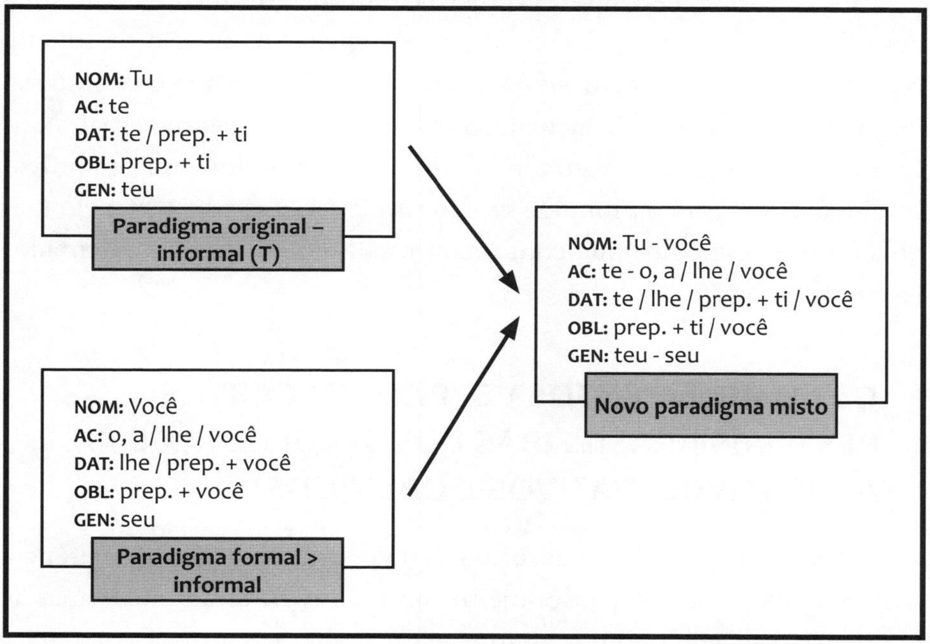


A existência desse paradigma supletivo de segunda pessoa pode ser atestada em documentos escritos já no século XVIII, como mostram os exemplos a seguir. Abaixo, reproduzem-se dados levantados por Marcotulio (2010: 119) nas cartas do 2º Marquês do Lavradio, português, vice-rei do Brasil entre os anos de 1769 e 1776. Nesses exemplos, nota-se a combinação de *você* com formas do paradigma de *tu*: *você*, *tens* e *te*, destacados em (1), e *tu deves*, *te*, *satisfizeres*, *você*, em (2):

(1) [18,2 CP RJ] *Agora parece me, que basta Senhor A. e se-**Voce** quer mais Conversa, ou venha para cá, ou espere, que eu possa estar na sua Companhia. Novamente repito os meus agradecimentos, por todoz os beneficioz, que **tens** feito, aos que **te** tem presenteado Carta minha.*

(2) [18,2 CP RJ] *Eu continuõ anão **te** poder escrever mais largamente; pórem como **tu** me**deves** resposta dehuã grande Carta que **te** escrevi, quando **Satisfizeres** esta divida: eu mefarei novamente devedor. Fique **você** embora com ósseo Sigarro em quanto eu cá vou uzando da minha agoá fria*

Parece, assim, coerente dizer que *você* entra efetivamente como uma nova forma de referência à segunda pessoa apenas na função de sujeito. Nas outras relações gramaticais, esse pronome não apresenta o mesmo ritmo de implementação, principalmente como complemento verbal. Nesse contexto, como será mostrado, o clítico *te* sempre foi bem produtivo, combinando-se com o pronome sujeito *você* desde o século XVIII, pelo menos. Outros resultados que confirmam essa hipótese serão apresentados nas seções a seguir.

## OS COMPLEMENTOS VERBAIS EM CARTAS PESSOAIS BRASILEIRAS DOS SÉCULOS XIX E XX: ACUSATIVOS, DATIVOS E OBLÍQUOS

A fim de estender a análise das formas pronominais de referência à 2P para além da função de sujeito (nominativo), foram analisadas as estratégias utilizadas como complemento verbal nas funções acusativa (objeto direto), dativa (objeto indireto) e oblíqua (complemento preposicionado não pronominalizável). Para preservar a comparabilidade da análise, foi utilizado o mesmo *corpus* de cartas pessoais empregado na seção "Evolução histórica dos subsistemas de tratamento na posição de sujeito". Dentre os objetivos desta seção, destaca-se o de verificar se haveria simetria ou compatibilidade entre as formas encontradas no sujeito e aquelas que atendem às funções de complemento.

## As formas variantes de complementos acusativos de 2P em cartas brasileiras

O acusativo era um dos seis casos que existiam no latim clássico. Dentre as funções sintáticas que desempenhava, destaca-se a função de objeto direto. O pronome original utilizado como acusativo de 2P é o clítico *te* (3), conhecido na Gramática Tradicional como pronome oblíquo átono.[6] No entanto, a partir da implementação de *você* no sistema pronominal, outras estratégias também passaram a desempenhar a referida função, a saber: pronome lexical *você* (4), os clíticos *o/a* (5), o clítico *lhe* (6) e, até mesmo, o objeto nulo (7), bastante raro nessa função:

(3) [20,1 CP BA] *No momento mais triste de minha vida* ***te*** *encontrei o mesmo amigo dos bons tempos do Collegio São João.*

(4) [20,1 CP MG] [...] *a nave que você pilota há de erguer voo seguro elevando* ***você*** *às alturas onde quizer ficar.*

(5) [19,2 CP BA] *Percizava ve**llo** para sentar as couzasmilhor que Deus os traga em Santa páz, é pelo que fasêmos vótos.*

(6) [19,2 CP RJ] *Com affecto* ***lhe*** *abraço e sou sua irmã nos Santíssimos Corações de Jesus e Maria Sor Maria da Divina Pastora. Religiosa do Bom Pastor*

(7) [20,1 CP RJ] [...] *eu vou bem graças a Deus, de saude, de amor tu sabes como me sinto, cada vez mais cego, e cada vez querendo Ø amar mais*

A chamada simetria no sistema de tratamento prevista, principalmente, nos manuais de ensino de português, conforme discute Lopes (2012), considera que o clítico *te* deve aparecer quando se usa o pronome *tu* na posição de sujeito, mas se o falante/escrevente tratar seu interlocutor por *você*, devem, neste caso, ser empregadas as formas correspondentes ao paradigma de *você*, originalmente de 3ª pessoa, ainda que sua interpretação seja de 2ª pessoa. Estariam, nesse caso, as formas *você*, além do clítico *o/a* e *lhe*, acumulando a função dativa e acusativa. A entrada de *você* no sistema pronominal de segunda pessoa cindiu tal simetria, criando um quadro sincrético de formas de *tu* e de *você* em referência à 2ª pessoa.

A Tabela 1 apresenta a distribuição das formas variantes do acusativo nas cartas pessoais das localidades estudadas:

**Tabela 1 – Distribuição das variantes de acusativo de 2P em cartas brasileiras.**

| Acusativo | te | você | lhe | o/a | ø | Total |
|---|---|---|---|---|---|---|
| RJ | 337/433<br>78% | 29/433<br>7% | 17/433<br>4% | 40/433<br>9% | 10/433<br>2% | 433/905<br>48% |
| MG | 21/42<br>50% | 03/42<br>7% | 03/42<br>7% | 15/42<br>35% | -<br>- | 42/905<br>5% |
| SP | 15/34<br>44% | 02/34<br>6% | 06/34<br>18% | 11/34<br>32% | - | 34/905<br>4% |
| BA | 07/62<br>9% | 01/62<br>1% | 28/62<br>38% | 26/62<br>35% | -<br>- | 62/905<br>7% |
| PE | 14/45<br>31% | 06/45<br>13% | 06/45<br>13% | 19/45<br>42% | -<br>- | 45/905<br>5% |
| RN | 151/213<br>71% | 18/213<br>8% | 40/213<br>19% | 04/213<br>2% | - | 213/905<br>24% |
| SC | 59/76<br>78% | 02/76<br>02% | 03/76<br>04% | 12/76<br>16% | -<br>- | 76/905<br>08% |
| **TOTAL** | **604/905<br>67%** | **61/905<br>7%** | **103/905<br>11%** | **127/905<br>14%** | **10/905<br>1%** | **905** |

Em termos dos resultados globais, o clítico *te* foi a estratégia acusativa mais recorrente na amostra, figurando em 604 de um total de 905 dados (aproximadamente 70%). O clítico acusativo *o/a* em referência à 2P foi a segunda estratégia mais utilizada, com 14% de frequência (127 ocorrências). Com um percentual bem próximo a este, encontra-se o clítico *lhe*, que representa a terceira estratégia mais produtiva de acusativo no *corpus* em análise (103 dados, 11%).

Quanto aos resultados parciais, a distribuição das formas variantes é distinta a depender da localidade considerada. Em cinco das sete localidades controladas, a forma *te* foi majoritária: Rio de Janeiro (78%), Minas Gerais (50%), São Paulo (44%), Rio Grande do Norte (71%) e Santa Catarina (78%). Nas missivas baianas, a estratégia mais produtiva foi o clítico *lhe*, com 38%, seguida do clítico acusativo *o/a*, com 35%.

Nos dados de Pernambuco, predomina o clítico *o/a*, seguido do clítico *te*, com 42% e 31%, respectivamente. É interessante observar também que em nenhuma das localidades contempladas nessa descrição a forma *você* em função acusativa registra frequência superior a 15%; na maioria dos estados, *você* acusativo configura a terceira estratégia mais utilizada, somando poucos dados.

Vale destacar alguns dados mais raros como é o caso do zero identificado nas cartas do Rio de Janeiro. Na maioria das vezes, o acusativo zero ocorre em estruturas coordenadas do tipo (*te estima e __ adora*). Há ainda outros casos que não constam da Tabela 1. Nas correspondências mineiras e fluminenses, houve dados em que a preposição se fazia presente: *a você* (1 dado no RJ e 1 em MG), *a ti* (1 dado no RJ e 1 em MG) e *a Vossa Mercê* (1 dado em MG). Também foram encontradas ocorrências de *vos* para 2ª pessoa do singular em missivas baianas:

(8) [20,1 CP RJ] *Fallei com Nossa Madre de ajudar* ***a Você*** *pagar a vida de Mamãe em Espanol, e ella deu licença até que termine de pagar, depois que acabe Você me avisa por favor*

(9) [20,1 CP RJ] *Estimarei que esta encontre* ***a ti*** *e todos os nossos de perfeita saúde.*

(10) [19,2 CP BA] *Muito prazer terei se minhas indignas letras for encontrar* ***a Va.***[ce] *gozando*

(11) [20,1 CP BA] *A. Saudo-**vos** desejando mil vemturas e toda sorte de felicidade, juntamente a todos que vos são caros. O fim desta, é para voçê ter a bondade mandar a copia si ja tirou*

Depois de observar a distribuição das variantes acusativas e sua frequência de uso em cartas oitocentistas e novecentistas, surgem algumas perguntas: o que determinaria esse comportamento diferenciado nas cartas do Rio de Janeiro, Minas Gerais, São Paulo, Bahia, Pernambuco, Rio Grande do Norte e Santa Catarina quanto ao uso das variantes acusativas de 2P mais frequentes (*te*, *lhe* e *o/a*)? A correlação desses resultados com o tratamento empregado na posição de sujeito poderia elucidar tal distinção?

Para responder a elas, será estabelecido um paralelo entre as relações gramaticais de sujeito e objeto direto (acusativo). No que se refere à função de sujeito, leva-se em conta a forma de tratamento empregada na carta. Como mostrado no capítulo anterior, considerou-se (i) "*Tu* (exclusivo)" para os casos em que o remetente emprega apenas o pronome *tu* (nulo ou pleno) como sujeito na carta; (ii) "*Você* (exclusivo)" para os casos em que o remetente emprega apenas *você* como sujeito na carta analisada; (iii) "*Tu/você* (misto)" para os casos em que o remetente emprega uma e outra forma dentro de uma mesma carta na posição de sujeito. Quanto aos complementos acusativos, serão consideradas as formas variantes anteriormente descritas. Nas subseções que seguem, os resultados das diferentes localidades encontram-se organizados segundo a divisão socioeconômica do Brasil em regiões.

### REGIÃO SUDESTE: A CORRELAÇÃO ENTRE SUJEITO E ACUSATIVO EM CARTAS ESCRITAS POR FLUMINENSES, MINEIROS E PAULISTAS NOS SÉCULOS XIX E XX

Na amostra analisada, as missivas produzidas no Rio de Janeiro, Minas Gerais e São Paulo representam os dados da região Sudeste. Na Tabela 2, reúnem-se as ocorrências de acusativo de 2P em correlação com o tratamento utilizado na posição de sujeito desses dois estados:

Tabela 2 – Complementos acusativos e tratamento na posição de sujeito – cartas do RJ, MG e SP

| Sujeito \ Acusativo | | Formas acusativas de 2P e o uso do sujeito | | | | |
|---|---|---|---|---|---|---|
| | | te | você | lhe | o/a | Ø |
| Tu (exclusivo) | RJ | 168/178<br>94% | 04/178<br>3% | 01/178<br>1% | 02/178<br>1% | 03/178<br>2% |
| | MG | 03/03<br>100% | – | – | – | – |
| | SP | 05/08<br>63% | – | – | 03/08<br>37% | – |
| Você (exclusivo) | RJ | 60/118<br>51% | 19/118<br>16% | 10/118<br>9% | 26/118<br>22% | 03/118<br>2% |
| | MG | 15/29<br>51% | 05/29<br>17% | – | 09/29<br>31% | – |
| | SP | 01/03<br>33,3% | 01/03<br>33,3% | – | 01/03<br>33,3% | – |
| Tu/você | RJ | 103/126<br>82% | 06/126<br>5% | 06/126<br>5% | 07/126<br>6% | 04/126<br>2% |
| | MG | 03/03<br>100% | – | – | – | – |
| | SP | 04/07<br>57% | 01/07<br>14% | – | 02/07<br>29% | – |

Ao observar o número de ocorrências e os percentuais de frequência das estratégias acusativas, percebe-se que a presença de *você* na função de sujeito é um fator importante para que três formas variantes possam ocorrer (*você*, *lhe* e *o/a*) em todas as cartas representativas da região sudeste; todavia, o mesmo não se verifica quanto ao pronome *tu* e sua forma de acusativo correspondente *te*: a presença de *tu* na função de sujeito não é condição necessária para que *te* ocorra em função acusativa nas cartas do RJ e, em menor escala, em SP. Como se vê, a inserção de *você* "desorganizou" ou reestruturou o sistema de 2P.

Em relação aos dados da amostra fluminense, nota-se que todas as formas variantes aparecem em todos os tipos de cartas: *tu* exclusivo, *você* exclusivo e *tu/você*. Quando havia uso exclusivo de *tu* na função de sujeito, os missivistas do Rio de Janeiro empregavam, quase categoricamente, o clítico *te* como acusativo (94%). Em uso exclusivo de *você* no sujeito, o clítico *te* mantém-se como a estratégia mais produtiva, embora com menor frequência (51%). Nesse contexto, observa-se a elevação nos índices das demais variantes, principalmente do clítico *o/a* (22%) e de *você* acusativo (16%). Com o uso variável entre *tu* e *você* no sujeito, *te* é, novamente, nas cartas fluminenses, a principal estratégia de acusativo (82%).

Os dados coletados na amostra mineira apresentam um comportamento bastante similar ao que se verifica na amostra do Rio de Janeiro. O clítico *te* é a única forma variante de acusativo que contabiliza ocorrências independentemente do tratamento empregado na posição de sujeito (*tu*, *você* e *você/tu*). Nas cartas em que se emprega exclusivamente *tu* ou *tu* em variação com *você* na posição de sujeito, registraram-se apenas ocorrências de *te*. Já nos casos em que se utiliza exclusivamente *você* como forma para o sujeito, ao lado de *te* (51%), encontram-se as ocorrências de *o/a* (31%) e de *você* acusativo (17%).

Na amostra de São Paulo, assim como na de Minas Gerais, o clítico *te* predominou nas cartas em que se empregava *tu* na posição de sujeito, seja como estratégia exclusiva (63%) seja em variação com *você* (57%). Nesse contexto, a segunda forma acusativa mais produtiva foi o clítico *o/a* (29%). Nas cartas com *você* exclusivo, houve equilíbrio entre *te*, *você* e *o/a*.

De forma geral, comparando as três localidades analisadas na região sudeste através da amostra de cartas dos séculos XIX e XX, observou-se:

a. o predomínio quase absoluto do clítico acusativo *te*, independentemente do pronome de 2P usado na posição de sujeito (com índices entre 50% a 100% de frequência de uso);
b. o uso mais regular do clítico *o/a* nas cartas com *você* exclusivo na posição de sujeito: 22% nas cartas fluminenses, 31% nas mineiras e 33% nas paulistas;
c. a presença da variante acusativa *você* um pouco mais incisiva também nas cartas de *você* sujeito: 16% no RJ, 17% em MG e 33% em SP.

## REGIÃO NORDESTE: A CORRELAÇÃO ENTRE SUJEITO E ACUSATIVO EM CARTAS ESCRITAS NA BAHIA, EM PERNAMBUCO E NO RIO GRANDE DO NORTE

Três estados brasileiros estão representados no *corpus* da região Nordeste: Bahia, Pernambuco e Rio Grande do Norte. Na Tabela 3, são expostas as ocorrências de acusativo de 2P em correlação com o tratamento utilizado na posição de sujeito dessas três localidades:

**Tabela 3 – Complementos acusativos e tratamento na posição de sujeito – dados de BA, PE e RN**

| Sujeito \ Acusativo | | Formas acusativas de 2P e o uso do sujeito | | | | |
|---|---|---|---|---|---|---|
| | | te | você | lhe | o/a | Ø |
| Tu (exclusivo) | BA | 04/04 100% | – | – | – | – |
| | PE | 12/12 100% | – | – | – | – |
| | RN | 33/33 100% | – | – | – | – |
| Você (exclusivo) | BA | 02/47 4% | 01/47 2% | 24/47 51% | 20/47 43% | – |
| | PE | 01/29 3% | 05/29 17% | 06/29 21% | 17/29 59% | – |
| | RN | – | – | 03/03 100% | – | – |
| Tu/você | BA | – | – | – | 01/01 100% | – |
| | PE | – | – | – | 01/01 100% | – |
| | RN | 118/178 66% | 19/178 10% | 37/178 21% | 4/178 2% | – |

Comparando o número de ocorrências e os percentuais de frequência registrados para as localidades das regiões Sudeste e Nordeste, observa-se, em relação a esta última, maior influência da forma de tratamento utilizada na posição de sujeito sobre as estratégias de acusativo empregadas nas cartas, principalmente no que diz respeito ao clítico *te*. Essa forma variante é a única computada para os contextos em que se utiliza exclusivamente o pronome *tu* na função de sujeito: emprego categórico de *te* em todas as localidades. Em contrapartida, a mesma estratégia foi fortemente desfavorecida quando o remetente apresentava uso exclusivo de *você* no sujeito (4% na Bahia, 3% em Pernambuco e zero no Rio Grande do Norte). Em contexto de variação entre *tu* e *você* no sujeito, registraram-se dados de *te* apenas nas cartas do Rio Grande do Norte, nas quais tal estratégia representou 66% de frequência.

As missivas em que havia uso exclusivo de *você* na função de sujeito apresentaram, como na região sudeste, forte variação das estratégias acusativas de 2P. Tal comportamento deu-se nas cartas da Bahia e de Pernambuco. Na primeira, o clítico *lhe* foi a estratégia mais produtiva, com 51% de frequência, seguido do clítico *o/a*, com 43%. Na última, foi o clítico *o/a* a variante mais frequente, com 59%, seguido do clítico *lhe*, com 21%. Diferentemente do observado nas outras localidades nordestinas, no Rio Grande do Norte houve maior número de variantes de acusativo em cartas com uso variável entre *tu* e *você* no sujeito. Além da alta recorrência de *te*, já comentada, contabilizou-se neste contexto um percentual de 21% para os dados do clítico *lhe* e 10% para os dados de *você* acusativo.

Embora a amostra de dados seja ainda bastante irregular para comparações seguras, observamos, em síntese, na amostra de cartas dos séculos XIX e XX correspondentes às três localidades analisadas na região nordeste (BA, PE e RN), o seguinte:

a. o uso categórico do clítico acusativo *te* apenas nas cartas com *tu* exclusivo na posição de sujeito;
b. o favorecimento do clítico *te* nas cartas do Rio Grande do Norte em que ocorre variação entre *tu* e *você* na posição de sujeito;
c. a predominância dos clíticos acusativos *lhe* e *o/a*, respectivamente, nas cartas baianas (51%) e nas cartas pernambucanas (59%) quando se emprega "*você* exclusivo" na posição de sujeito.

## REGIÃO SUL: A CORRELAÇÃO ENTRE SUJEITO E ACUSATIVO EM CARTAS ESCRITAS EM SANTA CATARINA

Na amostra selecionada, o único Estado representativo da região Sul do Brasil é Santa Catarina. Na Tabela 4, apresentam-se os resultados da função acusativa de 2P em correlação com o tratamento utilizado na posição de sujeito dessa localidade:

**Tabela 4 – Complementos acusativos e tratamento na posição de sujeito – dados de SC**

| Sujeito \ Acusativo | | Formas acusativas de 2P e o uso do sujeito | | | | |
|---|---|---|---|---|---|---|
| | | te | você | lhe | o/a | Ø |
| SC | Tu (exclusivo) | 45/45 100% | – | – | – | – |
| | Você (exclusivo) | – | 2/8 25% | 3/8 37,5% | 3/8 37,5% | – |
| | Tu/Você | 14/23 60% | – | – | 9/23 40% | – |

Conforme aparece ilustrado na tabela, o comportamento das variantes acusativas de 2P nos dados catarinenses é notadamente condicionado pelo tratamento utilizado na função de sujeito. Nos contextos em que há uso exclusivo de *tu* nesta função, registrou-se o uso categórico da estratégia clítica *te*. Por outro lado, quando o missivista utilizava exclusivamente *você* na posição de sujeito, contabilizou-se a ocorrência dos clíticos relacionados originalmente ao paradigma de *você* (*lhe* e *o/a*), além do pronome lexical *você* em função de objeto direto. Nas cartas em que há variação entre as formas *tu* e *você* na posição de sujeito, duas estratégias acusativas foram registradas: o clítico *te* (60%) e o clítico *o/a* (40%).

De forma geral, o clítico *te* representa a principal variante acusativa das cartas de Santa Catarina, contabilizando 59 ocorrências do total de 76 dados (73%). Tal clítico foi encontrado nas cartas com *tu* exclusivo na posição de sujeito e nas cartas mistas. Outro aspecto a salientar é o fato de o pronome acusativo *você* não figurar como uma estratégia recorrente: foram apenas duas ocorrências em cartas nas quais o tratamento na função de sujeito era representado exclusivamente pelo pronome *você*.

Em síntese, comparando os resultados das três regiões brasileiras, verificou-se que nas amostras de cartas brasileiras dos séculos XIX e, sobretudo do XX, o clítico *te* era a estratégia que mais transitava como marca acusativa de 2P, independentemente do tratamento empregado na posição de sujeito, principalmente entre os remetentes do Rio de Janeiro, do Rio Grande do Norte, de Santa Catarina e, em menor escala, de Minas Gerais e de São Paulo. Na amostra dos remetentes do Rio de Janeiro, não houve total simetria entre as formas de 2P utilizadas na posição de sujeito e as formas de complemento acusativo, pois o clítico *te* se mostrou produtivo mesmo em cartas com *você* na posição de sujeito. Tal comportamento está em vigor até hoje no falar fluminense, em que se usa *você* e *tu* na posição de sujeito, conforme já havia apontado Camara Jr. (1983: 120). Em Minas Gerais e em São Paulo, apesar de o uso de *você* na posição de sujeito ser o sistema vigente, como discutido no capítulo anterior, o emprego de *te* é bem recorrente. O Rio Grande do Norte apresentou alta frequência de *te* também em cartas mistas. Em Pernambuco, os dados mais representativos revelam que o clítico *te* foi mais recorrente em cartas com *tu* exclusivo, no final do século XIX e início do XX. Nessa localidade, as cartas mistas favoreceram os clíticos *te* e *lhe*, nessa ordem de produtividade. A ausência de um número mais elevado de cartas em que as formas *tu* e *você* variassem na posição de sujeito aliada ao fato de o inovador *você* estar harmonizado, preferencialmente, com formas originalmente do paradigma de *você* parece já constituir indícios do sistema de tratamento vigente principalmente na capital da Bahia. Nesse estado, ainda há algumas "ilhas" de *tu*, mas prevalece *você* na posição de sujeito (cf. Scherre et al., 2015).

## A forte variação nos complementos dativos de 2P em cartas brasileiras

O dativo é, pela sua própria natureza, desde a língua latina, um caso morfossintático bastante complexo, o que dificulta, muitas vezes, uma definição/caracterização precisa. Neste estudo, denomina-se dativo a todo argumento interno selecionado por verbos de dois lugares (SU V OI) ou de três lugares (SU V OD OI), que recebe papel temático de ALVO ou FONTE (cf. Mateus et al., 2003; Berlinck, 1996).[7] Esse argumento é marcado prototipicamente pelo traço [+animado] e, quando realizado por um sintagma preposicionado, pode ser substituído por um pronome clítico dativo (por exemplo, "Ele enviou a carta *para você*"/"Ele *lhe* enviou a carta"). Quando assume a forma de um sintagma preposicionado, é encabeçado, na maioria dos casos, pelas preposições *a* ou *para*.[8]

De um ponto de vista mais semântico, pode-se afirmar, segundo Van Hoecke (1996) e Berlinck (1996), que o argumento dativo constitui o polo de orientação para o qual tendem as ações e os processos expressos pela predicação da sentença. Este seria um traço comum a todos os constituintes ditos dativos, visto que algum aspecto, mais concreto ou mais abstrato, a depender da significação do elemento predicador, encontra no dativo um estágio final, um ponto terminal.

Os trabalhos sobre a expressão do dativo no português brasileiro têm mostrado, entre outras coisas, uma tendência ao apagamento do clítico de terceira pessoa (*lhe*), com o aumento progressivo na utilização de sintagmas preposicionados introduzidos pela preposição *para* (cf. Freire, 2000, 2005; Berlinck, 2005; Torres Morais e Berlinck, 2006, 2007; Torres Morais, 2010). A perda de *lhe* na 3ª pessoa, contudo, não representa necessariamente o desaparecimento desse clítico, uma vez que, em alguns dialetos, tal forma passou a ser utilizada em referência à 2P, seja como dativo, seja como acusativo, como discutido na seção anterior (cf. Gomes, 2003; Almeida, 2009, entre outros). Essa mudança também se dá a partir da entrada da forma *você* no paradigma da 2P.

Aparentemente, algumas formas do paradigma de *você*, nas diversas funções sintáticas, acompanharam o novo pronome sujeito em algumas áreas dialetais. No que se refere ao dativo de 2P no português brasileiro, há formas que se relacionam ao paradigma original de 2P (o clítico *te* e os sintagmas preposicionados associados a *ti*) e outras que estão associadas ao paradigma de *você* (o clítico *lhe* e os sintagmas preposicionados associados a *você*). Além dessas formas, existe ainda o dativo nulo, não realizado foneticamente. Os exemplos que seguem ilustram algumas dessas formas variantes nas amostras analisadas:

(12) [20,1 CP RJ] *O T. vai bem, hoje vai* ***te*** *escrever, elle gostou muito do Rio*

(13) [20,1 CP PE] *Hontem telegraphei a # V. para* ***lhe*** *dar mais dinheiro caso viesse a precisar para as despesas de casa*

(14) [20,1 CP RJ] *São 11 horas preciso durmir, se não fosse isso seria capaz de ficar a noite toda escrevendo* ***para ti****, dizendo tudo quanto sinto por ti*

(15) [20,1 CP MG] *Muito agradeço* ***a você****, mamãe e* [...]

(16) [20,2 CP RN] *L., mandei uma foto* ***prá você*** *junto com as que mandei pra F. não sei se vai gostar espero que sim*

(17) [20,2 CP RJ] *Fora o que já Ø contei, não tenho feito nada de extraordinariamente interessante.*

A Tabela 5 apresenta a distribuição das formas variantes do dativo identificadas nas amostras de cartas pessoais oitocentistas e novecentistas das localidades analisadas:

**Tabela 5 – Distribuição das variantes de dativo de 2P em cartas brasileiras**

| Dativo | te | lhe | a/para ti | a/para você | prep. +você | Ø | TOTAL |
|---|---|---|---|---|---|---|---|
| RJ | 464/811<br>58% | 92/811<br>11% | 25/811<br>03% | 49/811<br>06% | –<br>– | 181/811<br>22% | 811/1811<br>45% |
| MG | 41/136<br>30% | 63/136<br>46% | –<br>– | 13/136<br>10% | –<br>– | 19/136<br>14% | 136/1811<br>08% |
| SP | 53/90<br>59% | 33/90<br>36% | –<br>– | 04/90<br>5% | –<br>– | –<br>– | 90/1811<br>5% |
| BA | 15/251<br>06% | 188/251<br>75% | –<br>– | 07/251<br>03% | –<br>– | 41/251<br>16% | 251/1811<br>14% |
| PE | 32/214<br>15% | 158/214<br>73% | 08/214<br>4% | 16/214<br>08% | –<br>– | –<br>– | 214/1811<br>12% |
| RN | 60/192<br>31% | 93/192<br>48% | 03/192<br>2% | 25/192<br>13% | 11/192<br>6% | –<br>– | 192/1811<br>11% |
| SC | 83/117<br>70% | 11/117<br>10% | 14/117<br>11% | 05/117<br>5% | 04/117<br>4% | –<br>– | 117/1811<br>07% |
| Total | 748/1811<br>41% | 638/1811<br>35% | 50/1811<br>3% | 119/1811<br>7% | 15/1811<br>1% | 241/1811<br>13% | 1811 |

Os resultados indicam, em termos de distribuição geral, uma variedade significativa de formas para a representação do dativo no PB. Diferentemente do que se observou no acusativo, em que *te* foi preponderante (com aproximadamente 70% de frequência), no dativo este mesmo clítico não apresenta larga vantagem sobre as demais formas variantes: ainda que seja a estratégia dativa de maior frequência no *corpus* (40%), seu índice de recorrência é bastante próximo da segunda estratégia mais produtiva, o clítico *lhe* (35%). Além dessas duas variantes clíticas, outras formas dativas também são registradas, com índices percentuais menores: os sintagmas preposicionados *a você* e *para você* somaram 7% (119 ocorrências) dos dados gerais, seguidos dos sintagmas preposicionados *a ti* e *para ti*, que registraram 3% dos dados (50 ocorrências). O dativo nulo também contabilizou um índice considerável na amostra: 13% dos dados (241 ocorrências). Tal estratégia foi encontrada em cartas do Rio de Janeiro, Minas Gerais e Bahia.

No que se refere às amostras parciais, notam-se novamente diferenças entre as localidades, assim como foi verificado para as variantes acusativas. No Rio de Janeiro, em São Paulo e em Santa Catarina, prevaleceu, mais uma vez, o clítico *te*, com índices de 58%, 59% e 70%, respectivamente. Já na Bahia, em Pernambuco, no Rio Grande do Norte e em Minas Gerais, a estratégia mais recorrente foi o clítico *lhe*, com 75%, 73%, 48% e 46%, nessa ordem. Quanto às estratégias preposicionadas, verifica-se que os sintagmas *a ti* e *para ti* não foram registrados nos dados de todas as localidades em análise, figurando apenas nas cartas de Pernambuco, Rio Grande do Norte, Rio de Janeiro e Santa Catarina. Já os sintagmas *a você* e *para você* foram computados em todas as amostras regionais, sendo em maior número nas cartas do Rio de Janeiro (49 dados – 6%) e Rio Grande do Norte (25 dados). Nesta última, tal estratégia apresenta o maior percentual de frequência da amostra em estudo, um índice de 13%.

Também nas cartas potiguares – além das cartas catarinenses – foram registrados alguns casos de dativos preposicionados não prototípicos, isto é, que não eram encabeçados pelas preposições *a* ou *para*. Tais casos totalizaram, na amostra analisada, 15 ocorrências, o que representou cerca de 1% dos dados globais. Ilustram-se, abaixo, alguns casos encontrados nas missivas do Rio Grande do Norte:

(18) [20,2 CP RN] *L., eu gosto muito de você, mas tambem não posso* *<u>cobrar</u>* *nada* ***de você***

(19) [20,2 CP RN] *Rogo a Deus para que esta* *<u>chegue</u>* ***até você*** *e lhe encontre com muita saude juntamente com os seus pais*

Cumpre comentar que, além das ocorrências presentes na Tabela 5, também foram registrados na amostra de cartas alguns dados mais raros. Trata-se, especificamente, da presença do clítico dativo *vos* em referência à segunda pessoa do singular nas cartas baianas. O uso desta estratégia, que contabilizou 50 dados, evidenciou um comportamento bastante arcaizante dos remetentes dessas missivas, o que poderia remeter à utilização de um sistema de tratamento de fins do século XVIII. Os dados de *vos* em referência à 2P dativa ocorreram, como pode ser visto a seguir, principalmente em trechos que procuram captar a benevolência do interlocutor nas seções mais fixas das cartas, como as despedidas:

(20) [19,2 CP BA] *Desejando o Governo organizar um systema de defesa preventiva contra a invasão do peste bubonica, que acaba de verificar-se em Santos,* *<u>rogo</u>*-***vos*** *o vosso comparecimento no Palacio da Victoria.*

(21) [20,1 CP BA] *Tendo por decreto de 14 do corrente sido nomeado escrivão da Colletoria daqui,* *<u>agradeço</u>*-***vos*** *eternamente o interesse de vossa parte.*

(22) [20,1 CP BA] *<u>pedindo</u>*-***vos*** *se interessar pela transferencia do mesmo do 3º B.C*

(23) [20,1 CP BA] *<u>Desejo</u>*-***vos*** *o milhor bem na vida extensivo*

(24) [20,1 CP BA] *Saude juntamente a Excelentíssima Familia* *<u>dezejo</u>*-***vos*** *por meio desta espor*

Após a observação da distribuição geral das variantes dativas, algumas questões precisam ser esclarecidas. O que influenciou na variação entre as estratégias dativas mais frequentes *te* (41%) e *lhe* (35%)? Novamente será estabelecida, como na discussão do acusativo, a relação entre o tratamento empregado na função de sujeito e aquelas formas empregadas na função dativa. Como há diferenças entre as regiões brasileiras quanto aos sistemas de tratamento, conforme discutido na seção "As etapas evolutivas do sincretismo de formas de 2P", apresentam-se as referidas localidades divididas novamente segundo as regiões socioeconômicas das quais fazem parte. Para o sujeito, serão consideradas as três possibilidades previstas: (i) *Tu*-exclusivo; (ii) *Você*-exclusivo; (iii) *Tu/você*.

## REGIÃO SUDESTE: A CORRELAÇÃO ENTRE SUJEITO E DATIVO EM CARTAS FLUMINENSES, MINEIRAS E PAULISTAS

Organizam-se na Tabela 6 as ocorrências de dativo de 2P em correlação com o tratamento utilizado na posição de sujeito na amostra de cartas produzidas nos estados do Rio de Janeiro, Minas Gerais e São Paulo:

**Tabela 6 – Complementos dativos e tratamento na posição de sujeito – dados de RJ, MG e SP**

| Sujeito \ Dativo | | Formas dativas de 2P e o uso do sujeito | | | | | |
|---|---|---|---|---|---|---|---|
| | | te | lhe | a/para ti | a/para você | prep. +você | ø |
| Tu (exclusivo) | RJ | 194/247<br>78% | 01/247<br>1% | 14/247<br>6% | 03/247<br>2% | –<br>– | 35/247<br>14% |
| | MG | 09/12<br>75% | 01/12<br>8% | –<br>– | –<br>– | –<br>– | 02/12<br>17% |
| | SP | 28/30<br>93% | 01/30<br>3% | –<br>– | 01/30<br>03% | –<br>– | –<br>– |
| Você (exclusivo) | RJ | 85/275<br>31% | 75/275<br>27% | 01/275<br>01% | 34/275<br>12% | –<br>– | 80/275<br>29% |
| | MG | 19/107<br>18% | 62/107<br>58% | –<br>– | 11/107<br>10% | –<br>– | 15/107<br>14% |
| | SP | 07/16<br>44% | 07/16<br>44% | –<br>– | 02/16<br>12% | –<br>– | –<br>– |
| Tu/você | RJ | 184/263<br>70% | 07/263<br>3% | 10/263<br>4% | 11/263<br>4% | –<br>– | 50/263<br>19% |
| | MG | 13/17<br>76% | –<br>– | –<br>– | 02/17<br>12% | –<br>– | 02/17<br>12% |
| | SP | 15/16<br>94% | –<br>– | –<br>– | 1/16<br>6% | –<br>– | –<br>– |

Tal qual se constatou para os dados de acusativo, também no dativo a presença do pronome *tu* na função de sujeito não parece ser condição obrigatória para que o clítico *te* ocorra na função dativa, embora os índices aqui observados sejam menos expressivos do que aqueles verificados para o acusativo. Nas cartas em que os missivistas empregavam exclusivamente *você* na função de sujeito, foi registrada, para o clítico *te*, uma frequência de 44% para a amostra paulista, 31% na amostra fluminense e 18% na amostra mineira. Apesar de haver certo equilíbrio na distribuição dos dados do Rio de Janeiro nesse contexto morfossintático, ainda assim *te* constituiu a variante mais recorrente. Em São Paulo, o clítico *te* também prevaleceu ao lado de *lhe* com os mesmos percentuais (44%). O sintagma preposicionado com *você* ficou com 12% de frequência. Nos dados de Minas Gerais, entretanto, é o clítico *lhe* o mais frequente, com um percentual de 58%, representando *te*, neste caso, a segunda estratégia mais frequente nas cartas de *você*.

É no contexto de uso variável na posição de sujeito, contudo, que essa estratégia dativa mostra sua força. Nas missivas em que havia alternância entre *tu* e *você* na função de sujeito, o clítico *te* era a forma variante mais frequente nas três localidades focalizadas: 94% nos dados paulistas, 76% nos dados mineiros e 70% nos dados fluminenses.

Quanto aos dados do Rio de Janeiro, em específico, percebe-se, assim como ocorreu para a função acusativa, uma ampla utilização das formas variantes, independentemente do tratamento usado como sujeito. Com o uso exclusivo de *tu* na função de sujeito, o clítico *te* e o dativo nulo foram as estratégias dativas mais recorrentes (78% e 14%, respectivamente). Quando havia emprego exclusivo de *você* como sujeito, observa-se, no dativo, um equilíbrio entre o clítico *te* (31%), o dativo nulo (29%) e o clítico *lhe* (27%). Nesse mesmo contexto, registra-se também o maior número de ocorrência dos sintagmas preposicionados *a você* e *para você*, com 34 dados (12%). Com o uso variável entre *tu* e *você* no sujeito, *te* e o dativo nulo constituíam, novamente, as variantes mais frequentes (70% e 19%, nessa ordem).

Os dados levantados a partir das cartas mineiras destoam em boa medida daqueles encontrados na amostra do Rio de Janeiro, principalmente no que tange à distribuição das formas variantes dativas. Apenas o clítico *te* e o dativo nulo são registrados com os três tipos de tratamento sujeito controlados. Nas missivas em que se emprega exclusivamente *tu* na posição de sujeito, o clítico *te* foi a variante mais frequente (75%). O uso exclusivo de *você* para o sujeito favoreceu a utilização das diferentes estratégias dativas, dentre elas, os sintagmas preposicionados *a você* e *para você* (11 dados – 10%). Nesse contexto, o clítico *lhe* foi o mais frequente, totalizando 62 ocorrências (58%).

Nas cartas de São Paulo, os índices de *te* apresentaram as maiores taxas de frequência nos três tipos de cartas em relação às outras áreas do sudeste: *tu*-exclusivo com 93%, *você*-exclusivo com 44% e *tu/você* com 94%. O clítico *lhe* não superou *te* nem mesmo nas cartas em que *você* ocorre unicamente como sujeito.

Em suma, nota-se, a partir dos dados encontrados nas cartas da região Sudeste:

a. Uma forte variação entre as estratégias dativas, principalmente, nas cartas do Rio de Janeiro;
b. O predomínio do clítico dativo *te*, principalmente, nas cartas paulistas, seguidas pelas fluminenses e mineiras com *tu* exclusivo ou com variação *tu/você* na posição de sujeito;
c. O favorecimento bastante expressivo do clítico dativo *te* sobre as demais formas variantes nas cartas paulistas, independentemente da estratégia empregada como sujeito pelo remetente;
d. O predomínio do clítico dativo *lhe* nas cartas mineiras com *você* exclusivo na posição de sujeito (58%);
e. A variação dos clíticos dativos *te* (31%) e *lhe* (27%) nas cartas do Rio de Janeiro com *você* sujeito e nas cartas de São Paulo: *te* e *lhe* com 44% cada.

## REGIÃO NORDESTE: A CORRELAÇÃO ENTRE SUJEITO E DATIVO EM CARTAS ESCRITAS NA BAHIA EM PERNAMBUCO E NO RIO GRANDE DO NORTE

Na Tabela 7, apresenta-se as ocorrências de dativo de 2P em correlação com o tratamento utilizado na posição de sujeito das três localidades representantes da região Nordeste:

**Tabela 7 – Complementos dativos e tratamento na posição de sujeito – dados de BA, PE e RN**

| Sujeito | Dativo | Formas dativas de 2P e o uso do sujeito | | | | | |
|---|---|---|---|---|---|---|---|
| | | te | lhe | a/para ti | a/para você | prep. +você | Ø |
| Tu (exclusivo) | BA | 07/07<br>100% | –<br>– | –<br>– | –<br>– | –<br>– | –<br>– |
| | PE | 22/29<br>76% | –<br>– | 07/29<br>24% | –<br>– | –<br>– | –<br>– |
| | RN | 17/17<br>100% | –<br>– | –<br>– | –<br>– | –<br>– | –<br>– |
| Você (exclusivo) | BA | 04/206<br>2% | 164/206<br>80% | –<br>– | 07/206<br>3% | –<br>– | 31/206<br>15% |
| | PE | –<br>– | 134/149<br>90% | –<br>– | 13/149<br>10% | –<br>– | –<br>– |
| | RN | –<br>– | 42/49<br>86% | –<br>– | 07/49<br>14% | –<br>– | –<br>– |
| Tu/você | BA | 04/07<br>57% | 02/07<br>28% | –<br>– | –<br>– | –<br>– | 01/07<br>14% |
| | PE | 05/20<br>25% | 14/20<br>70% | –<br>– | 01/20<br>5% | –<br>– | –<br>– |
| | RN | 43/123<br>33% | 51/123<br>39% | –<br>– | 18/123<br>22% | 11/123<br>4% | –<br>– |

Assim como foi assinalado para o acusativo, a forma de tratamento utilizada na posição de sujeito parece exercer forte influência também sobre as estratégias de dativo nas cartas da região Nordeste. Conforme pode ser visto na Tabela 7, quando havia o uso exclusivo de *tu* na função de sujeito, os remetentes empregavam formas relacionadas ao paradigma desse pronome, ou seja, o clítico *te* (que ocorre nos dados das três localidades) e os sintagmas preposicionados *a ti* e *para ti* (registrados apenas nos dados pernambucanos). Do mesmo modo, observa-se um favorecimento às estratégias originalmente de 3P, ligadas a *você*, quando este pronome é a forma exclusivamente utilizada na função de sujeito: o clítico dativo *lhe*, variante mais recorrente nos dados dos três estados nordestinos, e os sintagmas preposicionados *a você* e *para você*. Em contexto de variação entre *tu* e *você* no sujeito, observa-se maior produtividade do clítico *lhe* nas cartas do Rio Grande do Norte (39%) e Pernambuco (70%). Nas cartas baianas, *te* foi o mais frequente nesse contexto, com percentual de 57%.

As missivas em que havia uso exclusivo de *você* na função de sujeito foram as que propiciaram o maior uso de formas variantes dativas de 2P nas cartas da Bahia, sendo registrados dados do clítico *te* (2%), do clítico *lhe* (80%), dos sintagmas *a você* e *para você* (3%), além do dativo nulo (15%). Em contrapartida, as cartas de Pernambuco e do Rio Grande do Norte com uso variável entre *tu* e *você* no sujeito foram as que apresentaram maior distribuição das estratégias de dativo. Nos dados pernambucanos, contabilizaram-se ocorrências do clítico *te* (25%) e do clítico *lhe* (70%), além de uma ocorrência de sintagma preposicionado associado a *você*. Já nas missivas potiguares, registraram-se ocorrências do clítico *te* (33%), do clítico *lhe* (39%), dos sintagmas *a você* e *para você* (22%) e dos dativos preposicionados relacionados a *você* – com preposições diferentes de *a/para* (4%).

Observam-se, em síntese, algumas similaridades pontuais entre os resultados obtidos nas cartas da região Nordeste e Sudeste. Estão nesse caso:

a. o predomínio do dativo *te* apenas nas cartas com *tu* exclusivo nas duas regiões;
b. o predomínio, no Nordeste, do dativo *lhe* com *você* na posição de sujeito com índices mais altos do que foi observado na região sudeste: 80% na Bahia, 90% em Pernambuco e 86% no Rio Grande do Norte;
c. as diferenças de um estado do Nordeste para outro no que se refere às formas dativas usadas nas cartas com variação *tu/você* na posição do sujeito: *te* na Bahia com 57% e *lhe* em Pernambuco (70%) e no Rio Grande do Norte (39%).

## REGIÃO SUL: A CORRELAÇÃO ENTRE SUJEITO E DATIVO EM CARTAS DE SANTA CATARINA

Reúnem-se na Tabela 8 os dados de dativo de 2P em correlação com o tratamento utilizado na posição de sujeito do estado de Santa Catarina, única representante da região Sul na amostra:

**Tabela 8 – Complementos dativos e tratamento na posição de sujeito – dados de SC**

| Sujeito \ Dativo | | Formas dativas de 2P e o uso do sujeito | | | | | |
|---|---|---|---|---|---|---|---|
| | | te | lhe | a/para ti | a/para você | prep. +você | ø |
| SC | Tu (exclusivo) | 50/63<br>79% | -<br>- | 13/63<br>21% | -<br>- | -<br>- | -<br>- |
| | Você (exclusivo) | -<br>- | 08/15<br>54% | -<br>- | 04/15<br>26% | 03/15<br>20% | -<br>- |
| | Tu/Você | 33/39<br>84% | 03/39<br>10% | 01/39<br>2% | 01/39%<br>2% | 01/39<br>2% | -<br>- |

Tal como foi constatado para os dados da região Nordeste, também o emprego das variantes dativas de 2P nas cartas de Santa Catarina está subordinado ao tratamento empregado na posição de sujeito. Em uso exclusivo de *tu* na referida função sintática, verificou-se a utilização do clítico *te*, variante mais frequente (79%), ao lado dos sintagmas preposicionados *a ti* e *para ti* (21%). Em contextos nos quais se empregava exclusivamente *você* na posição de sujeito, registrou-se a presença do clítico dativo *lhe* (54% dos dados), e das formas preposicionadas *a você* e *para você* (26%) e *prep.+ você* (20%). Todas as estratégias de dativo verificadas, com exceção do zero, apresentaram ao menos uma ocorrência nas cartas em que havia variação entre as formas *tu* e *você* na posição de sujeito, sendo esse, portanto, o contexto de maior distribuição entre as formas variantes investigadas. Nesse contexto, o clítico *te* foi a estratégia predominante, com índice de 84%.

Em linhas gerais, os dados catarinenses obtidos a partir da amostra analisada revelam que o clítico dativo *te* constitui a variante mais frequente, predominando nas cartas de *tu* exclusivo e nas de variação *tu/você*. Os índices registrados para os casos de alternância entre *tu* e *você* na posição de sujeito aproximam essa localidade dos resultados encontrados para os demais estados quanto a uma tendência geral: em contexto de variação, prevalece o clítico *te*. Outro fato interessante diz respeito às estratégias preposicionadas: diferentemente do que foi verificado para as outras áreas, nos dados catarinenses prevalecem as formas *a ti* e *para ti*, em detrimento dos sintagmas *a você* e *para você*. Tal diferença constitui, na sincronia atual, um traço diatópico marcante, que caracteriza o falar predominante nessa região frente a outras tantas localidades brasileiras.

Em resumo, os resultados da expressão dativa nas amostras das sete localidades estudadas apontaram para um comportamento bastante diferenciado em alguns aspectos, mas convergente em outros. As formas variantes dessa função sintática já anunciavam na documentação remanescente dos séculos XIX e XX algumas características que se firmariam no português brasileiro, a saber: (a) a preferência, em sentido *lato*, pelo clítico dativo *te* em áreas do Sudeste, como São Paulo e Rio de Janeiro, e do Sul, como Santa Catarina; (b) o emprego marcante do clítico *lhe* em áreas do Nordeste, como Bahia e Pernambuco; (c) a correlação entre as formas pronominais utilizadas nas funções de sujeito e complemento dativo, notável nas amostras do Rio Grande do Norte, Pernambuco, Bahia e Santa Catarina; (d) o uso generalizado do clítico *te* nas variedades paulistana e fluminense, independentemente da forma utilizada no sujeito; (e) a predominância do clítico *te* em cartas mistas (*você* ~ *tu*), tendência observada nos dados das sete localidades.

## Complementos preposicionados oblíquos de 2P em cartas brasileiras

Ao lado dos argumentos acusativos e dativos, existe ainda um grupo de constituintes que podem atuar como complementos de determinados verbos. Na literatura linguística moderna, convencionou-se rotulá-los como oblíquos (cf. Mateus et al., 2003; Castilho, 2010a). Os constituintes oblíquos são ainda mais difíceis de serem definidos do que os dativos, dada a grande variedade de forma e de matizes semânticos que podem assumir. Genericamente, esses complementos são sempre tônicos e regidos obrigatoriamente por uma preposição[9] (por exemplo, *com*, *de*, *em*, *sem*). Além disso, uma característica emblemática desses constituintes é a impossibilidade de sofrerem cliticização, ou seja, de serem substituídos por um pronome clítico (por exemplo: "todas as noites, eu sonho *com você*" → * "todas as noites eu *lhe* sonho").

Na amostra selecionada para este estudo, não houve um número expressivo de estratégias oblíquas de referência à 2ª pessoa do singular, comparado ao número de dados obtidos para as demais posições sintáticas da sentença. Os exemplos a seguir ilustram algumas das estratégias localizadas:

(25) [20,1 CP RJ] *tu mereces muito mais minha flor, **sem ti** morrerei.*

(26) [20,1 CP RJ] *porque **em ti** reside a creatura que me dá toda a alegria*

(27) [20,1 CP PE] [...] *quero beijar-te loucamente, furiosamente, como quem deseja sorver-te em beijos e em beijos finar-se **comtigo**.*

(28) [20,2 CP RN] *eu confio muito **em você** por isso quero saber o que estar acontecendo por air*

(29) [20,1 CP MG] *tendo perguntado **por você** com muito interesse.*

(30) [20,2 CP RN] *Tudo bem sei que você me fez ser muito feliz, eu sempre simpatizei **com você**.*

A distribuição geral das formas variantes de oblíquo levantadas a partir do *corpus* de cartas pessoais é apresentada na Tabela 9. Nesse caso, optamos por isolar a forma cristalizada *contigo*, ainda produtiva em algumas áreas do Brasil com forte uso de *tu*, como o Rio de Janeiro, além de separar *a/para você* de *prep.+você* para facilitar futuras comparações com as estratégias preposicionadas dativas que são favorecidas pela preposição *para* em detrimento de *a* no PB:

**Tabela 9 – Distribuição das variantes de complemento oblíquo de 2P em cartas brasileiras**

| Oblíquo | contigo | prep. +ti | a/para você | prep. +você | Total |
|---|---|---|---|---|---|
| RJ | 16/105<br>15% | 54/105<br>51% | 04/105<br>5% | 31/105<br>29% | 105/278<br>38% |
| MG | –<br>– | 02/16<br>12% | 02/16<br>12% | 12/16<br>76% | 16/278<br>6% |
| SP | –<br>– | –<br>– | –<br>– | 01/01<br>100% | 01/278<br>1% |
| BA | –<br>– | –<br>– | –<br>– | 10/10<br>100% | 10/278<br>4% |
| PE | –<br>– | 12/32<br>37% | 12/32<br>37% | 08/32<br>26% | 32/278<br>12% |
| RN | –<br>– | –<br>– | –<br>– | 72/72<br>100% | 72/278<br>26% |
| SC | –<br>– | 33/42<br>79% | 05/42<br>12% | 04/42<br>09% | 42/278<br>15% |
| Total | 16/278<br>6% | 101/278<br>37% | 23/278<br>8% | 134/278<br>49% | 278 |

Os dados gerais da amostra apontam para uma expressiva produtividade da variante preposicionada associada a *você*: registraram-se 134 ocorrências, o que correspondeu a 49% dos dados obtidos. Se forem acrescidos os dados da preposição *a* e *para* os índices atingem 57% com 157 dados. O único dado de oblíquo nas cartas de São Paulo foi justamente com preposição seguida de *você*, como se vê a seguir:

(31) [20,1 CP SP] *Você não poude pagar todo o custeio e sacou então do L. 40:000$ que Você tem a nóta e recebem os quebrados, entrando para o Banco 39:700$000 reis, conforme combinação feita com Q. que è o director da Socciedade Incorporadôra e que ahi esteve* ***com Você*** *ficando Você de entrar com os restantes 40:300$000 reis logo que pudesse, dentro de 60 dias, para então fazer nôvo contracto para este anno*"

A variante preposicionada associada à forma *ti*, excluindo a forma contrata *contigo*, foi a segunda estratégia mais recorrente, com 101 ocorrências registradas (37% dos dados). O aparecimento de uma ou outra estratégia é determinado crucialmente pelo fator diatópico, conforme será explicitado mais adiante.

É preciso destacar, ainda, a baixa recorrência de sintagmas preposicionados oblíquos encabeçados pelas preposições *a* ou *para*: dos 278 dados recolhidos, apenas 23 correspondiam a essa estrutura, representando 8% de ocorrências na amostra. Essa constatação parece ser coerente com a realidade do português brasileiro, uma vez que tais preposições também ocorrem com o dativo, sendo, portanto, mais especializadas na marcação desta relação gramatical. Outro ponto a comentar diz respeito à forma morfologizada *contigo*, que representou 6% dos dados gerais e só foi registrada em cartas do Rio de Janeiro.

A fim de observar a distribuição das variantes por localidade investigada neste estudo, cabe, agora, passar aos resultados parciais, mais uma vez organizados segundo as três regiões socioeconômicas brasileiras contempladas pelo *corpus*.

## REGIÃO SUDESTE: A CORRELAÇÃO ENTRE SUJEITO E OBLÍQUO EM CARTAS FLUMINENSES E MINEIRAS

Os dados de oblíquo com referência à segunda pessoa do singular em correlação com o tratamento utilizado na posição de sujeito, encontrados nas cartas produzidas na região sudeste, constam na tabela 10. Como só houve um dado de oblíquo nas cartas paulistas – apresentado em (30) –, apresentam-se, na Tabela 10, os dados das cartas fluminenses e mineiras. Vale mencionar, contudo, que o único dado de SP ocorreu em uma carta com variação no tratamento entre *a Senhora* e *você*.

**Tabela 10 – Complementos oblíquos e tratamento na posição de sujeito – dados do RJ e de MG**

| Sujeito \ Oblíquo | | Formas oblíquas de 2P e o uso do sujeito | | | |
|---|---|---|---|---|---|
| | | contigo | prep.+ti | a/para você | prep.+você |
| Tu (exclusivo) | RJ | 08/42<br>19% | 32/42<br>76% | -<br>- | 02/42<br>05% |
| | MG | -<br>- | 02/02<br>100% | -<br>- | -<br>- |
| Você (exclusivo) | RJ | -<br>- | -<br>- | 02/03<br>67% | 01/03<br>33% |
| | MG | -<br>- | -<br>- | 02/11<br>18% | 09/11<br>82% |
| Tu/você | RJ | 08/60<br>13% | 22/60<br>37% | 02/60<br>3% | 28/60<br>47% |
| | MG | -<br>- | -<br>- | -<br>- | 03/03<br>100% |

Diferentemente do que se observou para o acusativo e dativo, os dados de oblíquo levantados a partir das missivas do Rio de Janeiro e de Minas Gerais claramente acompanham o tratamento empregado na posição de sujeito. Quando o remetente utilizava exclusivamente *tu* em seu texto, as formas de oblíquo eram, quase categoricamente, pertencentes ao paradigma deste pronome: nos dados do Rio de Janeiro, registrou-se uma frequência de 76% de *prep.+ti* seguido de 19% de uso do *contigo*, sendo apenas 5% (2 ocorrências) correspondentes à estratégia *prep.+ você*; nos dados de Minas Gerais, as duas únicas ocorrências de oblíquo dentro desse contexto morfossintático foram da variante *prep.+ti*.

Nas cartas em que havia o uso exclusivo da forma *você* em função de sujeito, o quadro para os oblíquos se inverte por completo. Nos dados dessas duas localidades do Sudeste, foram computadas apenas estratégias relacionadas a *você*: 67% de *a você* e *para você* e 33% de *prep.+ você* no Rio de Janeiro; em Minas Gerais, têm-se 18% para *a você* e *para você* e 82% de *prep.+ você*.

Em contexto de variação entre *tu* e *você* na função de sujeito, disparidades mais significativas podem ser atestadas com relação à expressão do oblíquo nos dados dos referidos estados. De um lado, no Rio de Janeiro, encontram-se ocorrências de todas as formas variantes, sendo *prep.+ você* a mais recorrente (47%, 28 dados), seguida de *prep.+ ti* (37%, 22 dados). De outro lado, em Minas

Gerais, registram-se apenas 3 ocorrências, todas elas da variante *prep.+ você*. Embora tal estratégia tenha sido a mais produtiva, em termos gerais, nas duas localidades, é possível perceber que, na escrita epistolar fluminense, a variação entre as formas oblíquas é mais acentuada do que aquela observada na escrita mineira.

## REGIÃO NORDESTE: A CORRELAÇÃO ENTRE SUJEITO E OBLÍQUO EM CARTAS DA BAHIA, DE PERNAMBUCO E DO RIO GRANDE DO NORTE

Na Tabela 11, reúnem-se os dados de oblíquo levantados da amostra para os estados representantes da região Nordeste:

**Tabela 11 – Complementos oblíquos e tratamento na posição de sujeito – dados de BA, PE e RN**

| Sujeito \ Oblíquo | | Formas oblíquas de 2P e o uso do sujeito | | | |
|---|---|---|---|---|---|
| | | contigo | prep.+ ti | a/para você | prep.+ você |
| Tu (exclusivo) | BA | –<br>– | –<br>– | –<br>– | –<br>– |
| | PE | – | 10/10<br>100% | –<br>– | –<br>– |
| | RN | –<br>– | –<br>– | –<br>– | –<br>– |
| Você (exclusivo) | BA | –<br>– | –<br>– | –<br>– | 09/09<br>100% |
| | PE | –<br>– | –<br>– | 11/17<br>65% | 06/17<br>35% |
| | RN | –<br>– | –<br>– | –<br>– | 01/01<br>100% |
| Tu/você | BA | –<br>– | –<br>– | –<br>– | 01/01<br>100% |
| | PE | –<br>– | 02/03<br>67% | –<br>– | 01/03<br>33% |
| | RN | –<br>– | –<br>– | –<br>– | 71/71<br>100% |

Como a própria disposição dos números de ocorrências e percentuais nas células da tabela sugere, há uma significativa concentração das formas de oblíquo em uma única estratégia: *prep. + você*. Essa construção preposicionada foi representativa nos dados baianos e potiguares. Nas cartas da BA, registraram-se 9 ocorrências (100%) de tal variante quando havia uso exclusivo de *você* na função de sujeito e 1 ocorrência quando havia uso variável entre *tu* e *você* na mesma função. Nas missivas do RN, houve um único dado de oblíquo do tipo *prep. + você* nos documentos em que o remetente empregava apenas *você* no sujeito, além de outras 71 ocorrências da mesma estratégia em documentos com alternância entre *tu* e *você* na referida função sintática.

Das três localidades nordestinas consideradas, Pernambuco é a que mais destoou do conjunto, justamente por apresentar dados de oblíquo relacionados ao paradigma do pronome *tu*. Primeiramente, esse foi o único estado a computar dados dessa função sintática em cartas com o uso exclusivo de *tu* na função de sujeito: um registro de 10 ocorrências de *prep. + ti*. Além disso, também nas cartas pernambucanas, foram levantadas 11 ocorrências da estratégia oblíqua *a você* e *para você*, as únicas obtidas para essa região brasileira, extraídas de cartas com uso exclusivo de *você* na função de sujeito. Em contexto de variação entre *tu* e *você* no sujeito, foi, ainda, o único estado a registrar variação na representação do oblíquo: 2 dados de *prep.+ ti* (67%) e 1 dado de *prep.+ você* (33%).

As diferenças observadas no comportamento e na distribuição das variantes de oblíquo para os dados da região Nordeste revelam a estreita relação que existe entre essa função sintática e a posição de sujeito. Em duas das três localidades analisadas (Bahia e Rio Grande do Norte), a única possibilidade de expressão do oblíquo constatada foi uma forma preposicionada associada a *você*, forma que, como foi discutido no capítulo anterior, caracteriza o tratamento na função de sujeito preponderante desses estados. Mesmo no contexto de uso variável entre *tu* e *você* na função de sujeito, que, em tese, possibilitaria o aparecimento de formas relacionadas ao paradigma de *tu*, os remetentes da amostra utilizaram exclusivamente formas relacionadas a *você*.

## REGIÃO SUL: A CORRELAÇÃO ENTRE SUJEITO E OBLÍQUO NAS CARTAS DE SANTA CATARINA

O número de ocorrências e os percentuais de frequência dos oblíquos em correlação com o tratamento dispensado na função de sujeito, obtidos a partir das cartas de Santa Catarina, aparecem organizados na Tabela 12:

**Tabela 12 – Complementos oblíquos e tratamento na posição de sujeito – dados de SC**

| Sujeito \ Oblíquo | | Formas oblíquas de 2P e o uso do sujeito | | | |
|---|---|---|---|---|---|
| | | contigo | prep.+ ti | a/para você | prep.+ você |
| SC | Tu (exclusivo) | – | 19/19 100% | – | – |
| | Você (exclusivo) | – | – | 02/06 33% | 04/06 67% |
| | Tu/Você | – | 14/17 82% | 03/17 18% | – |

Os dados de oblíquo corroboram, novamente, a preferência dos missivistas por empregar formas relacionadas ao paradigma do pronome *tu*, fato que, como já foi mencionado, caracteriza diatopicamente o falar do estado de Santa Catarina. Em cartas com uso exclusivo de *tu* na função de sujeito, registram-se apenas dados de *prep.+ ti* (19 ocorrências – 100%). Já nos textos em que havia uso exclusivo do pronome *você* em função de sujeito, as formas relacionadas a *tu* não aparecem: foram encontrados 4 dados de *prep.+ você* (67%) e 2 dados de *a você* e *para você* (33%).

Nas cartas em que o remetente alterna entre os pronomes *tu* e *você* na função de sujeito, registra-se, também, alternância para os oblíquos. Foram contabilizados 14 dados de *prep.+ ti* (82%) e 3 dados de *a você* e *para você* (18%). Mesmo em contexto de variação, a predileção pelas formas de *tu* revelou-se mais uma vez, o que confirma a predominância do tratamento por *tu* nessa localidade.

Em suma, pode-se dizer que as formas variantes oblíquas de referência à 2ª pessoa do singular apresentaram uma relação mais estreita com o tratamento empregado na função de sujeito do que as formas acusativas e dativas. Em linhas gerais, observou-se que nas cartas exclusivas de *tu* havia preferência pela estratégia *prep.+ ti*. Nas cartas exclusivas de sujeito *você*, os sintagmas preposicionados relacionados a *você* predominam. Nas cartas em que havia variação entre *tu* e *você* no sujeito, prevalecia também, na maioria das regiões analisadas, a estratégia *prep.+ você*, à exceção de Santa Catarina.

## OS POSSESSIVOS EM CARTAS PESSOAIS BRASILEIRAS DOS SÉCULOS XIX E XX: AS FORMAS VARIANTES DE 2P

Como visto nas seções anteriores, os rearranjos operados no quadro pronominal da 2ª pessoa do singular, iniciados na posição de sujeito, foram responsáveis por uma série de reorganizações em outras relações gramaticais, como as posições de complemento acusativo, dativo e oblíquo. Nessas relações, a implementação das formas do paradigma de *você* não se deu do mesmo modo e ao mesmo tempo em todas as regiões brasileiras estudadas, o que se verifica pelos distintos padrões de variação encontrados. O possessivo também se vê afetado por esse processo de mudanças. Nesta subseção, trata-se especificamente deste último caso: as transformações no quadro dos possessivos de 2ª pessoa do singular que podem ser correlacionadas à entrada de *você* no sistema pronominal.

Considera-se aqui como pronome possessivo o constituinte, pertencente à estrutura do sintagma nominal, que traz uma informação de pessoa e realiza um argumento genitivo do nome com o qual estabelece uma relação temática (Castro, 2006) que, dentre outras, pode ser a de posse. Destaca-se que a posse não é a única relação temática, materializada pelo possessivo, estabelecida entre o possuidor e o objeto possuído, razão pela qual não se definem aqui os possessivos por um critério que privilegie exclusivamente a expressão semântica de posse. No caso particular da 2ª pessoa do singular, as formas variantes em foco são os possessivos *teu* e *seu*, correspondentes aos paradigmas originais dos pronomes *tu* e *você*, respectivamente.[10]

Historicamente, o possessivo *seu*, nos primeiros estágios do português, fazia referência somente às novas formas de 3ª pessoa (*ele/ela*) advindas do demonstrativo latino *ille*. A partir da entrada de *Vossa Mercê* no sistema, por volta do século XV (Marcotulio, 2015), o possessivo original de 3ª pessoa passa a compor o quadro das formas de tratamento de 2ª pessoa, em função da manutenção de propriedades da classe origem, o sintagma nominal, envolvida nesse processo de pronominalização. Assim, ainda no período medieval, *seu*, correlacionado às formas nominais *Vossa Mercê*, *Vossa Senhoria* e *Vossa Excelência*, teria sido variante de *vosso*, genitivo correspondente ao *Vós* de deferência, no campo da cortesia linguística ao interlocutor. Com a gramaticalização *Vossa Mercê* → *você*, a partir do momento em que *você* passa a fazer parte do terreno da intimidade é que o possessivo *seu*, original de *você*, passa a coexistir com o possessivo *teu*, original do pronome de intimidade *tu*.

Os poucos estudos sobre a variação no quadro de possessivos de 2ª pessoa (*teu* vs. *seu*) no português de finais do século XX, como é o caso da análise sociolinguística de Arduin (2005) com dados de cidades do sul do Brasil, apontam para conclusões semelhantes: o possesivo *teu* é empregado em contextos em que há maior intimidade e proximidade entre os interlocutores, ao passo que *seu*, por ter um caráter mais neutro, é empregado não só em contextos de intimidade, mas também em relações mais distantes e não próximas.

A Tabela 13 apresenta a distribuição geral entre *teu* e *seu*, obtida a partir da análise do *corpus* de cartas pessoais utilizado neste estudo, contemplando diferentes localidades brasileiras:

**Tabela 13 – Distribuição de *teu* e *seu* em função do critério diatópico em cartas brasileiras dos séculos XIX e XX**

| Genitivo | teu | seu | Total |
|---|---|---|---|
| RJ | 1002/1300 | 298/1300 | 1300/2488 |
| | 77% | 23% | 52% |
| MG | 29/146 | 117/146 | 146/2488 |
| | 20% | 80% | 6% |
| SP | 46/108 | 62/108 | 108/2488 |
| | 43% | 57% | 4% |
| BA | 1/105 | 104/105 | 105/2488 |
| | 1% | 99% | 4% |
| PE | 67/249 | 182/249 | 249/2488 |
| | 27% | 73% | 10% |
| RN | 119/317 | 198/317 | 317/2488 |
| | 37% | 63% | 13% |
| SC | 169/263 | 94/263 | 263/2488 |
| | 64% | 36% | 11% |
| **Total** | 1433/2488 | 1055/2488 | 2488 |
| | 58% | 42% | |

A partir da análise da Tabela 13, pode-se observar que as duas estratégias possessivas se encontram presentes em todas as regiões investigadas, ainda que a variação em questão não se mostre produtiva nas cartas da Bahia, em que houve um único dado do possessivo *teu*. De uma forma geral, deixando de lado, neste momento, a questão diacrônica, pode-se pensar em dois grupos distintos: "Sul-Sudeste" (Santa Catarina e Rio de Janeiro), por um lado, em que se observa o predomínio de formas possessivas originais do paradigma de *tu*; e, por outro, "Sudeste-Nordeste" (São Paulo, Minas Gerais, Bahia, Pernambuco e Rio Grande do Norte), em que se verifica uma maior produtividade do possessivo *seu*. Em (32-36), seguem alguns dados ilustrativos das formas possessivas em variação:

(32) [20,1 CP MG] *Quando será a* ***tua*** *vinda a S. Paulo? M. e eu ficamos contentissimos com a* ***tua*** *promessa de vir vêr-nos. So peço que* ***tua*** *viagem se realize mesmo.*

(33) [20,1 CP MG] *Não decidirei nada sem nenhum dos ilustradores, sem disso dar conhecimento prévio a você. Mas vai preparando o* ***seu*** *espírito para esrar muito tempo, pois esses artistas em geral são muito boêmios.*

(34) [20,1 CP PE] *Já logrei o* ***teu*** *perdão, Por isso mudo de assumpto. Recebi um* ***teu*** *retrato E me alegrou este facto.*

(35) [20,1 CP PE] *Recebi duas cartinha* ***suas*** *e respondo-as. Já deve ter recebido tres cartas minhas depois de ter enviado a* ***sua***.

(36) [19,2 CP SC] *Recebi a* ***tua*** *carta bilhete; amolou-me o* ***seu*** *laconismo. Seu Diabo! o que fazes então que não escreves- me largamente?*

Na sequência, apresentam-se os resultados relacionados à distribuição das formas possessivas a depender do pronome sujeito que ocupa a totalidade da carta. Tal como nos resultados mostrados nas seções anteriores, foi considerada a correlação entre a posição de sujeito e as formas possessivas, tendo em vista o seguinte controle: cartas em que o destinatário é exclusivamente tratado por *tu*, por *você* ou pelas duas formas (cartas mistas). A Tabela 14 sintetiza esses resultados:

**Tabela 14 – Distribuição de *teu* e *seu* em função do sujeito encontrado nas cartas e da região**

| Sujeito / Genitivo | | Formas genitivas de 2P e o uso do sujeito | |
|---|---|---|---|
| | | **teu** | **seu** |
| **Tu (exclusivo)** | RJ | 691/724<br>97% | 33/724<br>3% |
| | MG | 24/31<br>77% | 07/31<br>23% |
| | SP | 21/25<br>84% | 4/25<br>16% |
| | BA | 1/1<br>100% | –<br>– |
| | PE | 59/59<br>100% | –<br>– |
| | RN | 27/30<br>90% | 3/30<br>10% |
| | SC | 149/178<br>84% | 29/178<br>16% |
| **Você (exclusivo)** | RJ | 35/269<br>21% | 234/269<br>79% |
| | MG | – | 107/107<br>100% |
| | SP | 6/47<br>13% | 41/47<br>87% |
| | BA | – | 37/37<br>100% |
| | PE | 2/157<br>1% | 155/157<br>99% |
| | RN | 10/78<br>13% | 68/78<br>87% |
| | SC | 3/47<br>6% | 44/47<br>94% |

| | | | |
|---|---|---|---|
| Tu/você | RJ | 276/307<br>71% | 31/307<br>29% |
| | MG | 05/08<br>64% | 03/08<br>38% |
| | SP | 27/36<br>75% | 9/36<br>25% |
| | PE | 4/12<br>33% | 8/12<br>67% |
| | SC | 21/36<br>42% | 15/36<br>58% |

A partir da Tabela 14, pode-se observar que, nas cartas exclusivas de sujeito *tu*, o possessivo *teu* é a estratégia preferida, com taxas que variam de 84%, em Santa Catarina, a 100%, na Bahia e em Pernambuco. Por outro lado, nas cartas em que *você* é a única forma de tratamento utilizada na posição de sujeito, o possessivo *seu* parece ser a forma mais utilizada, com índices que variam de 79% (Rio de Janeiro) a 100% (Minas Gerais e Bahia). Por fim, nas cartas mistas, em que o destinatário é tratado tanto pela forma de sujeito *tu*, quanto pela forma *você*, Santa Catarina e Pernambuco apresentam comportamentos semelhantes, com um leve favorecimento para o possessivo *seu*, ao passo que, no Rio de Janeiro, em São Paulo e em Minas Gerais, o possessivo preferido é *teu*. Não se registraram cartas mistas nas localidades da Bahia e do Rio Grande do Norte.

Contrastando os resultados obtidos para o genitivo com os resultados apresentados nas seções anteriores para as posições de acusativo, dativo e oblíquo, verifica-se que, no que se refere à implementação de formas do paradigma de *você* acompanhando a entrada dessa forma na posição de sujeito, o comportamento da relação de genitivo parece se assemelhar ao do oblíquo, pela alta produtividade de *seu* e *prep.+ você*, respectivamente. Como mostrado, nas relações de acusativo e dativo, a presença de formas originais do paradigma de *tu* se mostra mais saliente.

Em síntese, a análise da variação *teu* e *seu* em cartas escritas em diferentes localidades brasileiras (RJ, MG, SP, SC, BA, PE, RN) nos séculos XIX e XX apresentou alguns resultados gerais que fornecem indícios a serem investigados em estudos futuros:

a. Forte predomínio de *seu*, principalmente, nas localidades em que o subsistema de *você*-exclusivo na posição de sujeito se mostrou preponderante ao longo do século XX, como é o caso de alguns estados do eixo Sudeste-Nordeste: Minas Gerais, São Paulo, Bahia, Pernambuco e Rio Grande do Norte;
b. Favorecimento do possessivo *teu* em áreas em que o subsistema de tratamento misto (*você* e *tu*) na posição de sujeito se manteve resistente, principalmente, na primeira metade do século XX: localidades do Sul e do Sudeste, representados aqui apenas por Santa Catarina e Rio de Janeiro;
c. O emprego das formas genitivas, ao contrário do que foi observado nos complementos verbais dativos e acusativos, acompanhou o espraiamento de *você* na posição do sujeito.

## CONSIDERAÇÕES FINAIS

Após a análise dos complementos e possessivos de 2P em cartas pessoais de diferentes regiões brasileiras – Sudeste (Rio de Janeiro, Minas Gerais e São Paulo), Sul (Santa Catarina) e Nordeste (Bahia, Pernambuco e Rio Grande do Norte), escritas nos séculos XIX e XX, é possível tecer algumas considerações gerais acerca da variação na referência à 2ª pessoa do singular nos contextos morfossintáticos diferentes da posição de sujeito.

No que tange ao acusativo, observou-se, de uma forma geral, o predomínio do clítico *te* na maior parte das localidades, com exceção de Pernambuco e Bahia, em que se empregou uma maior quantidade dos clíticos relacionados ao paradigma de *você* (*o/a* e *lhe*). Levando em consideração a forma de sujeito utilizada na totalidade da carta, verificou-se, nas cartas de *você*-exclusivo, que a presença das formas do paradigma de

2P (clítico *te*) foi mais significativa do que as do paradigma de *você* (*o/a*, *lhe*, *você*), nas amostras da região Sudeste (Rio de Janeiro e Minas Gerais, principalmente), em contraste com algumas localidades do Nordeste (Bahia e Pernambuco). Tais resultados podem indicar uma convergência do comportamento do sujeito (ver capítulo anterior) e do complemento acusativo: *você* (sujeito) e *o/a*, *lhe*, *você* (acusativo) na Bahia e em Pernambuco – paradigma uniforme; e *tu/você* (sujeito) e *te*, *o/a*, *lhe*, *você* (acusativo) no Rio de Janeiro – paradigma misto. Minas Gerais e São Paulo, por sua vez, apresentam um comportamento flutuante: na posição de sujeito (*você*), assemelham-se ao observado no Nordeste, ao passo que, na posição de acusativo (*te*), aproximam-se do que vê no Rio de Janeiro. Como único estado representante da região Sul do Brasil, Santa Catarina apresentou um padrão de referência à 2P que destoa bastante das demais localidades comentadas: observou-se uma clara preferência pelo clítico *te*, que, diferentemente dos dados da região Sudeste, está fortemente relacionado ao emprego de *tu* na posição de sujeito.

Com relação ao dativo, identificou-se o predomínio dos clíticos *te* (Rio de Janeiro e Santa Catarina) e *lhe* (demais localidades) nos dados provenientes das cartas. Nas regiões Sul e Nordeste, existe uma nítida correlação entre a forma usada na posição de sujeito da carta e as formas de complemento dativo: formas do paradigma de *tu* e de *você* são mais frequentemente encontradas em cartas de sujeito *Tu*-exclusivo e cartas de sujeito *você*-exclusivo, respectivamente. Na região Sudeste (Rio de Janeiro, Minas Gerais e São Paulo), houve a presença das diferentes estratégias dativas, independentemente da forma utilizada na posição de sujeito. As cartas em que havia variação entre *tu* e *você* na posição de sujeito mostraram-se como altamente favorecedoras do uso do clítico *te*, que, nesse contexto, foi a variante mais frequente nas três localidades.

Quanto aos oblíquos, verificou-se, em linhas gerais, o predomínio dos sintagmas preposicionados *prep.+ti* (Rio de Janeiro e Santa Catarina) e *prep.+você* (demais localidades). Observou-se, nessa função sintática, que há uma nítida correlação entre ela e a forma usada na posição de sujeito da carta: formas do paradigma de *tu* e de *você* são mais frequentemente encontradas em cartas de sujeito *tu*-exclusivo e cartas de sujeito *você*-exclusivo, respectivamente. A forma morfologizada *contigo*, historicamente pertencente ao paradigma do pronome *tu*, só foi detectada nas cartas do Rio de Janeiro em que esse pronome era utilizado na posição de sujeito – exclusivamente ou em alternância com *você*.

No que diz respeito ao genitivo, observou-se o predomínio do possessivo *teu* apenas em duas localidades investigadas neste estudo: no Rio de Janeiro e em Santa Catarina. A forma possessiva *seu* apresentou frequência significativamente maior nas demais localidades. Quanto à posição de sujeito, notou-se que *teu* parece estar intimamente ligado à presença de *tu* nessa posição, conforme atestam os dados fluminenses e catarinenses. Além disso, pode-se dizer que, tal como ocorre com os oblíquos, há uma notável correlação entre a forma utilizada na posição de sujeito e no genitivo, de forma que a presença de *você* no sujeito favorece a ocorrência de *seu*.

Esses resultados indicam uma difusão bastante irregular da forma inovadora *você* nos contextos morfossintáticos diferentes da posição de sujeito. Enquanto nas funções de acusativo e dativo persistem formas relacionadas ao paradigma do pronome *tu*, especificamente o clítico *te*, na função de oblíquo e genitivo há uma considerável abertura para a entrada de *você*, que rapidamente se tornou, em algumas regiões, a estratégia mais produtiva. Pesquisas futuras deverão investigar e propor hipóteses que expliquem, estrutural e/ou funcionalmente, essa notável diferença no ritmo de implementação de *você* nas funções de complemento e possessivo na história do português brasileiro.

## NOTAS

1 Em sua *Gramática do latim vulgar*, ao tratar da perda das flexões de caso, Maurer Jr. (1959: 87) afirma que, desde o período republicano da Roma Antiga, os casos ablativo e genitivo encontravam-se "ameaçados"; com a expansão do Império Romano, apenas três casos foram conservados no latim vulgar: o nominativo, o acusativo e o dativo. Segundo o autor, a sobrevivência desses três casos em latim vulgar ficou restrita a algumas partes da língua, como os pronomes pessoais, que preservam parcialmente as distinções entre os referidos casos. É importante destacar, contudo, que utilizamos a nomenclatura de casos do latim clássico apenas como um instrumento metodológico e não adotamos essa modalidade do latim como ponto de partida. Em consonância com Maurer Jr. (1959) e outros estudiosos, concordamos com o fato de que o quadro de pronomes pessoais do português antigo constituiu-se a partir do latim vulgar, com todas as simplificações e perdas de marcas casuais mencionadas pelo autor.

2 Outros parâmetros a serem considerados na distinção entre os DAT e os OBL serão apresentados mais adiante.

3 Coutinho (1972: 254) apresenta outra explicação para tal homonímia dos clíticos acusativo e dativo de segunda pessoa em português. O autor afirma que apenas o clítico acusativo *te* do português é oriundo de *te* acusativo latino. O clítico *te* dativo, por sua vez, se originou da forma latina *tibī* → *ti-i* → *ti* que passou à forma arcaica átona *ti* e depois *te*.

[4] Maurer Jr. (1959: 92) assinala que era frequente, no latim vulgar, haver igualdade entre os casos sobreviventes, seja do nominativo e do acusativo, seja do dativo e do acusativo. A expansão de uso de *te*-acusativo para as funções do caso dativo pode ser entendida, portanto, como um reflexo da variação de caso mencionada pelo autor.

[5] Embora esteja mencionado apenas *Vossa Mercê* nessa coluna, estamos entendendo aqui o uso dessa forma e de suas variantes ao longo do tempo em todos os casos: *vosmecê, vosmicê, mecê, você* etc.

[6] Há uma série de estudos sobre o tema no PB, ver, por exemplo, Almeida (2009), Brito (2001), Camargo Jr (2007), Dalto (2002), Sales (2007), Souza (2014) Souza e Lopes (2015).

[7] Em outros termos, o que denominamos neste capítulo de "dativo" corresponde à função de objeto indireto. A respeito dessa função sintática, Maurer Jr (1959: 201) ressalta que "*a preposição* ad *com o acusativo devia ser a forma mais comum deste complemento na fase final do período latino, como revelam as línguas ocidentais, exceto naturalmente nos pronomes, onde o dativo resistiu melhor*".

[8] Há um reduzido número de casos nos quais o dativo pode ser introduzido por uma preposição diferente. Por exemplo, quando esse argumento recebe do verbo o papel temático de FONTE, é mais natural (senão a única possibilidade) que apareça introduzido pela preposição *de*, principalmente no PB: "O João tomou a carta **de você**" / "O João **lhe** tomou a carta"; "A Maria roubou **de ti** um beijo" → "A Maria **te** roubou um beijo".

[9] A exceção é a forma *contigo*, fruto de um processo evolutivo específico: lat. *te cum* → port.arc. *tigo* → *com tigo* → port. mod. *contigo*. Como se pode observar, na fase arcaica do português, essa forma também era preposicionada, antes de a preposição *com* ser aglutinada ao pronome arcaico *tigo*.

[10] Não será tratada a forma perifrástica *de você*, pela pouca representatividade no *corpus*. Para mais informações sobre os de-possessivos de 2ª pessoa na história do PB, ver Marcotulio, Assis e Guedes (2015).

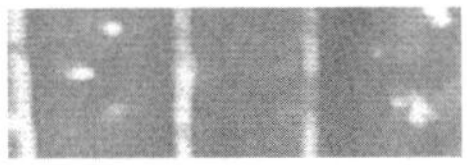

# FORMAS SIMPLES E PERIFRÁSTICAS DO VERBO EM RELAÇÃO AO DOMÍNIO TEMPO-ASPECTO-MODALIDADE

Raquel Meister Ko. Freitag
Josane Moreira de Oliveira
Márluce Coan

# SUMÁRIO

## APRESENTAÇÃO

Ilari e Basso (2014) apresentam a categoria verbo no português culto falado no Brasil sob a perspectiva funcionalista. Os autores destacam que "*já faz muito tempo que o paradigma das formas verbais tal como é apresentado nas gramáticas não coincide, para o português do Brasil, com a morfologia do verbo propriamente dita*" (Ilari e Basso, 2014: 72).

Nossa proposta neste capítulo é apresentar de modo sistematizado algumas mudanças que ocorreram no paradigma verbal do português. Para tanto, assumimos um olhar funcionalista, delineando *domínios funcionais* a partir dos quais discutimos as mudanças que ocorreram.

Domínio funcional é o escopo de atuação de uma dada função desempenhada por uma (ou mais) forma em uma dada língua. O termo "domínio funcional" foi postulado por Givón (1984) e costuma ser evocado frequentemente em estudos funcionalistas da língua. Hopper (1991), ao tratar de gramaticalização, define o termo como alguma área funcional (tempo, aspecto, modalidade, caso, referência) que frequentemente se torna gramaticalizada (no sentido de entrar na gramática da língua).

Do ponto de vista morfológico, o paradigma verbal do português atual falado no Brasil é resultado de processos de redução e expansão de formas que vêm ocorrendo desde o latim, oscilando entre momentos sintéticos e analíticos. Estudos diacrônicos e gramaticais de orientação histórica (Said Ali, 1964; Dias, 1970 [1918]; Câmara Jr., 1985; Mattos e Silva, 1989) têm apontado esta tendência de redução e expansão e, atualmente, há evidências, de estudos sincrônicos focando a emergência de perífrases verbais, de que o paradigma verbal do português falado no Brasil, mais uma vez, encontra-se em um momento de expansão, com a emergência e regularização do uso de formas perifrásticas. As mudanças ocorridas, no plano morfossintático, afetam também as funções semântico-discursivas relacionadas ao verbo, as quais compõem o que conhecemos por domínio funcional complexo de *tempo*, *aspecto* e *modalidade*.

Componentes universais das línguas (Bybee, Perkins e Pagliuca, 1994), tempo, aspecto e modalidade são categorias que interagem entre si, formando um domínio funcional complexo (Givón, 1984, 1995). A complexidade desse domínio funcional decorre do fato de as fronteiras entre cada um dos subcomponentes nem sempre serem claras e precisas, impossibilitando a dissociação, na prática, de um componente do outro.[1]

Givón (1995) situa a categoria *tempo* como o eixo articulador do domínio funcional complexo tempo-aspecto-modalidade, embora ressalte a necessidade de tratamento independente para cada um dos componentes. A noção de tempo refere-se à ordenação de eventos (experiências) sob a forma de pontos e intervalos em uma sequência. Esta percepção se apoia em Reichenbach (1947), para quem os tempos verbais são determinados pela ordenação do momento da situação em relação ao momento de referência e ao momento do ato de fala de um dado enunciado. A partir do momento de fala, é possível estabelecer três relações temporais básicas: antes do momento da fala, simultânea ao momento da fala e posterior ao momento da fala. A fixação de apenas um momento fornece somente três relações temporais. Na proposta de Reichenbach (1947), a expressão do tempo verbal está relacionada a mais dois parâmetros, cujas posições podem ser determinadas a partir do momento da fala: o momento da situação e o momento da referência. O momento da situação é o momento em que a situação ocorre; o momento da referência é um momento que serve como parâmetro – uma referência temporal – para determinar o momento da situação, estabelecido em relação ao momento da fala. Quando não há referência temporal contextualmente explícita, o momento da fala torna-se o momento da referência.

Enquanto a categoria gramatical *tempo* é responsável pela constituição temporal externa, uma vez que estabelece relações com o momento da fala e pontos de referência, a categoria gramatical *aspecto* costuma designar os diferentes modos de perceber a constituição temporal *interna* de uma situação (Comrie, 1976). A noção de aspecto envolve a ideia de configuração interna do tempo em eventos (estado inicial, medial, final; evento apresentado como perfectivo/fechado ou imperfectivo; aberto; entre outras possibilidades).

O aspecto perfectivo é caracterizado pela perspectiva global da situação, que é expressa fechada, formando uma unidade ou conjunto, do qual não interessa referir a sua constituição interna. Já o aspecto imperfectivo expressa diferentes nuanças da temporalidade interna: que se desenrola (cursivo, contínuo), ou selecionando fases do tempo interno (inicial, medial, final), ou expressando estados resultativos, dentre outras possibilidades. O aspecto imperfectivo não identifica os pontos inicial ou final da situação, mas focaliza o seu desenvolvimento, em contraponto ao perfectivo, que enfatiza os pontos inicial ou final.

A *modalidade* costuma ser definida como a gramaticalização das atitudes do falante em relação ao conteúdo proposicional. Givón (1995) divide a modalidade em epistêmica, que está relacionada à verdade, crença, probabilidade, certeza e evidência; e deôntica, relacionada à preferência, desejo, intenção, habilidade, obrigação e manipulação.

As modalidades epistêmicas da tradição lógica aristotélica, segundo Givón (1995), teriam equivalentes comunicativos: à verdade necessária da tradição lógica corresponde o equivalente comunicativo da *pressuposição*; à verdade factual, a asserção *realis*; à verdade possível, a asserção *irrealis*; e à não verdade, a asserção *negativa*. A redefinição comunicativa para as modalidades epistêmicas da tradição clássica concebe a pressuposição como uma proposição assumida como sendo verdadeira por concordância anterior, convenção cultural, ou obviedade a todos os presentes na situação de fala. A asserção *realis* toma uma proposição fortemente asseverada como sendo verdadeira. A asserção *irrealis* tem uma proposição fortemente asseverada como sendo possível, provável ou incerta. A asserção negativa toma a proposição fortemente asseverada como sendo falsa, mais comumente em contradição com a crença explícita ou assumida pelo ouvinte. A noção de realidade/factualidade remete à existência factual em algum tempo real (verdadeiro), ou a não existência em um tempo real (falso), ou ainda à existência potencial em um tempo (possível), o que configura as possibilidades: i) a situação é fato; ii) a situação não é fato, mas tem grande probabilidade de sê-lo; e iii) a situação não é fato, e nunca vai sê-lo.

No âmbito do PHPB, em comparação a outros níveis gramaticais, há poucas abordagens que se dedicam aos verbos, seja em sua perspectiva morfossintática, seja em sua perspectiva semântico-discursiva. Em linhas gerais, os estudos se voltam para a emergência, regularização e variação dos auxiliares *ser*, *estar*, *ter* e *haver* (Moraes de Castilho, 2005; Ribeiro, 1993; Kewitz, 2002; Mendes, 1999; Almeida, 2006), para a gramaticalização de perífrases com auxiliares como *andar*, *continuar*, *ficar*, *viver* (Fernandes, 2012), e há ainda estudos de caráter variacionista, como futuro do pretérito vs. pretérito imperfeito (Costa, 2003), presente do subjuntivo vs. presente do indicativo (Pimpão, 2012).

Fora do PHPB, também encontramos estudos sobre a emergência de auxiliares, como *chegar* (Pena-Ferreira, 2007), e estudos variacionistas, como pretérito perfeito simples *vs.* composto (Barbosa, 2008), passado imperfectivo simples *vs.* composto (Freitag, 2007), pretérito mais-que-perfeito simples *vs.* composto (Coan, 2003), futuro simples *vs.* perifrástico (Oliveira, 2006) etc.

Optamos por observar as evidências da expansão e redução morfossintática do paradigma verbal pelo viés do princípio do uniformitarismo (Labov, 1994) e pelo ciclo do futuro (Fleischman, 1982), cujas premissas podem explicar a emergência e a regularização de usos de formas verbais do português ou a sua expansão a outros domínios funcionais.

A hipótese do *uso do presente para explicar o passado* parte da premissa de que a língua é um instrumento de comunicação utilizado por uma dada comunidade de fala. E se a língua está envolvida no curso da história do homem como um instrumento de comunicação e se adapta às suas necessidades, a estabilidade deve ser a sua propriedade mais importante. Partindo desse pressuposto, Labov (1994) busca uma explicação da geologia, já aplicada na linguística por Whitney (1867 apud Labov, 1994), que é o *princípio do uniformitarismo*: o conhecimento de processos que atuaram no passado pode ser inferido pela observação de processos em andamento no presente; é o uso do presente para explicar o passado.

O princípio do uniformitarismo, na geologia, opõe-se ao princípio do catastrofismo, segundo o qual a origem da terra e das coisas vivas é devida a um súbito e único evento no passado, e todas as coisas fixaram suas características desde então.

Fleischman (1982) sugere um contínuo cíclico para a evolução das formas de futuro românico, partindo das formas sintéticas e analíticas do indo-europeu → formas sintéticas do latim clássico → formas analíticas do latim vulgar → formas sintéticas das línguas românicas → formas analíticas das línguas modernas. Assumindo a hipótese de ciclo do futuro, as mudanças que vêm ocorrendo no paradigma verbal do português brasileiro podem ser explicadas por um processo cíclico de mudança, desencadeado na passagem do latim às línguas românicas. No latim, o paradigma verbal era estruturado em torno do eixo do aspecto, o *infectum* e o *perfectum*, os quais eram marcados morfologicamente; na passagem às línguas românicas, esta distinção morfológica foi perdida. Como aponta Câmara Jr. (1985), o paradigma verbal português foi estruturado na oposição temporal simples (presente e passado), posteriormente emergiram as formas perifrásticas para a codificação dos valores de futuro no domínio da modalidade. Com a emergência de novas formas, as já existentes sofreram processos de mudança semântico-discursiva, contemplando outros matizes do domínio tempo-aspecto-modalidade.

Uma das características dos estudos sobre verbos e o paradigma verbal, seja no âmbito do PHBP, ou fora dele, decorre da impossibilidade de se estabelecer um parâmetro de análise, na medida em que são diversificados os recortes temporais, os escopos geográficos e os critérios de seleção de amostras, quanto ao tipo/gênero textual, perfil sociodemográfico dos sujeitos, assim como são diversificadas as abordagens para a sistematização dos dados, valendo-se de premissas da linguística de *corpus*, da Sociolinguística variacionista ou apenas a ilustração das ocorrências.

Dadas as restrições, fica impossível propor uma análise que permita generalizações a partir de fontes diversificadas. No entanto, acreditamos que uma "colcha de retalhos", com resultados de diferentes estudos, com diferentes recortes e diferentes metodologias, pode ser costurada com o propósito de indiciar tendências mais gerais de variação e mudança. Sem a pretensão de esgotar o tema, apresentamos um recorte de mudanças no paradigma verbal do português brasileiro em três direções, a partir do aspecto morfossintático:

a. a (não) obsolescência do pretérito mais-que-perfeito;
b. a emergência do futuro do presente perifrástico; e
c. a multifuncionalidade do pretérito imperfeito do indicativo.

Para apresentar as mudanças, triangulamos, na acepção de Denzin e Lincoln (2005), resultados de pesquisas desenvolvidas em tempos e espaços diferentes, perspectiva adotada como estratégia à investigação, para conferir-lhe amplitude, riqueza de detalhes e profundidade. Para o pretérito mais-que-perfeito, foram considerados os resultados de Coan (1997, 2003, 2015); para o futuro do presente, os de Oliveira (2006, 2010, 2011, 2013, 2014, 2015); e para o pretérito imperfeito, os de Freitag (2007, 2009, 2011), Araújo e Freitag (2010) e Freitag e Araújo (2011).

## A (NÃO) OBSOLESCÊNCIA DO PRETÉRITO MAIS-QUE-PERFEITO

Por diversas vezes, ouvimos ou citamos, em conversas ou aulas, o pretérito mais-que-perfeito simples como exemplo de forma obsoleta, exemplificação estendida ao mais-que-perfeito composto por pessoas mais jovens. Parece que já se deu por resolvida a história do mais-que-perfeito simples: forma em desuso.

Temos outro ponto de vista. Não se trata de obsolescência da forma, mas do uso dela em uma ou outra função – obsolescência funcional, o que nos leva a analisar a forma como ela o é: multifuncional. Perseguindo esse ponto de vista, esta seção traz à tona informações históricas sobre o mais-que-perfeito para, então, mostrar seus usos em diferentes *corpora*, com o intuito de detectar diferentes usos/funções da forma.

### O passado do passado do pretérito mais-que-perfeito

As formas simples e composta do pretérito mais-que-perfeito, tradicionalmente, são apresentadas como tendo a mesma função, porque a perífrase *ter* + particípio comuta com formas simples do verbo (*fizera/tinha feito*); é impossível atribuir um mesmo sentido ao verbo *ter* quando principal e quando auxiliar; e porque *ter* e a base verbal indicam uma única ação, atribuída a um único sujeito (Ilari, 1997).

A ocorrência de *haver* e *ter* seguidos de particípio começou a ser delineada no português arcaico: o particípio precedido ou seguido de *ter/haver* era de verbo transitivo e concordava com seu complemento, evidenciando-se um estado de posse expresso por *ter/haver*, conteúdo semântico próprio a esses verbos herdados do latim. Do século XIV para o XV,

> [...] criou-se um sistema de tempos compostos, constituído de verbo derivado de *habere* + particípio passado, correspondente aos tempos simples, que têm como marca semântica geral, mas não exclusiva, o traço aspectual concluso ou perfectivo. (Mattos e Silva, 2001: 40)

*Ter* passou a ser empregado como auxiliar a partir do século XVI; até então, era visto como verbo pleno, indicativo de posse. Barros (1957 [1540]), por exemplo, menciona que o particípio deve ser associado ao verbo *ter* (*tivera amado/tinha amado*), deixando o *haver* para o futuro (*haver de amar*).

Até o século XVI, e mais raramente no século XVII, o particípio concordava com o objeto do verbo transitivo, como em (1), a partir de quando, em alguns contextos, *ter* e *haver* foram se esvaziando de sentido (sentido de posse), pouco a pouco entrando na categoria dos auxiliares, mas conservando seu valor original, quando não se achavam em conjunção com o particípio passado e com o infinitivo:

> Com a obliteração de seu valor significativo imobilizou-se o particípio passado, que antes desse fenômeno concordava em gênero e número com o objeto no caso de verbos transitivos. Assim, a frase *tenho escritas as cartas, havia comprados os livros* evolveu em *tenho escrito as cartas, havia comprado os livros.* (Pereira, 1935 [1923]: 464)

Até o século XV, porém, o verbo português, como o latino, não podia expressar com *ter e haver* senão o sentido do primeiro tipo, como em (2).

(1) [15,1 CR – F. Lopes][2] [...] *el-rei de quem vosso pae e vós e toda vossa linhagem tantas mercês* ***haveis recebidas.***

(2) [16,2 PO – L. V. Camões] *Eu* ***tenho imaginada*** *no conceito/Outra manha e ardil que te contente.*

Fenômeno semelhante ocorreu também em outras línguas românicas, tendo apenas o francês conservado a concordância genérica e numérica (*La lettre que j'ai écrite*). Atualmente, no português brasileiro, o verbo *ter* auxiliar é de mais amplo emprego que o verbo *haver* (cf. Ribeiro, 1993; Almeida, 2006; Lunguinho, 2009).

A variação entre as formas já aparece documentada no início do século XV e a interpretação de estrutura de tempo composto se difunde para os verbos intransitivos do século XV para o século XVI. Mattos e Silva (2001), na Carta de Caminha, nota preferência pela forma simples do pretérito mais-que-perfeito, como em (3), talvez por não serem as compostas muito usuais (o único uso de *ter* mais *particípio* atestado pela autora está reproduzido em (4)).

(3) [16,1 CT – P. V. Caminha] ... *ante dise eleque lhe* ***tomara*** *huũ deles huũas continhas.*

(4) [16,1 CT – P. V. Caminha] ... *epor ele nõ* ***teer*** *ajnda* ***comjdo*** *poseranlhe toalhas e veolhe vianda e comeo.*

Com a entrada da forma composta como semanticamente equivalente à simples, Pereira (1935 [1923]: 502) observa que: "*o mais-que-perfeito simples tende a desaparecer do uso vivo da língua, suplantado pela forma composta, e a restringir-se ao dialeto literário*". O abandono da forma simples decorre da possibilidade de uso da forma analítica para a mesma função.

A oposição latina *infectum versus perfectum* foi refeita nas línguas românicas com formas compostas paralelas às do *infectum*; a forma analítica tem a possibilidade de expressar a relação de anterioridade e o aspecto perfectivo (concluso), enquanto a forma sintética representa apenas a relação de anterioridade (Câmara Jr., 1985).

No português brasileiro falado contemporâneo, não há ocorrência da forma simples do pretérito mais-que-perfeito para indicar um tempo passado (Gonçalves, 1993). Em contrapartida, ainda persiste na língua escrita, com distribuição em função do tipo/gênero textual: 86% de ocorrências em livros (textos de livros de História), 51% em revistas (*Veja*, *Isto É*) e 31% em jornais (seções de economia, política, esportes). Peres (1993) também evidencia que, no português europeu, o pretérito mais-que-perfeito simples tem adquirido um uso marginal, sendo pouco frequente na fala informal. Segundo Mateus et al. (1983), esta forma (com valor de anterioridade) só ocorre no discurso planejado, em registros muito formais. Campos, Galembeck e Rodrigues (1993: 40) também observam que, no *corpus* do Projeto Gramática do Português Falado,

> [...] são nulas as condições de produção da forma sufixal do mais-que-perfeito simples, o que não significa que o sufixo *-ra* não seja utilizado

> e sim que é usado com outro valor. Esse sufixo apresenta plenas condições de produção com valor de pretérito perfeito, pois as formas verbais em que aparece se referem a fatos passados com relação ao momento da enunciação.

Este é o mote que nos conecta à próxima subseção: detectar a multifuncionalidade do pretérito mais-que-perfeito.

## O pretérito mais-que-perfeito: da temporalidade à modalidade

O duelo entre mais-que-perfeito simples e mais-que-perfeito composto não se resume a "uma batalha de vida ou morte", como se o pretérito mais-que-perfeito simples tivesse simplesmente perdido para o mais-que-perfeito composto (que, agora, enfrenta o pretérito perfeito simples). De fato, esse duelo ocorreu/ocorre quando se trata da função mais conhecida como o "passado do passado", mas as formas do mais-que-perfeito codificam funções outras, têm seus nichos, o que vai revelando momentos de tensão em certas funções, mas de equilíbrio em outras.

Em amostra do século XVI ao século XX, cujos dados provêm de peças teatrais, cartas, novelas, contos, diálogos, sermões domésticos e autos, foram identificadas 377 ocorrências do pretérito mais-que-perfeito (conforme Tabela 1). Na seleção dos textos, foram respeitados os seguintes critérios: a) seleção de material a partir do século XVI, início da normativização explícita em língua portuguesa; b) escolha de gêneros que refletem padrões próprios da linguagem oral; e c) análise de comentários do autor sobre o caráter (popular) da obra.

**Tabela 1 – Distribuição de ocorrências de pretérito mais-que-perfeito no período do século XVI ao XX**

| Século | Textos | Pretérito mais-que-perfeito simples | Pretérito mais-que-perfeito composto |
|---|---|---|---|
| XVI | Teatro de Gil Vicente; Teatro de Anchieta; Cartas de Camões; Carta de Antônio Ferreira; Novela de Francisco de Morais; Novela de Bernardim Ribeiro; Contos de Gonçalo F. Trancoso. | 162 | 8 |
| XVII | Cartas de Mariana Alcoforado; Diálogos das Grandezas do Brasil – Fernandes Trancoso; Sermões do Pe. Antônio Vieira. | 75 | 12 |
| XVIII | Depoimentos dos Autos da Devassa contra os Índios Mura e Nações do Rio Tocantins; Compêndio Narrativo do Peregrino da América – Nuno M. Pereira. | 38 | 4 |
| XIX | Teatro de Martins Pena; Teatro de França Júnior. | 17 | 10 |
| XX | Teatro de Arthur Azevedo; Teatro de Gastão Tojeiro; Teatro de Silveira Sampaio; Teatro de Humberto Cunha. | 16 | 35 |
| **Total** | | 308 | 69 |

Fonte: Adaptada de Coan, 2003: 139-41

A distribuição dos dados revela ocorrências de formas de pretérito mais-que-perfeito simples e composto em todos os séculos, no entanto nem todas significam a mesma coisa. Quanto à forma simples, identificamos quatro funções (exemplificadas de 5 a 8), considerando a noção de tempo em relação ao ponto de referência e a modalidade do enunciado.

(5) [19,2 TT – A. Azevedo] *O exame das contas demonstrou claramente que Ângelo não* ***dissera*** *senão a verdade...*

(6) [17,2 CT – M. Alcoforado] *Por que não me será dado estar sempre ao pé de ti, como eles?* ***Quisera*** *ter ido na tua companhia e podes crer que te serviria da melhor vontade.*

(7) [20,1 TT – G. Tojeiro] *Quando finalmente julgava realizar a minha felicidade, sou repelido como se* ***fora*** *o maior criminoso!*

(8) [18,1 CN – N. Pereira] ***Tomara*** *agora, senhor Belomodo, que me explicásseis isto, que tenho visto, porque o não posso entender!*

Em (5), o mais-que-perfeito é usado para codificar um passado contrassequencial a uma situação também passada, ou seja, embora *dissera* seja cronologicamente anterior a *demonstrou*, a codificação não é icônica, trata-se de um passado do passado.[3] O exemplo (6) refere-se ao uso do mais-que-perfeito relativamente ao momento da enunciação, como se se tratasse de um pretérito perfeito. Nesse caso, o distanciamento temporal é usado, metaforicamente, para expressar distanciamento da situação, ou seja, via mais-que-perfeito, o falante se distancia da situação. A forma simples, em (7), ocorre para expressar uma situação hipotética no passado. Por fim, há usos em que a forma do mais-que-perfeito, como em (8), codifica uma projeção: além de alteração semântica, a forma sofreu mudança categorial para interjeição.

À medida que os séculos passam, a forma do mais-que-perfeito simples vai mantendo-se em contextos metafóricos e de projeção, mudança que decorre, possivelmente, do traço de menos certeza que a forma tem carregado, o que permite que se generalize para marcar outras funções, como é o caso das projeções; passa de tempo certo – passado do passado – para tempo incerto – futuro (Tabela 2).

**Tabela 2 – Funções do pretérito mais-que-perfeito simples em oposição ao total de ocorrências, por século**

| Funções | Séc. XVI | Séc. XVII | Séc. XVIII | Séc. XIX | Séc. XX |
|---|---|---|---|---|---|
| Passado do passado | 39/47<br>82,9% | 24/36<br>66,6% | 16/20<br>80% | 0/9<br>0% | 6/39<br>15,3% |
| Passado metafórico | 8/8<br>100% | 7/7<br>100% | 9/9<br>100% | 2/3<br>66,6% | 0/2<br>0% |
| Condição-hipótese | 114/114<br>100% | 44/44<br>100% | 12/12<br>100% | 9/9<br>100% | 8/8<br>100% |
| Projeção | 1/1<br>100% | 0/0<br>0% | 1/1<br>100% | 6/6<br>100% | 2/2<br>100% |
| Total | 162/170<br>95,2% | 75/87<br>86,2% | 38/42<br>90,4% | 17/27<br>62,9% | 16/51<br>31,3% |

Fonte: Adaptada de Coan, 2003: 163

Os números referem-se ao mais-que-perfeito simples, mas já são reveladores do comportamento do mais-que-perfeito composto. Não há indícios de que a forma composta codifique condição e projeção, mas se mantém como passado do passado e começa a ser usada metaforicamente a partir do século XIX (é o que os dados revelam!). Seu uso preponderante na função de passado do passado, a partir do século XIX, confere-lhe o título de vencedor da batalha. Por que, então, continua invadindo os domínios do mais-que-perfeito simples? Isso ocorre pelo fato de, a partir do século XIX, ficar mais acirrada a disputa entre a forma composta do mais-que-perfeito e o pretérito perfeito simples, como veremos na subseção "A competição".

Da Tabela 2 podem-se deduzir as funções codificadas pela forma composta, quais sejam: passado relativo a um ponto de referência também passado, como em (9), e passado anterior ao momento de fala, função que indica uso metafórico da forma composta; serve como uma estratégia de distanciamento da situação pelo locutor, como em (10). Dessa relação da forma composta com o presente decorrem casos atuais (não localizados nesta amostra), em que a referência é pressuposta, constituindo-se em estratégia de modalização.[4]

A mudança não é abrupta, todo o sistema vai se rearranjando quando algo começa a mudar. Alterações de ponto de referência e modalidade permitem uso metafórico e modal do mais-que-perfeito composto, multifuncionalidade que indica ampliação semântica, pois mantém a função de passado do passado, mas, por adquirir o traço *irrealis*, similarmente ao que ocorreu com o mais-que-perfeito simples, especializa-se para marcar atenuação, por exemplo, de contestações, retificações, propostas.

(9) [19,2 TT – A. Azevedo] *Bem o vi quando entrei. Passou por mim, mas não me reconheceu. Veio ver se a bomba* ***havia rebentado***.

(10) [19,2 TT – F. Júnior] *Não posso nem devo consentir que a Doutora Luísa Pereira, ou antes, que a Doutora Luísa Praxedes, como é conhecida, sacrifique a posição brilhante que já* ***tinha conquistado***.

Há indícios, em nossos dados (dos séculos XIX e XX), de que a forma composta também se encaminha para o campo do *irrealis* (Tabela 3). Nesse sentido, o uso do mais-que-perfeito serviria não para indicar que uma situação é passada em relação a outra, mas para marcar menos assertividade. Essa tendência já foi apontada por Klein-Andreu (1991) e por Fleischman (1989) como uma estratégia pragmática de distanciamento do conteúdo proposicional.

**Tabela 3 – Funções do pretérito mais-que-perfeito composto em oposição ao total de ocorrências, por século**

| Fatores | Séc. XVI | Séc. XVII | Séc. XVIII | Séc. XIX | Séc. XX |
|---|---|---|---|---|---|
| **Passado do passado** | 8/47<br>17% | 12/36<br>33,3% | 4/20<br>20% | 9/9<br>100% | 33/39<br>84,6% |
| **Passado metafórico** | 0/8<br>0% | 0/7<br>0% | 0/9<br>0% | 1/3<br>33,3% | 2/2<br>100% |

Fonte: Adaptada de Coan, 2003: 184

No século XXI, o prognóstico de Pereira (1935 [1923]: 502) sobre registro oral/escrito parece estar se confirmando: "*o mais-que-perfeito simples tende a desaparecer do uso vivo da língua, suplantado pela forma composta, e a restringir-se ao dialeto literário*". Lendo um texto literário aqui, outro acolá, deparamo-nos com o mais-que-perfeito simples resistindo aos efeitos do tempo, retomando antigas funções por razões estilísticas. Essa resistência chamou-nos a atenção e é por isso que trazemos à tona dados de revistas históricas. Esse *corpus* é peculiar e foi escolhido por assim o ser. As revistas, publicadas pelo Instituto do Ceará (<www.institutodoceara.org.br>) anualmente desde 1887, foram organizadas com o propósito de armazenar a história do Ceará. Constituem terreno fértil para descrevermos o pretérito mais-que-perfeito em sua função primeira, mais temporal que modal, no entanto, competindo com a forma composta e com o próprio perfeito, é nitidamente uma variante estilística. Escrever sobre o passado com formas inovadoras não parece ter o mesmo efeito de escrever com formas conservadoras. Os fins justificam os meios de codificação. Por ora, como os dados provêm de pesquisa em andamento, o mapeamento a seguir decorre de coleta dos dados em revistas de 2000 a 2012, cada qual contendo, em média, de 300 a 400 páginas.

Os dados de mais-que-perfeito mostram que a forma serve a quatro funções, exatamente as mesmas detectadas nos dados dos séculos XVI a XX, mas, nesta amostra, estão distribuídas por gênero textual.

**Tabela 4 – Distribuição das funções do pretérito mais-que-perfeito simples e composto por gênero textual em revistas históricas de 2000 a 2012**

| Gênero textual | Função | Passado do passado | Passado metafórico | Condição-hipótese | Projeção |
|---|---|---|---|---|---|
| Artigos | Pretérito mais-que-perfeito simples | 379 | 154 | 2 | - |
| | Pretérito mais-que-perfeito composto | 234 | 43 | - | - |
| Efemérides | Pretérito mais-que-perfeito simples | 158 | 2 | - | - |
| | Pretérito mais-que-perfeito composto | 11 | 0 | - | - |
| Atas/ Relatórios | Pretérito mais-que-perfeito simples | 6 | 2 | 3 | - |
| | Pretérito mais-que-perfeito composto | 14 | 1 | - | - |

| | | | | | |
|---|---|---|---|---|---|
| **Discursos** | **Pretérito mais-que-perfeito simples** | 27 | 4 | 2 | - |
| | **Pretérito mais-que-perfeito composto** | 10 | 1 | - | - |
| **Palestras/ Conferências** | **Pretérito mais-que-perfeito simples** | 64 | 40 | 2 | - |
| | **Pretérito mais-que-perfeito composto** | 35 | 6 | - | - |
| **Homenagens** | **Pretérito mais-que-perfeito simples** | 18 | 13 | 2 | 1 |
| | **Pretérito mais-que-perfeito composto** | 13 | 2 | - | - |
| **Críticas** | **Pretérito mais-que-perfeito simples** | - | - | - | - |
| | **Pretérito mais-que-perfeito composto** | 3 | - | - | - |
| **Documentários** | **Pretérito mais-que-perfeito simples** | - | - | - | - |
| | **Pretérito mais-que-perfeito composto** | 1 | - | - | - |
| **Notas e Transcrições** | **Pretérito mais-que-perfeito simples** | 4 | - | - | - |
| | **Pretérito mais-que-perfeito composto** | 1 | - | - | - |

| | | | | | |
|---|---|---|---|---|---|
| **Genealogias** | **Pretérito mais-que-perfeito simples** | 4 | - | - | - |
| | **Pretérito mais-que-perfeito composto** | 3 | 2 | - | - |

Fonte: Coan, 2015[5]

Ao observarmos mais detalhadamente o papel do gênero textual, verificamos, por exemplo, na amostra apresentada (conforme Tabela 1), que o mais-que-perfeito simples, mesmo na função de passado do passado, imprimia às cartas subjetividade, distanciamento e desilusão nas relações amorosas. Observamos também em sermões domésticos, muitos usos da forma simples codificando condição e projeção e, em peças teatrais e autos, uso do passado metafórico, o que nos leva a crer que há funções mais/menos prototípicas por gênero textual. Nas revistas históricas, parece que, pela forma simples do mais-que-perfeito, o texto ganha em história: uma forma mais antiga é usada para retratar fatos históricos e conferir o rebuscamento textual de outrora. Vejamos as quatro funções, respectivamente ilustradas de (11) a (14), com a ressalva de que o exemplo (14) evidencia gramaticalização de verbo a interjeição, processo já observado em dados de séculos anteriores, como ilustrou o exemplo (8). Resiste também a forma em construções hipotéticas, como em (13), cristalizando-se para representar contrafactualidade.

(11) [21,1 AG – IC] *Havia o abolicionista que desejava aparecer, a vã ostentação de que **falara** José de Alencar... Havia o abolicionista por conveniência: o mercado de escravos **arrefecera** porque o tráfico **fora** extinto; **tornara**-se encargo pesado a manutenção de escravos.* (p. 67, IC 2006)

(12) [21,1 HO – IC] *No Ceará, a Faculdade de Direito **atendera**, a partir de 1903, quando **entrara** em funcionamento, ao desejo de uma vitória para alguns intelectuais empenhados nessa conquista desde a legislação dita do "ensino livre"*. (p. 5, IC 2002)

(13) [21,1 AG – IC] *É importante, porém, ressaltar que o nosso autor não declara ser a religião condição essencial da moral. Se **fora** assim, não haveria consciência emancipada.* (p. 14, IC 2004)

(14) [21,1 EF – IC] *Não conheci Pedro Jaime de Alencar Araripe, evocado a 17 de outubro de 2009 pela transcorrência, nesta data, do bicentenário do seu nascimento. Também* ***pudera!*** (p. 2, IC 2009)

Embora tenhamos escolhido ilustrar as funções com a forma simples, a composta também se direciona à modalidade, como vemos na Tabela 4, o que pode ser uma evidência de preservação dos mesmos domínios funcionais, já que as duas formas do pretérito mais-que-perfeito têm trilhado o mesmo caminho. A direção à modalidade justifica a entrada de outra forma para pôr em saliência o tempo: eis, agora, um dos papéis do pretérito perfeito simples.

## A competição

Na fala contemporânea do português, a função de passado do passado encontra-se novamente em variação. Na amostra de Florianópolis do Projeto Varsul,[6] considerando somente a função de passado do passado (Coan, 1997), foram encontradas 174 ocorrências da forma composta do pretérito mais-que-perfeito, como em (15), mas nenhuma do mais-que-perfeito simples. A concorrência é com o pretérito perfeito simples, como em (16), pois há 568 dados para codificar tal função.

(15) [20,2 ET – Varsul] *...as meninas também foram no jogo, eu só senti falta quando elas chegaram. Que eu perguntei pra eles, que eu notei que alguma coisa* ***tinha acontecido***. (FLP 17, L684)

(16) [20,2 ET – Varsul] *Aí eu peguei, telefonei pra Macarronada e descobri que [ele tinha]* ***aconteceu*** *um acidente.*

Parece, à primeira vista, que a forma simples não mais ocorre, mas o ponto de partida da coleta foi a função de passado do passado e, pelos dados, este não é mais o lugar da forma simples na oralidade. Especificamente na amostra do Varsul, há dois dados em enunciados exclamativos que mencionam uma expectativa futura (*Tomara que eu esteja enganado!*), uso destituído, portanto, de seu valor temporal básico. Queremos com isso dizer que à forma simples podem ser atribuídos adjetivos como obsoleta, desusada, arcaica, se a função em pauta for a de passado do passado na oralidade. Nossa observação decorre de duas evidências: a forma simples passou de verbo a interjeição, portanto a forma existe em outra função, mas ainda ocorre como passado do passado para conferir valor estilístico ao texto.

Vislumbrada a competição por números, é preciso evidenciar pressões que motivam as escolhas. Forças de diferentes naturezas interagem e condicionam a escolha das variantes pretérito mais-que-perfeito e pretérito perfeito para codificar a função de passado do passado, como podemos verificar nas tendências de uso das formas (Quadro 1).

**Quadro 1 – Tendências de uso dos pretéritos mais-que-perfeito e perfeito: motivações advindas de estudo variacionista**

| | **Pretérito mais-que-perfeito** | **Pretérito perfeito** |
|---|---|---|
| **Tipo de verbo da situação** | Situação mais dinâmica | Situação menos dinâmica<br>Verbo *dicendi* |
| **Tipo de verbo do ponto de referência** | Atividade<br>Estado<br>*Dicendi* | *Accomplishment/ achievement* |
| **Animacidade do sujeito** | Sujeito mais animado | Sujeito menos animado |
| **Paralelismo formal** | Formas de imperfeito | Pretérito perfeito |
| **Saliência morfológica** | Verbo regular | Verbo irregular |
| **Modificador adverbial da situação** | Já<br>Nunca<br>Não | Oração temporal<br>Advérbio de tempo |
| **Relação semântico-sintática** | Comparação<br>Encadeamento<br>Complementação | Causalidade<br>Modificação<br>Temporalidade<br>Contraste |
| **Tipo de ponto de referência** | Inferência pela negação<br>Forma não flexionada/ flexionada | Discursivo |
| **Idade** | 25-49 anos<br>+ de 50 anos | 15-24 anos |

Fonte: Adaptado de Coan, 1997: 154

Quando a forma sob análise indica mais dinamicidade e menos duratividade, o ponto de referência indica menos dinamicidade e mais duratividade e vice-versa. Se as situações são mais dinâmicas, tendem a exigir sujeito mais animado, eis o que os dados revelam. O mais-que-perfeito ocorre em paralelismo com o imperfeito, pois o auxiliar do mais-que-perfeito sempre está no imperfeito, evidência clara de paralelismo estrutural. Pelo fato de o auxiliar estar no imperfeito e o verbo principal no particípio, há maior ocorrência com verbos irregulares; assim, mesmo em estruturas irregulares, mantém-se regularidade estrutural (*haver* ou *ter* no imperfeito mais particípio). Para que se garanta a interpretação de passado do passado, vem mais frequentemente o perfeito acompanhado de advérbio ou oração temporal. Nas relações semântico-sintáticas que poderiam gerar dúvidas sobre interpretação sequencial ou contrassequencial, vem o mais-que-perfeito com mais frequência. Por fim, em pontos de referência inferíveis (*Nunca tinha visto/vi isso!*), prefere-se o mais-que-perfeito, já que a interpretação do perfeito como passado do passado requer apoio contextual maior; os casos de referência discursiva (*Como eu tinha falado/falei...*) são facilmente interpretados, no perfeito ou mais-que-perfeito, daí a preferência pela forma menor, menos marcada estruturalmente.

Em relação à faixa etária, há tendência ao uso da forma "nova" pelos mais jovens; a faixa intermediária é a que mais usa o pretérito mais-que-perfeito, o que pode ser indício de mudança em progresso.

Essa análise pode conduzir-nos, erroneamente, a deduzir que o uso do perfeito é recente, mas não é. A disputa já vem de longa data. Voltando à amostra do século XVI ao século XX, verificamos que já há perfeito na função de passado do passado competindo com as formas simples e composta do pretérito mais-que-perfeito. As três formas coexistiram por muito tempo como variantes na escrita, variação que ilustramos com os excertos (17) a (19).

(17) [17,2 SM – A. Vieira] *Tanta foi a eficácia que teve no Verbo divino o fazer-se: não o ser palavra dita, posto que dita por Deus, mas o ser palavra feita. Referindo-se S. Lucas no princípio dos Actos dos Apóstolos, como* ***tinha escrito*** *o seu Evangelho, diz uma cousa muito notável, e é, que nele escrevera tudo o que Cristo começou a fazer e ensinar.*

(18) [18,1 AT – Autos da Devassa] ... *e frecharam outroz como* ***fora*** *o ano passado...*

(19) [18,1 AT – Autos da Devassa] ... *dice que sabe que no Rio da Madeira tem o gentio Barbaro da Nascaó Muras acometido varias vezes aoz que vao Colher oz frutos daquelle Rio matando e frechando Como* ***foi*** *o anno pasado ao Cabo da Canoa doz Tapajoz...* (Autos da Devassa, século XVIII)

Uma análise mais detalhada dessa competição mostra-nos decréscimo das ocorrências do pretérito mais-que-perfeito simples considerando os polos da amostra: de um universo de 79 dados para o período sob análise, há 36 no século XVI e 6 no século XX; em posição inversa está a forma composta, cujo uso é ampliado de 7 para 29 dados de um total de 56; igualmente há aumento do uso do pretérito perfeito de 19 para 32 de um total de 62 ocorrências.

Em análise de motivações de uso por século, destacam-se modalidade para o mais-que-perfeito simples e aspecto para o composto e para o perfeito simples. Nos enunciados contendo a forma simples, há, com o passar dos séculos, menos certeza envolvida, sendo usada a forma para codificar passado do passado quando associada a verbo *dicendi*, caso em que a verdade/falsidade é atribuída ao outro. A forma composta vai ganhando espaço, principalmente, para codificar situações mais dinâmicas e menos durativas e o perfeito simples, quando associado a situações menos dinâmicas e mais durativas. Isso revela sistematicidade: cada forma vai buscando/configurando seus contextos, o que minimiza a tensão em momentos de competição.

## Rumos do pretérito mais-que-perfeito

A trajetória do pretérito mais-que-perfeito, revelada nesta incursão ao passado, evidencia seu caráter multifuncional: a forma simples codifica quatro funções (passado do passado, passado metafórico, condição-hipótese e projeção) e a composta, por enquanto, duas (passado do passado e passado metafórico). É na função de passado do passado que ambas competem com o pretérito perfeito simples, competição que vem desde o século XVI e que revela, na oralidade contemporânea, o perfeito como o vencedor dessa disputa. Perder a batalha, no entanto, não significou para o mais-que-perfeito exclusão do sistema: perdeu alguns traços, mas ganhou outros. E o lado simples e o lado composto dividiram-se marcando seus espaços: a forma simples do mais-que-perfeito codifica projeção na fala e as outras três funções na escrita literária; a forma composta é usada metaforicamente na fala e codifica o passado do passado tanto na fala quanto na escrita, função em que compete com o pretérito perfeito.

Nessa disputa entre a forma composta do mais-que-perfeito e a forma simples do perfeito, deve o perfeito especializar-se para o passado do passado e o mais-que-perfeito para uso metafórico. Se, no passado, a forma composta *seguira* o mesmo caminho da forma simples, é provável que a siga daqui em diante: projetando-se do passado do passado ao presente e futuro, e de mais a menos assertividade.

## A EMERGÊNCIA E A REORGANIZAÇÃO DO FUTURO

A maioria das gramáticas normativas do português apresenta em seu paradigma apenas a forma do futuro do presente simples. Quando muito, algumas mencionam o uso do presente do indicativo com valor de futuro para anunciar um acontecimento próximo, como é o caso de Almeida (1992). Said Ali (1964 [1931]) reconhece a combinação *ir* + infinitivo para designar locomoção, desejo de realizar algo ou um fato que não tardará a se realizar e, assim como Cunha e Cintra (1985), aponta essa forma como substituta do futuro do presente e como indicadora de uma ação futura imediata. Bechara (2003: 250) acrescenta que o uso do presente pelo futuro indica "*com ênfase uma decisão*". Rocha Lima (1976: 118), entretanto, apresenta o verbo *ir* como auxiliar, mas apenas em construções com o gerúndio, como em "a tarde *ia* morrendo". Cunha (1977: 381), por sua vez, apresenta o verbo *ir* como auxiliar para expressar "*o firme propósito de executar a ação, ou a certeza de que ela será realizada em futuro próximo*", como em *vou dormir*.

Nas gramáticas normativas, a variação na expressão do futuro não é formalmente apresentada. E, mesmo nos casos em que ela é reconhecida, admite-se uma diferença de significado entre as formas. No entanto essa variação não é nova. Amaral (1955 [1920]) e Marroquim (1945 [1934]) já registram o uso do presente do indicativo pelo futuro, respectivamente, no dialeto caipira e nos dialetos de Alagoas e Pernambuco, mas nada documentam em relação ao futuro perifrástico. Nascentes (1953 [1922]: 92-3), ao descrever o dialeto carioca, menciona que o futuro sintético só é usado raramente, sendo substituído pelo presente ou pelo "aspecto ingressivo" – ou "perífrase ingressiva" (verbo *ir* no presente + infinitivo).

O futuro perifrástico, porém, é documentado já no século XIV (Oliveira, 2006: 93-4):

(20) [14 *Flos Sanctorum*] *El respondeu:*
*– **Vou morar** com os frades que vivem em este outro ermo que está so este outro ermo em que tu moras.*
*– Em cada huu) em tal que se hu)u) bever nõ prouguer a aquel que o eu der, **dar-lh'ey** outro. E se lhi aquele outro nõ prouguer, **dar-lh'ey** o terceyro, e assi **lhos provarey** todos, ata que ache alguu) que lhi praza. E pois o enmiigo esto disse, foy-se sa carreyra.*

(21) [14 *Flos Sanctorum*] *Prazi-ti de morar em este logar ou, se nõ, se há em ta terra tã boo logar como este, eu me **yrey** contigo **morar** alá.*

Embora em ambos os exemplos o verbo *ir* conserve seu significado de "deslocamento espacial", que está na origem de sua gramaticalização como auxiliar de futuro, em (20), a forma perifrástica com *ir* + infinitivo aparece seguida de três formas de futuro simples, o que mostra a ideia de futuridade comum a essas duas variantes, e em (21), com *ir* no futuro, a perífrase tem um elemento interveniente e claramente se percebem, ao lado da ideia de movimento (dada pelo verbo *ir*), as ideias de intenção, objetivo (dada pelo infinitivo) e de futuridade.

Para entender a origem da variação do futuro no português, é preciso remontar ao latim, que apresentava inicialmente, a partir do século III a.C., três formas de futuro: a) futuros arcaicos, como *faxo* e *capso*; b) formas de origem subjuntiva, como *ero*, *legam* e *uenies*; c) formas em *-bo*, como *cantabo* (Câmara Jr., 1957). No latim vulgar, essas formas inteiramente temporais e morfológicas foram, aos poucos, abandonadas e ganharam força as gradações de modalidade, expressando valores dubitativo, volitivo, desiderativo e hipotético. Ou seja, além da forma sintética em *-bo*, que prevaleceu em relação às outras, o latim possuía também formas perifrásticas para indicar o futuro, como, por exemplo, a combinação do futuro ativo particípio em *-urus* com as formas de *sum*: *amaturus sum*, *eram*, *ero* etc. Essa construção conotava iminência, intencionalidade, destino, posterioridade, ou seja, expressava aspecto. Cada vez mais usada para indicar o aspecto prospectivo, adquiriu o traço "ulterior" e passou a indicar tempo, equivalente à forma de futuro (Fleischman, 1982).

Como bem diz Lyons (1995: 319), a referência ao futuro, em contraste com a referência ao passado e ao presente é, geralmente, se não sempre, matizada pela expressão de incerteza ou expectativa, atitudes expressas pela categoria de modo. Assim, a distinção entre temporalidade e modalidade, assim como a distinção entre tempo e modo, não são sempre claramente descritas nas línguas em geral, especialmente quando se trata do tempo futuro (Lyons, 1995: 320), que está mais para modo do que para tempo, já que só se pode ter certeza do passado e do presente. Isso explica por que, em diversas línguas, as formas verbais de futuro resultam da gramaticalização de perífrases. A forma latina *cantabo* já é uma aglutinação desse tipo, pois o *-bo* é o verbo indo-europeu **bho*, que significa "ser, crescer". Outra forma perifrástica latina era a composta pelo verbo *habere* flexionado no presente + verbo principal no infinitivo. Inicialmente modal deôntico (*cantare habeo* = *hei de cantar*, *devo cantar*), só no século IV é que *habere* adquire o valor de "futuro puro". A partir daí começa a se aglutinar ao verbo principal e, por volta do século XII, a perífrase já está compactada. A passagem de *cantabo* para *cantare habeo* é, portanto, a retomada do ciclo de aglutinações/gramaticalizações que caracteriza o "modo" futuro. Surge, pois, o futuro românico sintético: *cantare habeo* > *cantare hei* > *cantarei* (português), *chanterai* (francês), *cantaré* (espanhol), *canterò* (italiano) (Câmara Jr., 1985).

A perífrase *cantare habeo*, funcionalmente análoga a *cantaturus sum* ou a *cantabo*, passou para os romances e pode ser encontrada em várias línguas românicas. A combinação do verbo *haver* + infinitivo é documentada até hoje em português e em francês, por exemplo. Em português, até o século XIX, era essa a variante mais produtiva concorrente do futuro simples (Callou, Eleutério e Oliveira, 2005: 90):

(22) [19,2 CR, RJ] *Os americanos meridionais **hão de congraçar-se** a seus irmãos.*

(23) [19,2 CR, RJ] *E se esta lhe faltar, **há de restar-lhe** ao menos a tranquilidade da consciencia.*

Para Câmara Jr. (1985: 172), as formas de modalidade analíticas de futuro é que foram usadas na formação de um tempo futuro no latim (*cantare + habeo cantar hei → cantarei*). Observa-se agora uma volta a esse processo, pois a forma perifrástica em português é inovadora em relação à forma sintética. A perífrase *ir* + infinitivo, para o autor uma locução, não é vista como indicação de futuro:

> [...] as locuções com o presente de ir tiram sua motivação e sua frequência de emprego da significação modal e aspectual que contêm. Assim, o que elas substituem é o presente simples para assinalar a mais a atitude psíquica de intenção e expectativa (Câmara Jr., 1985: 172-3).

Defendemos, contudo, que a forma perifrástica não substitui o presente (que se mantém em contextos próprios), mas sim o futuro simples.

Mattos e Silva (1989), descrevendo o português trecentista, ao falar do tempo futuro, identifica as formas de futuro simples e presente, este último pouco frequente na documentação analisada. A forma *haver de*, entretanto, é apresentada com valor de modalidade, em exemplos como "*Ei de fazer* a obra" (Mattos e Silva, 1989: 466-7). Dados com o verbo *ir* seguido de infinitivo para indicar aspecto durativo são encontrados, inclusive indicando futuro (Mattos e Silva, 1989, p. 469), como em "*Van demandar* outro logar". Todavia a autora ressalta que "*a expressão de uma intenção a realizar-se pelo verbo ir seguido de infinitivo é pouco usada no corpus. Isso contrasta com o seu uso frequente no português contemporâneo*".

Diferentes investigações sobre o futuro apontam para um processo de mudança em curso.[7] Em suma, o que se tem documentado até o momento é que a mudança acontece por um processo de substituição da forma simples por uma forma perifrástica através da gramaticalização do verbo *ir* como auxiliar de futuro seguido de infinitivo.

## A gramaticalização do auxiliar *ir*

A construção perifrástica *ir* + infinitivo, não exclusiva do português, pode ser analisada como resultado de um processo de gramaticalização do verbo *ir* como auxiliar de futuro.

O ciclo do futuro (Fleishman, 1982), processo que aconteceu no latim (forma analítica → forma sintética), está sendo invertido no português atual (forma sintética → forma analítica) a partir da gramaticalização do verbo *ir*, que passa, já em estágios anteriores da língua, de forma plena a marca morfossintática de futuro.

Os verbos de movimento, em geral, são polissêmicos e superpõem, dentre outras, as noções de espaço e de tempo. O verbo *ir* é um dos verbos mais polissêmicos e dos mais "gramaticalizáveis". Na construção perifrástica com o infinitivo, tende a se transformar em auxiliar (Heine, 1993; Bybee, Perkins e Pagliuca, 1994; Heine; Kuteva, 2002), quer dizer, num instrumento gramatical para a expressão do tempo futuro. Essa tendência, bem conhecida no inglês, no francês e no espanhol, pode ser constatada também em português, em que, na fala, o processo de substituição da forma de futuro simples pela forma perifrástica *ir* + infinitivo está praticamente concluído (Oliveira, 2006: 74).

O processo de gramaticalização de *ir* como indicador de futuridade começa no século XIV, ainda que em estágio embrionário.[8] A auxiliarização se inicia no século XVI e, ao final do século XX, o uso do futuro perifrástico chega mesmo a ultrapassar o do futuro simples, pelo menos na fala, sobretudo quando existem os traços de agentividade, proximidade e intencionalidade.

O futuro do presente em português pode ser interpretado como futuro temporal puro, reflexo de uma intelectualização da língua, ou como futuro modal, indicando intenção ou finalidade.

Como mostram alguns autores, há uma possibilidade de que a expansão das variantes analíticas de futuro esteja relacionada com as mudanças na ordem das palavras. O próprio latim, fixando gradativamente a ordem SVO, perdeu formas sintéticas e ganhou formas perifrásticas, como bem diz Câmara Jr. (1957: 223):

> O valor exclusivamente temporal do futuro latino clássico se generalizou por intelectualização filosófica, enfraquecendo a sua coloração modal e levando a língua corrente a preferir locuções em que essa coloração fosse nítida.

Assim, pode-se constatar um processo cíclico da formação do futuro: formas sintéticas → formas perifrásticas → formas sintéticas...

A forma perifrástica *ir* + infinitivo parece conservar a nuance de modalidade superpondo-se ao sentido de tempo, como já admitia Câmara Jr. (1985: 170), para quem o verbo auxiliar *ir* tem traços de valor modal e aspectual:

> De um lado, assinala a intenção de fazer alguma coisa (que é uma característica modal); de outro lado, exprime um aspecto sui generis: o do que ainda vai acontecer: vou sair, ia sair, fui sair, irei sair etc. Essa significação aspectual dá-lhe o caráter de um futuro, a partir do pretérito ou de outro futuro.

O tempo futuro expressa a expectativa de alguma ação (processo ou evento) a ser verificada mais tarde, após o ato de fala. Ele tem um valor temporal que não permite expressar uma modalidade factual, pois só aceita asserções segundo a avaliação feita pelo falante da (im)possibilidade de ocorrência de um estado de coisas. Assim, há um valor modal aliado ao fator temporal no futuro que compromete a determinação do valor de verdade da proposição enunciada. Segundo Câmara Jr. (1957: 223), a categoria de futuro não ocorre "*pela necessidade da expressão temporal; concretizam-no certas necessidades modais, de sorte que o futuro começa como modo muito mais do que como tempo*".

A trajetória do verbo *ir* de pleno a auxiliar é possível em função da polissemia desse verbo de movimento, que acumula traços compatíveis com as categorias de espaço e de tempo, como em (24) (Oliveira, 2006: 75):

(24) [20,2 Nurc-RJ DID 70 INQ 135] [...] *mas ele tem o poder... então... brum... cai tudo por terra... aí é que* ***vai procurar*** *o que é que houve* [...]

O verbo *ir* é um verbo vicário e possui vários sentidos, vários conteúdos, do mais concreto ao mais abstrato – movimento no espaço; progressão, aumento, continuação; intenção; futuridade –, passando, é claro, por contextos ambíguos, como em (25), em que se pode "*depreender que o falante se desloca no espaço (voltando para casa), após o carnaval, com a intenção de dormir (uma ação contínua, durativa) posteriormente à sua chegada em casa (tempo futuro)*" (Oliveira, 2006: 76-7):

(25) [20,2 Nurc-SSA DID 90 INQ 002] [...] *eu não tenho mais saco pra carnaval de clube, então eu vou de manhã pra rua; nove, dez horas eu chegando em casa pra mim já tá ótimo, já brinquei meu carnaval, aí* ***vou dormir*** *pro outro dia, né, mas gosto muito* [...]

São esses contextos ambíguos que permitem a instauração de contextos-ponte (*bridge context*) em que os traços de espaço e de tempo podem ser suplantados pelo traço [+futuro]. Essa conjugação de traços possibilita a utilização da perífrase em contextos mais específicos que implicam agentividade, intencionalidade e proximidade. O verbo *ir* se torna mais gramatical e menos lexical à medida que passa da expressão de movimento no espaço à condição de verbo auxiliar para indicar futuridade.

É, pois, a polissemia do verbo *ir* – espaço, intenção, tempo... – que desencadeia uma mudança semântica, fonte da gramaticalização desse verbo como auxiliar que exprime futuridade (Martelotta, 1998).

O traço de animacidade do sujeito é importante na criação de um contexto favorável à gramaticalização do verbo *ir*. Conforme dizem Bybee, Perkings e Pagliuca (1994), a gramaticalização dos verbos de movimento em verbos auxiliares de futuro passa por um estágio em que eles expressam "intenção", primeiramente do falante. Num outro estágio, a intenção, transferida ao agente do verbo principal, é atribuída a outra pessoa, podendo ser interpretada como "predição". Assim, para os autores, construções de futuro que se originam de verbos de movimento têm início com uma semântica de expressão de intenção do agente e caminham para um sentido de predição. Daí a importância de um sujeito animado para que esse contexto seja instaurado.

O verbo *ir*, na sua passagem de verbo pleno a auxiliar de futuro, atravessa uma escala semântica similar àquela de outros itens lexicais em via de gramaticalização (Heine, Hünnemayer e Claudi, 1991: 48): pessoa → objeto → processo → espaço → tempo → qualidade. Nesta trajetória, o verbo *ir* parte de um sentido associado a movimento no espaço físico, passando pelos sentidos de progressão, aumento, continuação, desejo e modalidade, em direção a um sentido associado a espaço temporal. O esmaecimento do traço de modalidade (intenção ou propósito de fazer algo) permite, então, a sua gramaticalização como auxiliar de futuro. Permanecem, todavia, alguns resquícios do traço [+modal] em muitos exemplos, superpondo-se, às vezes, ao sentido de futuro. É a preservação desse traço que explica, inclusive, o fato de alguns autores, como Jeanjean (1988) e Blanche-Benveniste (1997), verem diferença no uso do futuro simples e do futuro perifrástico. Os sentidos envolvidos no processo de gramaticalização do verbo *ir* estão ilustrados de (26) a (32).

- Movimento no espaço (verbo pleno):

(26) [19,2 CP RJ] *Elles falão muito na viagem, dizem que **vão** em outubro.* (Callou, Eleutério e Oliveira, 2005: 89)

(27) [19,2 CP RJ] *Porque se te demorares, eu la **irei vel-os*** [...] (Callou, Eleutério e Oliveira, 2005: 91)

- Progressão, aumento, continuação (verbo aspectual):

(28) [18,2 CO RJ] [...] *achey jornal de quarto de ouro por pessoa, que lavrandosse **hirá em crescimento**, como se vio nasminas* [...] (Oliveira, 2006: 75)

(29) [19,2 CE RJ] *O povo **vai compreendendo** que o país não pode prosperar* [...] (Oliveira, 2006: 76)

- Desejo, intenção (verbo modal):

(30) [18,2 CO RJ] *Por meyo destas **Vou bejar** os pes a Vossa e Excelência e **agradecer** a Vossa Illustríssima o benefício que Resseby asi que cheguey a esta Vila* [...] (Oliveira, 2006: 99)

- Movimento no tempo (verbo auxiliar):

(31) [17 CP RJ] *A os que esta Relação* [...] *persuadir, a que **vão viver** nesta terra, peço* [...] *que quando se nella virem contentes,* [...] *roguem a Deus* [...] (Oliveira, 2006: 81)

(32) [19,2 CO RJ] *Ignacio Francisco Bastos **vai sofrer** hu'a violencia, ehum insulto – isto basta à justica eagenerosidade do Coração de Vossa Excelência.*

(33) [20,2 CE SSA] *Tal comissão **vai fazer** uma espécie de radiografia do INPS para apontar ao Sr. Júlio Barata os males que afetam o mastodôntico instituto.* (Oliveira, 2006: 59)

De acordo com a proposta de Heine (2002), é a convencionalização de inferências que permite a passagem do sentido locativo ao sentido temporal. No caso do exemplo (31), já que o falante se refere (e se dirige) a pessoas que já estão presentes "nesta terra", infere-se o valor de futuro na perífrase construída, ou seja, o "tempo posterior" sugerido por Lima (2001). Também se pode ver nesse exemplo, clara e diferentemente dos exemplos (26) e (27), que já não há mais a 'intenção" do falante, mas a "predição" dirigida a outra(s) pessoa(s), como explicam Bybee, Perkings e Pagliuca (1994: 270). Deslocar-se no espaço físico requer tempo, atingir um objetivo ou realizar um desejo também exige tempo. O futuro implica, assim, uma projeção.

Do ponto de vista estrutural, o embrião do sentido gramatical de auxiliar de futuro do verbo *ir* pode ser encontrado em construções nas quais a forma está acompanhada (nem sempre em contiguidade) de um adjunto ou de um complemento circunstancial, como em (34) e (35). Já em (36), a circunstância não está explícita.

(34) [14 *Flos Sanctorum*] *E pero aas vegadas* ***vay*** *aos ortos e aos logares* ***pera colher*** *alguus grãos de semẽtes onde viva.* (Oliveira, 2006: 82)

(35) [16 CP RJ] [...] *quis o nosso Padre* ***ir*** *laa* ***a diser*** *missa, porque se passa hum anno e dous que não v[e]em a Deus, nem no vem a ver podendo vir.* (Oliveira, 2006: 82)

(36) [17 CP RJ] [...] *& agora* ***vão*** *frades capuchos,* ***para os catequizar*** [...] (Oliveira, 2006: 82)

A supressão da preposição que introduz o sintagma preposicionado, exprimindo em geral a finalidade, pode estar associada, talvez, a razões funcionais, como a economia da frase e a velocidade da fala. Pode-se considerar a possibilidade de um processo de reanálise, segundo os moldes de Hopper e Traugott (1993; 2003), pela qual se alteram as fronteiras dos constituintes. A preposição, que antes introduzia a segunda oração (em posição de complementizador), desaparece e não há mais fronteiras entre o verbo *ir* e o infinitivo. Assim nasce a perífrase verbal, mais perceptível quando não há mais elementos intervenientes entre o verbo *ir* e o infinitivo da frase circunstancial.

Martelotta (1998: 23 apud Oliveira, 2006: 82), ao falar do verbo *ir* como auxiliar de futuro, também diz que a sua origem é adverbial, sendo originado de uma estrutura com uma cláusula final, como em (37).

(37) *Ele **vai** para **falar** com o professor.* → *Ele **vai falar** com o professor.* → ***Vai chover.***

Essa trajetória é evidenciada diacronicamente, conforme os exemplos de (38) a (41).

(38) [16 CP RJ] [...] *o qual por mais que se sofreo lhe foy necessario **yr** a bordo Ø alijar como quada hum dos outros* [...] (Oliveira, 2006: 82)

(39) [18,2 CO RJ] [...] *cujos braços estão sempre abertos para receber os desgraçados que nelles **vai** Ø **buscar** o derradeiro refúgio.* (Oliveira, 2006: 82)

(40) [18,2 CO RJ] [...] *que pagaó os escravos que vaó para as minas, e a outra com as notiçias do Governo de Saó Paullo, e de **hir** o ouv.*[r] *desta Capitania Ø **suspender**, e tira rezidençia* [...] (Oliveira, 2006: 83)

(41) [18,2 CO RJ] [...] *a cuja festa **fuy** Ø **asestir** no convento de S. Antonio* [...] (Oliveira, 2006: 83)

Essa estrutura começa a ser reanalisada como tendo de fato uma perífrase verbal análoga àquela formada por *haver de* + infinitivo, já existente na língua e frequentemente utilizada, pelo menos até o século XIX (Oliveira, 2006).

Alterações estruturais podem ser observadas em frases que exprimem finalidade, com a preposição (ou a locução preposicional) já anteposta à perífrase verbal e não mais situada entre o verbo *ir* e o infinitivo:

(42) [19,2 CO RJ] [...] *no dia seguinte segui para a roça em razão de **ir concluir** uma cerca* [...] (Oliveira, 2006: 83)

A coocorrência de adjuntos adverbiais que existia nessas estruturas desaparece com a desintegração do complemento posposto exprimindo a finalidade. Com o apagamento da fronteira entre o verbo *ir* e o material subsequente (a antiga oração final reduzida de infinitivo), a preposição desaparece e os dois núcleos verbais são reinterpretados como uma perífrase em que o primeiro elemento (o verbo auxiliar) carrega as marcas modo-temporais e número-pessoais. Os outros constituintes (complementos e/ou adjuntos) vão, então, se situar na periferia direita da oração, como em (43):

(43) [17 CP RJ] [...] *e cercada que de longe, mas bem defronte, parece que* ***vão beber*** *ao mar* [...] (Oliveira, 2006: 83)

Esse último exemplo tinha, provavelmente, como equivalente uma expressão como *vão ao mar para beber*. Ocorrida a reanálise da construção com o verbo *ir* seguido de infinitivo, a perífrase (forma composta) passa a integrar o paradigma das formas de expressão de tempo, concorrendo com a forma sintética de futuro em português.

## Variação na expressão do futuro

Discorrido o processo pelo qual uma nova forma de futuro emerge na língua, vejamos agora como se acomoda e se rearranja o paradigma verbal frente à nova forma.

Considerando dados de textos formais do século XIII ao século XX, o futuro simples é a variante preferida ao longo da história, sendo a mais utilizada em todos os séculos, pelo menos na língua escrita formal, resguardadas as diferenças entre os textos analisados (textos notariais, textos eclesiásticos, cartas e editoriais), conforme se vê na Tabela 5.[9]

**Tabela 5 – Distribuição das variantes do futuro na língua escrita por séculos**

| Variantes | Séculos | | | | | | | |
|---|---|---|---|---|---|---|---|---|
| | XIII | XIV | XV | XVI | XVII | XVIII | XIX | XX |
| **Futuro simples** | 18<br>54,5% | 433<br>91,9% | 65<br>81,3% | 681<br>87,4% | 358<br>74,4% | 105<br>83,3% | 91<br>85,8% | 122<br>75,3% |
| ***Haver de*** **+ infinitivo** | 15<br>45,5% | 31<br>6,6% | 12<br>15% | 90<br>11,6% | 108<br>22,5% | 13<br>10,3% | 6<br>5,8% | 3<br>1,9% |
| ***Ir*** **+ infinitivo** | –<br>– | 6<br>1,3% | 1<br>1,2% | 3<br>0,4% | 4<br>0,8% | 5<br>4% | 8<br>7,5% | 26<br>16% |
| **Presente** | –<br>– | 1<br>0,2% | 2<br>2,5% | 5<br>0,6% | 11<br>2,3% | 3<br>2,4% | 1<br>0,9% | 11<br>6,8% |
| **Total** | 33 | 471 | 80 | 779 | 481 | 126 | 106 | 162 |

Fonte: Oliveira, 2006: 92

A forma perifrástica com *haver de* + infinitivo, que disputava acirradamente espaço na preferência dos usuários no século XIII, decresce em uso e chega quase a desaparecer no século XX. O acentuado decréscimo dessa forma pode estar relacionado a um outro fenômeno de mudança no português: o verbo *haver* disputou com o verbo *ter* durante muito tempo (e ainda disputa, mas bem menos fortemente) a formação de tempos compostos ("Eu *havia* feito" ~ "Eu *tinha* feito", por exemplo), a expressão de existência ("*Há* muita gente na rua" ~ *Tem* muita gente na rua", por exemplo) e a indicação da modalidade deôntica ("Eu *hei* de/que fazer isso" ~ "Eu *tenho* de/ que fazer isso", por exemplo). O verbo *ter*, que antes indicava apenas posse, amplia, com o decorrer do tempo, a sua matriz semântica e vem substituindo o verbo *haver*, ainda utilizado, mas em menor escala e com o estigma de erudição e formalidade, como evidenciado em Mattos e Silva (1989, 1996, 1997), em Viotti (1998) e em Callou e Avelar (2002). A forma perifrástica com *ir* + infinitivo, não encontrada na amostra do século XIII, parece ganhar espaço no sistema linguístico a partir do século XIX e só no século XX começa a ser mais utilizada, ocupando o espaço antes preenchido pela perífrase com *haver de* + infinitivo e passando a concorrer, ainda que com baixa incidência, com o futuro sintético na expressão do futuro verbal em português. O presente, por sua vez, também nulo no século XIII, se mantém estável, com baixíssimo uso, durante o eixo do tempo, elevando o seu índice de frequência apenas no século XX.

**Gráfico 1 – Distribuição das variantes na língua escrita por séculos (percentuais)**

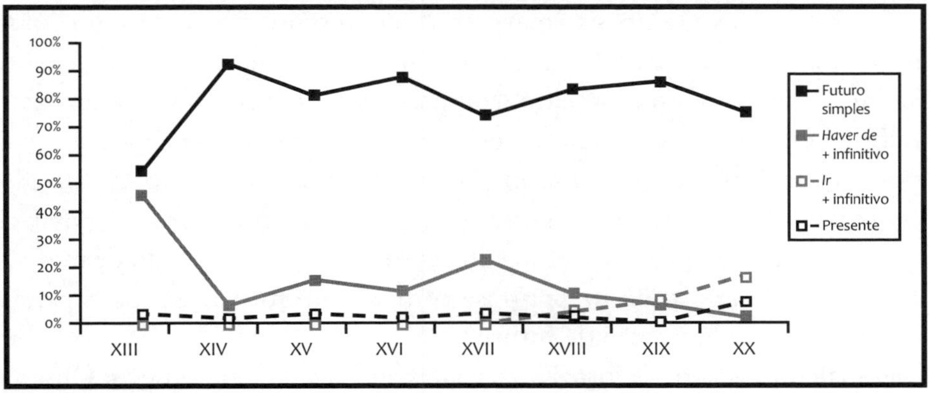


Fonte: Oliveira, 2006: 105

No Gráfico 1, as linhas referentes ao futuro simples e ao futuro com *haver de* + infinitivo mostram uma descontinuidade na distribuição dessas variantes na linha do tempo. A partir do século XIX, a redução no uso do futuro simples se faz mais sensível. No caso do futuro com *haver de* + infinitivo, é a partir do século XVIII que se verifica uma linha descendente regular. As oscilações nos índices do futuro simples ao longo do tempo podem ser apenas uma decorrência da heterogeneidade de amostra, que contém textos de gêneros distintos, mesmo sendo todos representativos de uma escrita considerada mais formal.

A forma perifrástica com *ir* + infinitivo faz uma trajetória inversa à do futuro simples, porém sincronizada com a de *haver de* + infinitivo. No ponto em que se verifica o decréscimo de *haver de* + infinitivo (século XVIII), observa-se o aumento de *ir* + infinitivo, o que reforça uma possível relação, na origem, entre as duas variantes perifrásticas. A forma *ir* + infinitivo já começa a aumentar no século XVIII e, no século XIX, passa a concorrer, de forma nítida, com a variante *haver de* + infinitivo.

A forma de presente apresenta uma linha de evolução pouco transparente, aumentando seu percentual de uso apenas no final da escala considerada.

A reorganização distribucional das variantes de futuro, que já se delineia no século XIX, fica mais evidente no século XX, envolvendo o decréscimo da forma de futuro simples, a queda considerável no uso de *haver de* + infinitivo e o acentuado aumento da forma de *ir* + infinitivo. Assim, a passagem entre os séculos XIX e XX parece ser crucial para a compreensão de mudanças linguísticas no português brasileiro.

A reestruturação do sistema parece ser impulsionada, portanto, por uma luta evolutiva entre *haver de* + infinitivo e *ir* + infinitivo, não envolvendo, num primeiro momento, competição com as formas simples. Essa redistribuição pode ser explicada pelo fato de a forma *haver de* + infinitivo possuir um forte componente modal superposto ao de tempo, realizado no seu sentido injuntivo de [+obrigação].[10] Progressivamente, é possível que esse sentido tenha sido reforçado em detrimento do sentido de tempo. Este último é reforçado na perífrase com *ir* + infinitivo, que se expande como forma de indicação de futuro.

Analisando dados de jornais brasileiros, angolanos e portugueses, Oliveira (2010) constata que, na escrita jornalística desses países, predomina o futuro simples. A implementação da forma perifrástica ocorre nas três variedades, mas de forma um pouco mais acentuada em Portugal, onde já atinge 35% dos dados. Esse percentual decresce no Brasil para 29% e em Angola para 27%. A autora afirma ainda que o contexto mais favorável ao uso da perífrase é o que envolve um verbo que denota processo ou evento, sendo os verbos estativos os que mais mantêm o futuro simples. Outro contexto que favorece a forma inovadora é o de sujeito [+agente] nos três países, um fator importante no processo de gramaticalização da estrutura *ir* + infinitivo como expressão de futuro.

O contraste entre fala e escrita com dados provenientes de capitais brasileiras aponta que o futuro simples se mantém na língua escrita padrão (jornalística), onde ele ainda é preferido – seu uso varia de 71% (Belo Horizonte, Vitória e Porto Alegre) a 79% (Natal e Florianópolis) –, e que o futuro perifrástico é a variante preferida na fala – seu uso varia de 87% (Porto Alegre) a 100% (Salvador), perfazendo um total de 98%, considerado todo o Brasil (cf. Oliveira e Menon, 2015). No que concerne à implementação da perífrase na escrita, as autoras mostram que ela é utilizada entre 21% (Natal e Florianópolis) e 29% (Belo Horizonte, Vitória e Porto Alegre). Do ponto de vista diatópico, não há grandes diferenças entre as regiões do Brasil, ocorrendo uma "inversão parcial", já que a variação entre futuro simples e futuro perifrástico é diamésica, escrita *vs.* fala.

**Gráfico 2 – Recorrência do futuro perifrástico na fala e na escrita**

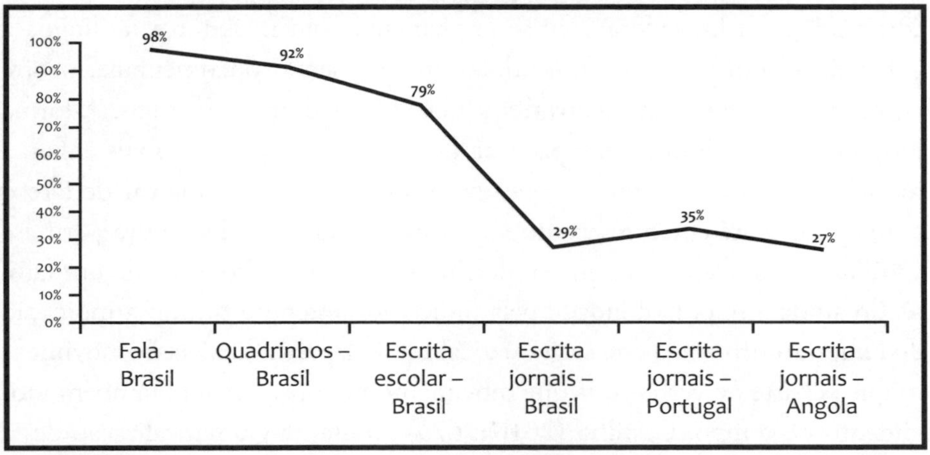


Fonte: Oliveira, 2015

O futuro perifrástico, forma emergente já no século XIV, tornando-se concorrente do futuro simples no século XIX, passa a ser a variante mais usada na fala dos brasileiros no século XX e chega, no século XXI, a se espraiar pela língua escrita, inclusive jornalística – considerada padrão e modelo para o ensino escolar da língua chamada culta. Todos os autores que já se debruçaram sobre o tema sinalizam para uma mudança em curso no sentido de a forma perifrástica substituir a forma simples de futuro na língua portuguesa. Quanto ao presente do indicativo com valor de futuro, é utilizado na fala e na escrita, mas em contextos bem específicos: para exprimir um futuro próximo/mais certo, com um advérbio ou uma locução temporal e com o verbo *ir*.

## Rumos do futuro

O futuro perifrástico em português é resultado de um processo de gramaticalização da construção *ir* + infinitivo, que tem início em estruturas que envolvem uma oração principal e uma oração subordinada adverbial final reduzida de infinitivo, envolvendo processos de metáfora (espaço → tempo), analogia (*haver de* + infinitivo ≅ *ir* + infinitivo) e reanálise (mudança das fronteiras de constituintes da estrutura original).

A emergência da forma perifrástica *ir* + infinitivo é posterior ao futuro simples e à perífrase *haver de* + infinitivo, podendo, pois, ser considerada como estrutura inovadora, que se implementa com mais força na língua a partir do século XIX, pois, antes disso, mesmo sendo documentada, ocorre esporadicamente e com menos frequência que as outras estruturas. A forma inovadora vem adquirindo espaço na língua assinalando com mais ênfase a modalidade no tempo futuro, mas encaminhando-se para marcar de fato o tempo, papel até então reservado ao futuro do presente. Essa nova perífrase codifica modalidade de intenção, desejo ou certeza na expressão de um fato, tendo ainda a responsabilidade pela indicação de tempo futuro; a indicação do tempo futuro ainda está se gramaticalizando a partir da ideia de movimento que persiste no verbo *ir*, já que movimento no espaço requer também movimento no tempo. Castilho (2010a: 679) aposta na gramaticalização dessa nova forma verbal de futuro, alçando o verbo *ir* a morfema prefixal, ao dizer:

> Comparando *amare habeo* com *vou amar*, nota-se que a marcação gramatical de tempo e modo migrou da posição latina pós-núcleo para a posição portuguesa pré-núcleo. No português brasileiro, o auxiliar *ir* quando seguido de verbo começado por consoante dá origem a um novo morfema prefixal, {vo}, presente em vofalá.

A proposta do autor, entretanto, parece restringir-se à forma de primeira pessoa do singular (*vou*) precedendo verbos iniciados por consoante. Entretanto, no caso da primeira pessoa do plural, também se observa essa morfologização: vamos falar → *vamo falá* → *vãfalá*.

Um indício de que o processo de gramaticalização da construção perifrástica ainda não está completado é que, embora *ir* (auxiliar) + *ir* (principal) já seja comum tanto em alguns dialetos do Sul do Brasil como na fala infantil e na fala dos menos escolarizados, ainda não há uma generalização dessa forma. Isso se deve, única e exclusivamente, a um policiamento de leigos, muito mais uma questão de atitude linguística do que propriamente um fato sociocognitivo que refreia a gramaticalização. Em todas as línguas que usam a perífrase, o futuro *ir* + *ir* é perfeitamente normal (cf. inglês: *I am going to go*; francês: *Je vais aller*; espanhol: *Yo voy a ir*). Uma prova disso é que o policiamento só acontece com o verbo *ir* e não com outros verbos que, supostamente, também criariam um paradoxo: *vou voltar*, *vou ficar* (ou se vai ou se volta, ou se vai ou se fica). Também vale lembrar os casos de *vou indo* e *vem vindo*, que não sofrem censura, embora haja aí a combinação redundante dos mesmos verbos (*ir* + *ir*, *vir* + *vir*). Como sempre, as atitudes normativistas só veem uma parte do quadro da mudança linguística.

Outro indicador de que a gramaticalização do futuro perifrástico ainda não atingiu sua compleição é a possibilidade de elementos intervenientes entre o verbo auxiliar *ir* e o verbo principal no infinitivo, como em (44) e (45):

(44) [19,2 CE RJ] *Elle conhecendo o que tendes feito, **vai** sem dúvida **olhar** por essa Província, que está expirante com tanta expedição: elle conhecendo a justiça, dezejos, e a necessidade da Província, **vai** sem dúvida **cumprir** vossos votos apoiado em Decretos; elle vai mandar recolher do Sul vossas Tropas todas, a ver se assim vos subtrahis de mizeria tanta.* (Oliveira, 2006: 100-1)

(45) [21,1 SSA, dado espontâneo de fala] ***Vou*** *ainda te* ***dizer*** *uma coisa: só posso sair amanhã.*

Embora ainda não totalmente gramaticalizado, o futuro perifrástico vem substituindo o futuro simples, que predomina na língua escrita jornalística e que está quase ausente na língua falada, onde resiste apenas em verbos irregulares, monossilábicos e de alta produtividade na língua, como *ser*, *ter* e *ver* (Oliveira, 2013).

Cumpre informar ainda a respeito do futuro verbal a implementação da perífrase com *ir* no futuro + infinitivo (*irei falar*). Essa forma já foi documentada por Oliveira (2006: 91) no século XVII:

(46) [17 CP RJ] [...] *mas passada a festa* ***irei*** *logo* ***fazer*** *todas as diligências.*

Ainda que pouco estudada, essa perífrase tem tido um aumento de uso na atualidade, tanto na fala como também na escrita, como atestam, respectivamente, os exemplos (47) e (48):

(47) [21,1 SSA, dado espontâneo de fala] *Agora nós* ***iremos apresentar*** *os resultados da pesquisa.*

(48) [21,1 SSA, Jornal A Tarde, notícia] *No evento, será elaborado o relatório para a* VII *Conferência Estadual de Saúde, além da eleição dos delegados que* ***irão representar*** *o município na etapa estadual.*

Seu espraiamento é decorrente de uma possível hipercorreção, que pode ser explicada como uma maneira encontrada pelos falantes na tentativa de reequilibrar o sistema, pois o futuro sintético (*falarei*) já é visto como pedante (Oliveira, 2011) e o futuro perifrástico (*vou falar*) soa coloquial e popular. Como solução de compromisso, usa-se a forma perifrástica com *ir* no futuro + infinitivo, desprovida de estigma social e atestada tanto em textos escritos jornalísticos e acadêmicos como em discursos formais, sobretudo os televisivos, o que comprova seu caráter de hipercorreção e de tentativa de recuperação da formalidade perdida com o desuso do futuro sintético.

Finalmente, ao lado dessa variante, documentamos também formas de futuro gerundivo, atribuídas equivocadamente a uma tradução literal da língua inglesa e/ou à fala de trabalhadores da área de *telemarketing* e que também carecem de mais estudos empíricos:

(49) [21,1 RJ, dado de fala espontânea] *Só um instante, senhora, que eu* ***vou estar imprimindo*** *a fatura da senhora.* (Oliveira, 2006: 197)

(50) [21,1 RJ, dado de fala espontânea] *Nós* ***estaremos entregando*** *amanhã o aparelho Motorola C213 para a senhora CRS, no endereço* [...] (Oliveira, 2006: 197)

(51) [21,1 Feira de Santana, redação escolar] *Quando eu crescer,* ***vou continuar fazendo*** *o que faço hoje, pois a universidade vai apenas incrementar a minha vida profissional* [...]

Diferentemente da variante com *ir* no futuro + infinitivo, a variante com as formas gerundivas carregam forte estigma social e são rejeitadas pelos falantes, sendo alvo de críticas inclusive na mídia brasileira (Oliveira, 2011).

## A MULTIFUNCIONALIDADE DO PRETÉRITO IMPERFEITO DO INDICATIVO[11]

Os estudos de gramaticalização têm por objetivo captar as nuanças do processo pelo qual passam as construções e os domínios funcionais, evidenciando o caráter gradual da mudança, uma vez que há uma quebra na correlação prototípica entre a forma e a função, o que propicia situações de usos linguísticos variáveis em função da dinamização da trajetória dos itens/construções.

A noção de camadas pode ser vista em duas perspectivas nos estudos de gramaticalização. Na perspectiva de Hopper (1991), o princípio das camadas é explorado em termos da sua diversidade formal dentro de um dado domínio funcional. Torres Cacoullos (2001) sugere que o princípio das camadas de Hopper (1991), relativo à diversidade formal dentro de um domínio funcional, pode ser explorado em termos de divergência de forma e de sentido (polissemia), ou seja, considerando a coexistência de diferentes valores semântico-discursivos em um mesmo recorte temporal, decorrente das instâncias da trajetória de gramaticalização do item/construção.

As categorias verbais se apresentam em camadas, tanto quanto à diversidade formal como quanto à polissemia. Enquanto no pretérito mais-que-perfeito e no futuro a perspectiva de análise explorou a sobreposição de camadas em termos de diversidade formal, no pretérito imperfeito do indicativo, a perspectiva de análise tem como objetivo a polissemia da forma, considerando dois domínios: o passado imperfectivo e o passado condicional.

## Passado imperfectivo

O domínio funcional do passado imperfectivo, no português brasileiro, pode ser expresso por duas formas, configurando-se um caso de variação, como em (52):

(52) [20,2 ET – Varsul] *Depois me aborreci, não era o tipo de serviço que eu **estava querendo**, aí passei a ser funcionário do Banco Econômico, **trabalhava** no setor de transporte de malote.* (Freitag, 2007: 17)

Em (52), *estava querendo*, forma perifrástica constituída por *estar*IMP + V*ndo* (PPROG), e *trabalhava*, pretérito imperfeito do indicativo (IMP), referem-se a uma mesma função semântico-discursiva, o passado imperfectivo, que se caracteriza por expressar uma situação que apresenta as seguintes propriedades: a) é anterior ao momento da enunciação; b) é concomitante a outra situação, que se torna seu ponto de referência; e c) apresenta-se como em andamento em relação ao ponto de referência. As formas verbais IMP e PPROG, quando expressam passado imperfectivo, podem ser intercambiadas, resguardadas as nuanças aspectuais (*estava querendo/queria*; *estava trabalhando/trabalhava*). Fenômeno aspectual semelhante ocorre com a alternância entre a forma simples do presente do indicativo e a forma perifrástica (*trabalho/estou trabalhando*).

Apesar de intercambiáveis, as formas parecem assumir contextos aspectuais mais específicos, com a tendência de polarização de uso como estratégia para resolver a ambiguidade aspectual. Em "*O Rui trabalhava muito*", podemos ter uma leitura habitual, que pode ser parafraseada por "*O Zé sempre foi um preguiçoso. O Rui trabalhava muito*" ou remeter a uma leitura de continuidade no passado, parafraseável por "*No ano passado, o Rui trabalhava muito*" (Matos, 1996). Travaglia (1981) também verifica a ambiguidade do pretérito imperfeito do indicativo, pois em alguns contextos a forma pode assumir leitura continuativa, ou seja, expressar uma situação passada vista com continuidade, ou leitura habitual. Uma frase como "Ele *falava* às 10h" pode ter tanto uma leitura continuativa ("Ele *estava falando* às 10h") como uma leitura habitual ("Ele *sempre falava* às 10h").

Travaglia (1981) sugere que, no português, a leitura mais intuitiva para o falante é a habitual, uma situação que ocorreu mais de uma vez no passado e que pode vir a continuar ocorrendo no momento presente e no futuro. Caso fosse intenção do falante marcar a continuidade da situação, ou seja, apresentar uma única situação passada vista como em andamento em relação à especificação temporal, utilizaria uma forma perifrástica, como (52). A tendência de uso de uma forma perifrástica para desfazer a ambiguidade do IMP é apontada por Dias (1970 [1918]: 186):

> [...] querendo-se designar explicitamente o que se estava passando no momento em que uma causa aconteceu, de modo que não haja confusão com a designação do que costumava acontecer, emprega-se a conjugação periphrastica [*sic*] – composta com o verbo estar com o particípio em *-ndo*, ou com o infinitivo presente precedido de a: não lhe falei porque estava a jantar/estava jantando.

A intuição de Epiphanio Dias em identificar uma estratégia – o uso de uma forma perifrástica – para diferenciar a expressão da continuidade da habitualidade no tempo passado não está em uma gramática normativa atual; trata-se da *Syntaxe historica portuguesa*, fundamentada em textos de autores dos séculos XIII a XVII, sugerindo que a tendência à especialização de usos teve origens mais antigas e, curiosamente, ainda não é mencionada nas gramáticas normativas atuais.

O aspecto imperfectivo está relacionado à impossibilidade de se determinar os pontos inicial ou final da situação, com foco voltado ao seu desenvolvimento, em contraponto ao perfectivo, que enfatiza os pontos inicial ou final da situação. O imperfectivo também é uma característica de um período de tempo que inclui o ponto de referência como uma situação habitual; é o sentido mais geral e mais abstrato da aspectualidade, em oposição ao sentido mais específico, o progressivo, do qual derivam os demais sentidos, até o imperfectivo genérico, que afrouxa as exigências semânticas para a determinação das nuanças da imperfectividade, e pode recobrir todos os valores aspectuais do imperfectivo. Considerando a oposição específico/

genérico, as nuanças da imperfectividade podem ser distribuídas em função de uma trajetória de gramaticalização, que pode dar pistas de como se processou a generalização/expansão dos contextos de uso das formas na expressão do passado imperfectivo. O domínio aspectual do imperfectivo pode ser subespecificado em nuanças de imperfectividade, que são definidas em função de dois traços básicos: o *intervalo da estrutura temporal* e a *recorrência da situação* (cf. Castilho, 2003, 2010; Wachowicz, 2003), os quais, combinados entre si, resultam no Quadro 2.

**Quadro 2 – Esquema básico das relações aspectuais imperfectivas**

| Recorrência da situação | Intervalo da estrutura temporal | | |
|---|---|---|---|
| | Determinado | | Indeterminado |
| | Pontual | Estendido | * |
| Uma vez | *Progressivo* | *Durativo* | |
| Mais de uma vez | * | *Iterativa* | *Habitual* |

Fonte: Freitag, 2007: 83

Decorrente do desdobramento dos traços, o domínio do passado imperfectivo recobre uma escala de valores dentro da imperfectividade, do mais ao menos específico: *progressivo*, *durativo* e *iterativo*, como em (53), (54) e (55), respectivamente (Freitag, 2007: 128). O valor habitual, o menos específico na escala do imperfectivo, apresenta correlação categórica com a forma IMP.

(53) [20,2 ET – Varsul] F *Eu li do Marcos Rey, "Sozinha no Mundo", que eu gostei.*
*E Como é que era?*
*F Que conta a história de uma menina, que ela* ***ia*** *pra Serra Azul procurar um tio dela, né? que mandava dinheiro pra ela e pra mãe dela. Daí, quando ela* ***estava indo****, ela conheceu uma família muito legal, né?* (SC FLP FGJ 07)[12]

(54) [20,2 ET – Varsul] *No judô uma coisa que marcou foi, eu era, acho, faixa laranja. Meu irmão também na época* ***fazia*** *judô, meu irmão mais velho, né?* ***fazia*** *judô, e a Suzana deu um, entrou um <<fioitôxi>> e caiu com o cotovelo em cima da barriga dele e hoje aquela imagem já, hoje essa, até hoje a imagem fica gravada na minha cabeça* (SC FLP MJC 01)

(55) [20,2 ET – Varsul] *Ah! eu quando* ***ia*** *pra casa do meu irmão eu tinha dezesseis anos, dezesseis pra dezessete.* (SC FLP MJP 10)

Há ainda os casos aspectualmente ambíguos, como em (56), ou seja, casos em que não é possível definir qual o valor aspectual considerado naquele contexto, provavelmente porque a especificação aspectual do imperfectivo não era relevante para a situação comunicativa.

(56) [20,2 ET – VARSUL] *Ah! eu quando* ***ia*** *pra casa do meu irmão eu tinha dezesseis anos, dezesseis pra dezessete. É que eu* ***brigava*** *muito aqui, né? se juntava com o meu primo,* ***estava brigando*** *muito.* (SC FLP MJP 10)

As situações expressas por "brigar" nesse exemplo (56) são difusas, permitindo ao analista fazer diversas leituras aspectuais, como uma situação habitual, ou seja, habitualmente havia briga em família. Pode-se pensar em uma briga que seja durativa, ou seja, os primos viviam uma constante briga aos dezesseis anos do falante. Ou, ainda, pode-se pensar em uma briga progressiva, que ficava mais intensa a cada dia, remetendo a uma leitura aspectual progressiva.

Considerando a emergência do sentido mais específico ao mais genérico, podemos postular a escala de gramaticalização das funções no domínio do passado imperfectivo da Figura 1.

**Figura 1 – Escala de gramaticalização das funções no domínio do passado imperfectivo**

| *Progressivo* | → | *Durativo* | → | *Iterativo* | → | *Habitual* |
|---|---|---|---|---|---|---|
| (pontual, uma única vez) | | (estendido, uma única vez) | | (estendido, mais de uma vez) | | indeterminado |

Fonte: Freitag (2007: 129)

Na análise da amostra do Varsul de Florianópolis (Freitag, 2007), foram identificados 882 contextos de passado imperfectivo, com 546 ocorrências de IMP (62%). Quanto ao valor aspectual expresso, o passado imperfectivo durativo é a função que mais contabiliza ocorrências, com 616 de um total de 882 dados. Os dados classificados como ambíguos perfazem a segunda maior totalização de ocorrências. A ambiguidade, como apontado anteriormente, é uma consequência do processo de gramaticalização, e a decisão metodológica de controlar os dados ambíguos na análise quantitativa tem como motivação o caráter fluido e contínuo do processo, captando uma instância em que as formas ainda não adquiriram totalmente as características da função-alvo e também não perderam as características da função-fonte.

Os valores aspectuais progressivo e iterativo mostram-se fortemente correlacionados com uma forma prototípica para sua expressão (Gráfico 3).

**Gráfico 3 – Frequência de IMP na expressão de passado imperfectivo em função dos valores aspectuais – amostra Varsul Florianópolis (SC)**

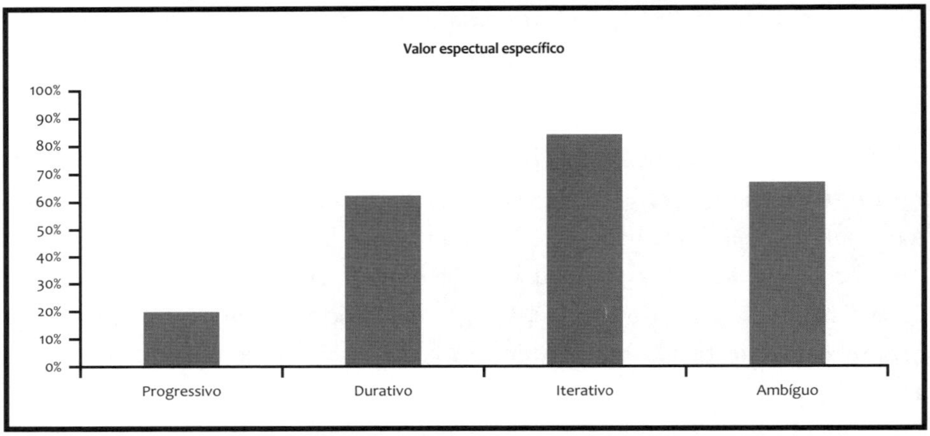


Fonte: Adaptado de Freitag (2007: 137)

Sincrônica e diatopicamente, as formas apresentam comportamento estável. Na análise de uma amostra de Itabaiana, em Sergipe, foram identificados 637 contextos de passado imperfectivo, com 541 ocorrências de IMP, o que corresponde a 85% dos dados (Araújo e Freitag, 2010: 8)[13]:

(57) [21,1 ET – Falares Sergipanos] *Olhe até ontem ((RISOS)) eu* ***achava*** *que seria um curso... né? que... dá as condições de emprego... só que... quando a gente passa a se deparar... né? com um processo seletivo como está tendo agora a gente vê a quantidade muito grande de pessoas formadas* (SE ITA FP SQ 02)

(58) [21,1 ET – Falares Sergipanos] *Então... várias coisas vêm à nossa mente né? e a gente só vai tendo... vendo o resultado disso com o passar do tempo... e eu* ***estava até conversando*** *com um colega meu... que ele também* ***estava ensinando*** *né? como professor contratado.* (SE ITA FP SQ 02)

Embora as frequências sejam mais altas, o padrão encontrado na amostra de Florianópolis/SC se mantém: o valor aspectual específico iterativo é o que está mais fortemente correlacionado com a forma IMP, assim como o aspecto habitual. Já o contínuo e o progressivo são associados à variante PPROG (Gráfico 4).

**Gráfico 4 – Distribuição das frequências de IMP na expressão do passado imperfectivo nas faixas etárias em função do valor aspectual – amostra Falares Sergipanos Itabaiana (SE)**

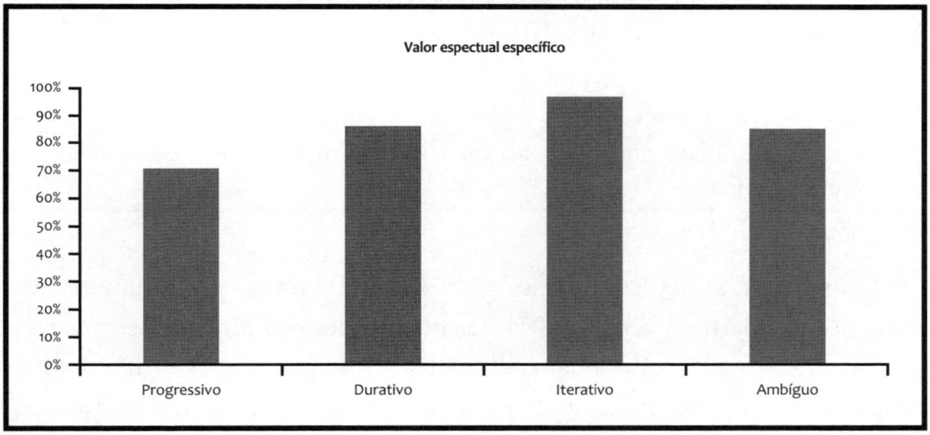


Fonte: Adaptado de Araújo e Freitag (2010: 15)

A trajetória de gramaticalização para a emergência das funções no domínio do passado imperfectivo segue a proposta de Bertinetto (2000), que traça um contínuo para dar conta da mudança do progressivo ao imperfectivo genérico nas línguas românicas (Quadro 3). No português, o progressivo, predominantemente, situa-se entre (iv), progressividade III, e (v), pura imperfectividade.

**Quadro 3 – Do progressivo ao imperfectivo nas línguas românicas**

| |
|---|
| (i) *puramente locativo* = estativo, durativo<br>(ex.: o sentido observado em exemplos latinos)<br>(ii) *progressividade I* = residualmente locativo, durativo, aspectualmente neutro<br>(ex.: perífrases progressivas baseadas no verbo 'vir', que preserva algum tipo de orientação dêitica)<br>(iii) *progressividade II* = durativo, aspectualmente neutro<br>(ex.: perífrases progressivas baseadas no verbo "ir")<br>(iv) *progressividade III* = focalizada, estritamente imperfectiva<br>(ex.: italiano "*stare* + gerúndio")<br>(v) *pura imperfectividade* = perda da característica progressiva<br>(ex.: possibilidade observada em variantes não *standard* do espanhol da América Latina) |

Fonte: Freitag (2007: 147)

Do ponto de vista formal, a origem de PPROG está no português arcaico. A análise de Mattos e Silva (2001) de construções verbais com *ser*, *jazer*, *estar*, *andar* e *ir* + gerúndio, nos séculos XIII a XV, sugere que os verbos auxiliares passaram por um processo de gramaticalização com a perda do valor lexical do candidato a auxiliar, que, combinado às formas nominais do verbo principal, tornou-se "*suporte para as marcas de modo/tempo e número pessoa*" (Mattos e Silva, 2001: 62) da construção. Dentre as construções candidatas, a perífrase *estar* + gerúndio caracteriza-se pela continuidade no processo de gramaticalização e pela produtividade do uso do recurso na língua. Mendes (1999: 69) postula o seguinte percurso de gramaticalização para a perífrase *estar* + gerúndio no português:

i. *estar* + locativo →
ii. *estar* + locativo + gerúndio →
iii. *estar* + gerúndio + locativo →
iv. *estar* + gerúndio

Apesar do processo de gramaticalização, a perífrase *estar* + gerúndio apresenta restrição de coocorrência com o verbo *estar*: não há registro de ocorrências de *está*$_{\text{[auxiliar]}}$ *estando*$_{\text{[verbo pleno]}}$. Do ponto de vista funcional, o progressivo codifica uma situação em andamento em relação ao tempo de referência em predicados dinâmicos e deriva: (i) de verbos locativos; (ii) da construção *estar* + forma não infinitiva (cf. Mendes; 1999; Mattos e Silva, 2001); e (iii) também de verbos de movimento, como em algumas línguas românicas (Bybee, Perkins e Pagliuca, 1994; Bybee, 2003a). O mesmo valor semântico-discursivo, como vimos, pode ser expresso pela forma de pretérito imperfeito do indicativo (IMP), já no sistema verbal do português desde a romanização.

## Passado condicional

A forma conhecida pela tradição gramatical do português brasileiro como *futuro do pretérito* é derivada da construção V infinitivo + *habere* no pretérito imperfeito do indicativo (*amare habebam* → *amare habebam* → *amarabéa* → *amaréa* → *amaria*)[14]. A forma de *futuro do pretérito*, hoje, ainda é canonicamente associada ao valor de futuridade no passado no português brasileiro, como atestam as gramáticas de base normativa, embora esta forma seja polissêmica, transitando entre valores relacionados ao domínio do tempo e da modalidade, tais como o valor de futuro do passado, matizes de polidez (Araújo e Freitag, 2015) e o valor de condicionalidade da hipótese, como em (59).

(59) [21,1 ET – Falares Sergipanos] *Se fosse do meu real prazer mesmo eu **faria** geografia* (SE ITA MB LQ 01)

No domínio do passado, o valor de condicionalidade da hipótese pode ser expresso por mais de uma forma verbal no português: além da forma de futuro do pretérito (FP), as formas de pretérito imperfeito do indicativo (IMP) e formas perifrásticas *ia* + V e *iria* + V. A variação neste contexto já está prevista em algumas gramáticas normativas (Bechara, 2003; Cunha e Cintra, 1985, entre outros) e vem merecendo atenção e estudo no português brasileiro (Costa, 1997, 2003; Silva, 1998; Karam, 2000; Câmara Jr., 2002; Barbosa, 2005; Dias, 2007; Marine e Barbosa, 2008; Fonseca, 2010, entre outros).

Do ponto de vista temporal, FP é caracterizado por indicar uma situação, ou momento do evento (ME) possível de acontecer posteriormente ao momento de fala (MF) em relação a um ponto de referência passado (MR). De acordo com Corôa (2005: 11), o FP pode ser representado pela seguinte notação: MR – MF – ME, em que o traço indica precedência temporal. Já o IMP é caracterizado, temporalmente, por expressar uma situação que ocorreu no passado, simultaneamente a um ponto de referência também no passado, e ambos são anteriores ao momento de fala, arranjo que pode ser representado pela seguinte notação: ME, MR – MF (em que a vírgula representa simultaneidade temporal e o traço precedência temporal). O ME é simultâneo ao MR e ambos são anteriores ao MF, valor temporal prototipicamente associado ao pretérito imperfeito. No entanto IMP pode ser utilizado em contextos que expressam condicionalidade. Vejamos o exemplo (60):

(60) [21,1 ET – Falares Sergipanos] *Se você se formou se eu me formasse e visse que não que eu não dava pra ensinar que não era o meu ramo... eu não* ***faria****... eu não* ***exercia*** *a profissão melhor dizendo* (SE ITA FP SQ 02)

Já em (61) e (62), as formas perifrásticas são utilizadas em contextos de condicionalidade, evidenciando a possibilidade de alternância com as formas perifrásticas:

(61) [21,1 ET – Falares Sergipanos] ***Se nós fôssemos estudar em São Cristóvão iríamos enfrentar*** *uma viagem de uma hora para irmos e uma hora para voltarmos que* ***iria dificultar*** *um pouco... mas acho que teria condições sim* (SE ITA FP LQ 09)

(62) [21,1 ET – Falares Sergipanos] ***se eu dissesse*** *mainha amanhã eu vou trancar minha faculdade... não vou mais estudar... eles não* ***iam incentivar*** *eu continuar estudando* (SE ITA FP LQ 11)

Foram identificadas 93 ocorrências de passado condicional extraídas da amostra de Itabaiana (SE) (Gráfico 5).

**Gráfico 5 – Distribuição das ocorrências de passado condicional na amostra Falares Sergipanos Itabaiana (SE)**

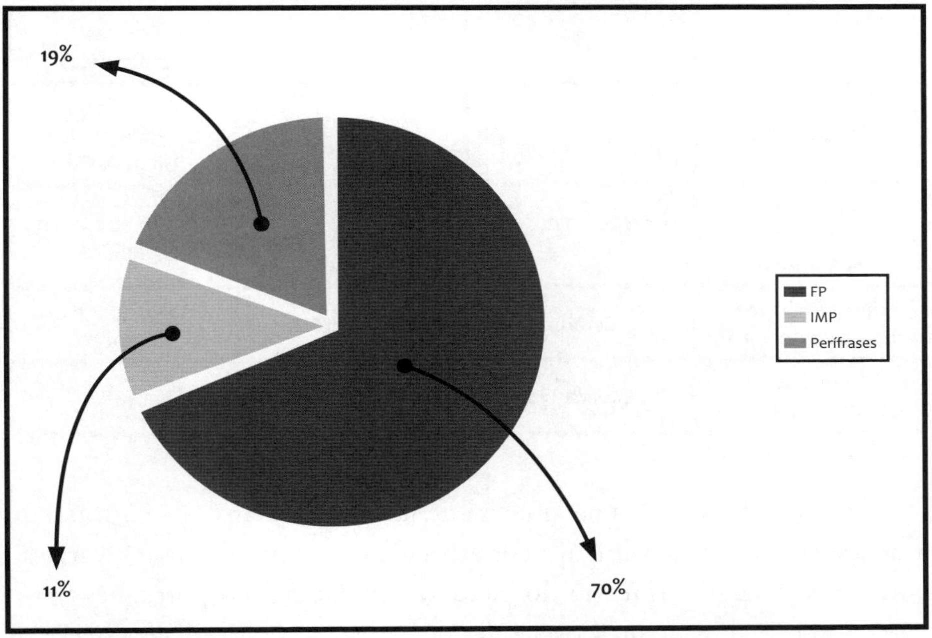


Fonte: Freitag e Araújo (2011: 212)

A forma de FP é a mais recorrente na amostra de fala de informantes com nível superior sob análise. Os resultados da análise variacionista apontam as motivações para o uso do FP e suas variantes na expressão do passado condicional, indiciando um processo de gramaticalização, com a especialização de formas em funções. O Quadro 4 sumariza as tendências de uso das variantes com base nos resultados quantitativos da expressão do passado condicional na fala de Itabaiana (SE).

**Quadro 4 – Tendências de uso de FP, IMP e formas perifrásticas na expressão do passado condicional**

| | FP | IMP | Formas perifrásticas |
|---|---|---|---|
| **Paralelismo** | Ocorrência precedida de FP | Ocorrência precedida de IMP | Ocorrência precedida de IA + V ou IRIA + V |
| **Ambiente sintático-semântico** | Oração na ordem inversa | Oração encaixada com prótase coocorrente | Oração na ordem canônica |
| **Tipo semântico-cognitivo do verbo** | Estado | Estado | Modalidade e Cognição |
| **Sequência discursiva** | Explicativa | Narrativa | Narrativa |

Fonte: Freitag e Araújo (2011: 224).

Os resultados obtidos na amostra de fala de Itabaiana (SE) corroboram a existência de arranjos linguísticos específicos que possibilitam a variação entre as formas de expressão do passado condicional no português brasileiro, como já mostraram Costa (2003), Barbosa (2005) e Dias (2007). A convergência de arranjos linguísticos e a recorrência de formas de expressão do passado condicional em amostras de variedades e perfis sociais distintos sugere que os fatores sociais sejam pouco atuantes nesse processo. Podemos interpretar a confluência de resultados como uma tendência de especialização de formas em certos contextos de uso, indiciando um processo (ainda incipiente) de gramaticalização no domínio do passado condicional. Tal tendência reforça a tese do ciclo do futuro nas línguas românicas de Fleischman (1982), porém com ênfase no valor das funções, e não nas formas.

## Rumos do pretérito imperfeito do indicativo

O entrelaçamento dos domínios funcionais e a sobreposição de formas podem ser reflexos dos efeitos de camadas, tanto como diversidade formal, ou seja, as diferentes formas que coexistem em um dado domínio funcional, quanto como passado condicional ou passado imperfectivo, como de polissemia, com os diferentes valores que o pretérito imperfeito assume (Figura 2).

**Figura 2 – Arranjo das formas e funções envolvidas na expressão do passado imperfectivo e do passado condicional**

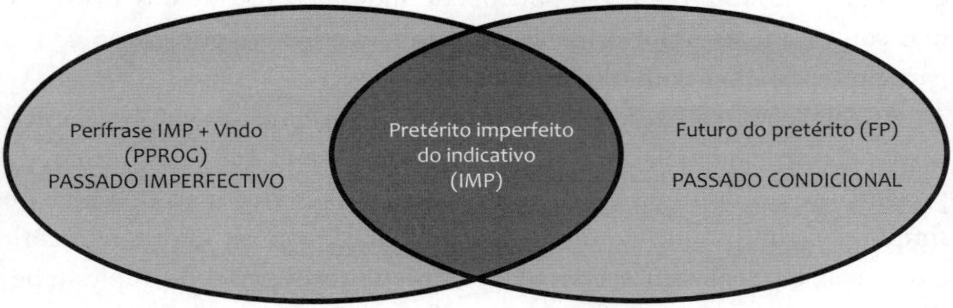


Fonte: Adaptado de Freitag e Araújo (2011: 105).

A forma de pretérito imperfeito do indicativo é polissêmica, e a coexistência de camadas no domínio funcional da expressão do tempo verbal passado leva a uma situação de quebra da correlação de um-para-um, fazendo com que o sistema de codificação se reacomode para voltar a instaurar o equilíbrio cognitivo.

As situações de multifuncionalidade (polissemia) e as situações de diversidade formal em um dado domínio funcional são resultantes da dinâmica do uso linguístico, sujeitas às pressões comunicativo-cognitivas reguladoras. Uma abordagem que considere apenas um direcional de análise, seja da forma para a função, seja da função para a forma, não consegue captar todos os matizes do processo.

## CONSIDERAÇÕES FINAIS

Em relação ao domínio tempo-aspecto-modalidade, o paradigma verbal do português, entre o século XVI e a atualidade, apresenta diferenças, que podem ser sistematizadas em duas direções: as alterações formais e as alterações funcionais.

Do ponto de vista das alterações formais, identificamos a consolidação de processos de gramaticalização de formas perifrásticas, com a regularização de verbos auxiliares, como *ir* e *estar*, que constituem, respectivamente, as perífrases de futuro e de progressivo, e *ter* e *haver*, que constituem o passado composto. Enquanto o auxiliar *ir* se mostra emergente nesse período de tempo, *estar*, na construção perifrástica de passado imperfectivo, mostra-se com comportamento variável estável desde o século XVIII e *ter/haver*, a partir do século XVI, foram, pouco a pouco, entrando na categoria dos auxiliares, mas conservam seu valor original, quando não estão em conjunção com o particípio passado e com o infinitivo.

As alterações mais salientes, no entanto, são as funcionais. Observamos, nesse período temporal, o rearranjo dos valores assumidos pelas formas, especialmente no domínio do passado – com o pretérito mais-que-perfeito simples inserindo-se no domínio da modalidade, com os valores metafóricos –, e as especializações aspectuais do pretérito imperfeito simples e perifrástico. No domínio do futuro, a perífrase assinala a modalidade, mas se encaminha para marcar, de fato, o tempo.

Em suma, as mudanças ocorridas no paradigma verbal do português se alinham a dois processos, sob a perspectiva funcional: a emergência e a regularização dos usos de novas formas verbais, como ocorre com as formas perifrásticas de futuro e de passado imperfectivo, e a expansão do uso de formas verbais já existentes a outros domínios funcionais, como é o caso do valor de passado do passado, assumido pelo pretérito perfeito, e os usos metafóricos do pretérito mais-que-perfeito, no domínio da modalidade. Os processos gerais podem ser explicados pelo princípio laboviano do uniformitarismo, segundo o qual a estabilidade é característica fundamental dos sistemas linguísticos, e pela hipótese do ciclo do futuro de Fleischmann (1982), que explica as relações entre formas simples e perifrásticas nas línguas românicas e que pode ser replicado não só para o futuro mas para todos os domínios funcionais.

## NOTAS

1 As categorias são interconectadas a tal ponto que fica difícil separar uma da outra. No entanto, optamos pela abordagem separada de cada categoria por conveniência expositiva, tanto por razões didáticas como pela saliência de uma ou outra em determinados contextos.

2 Nesta seção, os exemplos são identificados por século (primeira ou segunda metade); por gênero textual (teatro – TT, crônica – CR, carta – CT, sermão – SM, auto – AT, compêndio narrativo – CN, poema – PO, entrevista – ET, artigo – AG, homenagem – HO e efeméride – EF) e por fonte (autor ou banco de dados – Instituto do Ceará [IC] e Varsul).

3 Mesmo na função de passado do passado, a factualidade da situação codificada pelo mais-que-perfeito pode estar atenuada: não sendo o ponto de referência *dicendi*, o enunciador assume a factualidade da situação, como em (5); havendo verbo *dicendi* como ponto de referência, a verdade do enunciado é atribuída a outro, como em: "Disseram-me na Casa de Saúde que o Doutor Fortes *viera* para cá" (Arthur Azevedo, século XX).

4 A situação não é diretamente negada, mas, ao sugerir outra, o locutor elegantemente a nega, por exemplo, quando alguém diz: – *Vamos ao cinema?* E o outro responde: – *Eu tinha pensado em ficar em casa.* Trata-se de uso estilístico do mais-que-perfeito, em situações de contestação indireta, o que revela que vai construindo seu lugar ao sol, mesmo perdendo a disputa para o perfeito simples na função de passado do passado.

[5] Os resultados provêm do projeto "Análise variacionista dos pretéritos mais-que-perfeito simples, mais-que-perfeito composto e perfeito simples de 1887 a 2012 em revistas históricas do Instituto do Ceará" (CNPq – UFC).

[6] Projeto de Estudo da Variação Linguística na Região Sul do Brasil.

[7] Thomas (1969; 1974); Pontes (1982); Oliveira (1985); Santos (1997); Santos (2000); Lima (2001); Gibbon (2000); Silva (2002); Gryner (2003); Malvar (2003); Oliveira (2006); Malvar e Poplack (2008); Tesch (2011), entre outros.

[8] Lima (2001: 121) já encontra a construção perifrástica no século XIII. No entanto no exemplo citado pelo autor ainda é muito evidente o sentido de movimento no espaço: "*Levantou-s'a velida, / levantou-s'alva / e vai lavar camisas / eno alto: /* ***vai****-las* ***lavar*** *alva*" (cantiga de amigo de D. Dinis).

[9] Os dados foram extraídos dos seguintes textos: séc. XIII – *Testamento de Afonso XX* e *Foro Real de Afonso X*; séc. XIV – *Flos Sanctorum*; séc. XV – *Vida de Tarsis, Vida de uma Monja, Morte de S. Jerônimo, Vida de Santa Pelágia* e *A Carta de Caminha*; séc. XVI – *Cartas de D. João III*; séc. XVII – *Cartas do Pe. Antônio Vieira*; séc. XVIII – *Cartas Oficiais, Cartas de Comércio* e *Cartas Comuns*; séc. XIX – *Cartas Oficiais, Cartas Pessoais* e *Cartas de Editores*; séc. XX – *Editoriais de Jornais* (Oliveira, 2006: 64-5).

[10] Para Mattos e Silva (1989, 1996 e 1997), entretanto, *ter de* + infinitivo indica 'obrigação' e *haver de* + infinitivo indica 'futuridade'. Assim, pode-se dizer que, na luta histórica entre essas duas formas, *haver de* + infinitivo (que possuía ambos os traços em um dado momento) perdeu o traço de 'obrigação' para *ter de* + infinitivo e, posteriormente, perdeu o traço de 'futuridade' para *ir* + infinitivo.

[11] Esta seção apresenta resultados do projeto "Variação na expressão do tempo verbal passado na fala e escrita de Itabaiana (SE): formas e funções concorrentes", financiado pela Fapitec (Edital Fapitec/Funtec-SE Universal 06/2009 Processo n. 019.203,00910/2009-0) e pelo CNPq (Edital MCT/CNPq/MEC/Capes 02/2010 – Ciências Humanas, Sociais Aplicadas Processo n. 401564/2010-0).

[12] A sigla entre parêntesis refere-se às informações de codificação do perfil sociodemográfico do banco de dados: SC = Santa Catarina; FLN = Florianópolis; a primeira letra da terceira sigla refere-se ao sexo/gênero; a segunda, à faixa etária e a terceira, ao nível de escolarização. O número ao final identifica o informante.

[13] A amostra analisada pertence ao Banco de Dados Falares Sergipanos (Freitag, 2013) e foi constituída por doze entrevistas sociolinguísticas realizadas com estudantes universitários da unidade de Itabaiana da Universidade Federal de Sergipe, estratificados quanto ao sexo, todos na faixa etária de 21 a 30 anos; e por dezesseis entrevistas sociolinguísticas realizadas com estudantes da educação básica e ensino médio (6º ano da educação básica, 9º ano da educação básica, 1º ano do ensino médio e 3º ano do ensino médio) e estratificadas quanto ao sexo, compreendendo a faixa etária de 12 a 17 anos.

[14] A Nomenclatura Gramatical Brasileira, de 1958, aboliu o uso do termo "condicional" para referir-se à forma de futuro do pretérito; já a Nomenclatura Gramatical Portuguesa, de 1967, prevê um modo verbal denominado condicional. Por estar associado à irrealidade, codificando valores de desejo, intenção, vontade, os quais estão relacionados à categoria da modalidade, Câmara Jr. (1976: 171) destaca que "*a preferência do termo condicional do indicativo para se referir às formas verbais terminadas em -ria demonstra a inclinação pelas características peculiares de um modo de realização do processo verbal e não do tempo da sua ocorrência*" (cf. Freitag e Araújo, 2011).

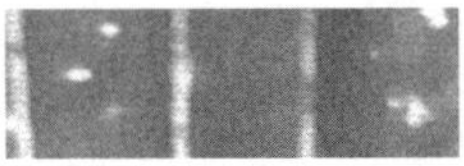

# OS ADVÉRBIOS: ASPECTOS HISTÓRICOS E USOS ATUAIS

Maria Maura Cezario
Deise de Moraes Pinto
Karen Sampaio Alonso
Julia Costa Nunes
Bruna Soares
Érika Ilogti de Sá

## SUMÁRIO

## APRESENTAÇÃO[1]

A classe dos advérbios é pouco homogênea, tanto do ponto de vista semântico quanto do morfossintático. Essa heterogeneidade deve-se principalmente ao fato de os advérbios funcionarem num plano de utilização da língua que oscila entre o campo do léxico e a área da gramática, normalmente composta de elementos que assumem funções voltadas para a organização interna do texto ou para a sua orientação argumentativa.

Segundo Garcia (1977: 48), o advérbio expressa a ideia de circunstância (do latim *circum*, em redor e *stare*, estar: "o que está em redor ou em torno"). Essa noção pode ser definida como "*a condição particular que acompanha o fato, o acidente que o atenua ou agrava*". Ainda segundo o autor,

> [...] em retórica, entende-se por circunstância a própria ação (o quê? lat. *quid*?), a pessoa (quem? lat. *quis*?), o lugar (onde? lat. *ubi*?), o tempo (quando? lat. *quando*?), a causa (por quê? lat. *cur*?), o modo (como? lat. *quomodo*?) e os meios (com quê? lat. *quibus auxiliis*?).

No âmbito da sintaxe, entretanto, *ação* e *pessoa* deixam de constituir circunstâncias, correspondendo respectivamente ao verbo e ao sujeito (ou ao objeto) e se acrescentam àquelas as noções de fim ou consequência, oposição, condição, entre outras. Todas, exceto *ação* e *pessoa*, assumem formas de elementos adverbiais (simples ou oracionais).

Há ainda diversos tipos de advérbios que passam do nível apenas sintático e assumem funções pragmático-discursivas, como ocorre com o advérbio *já*, como em "*A reunião já terminou*?". Nessa frase, mais que uma noção temporal, o elemento *já* demonstra uma expectativa do falante de que a reunião não tivesse terminado. Ou seja, a frase expressa o contrário da expectativa e o advérbio *já* é a marca disto: é um elemento de contra-expectativa (cf. Heine, Hünnermeyer e Claudi, 1991).

Como se pode ver, se o analista adota a noção de circunstância, deve considerá-la de modo amplo e relativo, no sentido de que constitui um *continuum* de abstração, que vai desde o cenário espacial do evento até a de construção do texto, já que os usos de alguns advérbios apresentam uma polissemia consequente de processos de gramaticalização que levam elementos espaciais e temporais a serem utilizados com valor de conectivo.

Segundo Ramat (1998), como os advérbios se configuram como uma categoria muito fluida, é preciso apresentar as suas características prototípicas como classe. Para o autores, os advérbios prototípicos têm as seguintes características: (i) são invariáveis; (ii) são opcionais; (iii) podem ser modificados por outros advérbios; e (iv) podem modificar outras categorias de palavras exceto substantivos.

Sem pretensão de esgotarmos o tema neste capítulo, desenvolveremos uma análise dessa classe de palavras tão heterogênea, assumindo uma visão diferente da tradicional. Pretendemos, com base na Linguística Funcional Centrada no Uso (cf. Bybee, 2010; Cezario e Cunha, 2013; Oliveira e Rosário, 2015), caracterizar a classe dos advérbios, observar seu uso em textos dos séculos XIX e XX e verificar se houve mudança nos padrões de uso, sobretudo de alguns advérbios de tempo e aspecto, de modo e de intensidade[2]. Tomaremos como base autores funcionalistas, como Ilari (2002, 2007), Cezario (2008), Cezario, Machado e Soares (2009), Soares e Cezario (2012), Castilho (2008, 2010), Martelotta (2009, 2012) e as teses de doutorado de Moraes Pinto (2008), Alonso (2010) e Costa Nunes (2014). Apresentaremos aqui análises desenvolvidas a partir da ideia "*de que o rótulo* advérbio *designa um conjunto muito diferenciado de elementos, constituindo uma categoria fluida, que tende a se adaptar às intenções comunicativas envolvidas no discurso*" (Martelotta, 2012: 13). Também focaremos as diferentes tendências de ordenação que se relacionam às características gerais dos advérbios e às tendências particulares dos advérbios de tempo, aspecto, modo, modalidade e intensidade.

Para dar conta da classe dos advérbios, é preciso levar em conta

> [...] as extensões de sentido e os movimentos morfossintáticos sofridos pelas estruturas linguísticas no contexto de interação entre falante e ouvinte. Para isso, é necessário considerar, por um lado, as noções de gradualidade ou continuum e, por outro, o conceito de prototipicalidade, que entende os valores linguísticos como esquemáticos e parcialmente indeterminados. (Martelotta, 2012:14)

## A ABORDAGEM TEÓRICA

A linha funcionalista trabalha com a hipótese de que não há uma distinção rígida entre léxico e gramática, e no caso da história dos advérbios podemos observar claramente que substantivos mudaram para advérbios, como *logo*, do latim *locus*, "lugar"; a locução adverbial *em boa hora* sofreu uma série de mudanças e passou, num dos sentidos, a funcionar como conjunção concessiva *embora*. Além disso, o sintagma nominal *um bocado* (como em "*Ela é um bocado bonita*"), por exemplo, passou a funcionar como uma construção com valor de intensidade semelhante ao advérbio de intensidade *muito*. Esses casos demonstram que, se não separamos diacronia e sincronia, podemos ver que os elementos mais gramaticais vieram, em geral, de elementos menos gramaticais. É possível ainda que duas ou mais palavras, sendo usadas repetidas vezes juntas, ao serem usadas repetidas vezes em conjunto, passem a ser concebidas como uma só unidade,[3] formando uma nova construção, como aconteceu, por exemplo, com a formação da construção [X*mente*] (cf. Langer, 2013), que veio de usos de adjetivos modificando o substantivo *mente* (*feliz mente* → *felizmente*).

A noção de construção tem implicações tanto no nível formal quanto nos níveis semântico, pragmático e discursivo-funcional. Esse caráter eminentemente contextual da noção de construção é fundamental para que possamos dar conta dos movimentos de mudança que caracterizam os elementos linguísticos.

Goldberg (2006) propõe que todos os níveis da análise gramatical envolvem construções, ou seja, pareamentos simbólicos de forma e função. Nesse sentido, a formação histórica de uma construção envolve mudanças na forma e na função de uma construção anterior em determinados contextos. Traugott e Trousdale (2013) concebem que, quando há formação de uma nova construção, toda a rede construcional de uma língua se modifica. A rede é concebida como um conjunto de construções linguísticas conectadas entre si, por relações morfossintáticas ou semânticas. Croft (2001: 18) propõe o seguinte modelo de estrutura simbólica:

**Esquema 1 – Propriedades da construção**

| CONSTRUÇÃO | |
|---|---|
| Propriedades sintáticas<br>Propriedades morfológicas<br>Propriedades fonológicas | FORMA |
| ↓ | ← ELO DE CORRESPONDÊNCIA SIMBÓLICA |
| Propriedades semânticas<br>Propriedades pragmáticas<br>Propriedades discursivo-funcionais | SENTIDO |

Fonte: Croft, 2001: 8

Diacronicamente, os advérbios provêm de outras construções menos gramaticais após ocorrer uma série de mudanças na forma e no conteúdo. Por exemplo, a formação de advérbios *-mente* é decorrente de mudanças no conteúdo (o adjetivo que se unia a *mente* deixa de ser visto como modificador de nome; a palavra *-mente* perde o conteúdo referencial que o substantivo tinha) e a forma (com a univerbação do antigo adjetivo com a forma *-mente*).

De acordo com a Linguística Funcional Centrada no Uso, a sintaxe está a serviço dos propósitos comunicativos do falante/escritor e várias capacidades cognitivas são requeridas para que haja êxito, como a capacidade de se fazer inferência, de se fazer analogia, de se colocar no lugar do outro e de usar a memória. Muitas vezes, o ouvinte faz uma nova interpretação de um enunciado (neoanálise, nos termos de Traugott e Trousdale, 2013), repete em outras situações o novo uso. Se houver convencionalização do uso entre mais falantes podemos ter a mudança linguística.

## ADVÉRBIOS: REVISÃO DA LITERATURA

Há inúmeros trabalhos que fazem uma revisão acerca da abordagem tradicional dos advérbios em português, tal como aparecem nas gramáticas de Cunha e Cintra (1985), Bechara (2009), Rocha Lima (1976), Said Ali (1971), dentre outras. Assim, para não sairmos do foco deste livro, vamos diretamente tratar de trabalhos norteados pela Linguística. Nesta seção, faremos uma revisão bibliográfica mais geral sobre a classe advérbios e, na seção seguinte, nossa atenção estará voltada sobretudo para a proposta de explanação da classe exposta por Martelotta (2012), proposta esta que direciona as pesquisas das autoras deste capítulo há cerca de uma década. Ressaltamos então que essa revisão presente nesta seção não será retomada na análise de dados, diretamente, pois nossa análise está pautada na proposta de Martelotta, que coordenou as pesquisas do grupo Discurso e Gramática sobre advérbios por quase duas décadas. A revisão é importante, pois traz a descrição dos advérbios do ponto de vista semântico e formal, importante como ponto de partida para qualquer estudioso dessa classe de palavras.

Existem na língua portuguesa advérbios simples (*não, sempre, frequentemente*) e advérbios perifrásticos ou locuções adverbiais (*com certeza, às vezes, em casa*). As locuções adverbiais compreendem as expressões formadas por (i) preposição + substantivo/adjetivo/advérbio (*de repente, às vezes, em verdade, por miúdo, por acaso* etc.); (ii) substantivo quantificado (*algumas vezes, muitas vezes*); (iii) preposição + substantivo quantificado (*de alguma maneira, de modo nenhum, de forma alguma*); (iv) substantivo + preposição + substantivo (*via de regra*); (v) substantivo/pronome quantificador + preposição + mesmo substantivo/pronome (*passo a passo, gota a gota, dia por dia, pouco a pouco*); (vi) preposição + sintagma nominal/pronominal + preposição + sintagma nominal/pronominal (*de uma vez por todas, de vez em quando*); (vii) preposição + nome/pronome + preposição + mesmo nome/pronome (*de tempo em tempo, de um por um, de quando em quando*) e (viii) as formas verbais *Há/Faz, Havia/Fazia* + substantivo quantificado (*faz alguns meses, fazia muito tempo, há dois anos*): Neves (2000).

Do ponto de vista morfológico, o advérbio prototípico é uma palavra invariável e do ponto de vista sintático, o advérbio funciona como um termo periférico, pois é "satélite" de um núcleo. Neves (2000: 234-5) aponta que "*o advérbio (ou a locução adverbial) atua nas diversas camadas do enunciado*" e dessa forma pode ser periférico em um sintagma, incidindo sobre o seu núcleo (um constituinte); ser periférico em um enunciado, incidindo sobre uma oração ou proposição; e, ainda, ser periférico no discurso, incidindo sobre todo o enunciado.

Ainda segundo Neves (2000), os advérbios podem ser modificadores (predicadores) e não modificadores (não predicadores). Os primeiros são aqueles que afetam o significado do elemento sobre o qual incidem e se subdividem em advérbios de modo (ou qualificadores), de intensidade (ou intensificadores) e advérbios modalizadores (epistêmicos, delimitadores, deônticos ou afetivos). Já os advérbios não modificadores, que não afetam o significado do elemento modificado, incluem itens que operam sobre o valor de verdade da oração (advérbios de afirmação e de negação) e aqueles que não operam sobre o valor de verdade da oração (advérbios circunstanciais de lugar e de tempo, advérbios de inclusão e de exclusão e os advérbios de verificação).

Neves (2000) distingue a categoria tempo da de categoria aspecto, mostrando que tempo tem natureza dêitica, enquanto aspecto está ligado à não dêixis e à quantificação. Na constituição não dêitica estão a frequência (*anualmente; sempre; de vez enquando* etc.) e a duração (*ultimamente; indefinidamente* etc.).

Azeredo (2008) destaca os advérbios de tempo, por poderem apresentar diversas funções, como a função dêitica (*ontem*, *hoje* e *amanhã* – que são dependentes do momento da enunciação), anafórica (como *agora* e *depois*, apontando para trechos do discurso), apresentação de polaridade positiva (*sempre*) ou negativa (*nunca*) ou representação do processo na duração (como *já* e *ainda*).

O autor demonstra que as locuções podem se prestar à expressão de variações aspectuais do verbo (*às vezes*, *pouco a pouco*, *de repente*), intensificações do processo verbal, que, em geral, são utilizadas informalmente (*à beça*, *pra burro*) e modos de processo verbal (*de lado*, *de mão em mão*, *com pressa*).

Vejamos com mais detalhe a caracterização da classe advérbio sob o ponto de vista sintático e semântico.

## O ponto de vista sintático

Do ponto de vista sintático, Azeredo (2008) explica que um advérbio ou sintagma adverbial pode desempenhar cinco subfunções, são elas: a) adjunto oracional, quando é constituinte do período ou enunciado, adjacente a uma oração: b) adjunto verbal, quando é constituinte do SV, adjacente ao verbo; c) adjunto secundário, quando é constituinte do Sadj e do Sadv, adjacente ao adjetivo ou a outro advérbio, intensificando-os; d) adjunto focalizador, quando é adjacente a qualquer espécie de sintagma, servindo para particularizar uma informação em nome de um propósito argumentativo ou enfático do enunciador e e) adjunto conjuntivo, quando é adjacente ao SV, estabelecendo algum tipo de relação lógica com a parte precedente do enunciado.

Segundo Castilho (2008: 410),

> Para explicar as propriedades de cada uma dessas subclasses, voltaremos seguidamente à ideia de que o Adv opera sobre o contexto sintático e semântico em que aparece, afetando um ou mais conjuntos de expressões (= *seu* (*s*) *escopo* (*s*)), e que sua inclusão na sentença acarreta efeitos de sentido relativamente precisos. A distinção de classes de Advs serve, precisamente, para administrar a relação entre as diferenças de escopos e as diferenças nos efeitos de sentido [...].

## POSIÇÃO DO ADVÉRBIO

Os advérbios podem ocupar diferentes posições na oração e segundo a gramática tradicional a posição mais comum para essa classe é depois do verbo. Cunha e Cintra (1985: 534) postulam que os advérbios que modificam um adjetivo, um particípio ou outro advérbio apresentam-se da expressão sobre a qual operam; já, dentre os que modificam o verbo, os *de modo* colocam-se normalmente na posição pós-verbal, e os *de tempo* e *de lugar* podem colocar-se antes ou depois. Os autores mencionam ainda que a ênfase para o conteúdo expresso pelo adjunto adverbial é dada por sua antecipação ao verbo.

Castilho (2010a: 550) observa que os sintagmas adverbiais em português podem assumir as seguintes posições gerais na sentença:

a) Posição 1: Sintagma adverbial antes da sentença

(1) ***realmente*** *você vê que aqui você passa melhor*. (D2 SSA 98)[4]
(2) *e agora* ***realmente*** *ele não gasta muito*. (D2 SP: 360)

b) Posição 2: Sintagma adverbial depois da sentença

(3) *você vê que aqui você passa melhor*, ***realmente***.
(4) *e agora ele gasta muito*, ***realmente***.

c) Posição 3: Sintagma adverbial entre o sujeito e o verbo

(5) *você* ***realmente*** *vê que aqui você passa melhor*.
(6) *você vê que aqui você* ***realmente*** *passa melhor*.

d) Posição 4: Sintagma adverbial entre o verbo e seu argumento interno

(7) *você vê **realmente** que aqui você passa melhor.*

Votre e Santos (1984), numa pesquisa de base sociofuncional, concluíram que cada posição ocupada pelo advérbio depende da ação conjunta de fatores estruturais e não estruturais. Os autores postulam que a posição não marcada dos advérbios é o fim da oração e que todo movimento para a esquerda promove ênfase. Quando o advérbio está à esquerda da oração torna-se o tópico da oração.

Martelotta (1994) demonstra que, para estabelecer as tendências de ordenação dos advérbios, é preciso observar vários fatores pragmático-discursivos, tais como status informacional e o princípio da iconicidade (cf. Givón, 1990). Com relação ao último fator, por exemplo, é preciso verificar se o advérbio tem forte papel de modificador do verbo ou não. No primeiro caso, os advérbios tendem a vir mais próximos do verbo, e no segundo caso, mais distantes, como em:

(8) a. *Ele falou **bem** ontem.*[5]
b. *?Ele falou ontem **bem**.*
c. *?**Bem** ele falou ontem.*

As sentenças em b. e c., acima, são menos prováveis, segundo Martelotta (2012). Talvez possamos encontrar b. e c. em situações específicas que expressem ênfase ou contraste. A mesma relação forte com o verbo parece existir com o uso dos intensificadores, como *muito*. Já os advérbios temporais e locativos apresentam maior liberdade de colocação:

(9) a. ***Ontem** ele trabalhou muito.*
b. *Ele **ontem** trabalhou muito.*
c. *?Ele trabalhou **ontem** muito.*
d. *Ele trabalhou muito **ontem**.*

A mesma mobilidade pode ser vista em locativos:

(10) a. ***Aqui** ele trabalha muito.*
b. *Ele **aqui** trabalha muito.*
c. *?Ele trabalha **aqui** muito.*
d. *Ele trabalha muito **aqui**.*

Assim, Martellota (2012: 90), ao associar posição de advérbio com o subprincípio da proximidade (um dos subprincípios da iconicidade)[6] conclui que

> [...] dentre os advérbios que gravitam em torno do verbo, os predicativos, que modificam o verbo, tendem a ocorrer próximos a ele. Ao passo que os circunstanciais, que não modificam o verbo, tendem a ter maior mobilidade, podendo ocupar posições distanciadas do verbo.

Quirk et al. (1985, 2007) dividem os advérbios em quatro grupos, classificados segundo o maior ou menor grau de integração que apresentam à oração a que se relacionam. Sendo eles *adjuntivos*, *subjuntivos*, *disjuntivos* e *conjuntivos*.

Os *disjuntivos* são advérbios que expressam uma avaliação do que está sendo dito tanto em relação à forma da comunicação quanto ao seu conteúdo, ou seja, são elementos adverbiais cujo domínio se estende sobre a frase como um todo e que revela avaliação do falante sobre seu enunciado. Um advérbio para ser disjuntivo deve, básica e necessariamente, ser marcado por dois traços: (a) ter a oração como escopo, e (b) traduzir julgamento do falante. Nesse sentido, adverbiais disjuntivos são *advérbios de frase* (*phrasal adverbs*), os quais tendem a ocupar posições periféricas (inicial e final), atuando sobre o escopo completo da oração.

Por outro lado, os *adjuntivos* e os *subjuntivos* caracterizam-se por modificar diretamente o verbo, ou o verbo e o objeto. Nesses casos, o escopo é sempre o sintagma verbal e denotam circunstâncias da matriz a que se referem. Com isso, tais adverbiais tendem a ocupar posições mediais na oração (antes ou depois do verbo) e, segundo os autores, se diferenciam dos *disjuntivos* por uma questão de foco.

Por fim, os *conjuntivos* estabelecem ligações entre duas unidades linguísticas. Assim como os *disjuntivos*, são periféricos às orações, tendendo a ocupar a posição inicial. No entanto, se diferenciam dos mesmos por não modificarem a oração, ou seja, não estão relacionados ao escopo da oração, mas sim ao escopo do texto como um todo, funcionando como conectores.

Paiva (2008a, 2008b) relaciona a posição dos circunstanciais temporais e locativos à macroestrutura textual, classificando as funções discursivas em: a) *retomada anafórica*: o circunstancial retoma uma referência locativa ou temporal já introduzida no discurso anterior; b) *especificação de predicação*:

o circunstancial especifica coordenadas temporais ou locativas nas quais se inscreve o valor de verdade do estado de coisas descrito numa oração; c) *segmentação tópica*: o circunstancial assinala a introdução de um novo tópico ou assunto no discurso; d) *mudança de plano discursivo*: o circunstancial estabelece o início de uma mudança de plano discursivo, ou seja, assinala a passagem de um tipo de discurso a outro; e) *demarcação de pontos*: o circunstancial demarca pontos distintos ou períodos de tempo numa sequência temporal ou locativa; f) *focalização*: o circunstancial vem acompanhado de um elemento de focalização que lhe imprime um valor de destaque; g) *contraste*: o circunstancial estabelece um contraste locativo ou temporal entre duas referências, uma mencionada anteriormente e outra nova. Ilogti de Sá (2015) acrescenta ainda que há circunstâncias que exercem duas ou mais dessas funções, ou seja, são circunstanciais com *função mista*.

Paiva observou que os circunstanciais temporais com função de especificação de predicação (ou seja, aqueles que apenas informam sobre o tempo do evento) tendem a ocupar a margem direita da oração. Já os demais – que apresentam uma função na macroestrutura, contribuindo para marcar a mudança de assunto, a mudança de plano discursivo, a retomada de um referente, ou ainda contribuindo para demarcação de períodos de tempo numa sequência temporal, para focalização ou contraste – ocupam predominantemente a margem esquerda da oração. Em diversos trabalhos realizados pelo grupo de estudo Discurso e Gramática, na última década, foi testada essa relação entre papel discursivo dos advérbios e locuções advérbios de tempo em diversos gêneros e tipos de textos, bem como em distintas sincronias do português (cf. Cezario, 2008; Ilogti de Sá, 2009; Soares, 2012; Soares e Cezario, 2012; Costa Nunes, 2014) com resultados semelhantes aos apontados por Paiva. Ilogti de Sá (2009, 2015), Soares (2012) e Cezario (2013) constatam que, com relação português escrito do século XXI, textos mais argumentativos (como editoriais e reportagens) apresentam advérbios e locuções de tempo com alta frequência na margem esquerda da oração, enquanto os textos mais narrativos (como as notícias) trazem esses elementos preferencialmente na margem direita da oração. Em relação ao século XIX, Machado (2012) e Castanheira e Cezario (2014), em investigações com cartas pessoais e oficiais, respectivamente, constatam que as locuções temporais tendem às posições marginais, sobretudo à margem direita, demonstrando que esses (sub) gêneros, apesar de suas especificidades discursivas, apresentam comportamento semelhante em relação ao posicionamento do adverbial.

Assim vemos que é preciso observar não somente aspectos sintáticos da oração para verificar as posições possíveis dos advérbios. Há necessidade de congregar também aspectos discursivos e semânticos (mostraremos, na seção "Análise de dados", a relação entre aspectos sintáticos, semânticos e discursivos através de análises empíricas de advérbios em *-mente* em cartas).

## O ponto de vista semântico

Do ponto de vista semântico, diferentemente da tradição gramatical que atribui aos advérbios apenas o papel de modificador, Castilho (2010a) distribui os advérbios em três classes semânticas: a classe dos advérbios predicativos, a dos advérbios de verificação e a dos advérbios dêiticos.[7]

### OS PREDICATIVOS

Com relação aos advérbios predicativos, o autor postula:

> Se a classe predicada é uma categoria lexical referencial, teremos uma predicação de primeira ordem, como em *muito* homem, em que o advérbio incidiu sobre um substantivo não deverbal. Se a classe predicada é uma categoria lexical predicadora (um substantivo deverbal como em *muita* crença, *demais* para o meu gosto, um adjetivo, como em *muito* esperto, um verbo em em falou *muito*, outro advérbio, como em *muito* demais), teremos uma predicação de segunda ordem. Se a classe predicada é uma sentença (como em *realmente*, o advérbio é complicado pacas), teremos uma hiperpredicação, ou predicação de terceira ordem. (Castilho, 2010a: 552)

Na classe dos predicativos, estão:

a. os advérbios modalizadores – em que há uma avaliação do falante sobre o conteúdo e a forma da proposição:

(11) ***realmente***... [os filmes] *eram muito ruins.* (EF SP 153)[8]

(12) ***infelizmente*** *Recife é uma cidade de mais de um milhão de habitantes.* (D2 REC 05)

Os modalizadores podem ser epistêmicos (como, nos exemplos 13 e 14), deônticos (exemplos 15 e 16) ou discursivos (exemplos 17 e 18):

(13) ***Evidentemente*** *a ele caberá tomar a decisão* (DID REC 131)
(14) *Nosso produto nacional é... eu acho...* ***sem dúvida nenhuma*** *a mulata* D2 POA 291)
(15) *Toda e qualquer cirurgia... no campo médico...* [...] *implica* ***obrigatoriamente*** *em despesas* (DID REC 131)
(16) *Não que ele* ***necessariamente*** *ele precise saber que* (EF POA 278)
(17) ***Sinceramente****... não consegui... não consegui entender*
(18) ***Francamente****... os advérbios me desconcertam*

b. os advérbios qualificadores – são os que tomam outros predicadores por escopo, modificando adjetivos, verbos e os próprios advérbios:

(19) *eles colocam melancia... pra mim eu acho* ***um pouquinho*** *indigesto* (DID RJ 328)
(20) *uma comida* ***praticamente*** *indiana...* ***tipicamente*** *indiana.* (D2 POA 291)

Os qualificadores podem ser qualificadores propriamente ditos (como *bem*, *assim*, *mal*) ou graduadores (como *muito*, *pouco*, *bastante*, *mais*), tradicionalmente chamados intensificadores.

Segundo Castilho (2010a: 561),

> Os graduadores agregam um traço de grau inexistente nas propriedades intensionais de sua classe-escopo. Ao utilizar um graduador, o falante entende que essas propriedades se dispõem numa escala socialmente estabelecida. O graduador indicará se a intensão está num ponto acima da normalidade (graduador intensificador) ou num ponto abaixo da normalidade (graduador atenuador).

Dentre os qualificadores, ainda há (a) os aspectualizadores (exemplos 21 e 22); (b) os delimitadores aproximadores (exemplos 23 e 24), (c) os confirmadores (exemplos 25 e 26) e (d) ainda os quantificadores (exemplos 27 e 28).

(21) *Ela teve escritórios* ***durante... oito anos****:: mais ou menos* (D2 SP 360)
(22) *E claro... pronto... quer dizer [o cabelo comprido] foi absorvido* ***imediatamente*** (D2 POA 291)

(23) *porque **quase** sempre ela é procurada pelos alunos* (D2 SSA 98)
(24) *o público assim **em geral** eu acho que vai ao cinema mesmo* (DID SP 234)
(25) *...comendo uma comida **tipicamente** indiana* (D2 POA 291)
(26) *Ele **simplesmente** nunca viu aquilo... certo?* (EF SP 377)
(27) ***Uma vez por semana** eu me dou ao luxo de comer doces...sabe?* (DID RJ 328)
(28) *Está **sempre** emperrado aquilo lá* (DID POA 45)

## OS ADVÉRBIOS DE VERIFICAÇÃO

Castilho, com base em Ilari et al. (1990: 76), para uma melhor definição desses tipos de advérbios, postula que eles aplicam um carimbo de "conferido" a algum constituinte, sugerindo que o falante está de posse dos resultados de alguma verificação. Podem ser focalizadores (como *justamente, exatamente, mesmo, mais ou menos, realmente*), de inclusão (*como mais, inclusive, também*) ou de exclusão (*menos, exceto, salvante*), afirmação ou negação (*sim* e *não*).

## ADVÉRBIOS DÊITICOS

São advérbios que operam no plano da dêixis, podendo apontar para um lugar (advérbios dêiticos de lugar) ou para um determinado momento no tempo (advérbios dêiticos de tempo). No que se refere aos dêiticos de lugar, Castilho considera várias dimensões: eixo horizontal (*antes, durante, depois*), eixo vertical (*em cima, embaixo*), eixo transversal (*atrás, à frente, ante, diante*), eixo distal (*lá, longe, distante, distantemente, remoto*), eixo proximal (*aqui, perto, próximo*) e eixo de continente dentro/fora (*dentro, fora*). No que concerne aos dêiticos de tempo, a língua dispõe de várias estratégias adverbiais para a marcação adverbial de tempo, como marcações imprecisas, indeterminadas (tais como *cedo, tarde, à noite* e *hoje cedo*), e marcações sem especificação de tempo (como *então, ainda e já*). Castilho ressalta que os advérbios dêiticos funcionam também como coringas, uma vez que podem indicar lugar ou tempo (como *depois, ainda e então*).

A partir daqui nosso foco é sobretudo a apresentação da proposta de Martellota (2012), baseada em traços de prototipicidade e na noção de contínuo categorial, englobando aspectos do nível da forma e do conteúdo, para caracterizar a classe de um ponto de vista pancrônico. Essa é a proposta que utilizamos para analisar dados de advérbios das amostras dos séculos XIX e XX do PHPB, conforme exposto na seção "Análise de dados".

## ADVÉRBIOS: UMA PROPOSTA BASEADA EM TRAÇOS DE PROTOTIPICIDADE

Como dissemos no início da seção "Advérbios: revisão da literatura", as pesquisas do grupo Discurso e Gramática da Universidade Federal do Rio de Janeiro vêm se pautando sobretudo nas publicações de Mário Martelotta, que culminam com o texto de Martelotta (2012). Assim, as análises apresentadas neste capítulo têm os pressupostos que apresentaremos nesta seção.

Martelotta (2012: 31), para definir e caracterizar os advérbios, parte da noção de prototipicidade, já que essa classe é muito heterogênea. Assim, o melhor é verificar quais são os traços morfológicos, sintáticos, semânticos e pragmáticos comuns aos advérbios e também o que é mais frequente em termos de uso.

O autor afirma que

> [...] a noção de prototipicalidade nos indica que não há um traço definidor dos advérbios, mas um conjunto de atributos que caracteriza o advérbio prototípico e a ausência de um ou outro desses atributos apenas afasta o elemento do seu centro prototípico. A invariabilidade caracteriza o advérbio prototípico, mas, como se dá com todos os outros atributos dessa categoria, a invariabilidade pode não ocorrer.

Ele parte da proposta, implícita nas análises gramaticais desde a antiguidade, de que os advérbios, do ponto de vista sincrônico, são elementos essencialmente modificadores do verbo. Tal posição é também encontrada em Câmara Jr. (1977, 1983).

Segundo Martelotta (2012), os advérbios prototípicos que são mais relacionados semanticamente ao verbo são os qualitativos (tradicionalmente chamados de modo) e os aspectuais.

Partindo dos advérbios que modificam verbos (ou seja, os prototípicos), Martelotta (2012) postula a existência de dois grandes grupos de advérbios, que compartilham determinados atributos: o *grupo dos advérbios centrados nos qualitativos* e o *grupo dos advérbios centrados nos aspectuais*. A partir da visão funcionalista de que existe um contínuo entre as categorias, o autor acredita que

> [...] essa distinção seja útil, já que, como os aspectuais compartilham alguns atributos com os qualitativos e outros atributos com os circunstanciais temporais, eles estabelecem um elo entre, de um lado, os qualitativos, essencialmente determinantes do verbo, e, de outro, os circunstanciais, aqui caracterizados como não-predicativos. (Martelotta, 2012: 52)

Os aspectuais têm em comum com os qualitativos o fato de se referirem mais diretamente ao verbo e com os circunstanciais o fato de expressarem uma noção de tempo.

Assim, passaremos a caracterizar os dois grupos dos advérbios prototípicos, com base na proposta do autor.

## Advérbios centrados nos qualitativos

O grupo dos advérbios centrados nos qualitativos (ou seja, que têm como protótipo os advérbios qualitativos) contém os advérbios qualitativos e os demais advérbios que deles se desenvolveram por mecanismos de mudança linguística, ou, compartilham atributos: os modalizadores, os de verificação e os intensificadores. O autor inclui neste grupo os conectivos e marcadores discursivos, pois seriam classes derivadas dos qualitativos por gramaticalização.

### ADVÉRBIOS QUALITATIVOS

O termo *advérbio qualitativo* – correspondente ao termo tradicional *advérbio de modo* – foi usado por Ilari et al. (1990), para designar um tipo de advérbio predicativo (construção semelhante à do adjetivo que modifica substantivo) modificando o sentido dos elementos aos quais se refere:

(29) a. *Ele fala **bem**.*[9]
b. *Ele anda **lentamente**.*
c. *Ele se expressa **com segurança**.*

Segundo o autor, tal tipo de advérbio indica:

c. a configuração da ação, ou seja, o modo como a ação se passou:

(30) a. *Ele falou* ***pausadamente****.*
b. *João andava* ***tortuosamente****.*
c. *Ele joga sempre* ***com a cabeça levantada****.*

d. uma avaliação subjetiva da ação:

(31) a. *Ele falou* ***bem****.*
b. *Paulo sempre se veste* ***elegantemente****.*
c. *Ele reagiu* ***equivocadamente****.*

e. alguma informação contextual associada à ação, que tende a exercer algum tipo de influência sobre ela:

(32) a. *Não saia* ***com o sol forte****.*
b. *O barco partiu* ***com vento favorável****.*
c. *Ele voltou* ***sem o dinheiro****.*

## ADVÉRBIOS QUE APONTAM PARA A ATITUDE DO SUJEITO

Jackendoff (1972) propõe a existência de advérbios voltados para o sujeito. Eis alguns exemplos:

(33) a. *João* ***inteligentemente*** *deixou cair a xícara de café.*
b. *O presidente,* ***corajosamente****, enfrentou os políticos contrários à aprovação da lei.*

Não se trata, propriamente, de um modificador da ação verbal, mas de um caracterizador da atitude do sujeito.

## ADVÉRBIOS MODALIZADORES

Os modalizadores (conforme Martelotta, 2012; Ilari et al., 1990; Neves, 2000; Castilho e Castilho, 2002; Castilho, 2010a) são advérbios ou locuções que expressam algum tipo de intervenção do falante, que qualifica o conteúdo de seu enunciado, através da definição de sua validade ou das nuances emocionais e pragmáticas a ele associadas. Modificam o conteúdo da sentença como um todo, como nos exemplos a seguir:

(34) a. ***Certamente***, *João chegará amanhã.*
b. ***Felizmente***, *ninguém se machucou.*
c. ***Francamente***, *eu não gosto de chuva.*

Os modalizadores podem ser:

a. EPISTÊMICOS – quando expressam uma avaliação do valor de verdade do que é dito, que passa pelo conhecimento de mundo do falante, como em ***Certamente*** *ele virá*/***Com certeza*** *ele virá.*
b. DEÔNTICOS – são os que expressam obrigatoriedade, como em *Todos os alunos têm* ***obrigatoriamente*** *de pagar as mensalidades* e *Com o sol forte, as flores* ***fatalmente*** *secarão.*
c. AFETIVOS – são os que exprimem as reações emotivas dos falantes em relação ao enunciado, como em ***Felizmente***, *parou de chover* e ***Lamentavelmente*** *isso aconteceu.*
d. PRAGMÁTICOS – são os se referem a uma atitude do falante em relação ao seu interlocutor, descrevendo a sua postura comunicativa no contexto de fala, como em ***Francamente***, *eu não gosto de você*, ***Resumidamente***, *a linguística é a ciência que estuda a linguagem* e ***Em termos mais precisos***, *a velocidade da luz é de 300.000km/seg.*

Associados aos modalizadores, ainda Martelotta (2012) acrescenta mais três outros grupos de elementos: o dos advérbios de verificação (*não*, *somente*), o dos conjuntivos (*consequentemente*, *primeiramente*) e o dos marcadores discursivos (*realmente*, *bem*), que apresentam função de caráter pragmático-discursivo e têm ausência de predicação.

## Advérbios centrados nos aspectuais

O grupo de base aspectual é composto basicamente pelos advérbios aspectuais e os demais advérbios que, em tese, se relacionam a eles por processos de mudança linguística, ou que são agrupados como uma categoria, por compartilharem atributos: os temporais, os locativos e os de causa (se pensarmos em locuções adverbiais). Em termos gerais, são apresentadas a seguir as características principais desse grupo de advérbios, na visão funcionalista de Martelotta (2012) e de várias pesquisas desenvolvidas pelas autoras deste capítulo.

## ADVÉRBIOS ASPECTUAIS

Os advérbios aspectuais (e locuções adverbiais aspectuais) são os que indicam noções referentes à frequência, duração, iteração, sequencialidade e completude das ações verbais, como, por exemplo, *sempre, semanalmente, diariamente, às vezes.*

Podemos adotar a definição de Travaglia (1994: 44), segundo a qual

> Aspecto é uma categoria verbal de TEMPO, não dêitica, através da qual se marca a duração da situação e/ou suas fases, sendo que estas podem ser consideradas sob diferentes pontos de vista, a saber: o do desenvolvimento, o do completamento e da realização da situação.

Com base nessa definição, Travaglia (1994) considera um conjunto de noções aspectuais: durativa/pontual; inceptiva/cursiva/terminativa; limitada/ ilimitada; completa/ incompleta etc. Essas noções amoldam a ação dando pistas da maneira como elas ocorrem. As locuções adverbiais com essas noções permitem que falantes focalizem diferentes etapas da evolução da ação (incepção, cursividade e terminação) e podem delimitar a duração da ação.

Segundo Martelotta (2012), os advérbios aspectuais simples expressam basicamente frequência (*sempre, nunca, raramente* etc.), iteratividade (*repetidamente, anualmente, semanalmente* etc.) e duração (*demoradamente, muito* etc.). Já as locuções adverbiais são mais ricas na expressão do aspecto, podendo ser: durativas (como *durante três meses, por quatro dias, várias horas*), iterativas (como *às vezes, duas vezes por semana, de vez em quando, de dois em dois dias*), indeterminadas (*nunca mais, para todo o sempre*) e delimitativas (*desde março, até as sete horas*).

Os aspectuais têm forte relação com os qualitativos, pois modificam a ação verbal, expressando o modo como elas ocorrem. Martellota (2012: 73) afirma que

> [...] o que individualiza os aspectuais é que a caracterização da ação reflete, de um modo geral, aspectos associados a noções relacionadas ao tempo de duração da ação, às suas fases de efetivação, à sua finalização ou não e à interrupção iterativa ou não.

Castilho (1968) integra o aspecto no campo simbólico, ao passo que o tempo se integra no campo dêitico – para ficar com as divisões do campo linguístico propostas por Buhler (1961 [1934] apud Castilho, 2010a: 418). Lyons (1979), Travaglia (1994), Ilari (2002b), Ilari e Basso (2008) concordam em que as categorias de aspecto e de tempo referem-se a determinados matizes temporais, sendo que a categoria de tempo é dêitica e a de aspecto não o é. Somente a categoria de tempo localiza na linha do tempo as situações como anteriores, simultâneas ou posteriores ao momento da fala.

Apesar de sabermos disso, nem sempre é fácil distinguir o que deve ser classificado como advérbio aspectual ou temporal. Alguns autores, como Givón (2001), concebem os dois tipos com um único grupo, o dos *advérbios de tempo e aspecto*, embora reconheçam diferenças semânticas e enumerem separadamente exemplos dos dois casos. Tudo isso se deve ao fato de ser muito tênue a fronteira entre uma indicação temporal referente a sua duração na linha do tempo e à apresentação circunstancial do ponto no tempo em que ela se deu.

## OS CIRCUNSTANCIAIS

Estão incluídos no rótulo *advérbio circunstancial* os advérbios temporais e os locativos. Esses advérbios não se referem ao modo de ser da ação, apenas a localizam no espaço ou no tempo. A contextualização espaciotemporal da ação tende a precisar de um ponto de referência relativamente fixo ou dêitico, com base no posicionamento espacial/ temporal/ discursivo do falante.

Conforme demonstram diversos trabalhos que lidam com o processo de gramaticalização (Martelotta, Votre e Cezario, 1996; Martelotta, 1994; Oliveira, 2009), um ponto em comum desses advérbios é o fato de que há uma forte relação semântica entre espaço, tempo e texto, como na formação do advérbio *agora* (que de um advérbio latino de valor dêitico espacial), que pode ser usado hoje como circunstancial temporal ou também como um conector de valor adversativo na fala espontânea (Martelotta, 1994; Rodrigues, 2009).

### *Circunstanciais temporais*

Os circunstanciais temporais expressam noções temporais que localizam os eventos no tempo, sem afetar essencialmente a semântica dos verbos. Martelotta (2012) afirma que a expressão temporal está prototipicamente relacionada a pontos de referência para uma indicação mais precisa de uma noção abstrata e relativa como a de tempo. Esse ponto de referência pode ser fixo, no sentido de que reflete indicações temporais culturalmente delimitadas (*depois do almoço, depois do final da novela*). Ou ainda pode se referir ao aqui-e-agora do falante, como no caso dos dêiticos (*ontem, hoje, amanhã*) e também pode, por extensão de sentido, estar indicado na informação precedente ou procedente, como ocorre nos usos discursivos (*antes, depois, então* etc.), já que dêiticos tendem a assumir valores anafóricos ou catafóricos.

Além disso, o ponto de referência pode apontar para expectativa dos interlocutores indicando contraexpectativa em relação ao tempo de ocorrência (*cedo, tarde, já, ainda*).

Há temporais de referência fixa, indicando datas, horas, turno, como em "*Ele entrou para a faculdade* em 1985", "*Saiu* às 9h" e "*Telefonou* de manhã". Há aqueles que são dêiticos como *ontem, hoje* e *amanhã* e que apresentam como ponto de orientação o momento de fala. Há ainda os discursivos como os sequencializadores *então, depois*, dentre outros e os que indicam simultaneidade como *simultaneamente, enquanto isso, ao mesmo tempo*.

Os circunstanciais temporais dêiticos localizam a ação como tendo ocorrido antes (passado), durante (presente) ou depois (futuro) do momento da fala. Ou seja, o aqui-e-agora do falante dá orientação aos usos dos temporais. Os exemplos mais básicos desses temporais são:

(35) *Ele chegou **hoje/ontem/amanhã**.*

Os advérbios discursivos podem também funcionar como anafóricos ou catafóricos prototípicos, fazendo referência a partes já mencionadas ou que ainda serão mencionadas, como no exemplo a seguir:

(36) *Há dez anos atrás, eu corria dez quilômetros todo dia. Mas eu era jovem **então**.*

Entre os discursivos, Martelotta (2012) inclui os indicadores de contraexpectativa (*cedo, tarde, já, ainda*). Segundo ele,

> [...] o ponto de referência é representado pelas expectativas de natureza temporal, envolvidas no discurso, normalmente consequentes de normas compartilhadas pelos participantes [...] ou de informações transmitidas no discurso anterior [...]. (2012: 78)

### *Circunstanciais locativos*

Os advérbios locativos são circunstanciais que localizam os eventos no espaço, sem modificar a semântica do verbo. Como os temporais, os circunstanciais locativos não são predicativos. Também compartilham com os temporais a apresentação de pontos de referência na localização dos objetos. O ponto de referência pode ser fixo (*depois da esquina*, *em Copacabana* etc.) ou pode se referir ao aqui-e-agora do falante (*aqui*, *lá*). Como os temporais, os locativos também apresentam valores discursivos.[10]

A indicação espacial, no caso dos advérbios ou locuções que expressam referência fixa, está prototipicamente relacionada a pontos de referência para proporcionar uma indicação mais precisa da localização dos dados espaciais (*na Rua Lopes Trovão*). Os dêiticos são advérbios que localizam o evento em função da localização espacial do falante e do ouvinte. Temos, então, o seguinte grupo de advérbios: *aqui* (próximo do falante), *aí* (próximo do ouvinte), *lá* (distante do falante e do ouvinte) e *ali* (não tão distante do falante e do ouvinte).

Os locativos podem, como os temporais, estabelecer relações entre partes do texto, funcionando como locativos discursivos. Podem ser anafóricos ou catafóricos, referindo-se a porções do texto. Podem também estabelecer relações de sequencialidade, quando tendem a apresentar ambiguidade entre valor espacial, temporal e relacional (conectivo). São elementos que surgem de gramaticalizações de elementos que tinham funções espaciais, como no exemplo a seguir:

(37) *Começou a chover forte, só* ***aí*** *abri o guarda-chuva.*

A seguir, atendendo à proposta geral do livro, apresentaremos uma análise do uso de advérbios da língua portuguesa em textos dos séculos XIX e XX. Como a classe é muito variada, precisamos fazer uma escolha dos tipos de advérbios para análise. Optamos por apresentar resultados das análises que são objeto de estudo do Grupo Discurso e Gramática há mais de 10 anos, englobando assim pesquisas orientadas também pelo professor Mário Martelotta, que liderou o grupo por muitos anos. Focalizaremos os advérbios de acordo com a proposta de base funcionalista apresentada anteriormente, levando em consideração as noções de gradualidade, *conti-*

*nuum* e prototipicidade. Como vimos, Martelotta (2012) propõe que haja um grupo de advérbios centrados nos qualitativos e um grupo centrado nos aspectuais. Apresentaremos uma análise empírica de certos advérbios em *-mente*, que, dependendo do contexto, podem ter usos mais próximos ao grupo centrado nos advérbios qualitativos ou mais próximos ao grupo centrado nos aspectuais e uma análise do advérbio *muito*, que é centrado nos qualitativos. Nossos objetivos principais nas seções seguintes são: a) apresentar uma análise empírica dos usos desses advérbios em cartas escritas (particulares e de leitores do *corpus* do PHPB) nos séculos XIX e XX; e b) observar se houve indício de mudança semântica e/ou sintática no uso dessas construções adverbiais.[11]

## ANÁLISE DE DADOS

### Advérbios de tempo e aspecto

No que tange à observação e análise do comportamento dos circunstanciadores de tempo e/ou aspecto (advérbio e locuções, por exemplo) do português, sincrônica ou diacronicamente, há um bom número de estudos realizados, principalmente no que diz respeito a sua posição na sentença, sobretudo a partir da última década do século XX (Martelotta, 1994; Freitas, 2004; Cezario, Ilogti de Sá e Costa Nunes, 2005; Costa Nunes, 2009, 2014). Nesta seção, propomos-nos a analisar os advérbios de tempo e aspecto, com foco e exemplificação a partir de advérbios terminados no sufixo *-mente*, a partir de dados de cartas de leitores publicadas em jornais dos séculos XIX e XX e cartas particulares também destes dois séculos.

## SEMÂNTICA E ORDENAÇÃO

Como ponto de partida para o estudo da semântica dos advérbios de tempo e aspecto, consideramos que sua análise sempre tem estreita relação com a compreensão do contexto no qual se apresenta. É valido ressaltar que a semântica de um advérbio está ligada tanto ao adverbial em si como ao contexto no qual ele está inserido, isto é, um mesmo advérbio pode ter diferentes classificações semânticas de acordo com seu uso. O estudo do papel semântico dos advérbios de tempo e aspecto terminados em *-mente* permite três possibilidades básicas de interpretação: tempo, aspecto e polissemia tempo/aspecto + modo. A categoria de aspecto pode ser subdividida em duas – reiterativo e durativo – enquanto a de tempo dá margem para duas interpretações: temporal e sequencial. Algumas diferenças neste último serão apontadas ao se analisar o tipo de modificação. Assim, dividimos os advérbios em:

5. TEMPORAIS – em sua maioria, dizem respeito aos constructos que localizam o evento antes (passado), durante (presente) ou depois (futuro) do momento da fala. Ex: *antigamente*, *presentemente*, *amanhã* etc.

(38) [20,1 CP BA] *Eu lhe disse que tinha dificuldade em lhe escrever. Esta dificuldade reduziu-se ao minimo. Talvés porque **antigamente** eu tivesse receio de me mostrar diferente da idea que eu julgava você tivesse de mim.*

6. ASPECTUAIS – são esses os advérbios que fazem referência à duração da situação e/ou suas fases (desenvolvimento, completamento ou realização). Ex.: *perpetuamente*, *frequentemente*, *diariamente* etc.

(39) [20,1 CL PE] *As referidas ruinas estão transformadas em deposito de lixo e servindo tambem de W.C. publico, assim como de escodirijo para malfeitores. As familias que ali residem, não supportam o alluvião de moscas e mosquitos que infestam as suas casas **diariamente**, motivado por esse descazo dos poderes públicos.*

7. POLISSÊMICOS (aspecto + modo) – aquele item que apresenta um caráter tanto aspectual quanto qualitativo, ressaltando a duração do evento assim como a forma com que foi realizado. Ex: *imediatamente*, *ligeiramente*, *rapidamente* etc.

(40) [20,2 CL RJ] *Os métodos de corrupção estão se aperfeiçoando **rapidamente** e os profissionais brasileiros estão sempre antenados, visando a incorporar a seu arsenal as técnicas mais avançadas.*

Por meio de uma análise baseada na ideia de prototipicidade (conforme vimos na seção "Advérbios: uma proposta baseada em traços de prototipicidade"), podemos considerar os dois primeiros usos como sendo de advérbios mais próximos aos advérbios centrados nos aspectuais, e o terceiro caso (advérbios polissêmicos) como sendo de advérbios mais próximos dos centrados nos qualitativos.

Temos a distribuição das ocorrências como mostra a Tabela 1:

**Tabela 1 – Semântica dos advérbios em *-mente***

| Semântica/tipos de cartas | Cartas de Leitores | | Cartas Particulares | |
|---|---|---|---|---|
| | XIX | XX | XIX | XX |
| **Temporal** | 29 (36%) | 17 (22%) | 39 (49%) | 45 (46%) |
| **Aspectual** | 39 (48%) | 42 (54%) | 24 (30%) | 35 (36%) |
| **Polissêmico** | 13 (16%) | 19 (24%) | 16 (21%) | 17 (18%) |
| **Total** | **81** | **78** | **79** | **97** |

Na observação da tabela apresentada, percebemos uma diferença em termos de gêneros na distribuição dos advérbios de acordo com a semântica apresentada. Nas cartas de leitores há um maior número de advérbios tidos como aspectuais, uma vez que, tanto no século XIX quanto no século XX, estes somam 48% e 54% das ocorrências, respectivamente. As cartas de leitores, de ambos os séculos, são textos que apresentam maiores interferências subjetivas, ou seja, carregam comentários e avaliações que expressam o estado de espírito/opinião dos autores. Tal ambiente propicia o maior número de advérbios de aspecto, que por si mesmos podem ser considerados mais avaliativos, principalmente em oposição aos advérbios temporais, que apresentam a ordem cronológica dos fatos, a narração, por assim dizer. No entanto, ao compararmos os séculos entre os dois gêneros estudados, não verificamos maiores mudanças.

Para analisarmos o comportamento do advérbio de tempo e aspecto em relação às possibilidades de posição, foi estabelecida uma base de classificação simples e clara. Com isso, tomou-se como ponto de partida a ordem do advérbio em *-mente* diretamente relacionada ao verbo, como apresentamos a seguir:

8. Advérbio em posição pré-verbal, mas não imediatamente antes do verbo, ou seja, há presença de material interveniente (AdvXV);

(41) [20,1 CP BA] *Eu lhe disse que tinha dificuldade em lhe escrever. Esta dificuldade reduziu-se ao minimo. Talvés porque* ***antigamente*** *eu tivesse receio de me mostrar diferente da idea que eu julgava você tivesse de mim.*

9. Advérbio em posição pré-verbal, imediatamente antes do verbo (AdvV);

(42) [19,2 CL RJ] *Acostumado, desde que nasceu, aos pameiros da sua provincia e ajudado pelos dotes da naturesa, fez o possivel para imital-os mas não passou d'ahi; a sua voz não intimida, as suas espressões não encantam o ouvido, elles passam como as que* ***ordinariamente*** *escutamos a essas vendedeiras de fructas que estacionam na rua*

10. Advérbio em posição pós-verbal com presença de material interveniente (VXAdv);

(43) [20,1 CL PE] *As referidas ruinas estão transformadas em deposito de lixo e servindo tambem de W.C. publico, assim como de escodirijo para malfeitores. As familias que ali residem, não supportam o alluvião de moscas e mosquitos que infestam as suas casas* ***diariamente****, motivado por esse descazo dos poderes públicos.*

11. Advérbio em posição pós-verbal, imediatamente após o verbo (VAdv)

(44) [19,1 CL MG] *Creio que não lhe será a letra da circular, e de mais ella vai reconhecida por tabellião; se fizer-me pois o obsequio de manda-la inserir, lhe remetterei* ***brevemente*** *outras de mais recente data...*

Cruzando os dois aspectos apresentados, temos os resultados como mostrados na Tabela 2 (cartas particulares) e na Tabela 3 (cartas de leitores) a seguir:

**Tabela 2 – Semântica do advérbio em *-mente vs.* Ordem do advérbio em relação ao verbo (CP) em cartas particulares**

| Sincronias | Semântica do Adv | AdvXV | AdvV | VXAdv | VAdv | Total |
|---|---|---|---|---|---|---|
| XIX | Temporal | 15 (38%) | 12 (31%) | 1 (3%) | 11 (28%) | 39 |
| | Aspectual | 4 (17%) | 5 (21%) | 6 (25%) | 9 (37%) | 24 |
| | Polissêmico | 1 (6%) | 4 (25%) | 3 (19%) | 8 (50%) | 16 |
| XX | Temporal | 17 (38%) | 15 (33%) | 5 (11%) | 8 (18%) | 45 |
| | Aspectual | 2 (6%) | 9 (26%) | 6 (17%) | 18 (51%) | 35 |
| | Polissêmico | 1 (6%) | 5 (29%) | 4 (24%) | 7 (41%) | 17 |

Na tabela, vemos que os advérbios temporais tendem às posições pré-verbais (AdvXV e AdvV), tanto no século XIX quanto no XX. No entanto, em relação aos advérbios aspectuais e aos polissêmicos, percebemos que há mais ocorrências nas posições pós-verbais (VXAdv e VAdv), sendo 69% de ocorrências para o século XIX e 65% de ocorrências para o século XX (as porcentagens obtidas através do somatório dos resultados das duas posições pós-verbais na tabela). Entre os séculos XIX e XX, a diferença não é muito significativa, apesar de haver um pequeno contraste entre eles. Se considerarmos os resultados apresentados em Costa Nunes (2014), que mostrou a trajetória desses elementos adverbiais em *-mente* a partir do século XVI, poderemos constatar que a mudança na posição dos advérbios se dá em torno da passagem do século XVIII ao início do século XIX, nos quais os advérbios passam de majoritariamente pré-verbais a majoritariamente pós-verbais. Na tabela, percebemos que essa mudança continua. Os advérbios aspectuais tendem a ocorrer mais nas posições adjacentes ao verbo, isto é, AdvV e VAdv, observando-se que no século XX o somatório de tais posições (26% e 51%, respectivamente) é de 78% das ocorrências de aspectuais.

**Tabela 3 – Semântica do advérbio em *-mente vs.* Ordem do advérbio em relação ao verbo (CL) em cartas de leitores**

| Sincronias | Semântica do Adv | AdvXV | AdvV | VXAdv | VAdv | Total |
|---|---|---|---|---|---|---|
| XIX | Temporal | 12 (41%) | 6 (21%) | 3 (10%) | 8 (28%) | 29 |
| | Aspectual | 4 (10%) | 12 (31%) | 8 (20%) | 15 (39%) | 39 |
| | Polissêmico | 2 (15%) | 3 (23%) | 3 (23%) | 5 (39%) | 13 |
| XX | Temporal | 8 (47%) | 3 (18%) | 4 (23%) | 2 (12%) | 17 |
| | Aspectual | 5 (12%) | 10 (24%) | 9 (21%) | 18 (43%) | 42 |
| | Polissêmico | 2 (10%) | 4 (21%) | 3 (16%) | 10 (53%) | 19 |

Ao compararmos as Tabelas 2 e 3 com os resultados de dois gêneros diferentes, constatamos que as tendências dos advérbios na relação semântica e posição são as mesmas tanto para as cartas particulares quanto para as cartas de leitores. Os advérbios temporais ocupam em 62% as posições pré-verbais no século XIX (41% para AdvXV e 21% para AdvV), e 65% das ocorrências de temporais no século XX ocupam essas mesmas posições (47% para AdvXV e 18% para AdvV). É importante salientar que há mais advérbios temporais na posição AdvXV, o que foi apontado por Costa Nunes (2014), uma vez que tais elementos tendem à margem esquerda da oração por desempenharem papéis discursivos específicos. Os verbos polissêmicos parecem tender às posições pós-verbais, principalmente no século XX, com 16% (VXAdv) e 53% (VAdv). Da mesma forma, os advérbios aspectuais aparecem mais nas posições adjacentes ao verbo, como mencionado anteriormente, sendo 70% das ocorrências dessas duas posições no século XIX (31% para AdvV e 39% para VAdv) e 67% para o século XX (24% para AdvV e 43% para VAdv).

## TIPO DE MODIFICAÇÃO

Outro aspecto importante na análise dos advérbios de tempo e aspecto em *-mente* é o *tipo de modificação*, ou seja, a relação que o advérbio mantém com a estrutura (se integrado ou não) e como se relaciona com o contexto (função discursiva), com base nos estudos de Paiva et al. (2007) acerca da função discursiva dos adverbiais e a classificação de Quirk et al. (1985 e 2007) sobre a função gramatical dos advérbios em geral. Na análise inicial do *corpus*, percebemos que os advérbios em *-mente* de tempo ou aspecto não exercem a mesma quantidade de funções que outras formas adverbiais, conforme análise feita por Paiva. Como apenas a função gramatical não é suficiente para explicar certas relações que o advérbio em *-mente* estabelece no discurso, reformulamos as classificações como apresentamos a seguir:

1. **Adjuntivo** – advérbio integrado à estrutura. Tais advérbios tendem a ser modificadores diretos dos verbos, reforçando ou acrescentando seu aspecto.

(45) [20,1 CL PE]*Esta irregularidade, sr. diretor é verificada* ***constantemente****: basta que se necessite estar lidando com um dos nossos aparelhos transmissores.*

2. **Disjuntivo** – não integrado à estrutura, uma vez que tem relação com o evento como um todo.

(46) [20,2 CL PE] ***Recentemente*** *o Parque 13 de Maio segundo li nos jornais foi restaurado e la estive para ver com os próprios olhos essa "restauração" que é por sinal engraçada pois nada foi feito que se possa dar o nome que deram de "restauração"* [...].

É possível observar ainda aqueles advérbios que, apesar de não estarem integrados à estrutura como os adjuntivos, ou seja, não agem diretamente sobre o verbo, possuem papel importante na coesão textual, o que os torna diferente dos disjuntivos. Destes, podemos distinguir dois tipos: relativos e conjuntivos.

3. **Relativos** – são aqueles advérbios que de alguma forma relacionam orações, retomando informações ou exercendo a função de contraste. No entanto, ainda fazem referência ao tempo externo ao texto.

(47) [19,2 CP BA] *O Doutor J. I. veio com a Senhora e logo que saltou aqui na Estação, foi intimado ao prêzo; por um official para seguir á Policia, respondeo-lhe que sim, más, que* ***primeiramente*** *hia almoçar.*

Os casos mais salientes de advérbios com tipo de modificação relativa são daqueles que, como apresentados no exemplo, exercem função de sequenciador temporal.

4. **Conjuntivos** – elementos que não mais fazem referências externas ao texto, atuando como conectivos textuais.

(48) [19,2 CL BA] *Que o interrogatorio que lhe fez o Senhor Doutor juiz municipal da 4ª vara se effeituou na casa | do mesmo juiz sem testemunhas, e sem que nos fosse permittido assistir; Que* ***finalmente*** *contra meu irmão não houve nunca suspeitas de fabricante ou passador de moeda falsa, e que muito pelo contrario a Bahia inteira lhe attribuio um voto contra J.M.C.R. em seu primeiro julgamento, do mesmo modo que a mim prestou a opinião de perito consciencioso na feitura de um parecer, que lhe não foi favorável.*

Temos, no exemplo, uma sequência de texto, isto é, o advérbio finaliza uma concatenação lógica de ideias e não de tempo, ou seja, é uma referência dentro do próprio texto.

Ao fazermos o cruzamento do tipo de modificação com a ordem do advérbio em relação ao verbo, temos os resultados como apresentados nas Tabelas 4 (cartas particulares) e 5 (cartas de leitores), a seguir:

**Tabela 4 – Tipo de modificação *vs.* Ordem do advérbio em *-mente* em relação ao verbo (CP) em cartas particulares**

| Sincronias | Tipo de modificação | AdvXV | AdvV | VXAdv | VAdv | Total |
|---|---|---|---|---|---|---|
| XIX | Adjuntivo | - | 14 (39%) | 5 (14%) | 17 (47%) | 36 |
| | Disjuntivo | 11 (44%) | 1 (4%) | 3 (12%) | 10 (40%) | 25 |
| | Relativo | 4 (36,5%) | 4 (36,5%) | 2 (18%) | 1 (9%) | 11 |
| | Conjuntivo | 5 (71%) | 2 (29%) | - | - | 7 |
| XX | Adjuntivo | 1 (3%) | 16 (47%) | 4 (12%) | 13 (38%) | 34 |
| | Disjuntivo | 3 (10%) | 7 (24%) | 4 (14%) | 15 (52%) | 29 |
| | Relativo | 7 (30,5%) | 4 (30,5%) | 7 (17%) | 5 (22%) | 23 |
| | Conjuntivo | 9 (82%) | 2 (18%) | - | - | 11 |

É possível perceber a tendência dos advérbios adjuntivos às posições adjacentes ao verbo (AdvV e VAdv), em ambos os séculos. Uma vez que esses elementos modificam a ação verbal, agindo diretamente sobre a semântica do verbo, é comum que se mantenham próximos a ele. Em relação aos advérbios conjuntivos, percebemos que todas as ocorrências são pré-verbais. Analisando as ocorrências de AdvV neste aspecto, notamos que, mesmo nestes casos, o advérbio ocupou a posição inicial absoluta da oração, mesma posição assumida pelos conectivos, como mostra o exemplo a seguir:

(49) [19,1 CP MG] *Rogo-lhe o favor de entregar ao Senhor T. os officios e Carta, juntas, e mandar entregar os officios do Vigário hum ao Prezidente e ou outro ao Fortunato por. ser (o deste ultimo) huma Candanga que deve ser sabida o quanto antes.* ***Finalmente*** *queira ter a bondade de mandar um rapaz seo guiar este portador a Caza do meo Cunhado Z.*

Ainda na Tabela 4, percebemos que há um pequeno aumento em frequência em relação aos advérbios disjuntivos do século XIX ao século XX, uma vez que no segundo período há mais elementos com esse tipo de modificação em posição pós-verbal, sendo 66% dos advérbios com este tipo de modificação (nas posições VAdv e VXAdv). Não é significativo em si, mas ao compararmos com os resultados da Tabela 5 (para as cartas de leitores) percebemos uma pequena mudança. Assim, temos os resultados para as cartas de leitores como mostrado na tabela a seguir:

**Tabela 5 – Tipo de modificação *vs.* Ordem do advérbio em *-mente* em relação ao verbo (CL) em cartas de leitores**

| Sincronias | Tipo de modificação | AdvXV | AdvV | VXAdv | VAdv | Total |
|---|---|---|---|---|---|---|
| XIX | Adjuntivo | 4 (9%) | 13 (28%) | 10 (22%) | 19 (41%) | **46** |
| | Disjuntivo | 5 (22%) | 5 (22%) | 4 (17%) | 9 (39%) | **23** |
| | Relativo | 5 (62,5%) | 3 (37,5%) | 0 | 0 | **8** |
| | Conjuntivo | 4 (100%) | 0 | 0 | 0 | **4** |
| XX | Adjuntivo | 3 (7%) | 10 (22%) | 11 (24%) | 21 (47%) | **45** |
| | Disjuntivo | 1 (5%) | 6 (28%) | 5 (24%) | 9 (43%) | **21** |
| | Relativo | 7 (87,5%) | 1 (12,5%) | 0 | 0 | **8** |
| | Conjuntivo | 4 (100%) | 0 | 0 | 0 | **4** |

É possível perceber a partir da Tabela 5 que os resultados apresentados para as cartas particulares são similares aos apresentados para as cartas de leitores. Comparando os dois séculos estudados para este último gênero, verificamos que os resultados para advérbios disjuntivos são similares, pois em ambos há a tendência às posições adjacentes, com maior ocorrência da pós-verbal VAdv, com 41% das ocorrências no século XIX e 47% das ocorrências no século XX para os advérbios que apresentam esse tipo de modificação.

Como mencionado, percebemos que há uma relativa mudança em frequência em relação aos advérbios disjuntivos do século XIX ao século XX, sendo 56% dos advérbios com esse tipo de modificação (nas posições VAdv e VXAdv) para o primeiro período e 67% das ocorrências para o segundo período. Segundo Costa Nunes (2014), os advérbios em *-mente* de tempo e aspecto sofreram uma mudança de ordenação, como mencionado, passando de pré a pós-verbais de uma forma geral. Portanto, já era de se esperar que elementos não integrados como os advérbios disjuntivos seguissem a tendência geral de mudança.

## Advérbios qualitativos e modalizadores em *-mente*

Analisaremos, nesta subseção, a ordenação e a polissemia dos advérbios qualitativos em *-mente* que tenham o verbo como escopo e dos advérbios modalizadores que tenham a mesma terminação e a oração como escopo, atentando também para (i) usos polissêmicos, sejam eles ambíguos em uma mesma ocorrência, comportando-se na fronteira qualitativo-intensificador, qualitativo-temporal, qualitativo-aspectual, entre outras interfaces envolvendo qualitativos, ou (ii) casos em que um mesmo item adverbial comporta-se ora como qualitativo ora como modalizador. Os resultados aqui apresentados vêm integrar-se aos já obtidos em pesquisas anteriores (Moraes Pinto, 2003, 2008 e 2012; Martelotta, 2004, 2006; Martelotta e Vlcek, 2006; Vlcek e Martelotta, 2009; entre outros), de modo que lançaremos mão desses achados, principalmente os relacionados ao século XIX, como base para comparação com os dados da presente amostra, composta de textos impressos (cartas de leitores) e manuscritos (cartas particulares) do século XX. Baseando-nos na proposta de Martelotta (2012) e nas considerações que fizemos na seção "Advérbios: uma proposta baseada em traços de prototipicidade", podemos dizer que os advérbios estudados nesta seção são todos mais próximos dos advérbios centrados nos qualitativos propriamente ditos, mas há subdivisões importantes, que demonstram que há usos mais próximos ao protótipo de advérbio qualitativo e usos com menos traços do protótipo, conforme será visto a seguir.

### ASPECTOS SEMÂNTICOS

A análise semântica dos advérbios em *-mente* envolve a elaboração de uma série de critérios que precisam dar conta, ao mesmo tempo, da especificidade de alguns desses elementos e das características que eles compartilham com os demais e que permitem que os enquadremos como qualitativos ou modalizadores (e respectivo subtipo). Tais critérios vão desde a composicionalidade do item (maior ou menor contribuição da base adjetiva), passando pela posição que o advérbio assume na oração, bem como pela função, dentre outros aspectos. Em alguns casos, a classificação só foi possível após releitura de toda a carta em que o dado ocorre ou até de uma sequência de cartas (na troca de correspondências entre duas pessoas), apontando para a necessidade de considerarmos "contextos" maiores. Ainda, algumas ocorrências parecem estar relacionadas ao gênero carta como um todo.

Para a análise aqui apresentada, consideramos os seguintes tipos e subtipos adverbiais, já definidos nas seções "Advérbios: revisão da literatura" e "Advérbios: uma proposta baseada em traços de prototipicidade" deste capítulo.

5. **Qualitativos**[12]

(50) [20,2 CL BA] *Cumprindo **rigorosamente** as finalidades da entidade de| que cuidamos, e em nome da diretoria do Grêmio Estudantil| Honorato Bonfim dirigimo-nos ao Sr. Governador desta Comuna,| a fim de solicitar-lhe a complementação de 162 bôlsas de estudo.*

Nesse exemplo, vemos o advérbio *rigorosamente* modificando seu escopo, o verbo *cumprir*, indicando o modo como se deu a ação.

6. **Modalizadores**

Com base na observação dos dados, Moraes Pinto (2003, 2008) propôs uma ampliação na classificação inicial de Ilari et al. (1990). Entretanto, para este estudo foram analisados apenas os seguintes tipos:

a. Epistêmicos – avaliam o conteúdo da oração, mas com um certo grau de certeza. Ex.: *certamente*; *provavelmente* etc.

(51) [20,1 CP BA] *Apresento lhe as minhas cordeaes| e respeitosas saudações| **Provavelmente** o nosso amigo| E. S. em sua recente| viagem ao Norte, ter-lho-ha convi-|dado, em meu nome*

Nesse exemplo, o advérbio *provavelmente* refere-se à oração que introduz e representa como precária a convicção do escritor quanto ao nível de veracidade da informação veiculada.

b. De atitude proposicional – também avaliam, mas expressando uma sensação, emoção ou estado de espírito do falante. Ex.: *infelizmente* etc.

(52) [20,1 CP BA] *A principio foi o| P., que, **felizmente**, summiu se do horizonte,| para, entretanto, surgir o Inv. Epitacio a fa-|zer cortesias com o chapeu alheio*

c. De ato de fala – expressam a postura comunicativa do falante. Ex.: *sinceramente* etc.

(53) [20,1 CP BA] *eu jà teria enfiado uma bala nos miòlos, porque, **francamente**, não haveria razão que justificasse a minha existência.*

Decidimos analisar apenas esses três tipos de modalizadores por serem os que geralmente se "alternam/alternaram" entre valor modalizador e valor qualitativo.

Vejamos a ocorrência de qualitativos e modalizadores no século XX:

**Tabela 6 – Semântica dos Advérbios em *-mente* (século XX)**

| Tipos de textos/ Tipos de advérbios | Cartas de Leitor | Cartas particulares | Total |
|---|---|---|---|
| **Qualitativos** | 51 (57%) | 168 (71%) | 219 |
| **Modalizadores** | 39 (43%) | 69 (29%) | 108 |
| **Total** | 90 (100%) | 237 (100%) | 327 |

Podemos observar que, de um modo geral, os qualitativos são mais numerosos (219 ocorrências) que os modalizadores (108 ocorrências), sendo que as cartas de leitores apresentaram mais modalizadores (39 para 51 qualitativos, ou seja, 43% para 57%) do que cartas particulares (69 modalizadores para 168 qualitativos, ou seja, 29% para 71%). A tendência mostrada nos dois tipos de cartas ratifica resultados de pesquisas anteriores, como Moraes Pinto (2003, 2008), que já apontavam para essa diferença: a incidência de qualitativos é sempre maior que a de modalizadores, pois, inevitavelmente, nos referirmos todo o tempo a ações e acontecimentos, e, consequentemente, ao modo como essas ações e acontecimentos ocorrem.

O fato de as cartas de leitores apresentarem maior ocorrência de modalizadores (43%) do que as cartas particulares (29%) pode ser devido ao caráter opinativo dessas cartas, que expressam pontos de vista, possibilitando uma maior subjetividade.

Outros tipos e subtipos adverbiais encontrados:

7. **Ambíguos** – envolvem a noção de modo em interface com outro valor

Devido às múltiplas possibilidades de interface, decidimos não incluir as ocorrências ambíguas nas tabelas e sim apresentar uma análise qualitativa, que nos permite mostrar, por meio dos exemplos que seguem, algumas das nuanças existentes. Os valores ambíguos dos advérbios em *-mente* estão associados a diversos fatores, tais como: base adjetiva, que frequentemente já é polissêmica; posição na sentença; escopo; tipo verbal; gênero textual; uso de pontuação indicando subjetividade; entre outros. Passamos a comentar, então, alguns dos possíveis valores ambíguos:

a. Qualitativo/aspectual:

(54) [20,1 CL RJ] *Assim é que, há dias que, | por exemplo, vêm, **seguidamente**, | 3 e até 4 ônibus de uma mesma | linha, enquanto que na outra só | vem um.*

Neste exemplo, temos a ocorrência do advérbio *seguidamente*, que apresenta sentido iterativo, mas também um certo modo de funcionamento dos ônibus.

b. Qualitativo/ temporal:

(55) [20,1 CP BA] *com a publicidade da car-?ta que juncto á esta e de outros que, **oppor-?tunamente,** enviarei á Vossa Excelência.*

Aqui, a própria base adjetiva carrega uma ambiguidade (oportuno: a tempo; a propósito; conveniente; favorável; que é próprio para o que se pretende fazer) modo/tempo. O verbo tem, frequentemente, papel importante na interpretação do advérbio, podendo, em alguns casos, desfazer a ambiguidade. No exemplo apresentado, o advérbio foi usado com o verbo *enviar*, o que parece propiciar uma leitura como "tempo".

O uso do advérbio entre vírgulas remete a algum grau de subjetividade que, por sua vez, aponta para algum grau/tipo de modalização, como podemos ver em:

c. Modo/modalizador:

(56) [20,2 CP BA] *Este, depois da "caqueirada" que lhe dei, como sabe que eu estou com a faca e o queijo,* ***inteligentemente****, procurou e procura, ferir-me no único ponto que tenho vulnerável.*

(57) [20,2 CL BA] *se depreende da sua indelicadeza, da sua| deseducação, da sua falta de cultura, atacando,* ***injustamente****, os| brios de um cidadão honesto.*

Nos dois exemplos citados, parece haver intenção de, com o uso das vírgulas, dar subjetividade, mostrar um ponto de vista, uma perspectiva, e não somente descrever o modo como se deram as ações/acontecimentos (respectivamente *procurar* e *atacar*). As vírgulas parecem marcar uma "quebra", um distanciamento, na relação sintático-semântica entre o verbo e o advérbio, abrindo possibilidade para expressão da subjetividade do enunciador.

Os dados ambíguos encontrados na amostra aqui analisada também corroboram resultados de Moraes Pinto (2008, 2012), que observou que alguns advérbios que, a princípio, seriam qualitativos, encontravam-se entre vírgulas, indicando subjetividade. Tais ocorrências se deram em um gênero específico, textos religiosos do final do século XX e início do século XXI, e, em geral, especificamente em posição pré-verbal.

Notamos, também na amostra aqui observada, usos cristalizados em frases formulaicas. Por exemplo:

(58) [20,1 CP BA] *Na minha repartição vou| passando* ***regularmente****: - julgo-me*

Esse tipo de ocorrência, muito comum nas cartas analisadas, mostra o advérbio *regularmente* usado com o verbo *ir* no sentido de "vou indo bem/ mais ou menos". Nesse sentido, o advérbio *regularmente*, que inicialmente poderia ser considerado ambíguo (aspectual/qualitativo), teria apenas leitura como qualitativo.

Outra característica dessas cartas é a presença de advérbios em *-mente* nos fechamentos (e às vezes nas aberturas), como verificamos no exemplo a seguir. São usos formulaicos, embora se possa perceber o advérbio conectado a um verbo (ex.: desejar, cumprimentar etc.):

(59) [20,1 CP MG] *Comprimento,* ***cordialmente*** *e todos a família*

## 8. "Alternância" entre uso qualitativo e uso modalizador

Alguns advérbios podem apresentar mais de uma função e, por conseguinte, diferentes classificações. Isso se deve ao fato de alguns advérbios qualitativos desenvolverem usos modalizadores através de mecanismos de mudança linguística. Os usos qualitativos e modalizadores podem coocorrer em uma ou mais sincronias (como é o caso do advérbio *certamente* no português arcaico, que podia ser usado como qualitativo e como modalizador (Moraes Pinto, 2003, 2008)) ou um deles pode se perder ao longo do tempo (geralmente o uso qualitativo, que é o mais antigo, cai em desuso), mantendo-se apenas um, geralmente o mais recente (observamos apenas novos valores como modalizadores). Foi o que Moraes Pinto observou com os advérbios *certamente, seguramente, ligeiramente, felizmente*, entre outros. Ex.:

(60) *Comachegada daCurvetta Conceição vinda daIlha deSanta Catharina Receby aCarta deV ossa m ercê dandomeaCerteza deterem feito* ***felismente*** *asua vi= agem, sem embargo deSeteremdemorado nélla mais alguns dias dos q ue aquî Sesopunhão* (PHPB/séc. XVIII, Doc. Ofic. Adm. Priv., carta 7).

(61) [20,1 CP BA] *e| pergunta porque não ha um Director no logar onde| se concentrão os seos serviços.|* ***Felizmente*** *V conhece as minhas idéas a esse respeito.*

Como podemos ver no primeiro exemplo, do século XVIII, o advérbio *felizmente* apresenta, além do uso como modalizador que verificamos no português contemporâneo, um sentido qualitativo ("de modo feliz", ou seja, a viagem ocorreu com (bom) sucesso, teve um final feliz: Moraes Pinto, 2008).

Nessa ocorrência, ainda é possível observar ligação entre o advérbio e o verbo (*fazer*), e o advérbio encontra-se, inclusive, na posição do objeto, enquanto o objeto (*a viagem*) aparece depois dele. Esse uso qualitativo não foi observado em períodos posteriores (Moraes Pinto analisou *corpora* do século XIX, da segunda metade do século XX e do início do século XXI, além de sincronias anteriores). Na amostra aqui analisada (século XX), também não encontramos dados com *felizmente* qualitativo.

### POSIÇÃO DO ADVÉRBIO

Especificamente em relação a advérbios com alvos verbais, consideramos, para esta análise, duas posições pré-verbais e duas posições pós-verbais:

1. **Posições pré-verbais**

a. AdvXV (Advérbio + elemento interveniente [com exceção de intensificadores e clíticos, que tendem, naturalmente, a estar mais próximos do verbo] + Verbo). Ex.:

(62) [20,1 CL PE] *Diz a car- | ta no 4º período: – **Cortezmente** v.s. | (refere-se ao illmo sr. guarda-mór), | respondeu-me que um marinheiro.*

(63) [20,1 CP BA] *A F. te dará o abraço, que **pessoalmente**| eu teria dado se não fosse a vinda do S.| pela molestia de L.*

b. AdvV (Advérbio + Verbo)

(64) [20,1 CP BA] *E, por isso mesmo que é meu cum-|plice e **directamente** concorreo para a| falta commettida, vae ser elle o porta-|dor d'esta.*

2. **Posições pós-verbais**

a. VXAdv (Verbo + elemento interveniente (com exceção de intensificadores e clíticos, que tendem, naturalmente, a estar mais próximos do verbo) + Advérbio). Ex.:

(65) [20,1 CP BA] *Mas desde que encarei a vida **seriamente**, tenho sido assim*

b. VAdv (Verbo + Advérbio). Ex.:

(66) [20,1 CP BA] *Que o melhor è acreditar na inconstancia humana e se agarrar **desesperadamente** ao Tempo que sanarà tudo.*

Quanto aos advérbios com escopos oracionais, consideramos as seguintes posições:

3. **Posição pré-oracional**

AdvOr (Advérbio + Oração). Ex.:

(67) [20,1 CP BA] *Atè que –, **possivelmente** sem eu notar – outras transformacões se processem e eu me veja coerente, unificado.*

## 4. **Posição de meio de oração**

Nesta posição, o advérbio refere-se à oração como um todo, mas não se coloca em posições de margem, e sim entre os outros elementos constituintes. Ainda que se encontre próximo ao verbo fica claro, nesses casos, que o advérbio não se refere a ele.

(68) [20,1 CP BA] *O telefone está tocando. Quem sabe se não é para mim? Ligação errada! "A cor local" que escolhi,* ***francamente****, é bem miseravel!*

## 5. **Posição pós-oracional**

OrAdv (Oração + Advérbio):

Houve baixa ocorrência de dados nessa posição, pois os advérbios modalizadores tendem a ocupar a posição pré-oracional. De acordo com Moraes Pinto (2003, 2008), a posição AdvOr sequer foi atestada na maioria das sincronias.

(69) [20,1 CP BA] *Começo a pensar que me enganei, quando julgava ter vencido o demonio que há em mim. Fui preten-siosa* ***certamente****.*

Utilizaremos, como base de comparação da ordenação de advérbios qualitativos no século XIX, os resultados obtidos por Moraes Pinto (2008, 2012). Para tal, reproduzimos, com adaptações, a Tabela 28 (Distribuição pré e pós-verbal, séc. XIX) da autora, na Tabela 7:

**Tabela 7 – Ordenação dos advérbios qualitativos no século XIX**

| AdvXV | AdvV | VXAdv | VAdv | Total |
|---|---|---|---|---|
| 1 (6%) | 4 (25%) | 1 (6%) | 10 (63%) | 16 |

Fonte: Resumo da Tabela 28 (Distribuição pré e pós-verbal [séc. XIX]), de Moraes Pinto (2008)

A tabela a seguir apresenta os resultados da análise da amostra do século XX:

**Tabela 8 – Ordenação dos advérbios qualitativos no século XX**

| Gêneros/Ordem | AdvXV | AdvV | VXAdv | VAdv | Total |
|---|---|---|---|---|---|
| **Cartas de leitor** | 2 (5%) | 8 (15%) | – | 41 (80%) | 51 (100%) |
| **Cartas particulares** | 1 (2%) | 38 (22%) | 10 (6%) | 119 (70%) | 168 (100%) |
| **Total** | 3 | 46 | 10 | 160 | 219 |

Seguimos a hipótese de Pagotto (1998) de que a posição pré-verbal estava disponível a todos os tipos de advérbios até o século XIX. Os advérbios qualitativos em *-mente* foram, ao longo do tempo, deixando progressivamente de ocupar a posição pré-verbal, que é a posição latina (Martelotta e Processy, 2006), portanto, a mais antiga, e passando a assumir posições pós-verbais, que são as mais recentes.

Martelotta e Vlcek (2006) demonstraram que, ao longo de três períodos de tempo do século XIX, houve uma diminuição nas ocorrências de advérbios qualitativos nas posições pré-verbais, confirmando que o século XIX foi um momento importante de mudança na língua (Pagotto, 1998).

Moraes Pinto (2008, 2012) também confirmou a menor disponibilidade da posição pré-verbal no século XIX em relação a sincronias anteriores. Essa tendência de diminuição no uso de qualitativos pré-verbais e aumento de pós-verbais parece continuar no século XX, conforme se vê na Tabela 8 (dados da amostra aqui analisada). Podemos notar que os resultados das ordenações nos dois tipos de cartas, no século XX, foram bastante semelhantes, por isso, na comparação com o século XIX, estamos considerando o resultado total.

No século XX (Tabela 8), os advérbios qualitativos tendem às posições pós-verbais (os dados de VXAdv e VAdv somam 170 de 219 dados, ou seja, 78% do total de ocorrências com qualitativos) em detrimento das pré-verbais (AdvXV e AdvV, que somam 49 dados, ou seja, 22% do total de ocorrências com qualitativos). No século XIX (Tabela 7), também já se via essa tendência (mais pós-verbais (69%) do que pré-verbais (31%)), sendo que no século XX ela aumenta ligeiramente, confirmando a hipótese inicial. Os qualitativos continuam tendendo a ocorrer mais próximos ao verbo (posições AdvV e VAdv).

Vejamos agora os modalizadores. Aqui, também utilizaremos, como base de comparação da ordenação de modalizadores no século XIX, os resultados obtidos por Moraes Pinto (2008, 2012). Segue, na Tabela 9, a reprodução da Tabela 32 (Modalizadores (século XIX)) da autora:

**Tabela 9 – Ordenação dos advérbios modalizadores no século XIX**

| AdvOr | Meio de Or | OrAdv | Total |
|---|---|---|---|
| 2 (40%) | 3 (60%) | – | 5 |

Fonte: Reprodução da Tabela 32 (Modalizadores [séc. XIX]) de Moraes Pinto (2008)

A tabela a seguir apresenta os resultados da análise da amostra do século XX:

**Tabela 10 – Ordenação dos advérbios modalizadores no século XX**

| Gêneros/Ordem | AdvOr | Meio de Or | OrAdv | Total |
|---|---|---|---|---|
| Cartas de leitor | 30 (77%) | 8 (21%) | 1 (2%) | 39 |
| Cartas particulares | 55 (80%) | 10 (14%) | 4 (6%) | 69 |
| Total | 85 | 18 | 5 | 108 |

Os resultados das ordenações dos modalizadores nos dois tipos de cartas, no século XX, também foram semelhantes. Por esse motivo, consideramos, para comparação com o século XIX, o total de ocorrências.

No século XIX (Tabela 9), houve um equilíbrio entre as posições pré-oracionais (AdvOr) e de meio da oração com os advérbios modalizadores e nenhuma ocorrência nas posições pós-oracionais (OrAdv). Já no século XX (Tabela 10), houve maior ocorrência de posições pré-oracionais (85 dados de AdvOr, ou seja, 78% do total) do que de meio de oração (18 dados, ou seja, 17% do total de modalizadores) e pós-oracionais (5 dados, ou seja, 5% do total). O resultado obtido nessa amostra é condizente com a tendência já observada em sincronias anteriores (Moraes Pinto, 2008, 2012), no sentido de que os advérbios modalizadores tendem a ocorrer antes de seu escopo oracional. Entretanto, a ocorrência de dados em posição pós-oracional é uma novidade da amostra. A localização de dados modalizadores nessa posição no século XX aponta para uma variação na ordenação desses elementos nessa fase, o que pode começar a acenar para uma possível mudança.

## Advérbios intensificadores: o caso de *muito*

Seguindo os propósitos deste capítulo de abordar a ordenação de advérbios em cartas de leitores e particulares (no *corpus* do PHPB) nos séculos XIX e XX, passamos a tratar de outra categoria adverbial, a saber, os advérbios intensificadores. O exame desse advérbio tem partes das palavras de Pagotto (apud Martelotta e Leitão, 1999), que propõe uma disponibilidade da posição pré-verbal (entre o sujeito e o verbo) a qualquer tipo de advérbio até o século XIX, inclusive os que hoje não ocupam essa posição, como os intensificadores. Do século XIX em diante, segundo a referida proposta, essa posição passaria a ser ocupada por esses advérbios apenas em clicherizações do tipo *um abraço de quem muito te estima*, ou em frases estilisticamente marcadas como as estruturas comparativas propostas em Ilari et al. (1990), do tipo *mais apanha que outra coisa*.

Martelotta e Leitão (1999) demonstram ainda que, no século XIX e mesmo no português atual, podem também ser encontrados esses tipos de advérbios em posição pré-verbal, mas em contextos específicos, nos quais o sujeito não está expresso em posição à esquerda do verbo (oculto, indeterminado, inexistente, ou em casos em que é expresso por pronome relativo), a exemplo de *o livro que mais gosto, muito se falou sobre isso*.

Em trabalho mais recente, sobre advérbios qualitativos, Martelotta (2011: 239), com base em pesquisas empíricas acerca do tema, afirma que:

> [...] a ordenação latina dos qualitativos, essencialmente pré-verbal, vai desaparecendo gradualmente em favor de uma tendência praticamente categórica para as posições pós-verbais no português atual, apresentando uma fase de variação pelo menos do português arcaico até o século XIX.

Mais à frente, em seu texto, o autor expõe o seguinte:

> LATIM: Posição predominantemente pré-verbal em todos os tipos de cláusulas [...] PORTUGUÊS ARCAICO ATÉ SÉCULO XIX: variação, com predomínio de ocorrências pré-verbais em cláusulas mais gramaticalizadas [...]
> PORTUGUÊS ATUAL: posição pré-verbal em todos os tipos de cláusulas, com raras exceções, encontráveis em construções cristalizadas. [...] (Martelotta, 2011: 245)

Sendo assim, consideramos que o mesmo processo de fixação de posição previsto para os qualitativos se aplique também aos intensificadores, particularmente a *muito*, que também tem o verbo como escopo.

Para realizar a pesquisa concernente à ordenação de *muito*, foram avaliados, seguindo o exposto anteriormente, os seguintes fatores: (i) a posição de *muito* em relação ao verbo (se o item aparecia em posição pré ou pós-verbal); (ii) a presença ou ausência de sujeito à esquerda do verbo; e (iii) o grau de gramaticalização da cláusula em que *muito* está presente. Com relação ao fator (iii), mencionado anteriormente, vale citar as palavras de Martelotta (2011: 245)[13] de que:

> [...] existem estruturas mais conservadoras do que outras, e entre as mais conservadoras estão as que apresentam maior grau de gramaticalização, ou seja, mais encaixamento sintático: as hipotáticas e as subordinadas.

Tal visão está de acorde com a proposta de Hopper e Traugott (2003 [1993]), que apresentam o seguinte contínuo de integração (ou gramaticalização de orações): orações justapostas → coordenadas → hipotáticas → subordinadas. Assim a literatura funcionalista considera as orações mais à direita como menos gramaticalizadas e as orações mais à esquerda como mais gramaticalizadas.

Os três fatores mencionados foram avaliados a partir de análise de cartas particulares e de cartas de leitores nos séculos XIX e XX. Para ilustrar os exemplos encontrados e verificar como *muito* se comportou na análise de dados, seguem as tabelas referentes aos dados analisados e os respectivos exemplos e comentários.[14]

## 6. Ordenação de *muito* em cartas particulares da Bahia, no século XIX

**Tabela 11 – Ordenação de *muito* em cartas particulares no século XIX**

| Posição em relação ao verbo | Pré-verbal | | | | Pós-verbal | | | |
|---|---|---|---|---|---|---|---|---|
| Presença ou ausência de sujeito expresso à esquerda do verbo | Sem Suj. Exp. | | Com Suj. Exp. | | Sem Suj. Exp. | | Com Suj. Exp. | |
| | 59 | | 14 | | 25 | | 8 | |
| Ocorrência de *muito* em relação ao grau de gramaticalização da cláusula | +GR | -GR | +GR | -GR | +GR | -GR | +GR | -GR |
| | 30 | 29 | 0 | 14 | 5 | 20 | 4 | 4 |
| Total de ocorrências da posição | 73 (73%) | | | | 33 (33%) | | | |

A Tabela 11 demonstra que a maior parte das ocorrências de *muito* no século XIX aparece na posição pré-verbal (com 73 ocorrências, ao lado da posição pós-verbal, que apresenta 33 ocorrências). Esse resultado corresponde, em certa medida, ao que foi encontrado por Martelotta (2011), a respeito do processo de fixação de ordenação de advérbios qualitativos (*bem*, *mal*, advérbios em *-mente* etc.), que se estende desde o português arcaico até os dias atuais: no século XIX, a posição pré-verbal estaria ainda disponível, mesmo para os advérbios que hoje não ocupam preferencialmente essa posição.

Nessa pesquisa, mais especificamente, percebeu-se que a posição pré-verbal é, ainda, preferencial no século XIX. A flutuação aparece igualmente em termos de ocorrência de *muito* em cláusulas mais e menos gramaticalizadas, mostrando que a cristalização de uso da posição do advérbio para depois do verbo só vai se realizar no século XX, uma vez que os dados não indicam essa tendência de mudança no século XIX.

Também, preferencialmente, o item apareceu em contextos sem sujeito expresso à esquerda do verbo (59 casos de ausência de sujeito contra 16 de presença de sujeito, na posição pré-verbal; 25 casos de ausência de sujeito contra 8 de presença, na pós-verbal). Sobre isso, devemos mencionar que, de acordo com Duarte (1993), o século XIX apresenta preferencialmente estruturas em que o sujeito não está preenchido. Assim, é mais provável que encontremos sentenças em que não há sujeito explícito, independentemente da posição do advérbio.

Vale mencionar também um aspecto do uso de *muito* nessas cartas, que é a ocorrência do item em estruturas mais formulaicas, como é o caso de *muito estimarei*, que apresentou 4 casos em estruturas mais gramaticalizadas e 11 casos em estruturas menos gramaticalizadas, em ocorrências de posição pré-verbal sem sujeito expresso. Os exemplos de *muito estimarei* não foram contabilizados, uma vez que representam formas mais automatizadas no discurso e poderiam enviesar a análise de dados.

Há outros exemplos de estruturas que parecem também apresentar um caráter mais formulaico, como *muito obrigará*, mas que foram contabilizados na tabela, por não apresentarem repetição de ocorrências em número significativo. Apesar disso, pode-se pensar que fórmulas como estas mostram que, já no século XIX, a posição pré-verbal começa a apresentar aquelas cristalizações de uso mencionadas por Martelotta (2011), em relação à ordenação mais frouxa dessa classe adverbial nos séculos anteriores. É o caso de:

(70) [19,2 CP BA] ***Muito estimarei*** *que a prezen=|te vá encontrar Vossa Excelência e a Excelentissima| Familia fruindo vigoroza saude.|*

Vejamos os demais exemplos encontrados referentes às cartas particulares da Bahia no século XIX:

a. Posição pré-verbal sem sujeito expresso, em estrutura mais gramaticalizada

(71) [19,2 CP BA] *como a de ter| achado com saúde toda a sua Familia, á quem| rendo os meus respeitos, que igualmente são derigi=|dos por minha mulher, a qual agradece os cumprimentos| deVossa Excelência, dando-lhe o paraben de se – achar| restituido ao seio da sua cara Familia, sendo| n'estes sentimentos acompanhada por meu sogro, e| sogra, que* ***muito*** *se – recomendão.|*

b. Posição pré-verbal sem sujeito expresso, em estrutura menos gramaticalizada

(72) [19,2 CP BA] *Eu não pergunto, mas tiro conclu-|soens sobre tudo, quando o Maranguape deixou os| seus dous companheiros da patrulha Senato-|rial Eusebio-Jequitinhonha e temes que tu so o-|cupes uma vaga. Tu me entenderás e* ***muito*** *desejo| ser visionario.|*

c. Posição pré-verbal com sujeito expresso, em estrutura menos gramaticalizada

(73) [19, 2 CP BA] *Olhe,| eu* ***muito*** *o desejo vêr para ter hu) desabafo de coraçam| Ah! Nunca eu sahisse da Bahia, ou pelo menos não| visse a cara áo pão d'assucar !!! Adeus. Se Vosmice| poder mande-me somente o conto e duzentos das Dia|rias deDeputado, em lettras mesmo, ou como poder ser,| por que preciso.| Recomendacoes á todos, e creia que doCoraçam| sou seu|*

d. Posição pós-verbal sem sujeito expresso, em estrutura mais gramaticalizada

(74) [19,2 CP BA] *Se houver compradores (o que duvido)| e não bastarem os exemplares que forão, avise| que mandarei mais. | O exemplar que destinei| ao defunto Frei J., fique pertencendo a meu sobrinho| J. do C. Sua tia passa muito me-|lhor, e lhe manda saudades, e á Emilia e meninas, ás| quaes me recomendo* ***muito****.*

e. Posição pós-verbal sem sujeito expresso, em estrutura menos gramaticalizada

(75) [19, 2 CP BA] *Desejo* ***muito*** *que VossaExcelência possa servir-me| para dar uma prova á pessoa| da minha amizade que me pede que| muito aprecio o seu empenho, e| receberei mais esta bondade de Vossa Excelência| como uma fineza muito especial.|*

f. Posição pós-verbal com sujeito expresso, em estrutura mais gramaticalizada

(76) [19,2 CP BA] *Vou| passando alliviado dos crueis pade-|cimentos que tanto me aprisionão -| Estive uns dias no Rio de Contas| onde o seu saudavel clima apro-|veitou- me* ***muito*** *- Congratulo-me| com o presado amigo pelo estado| lisongeiro do seu afilhado e resta|belecimento de sua netinha - Incli-|no-me mais a crer ser a bôa| estrella dos seus doentes e a sua| intelligente direcção do que os conselhos| do seu pobre medico de aldeia-|*

g. Posição pós-verbal com sujeito expresso, em estrutura menos gramaticalizada

(77) [19,1 CP BA] *Não posso fazer juiso| algum com o juis recem chegado,| não sympathisei* ***muito*** *com elle,| mas pode ser bom môço.|*

## 7. **Ordenação de *muito* em cartas de leitores do século XIX**

**Tabela 12 – Ordenação de *muito* em cartas de leitores no século XIX**

<table>
<tr><td>Posição em relação ao verbo</td><td colspan="4">Pré-verbal</td><td colspan="4">Pós-verbal</td></tr>
<tr><td rowspan="2">Presença ou ausência de sujeito expresso à esquerda do verbo</td><td colspan="2">Sem Suj. Exp.</td><td colspan="2">Com Suj. Exp.</td><td colspan="2">Sem Suj. Exp.</td><td colspan="2">Com Suj. Exp.</td></tr>
<tr><td colspan="2">7</td><td colspan="2">1</td><td colspan="2">-</td><td colspan="2">2</td></tr>
<tr><td rowspan="2">Ocorrência de muito em relação ao grau de gramaticalização da cláusula</td><td>+GR</td><td>-GR</td><td>+GR</td><td>-GR</td><td>+GR</td><td>-GR</td><td>+GR</td><td>-GR</td></tr>
<tr><td>6</td><td>1</td><td>-</td><td>1</td><td>0</td><td>-</td><td>-</td><td>2</td></tr>
<tr><td>Total de ocorrência da posição</td><td colspan="4">8 (80%)</td><td colspan="4">2 (20%)</td></tr>
</table>

É importante ressaltar que encontramos poucas ocorrências de *muito* nas cartas de leitores da Bahia, no século XIX. Isso, pelo menos em parte, deve-se ao fato de que a quantidade de cartas desse tipo disponível para análise no *corpus* é muito mais restrita em comparação com a quantidade referente às cartas particulares do mesmo período. A respeito das cartas de leitores, a tabela mostra a manutenção da variação entre posição pós e pré-verbal para *muito* no século XIX, com preferência dos dados se colocando em posição pré-verbal. Mais uma vez, observamos ocorrência de estruturas aparentemente formulaicas (os dois casos foram apresentados, a seguir, em *i* e *ii*), mas que não obtiveram frequência suficiente para serem retiradas da análise, especialmente, porque não alteram a leitura em âmbito geral da tabela.

Ainda que com poucos exemplos atestados na análise do *corpus* referente às cartas de leitores da Bahia no século XIX, é possível perceber a preferência, nesse tipo de carta, pelas estruturas mais gramaticalizadas e sem sujeito expresso.

Um exemplo interessante encontrado nos dados referentes à análise de cartas de leitores acha-se mencionado a seguir, no item c. Nesse exemplo, há concomitantemente o uso de sujeito expresso à esquerda e advérbio de intensidade antes do verbo, em uma situação em que informante parece querer valorizar a figura do bacharel Barbosa, bem como destacar seu esforço diante da situação descrita.

Feitas essas considerações, seguem-se os exemplos de cartas de leitores no século XIX:

a. Posição pré-verbal sem sujeito expresso, em estrutura mais gramaticalizada

(78) [19,2 CL BA] *Senhor Redactor || Rogo-lhe o obsequio de fazer trans- | mittir por via do seu interessante jor- | nal a presente carta, aos Escrevinha- | dores dos papeis incendiarios desta Cor- | te, no que* ***muito*** *me obrigará. || Não he com escriptos revolucio- | narios, nem com as venenosas lições, | para a mais ruinosa anarchia que se | promove a felicidade do Brasil!...*

b. Posição pré-verbal sem sujeito expresso, em estrutura menos gramaticalizada

(79) [19,2 CL BA] *Prepotencia || Como estamos em um paiz livre e | de uma constituição liberrima, e que | confere a todo e qualquer cidadão seja | de que nação for os direitos commina- | dos na lei,* ***muito*** *me admirou hontem | uma prepotencia que se queria exercer | sobre mim, facto que passo a expor á | apreciação publica.*

c. Posição pré-verbal com sujeito expresso, em estrutura menos gramaticalizada

(80) [19,2 CL BA] *e haja vista | o que vou expor: || O bacharel B.* ***muito*** *esforçou se | para nomear esse preceptor, lente de | uma cadeira no externato e como fosse | taboqueado, como eu tambem fui, não | poupava os Satyros e Cassianos.*

d. Posição pós-verbal sem sujeito expresso, em estrutura menos gramaticalizada

(81) [19,2 CL BA] *N'estas condições, não podemos con- | cordar em que a nossa petição contivesse | termos inconvenientes, e a prova d'isso, | está ainda no proprio despacho que sobre | ella exarou o illustrissimo senhor A. L., | que certamente, não o daria, antes de a | lêr. ||Gostamos* ***muito*** *da verdade, sem am- | bages nem floreios, e cremos que nunca | deve ser classificado de inconveniente | quem usa de um direito consagrado na | lei para fugir a ser victima de illegali- | dades. || [espaço] Bahia, 27 de setembro de 1888. || [espaço] FERREIRA IRMÃO & Companhia*

**Tabela 13 – Ordenação de *muito* em cartas particulares no século XX**

| Ordenação de *muito* em cartas particulares do século XX | | | | | | | | |
|---|---|---|---|---|---|---|---|---|
| Posição em relação ao verbo | Pré-verbal | | | | Pós-verbal | | | |
| Presença ou ausência de sujeito expresso à esquerda do verbo | Sem Suj. Exp. | | Com Suj. Exp. | | Sem Suj. Exp. | | Com Suj. Exp. | |
| | 20 | | 2 | | 39 | | 38 | |
| Ocorrência de *muito* em relação ao grau de gramaticalização da cláusula | +GR | -GR | +GR | -GR | +GR | -GR | +GR | -GR |
| | 17 | 3 | 1 | 1 | 9 | 30 | 9 | 27 |
| Total de ocorrência da posição | 22 (22,8%) | | | | 77 (77,7%) | | | |

A Tabela 13, referente aos exemplos de *muito* em cartas particulares da Bahia no século XX, mostra um significativo aumento da posição pós-verbal (com 77 ocorrências) em relação à posição pré-verbal (com 22 dados) – o que ratifica a proposta de que esses elementos tendem a se fixar em posição posterior ao escopo verbal, com o passar do tempo. Além disso, a posição pré-verbal parece estar preferencialmente disponível nas cláusulas mais gramaticalizadas, no século XX – o que mostra a sedimentação da tendência de mudança já apontada em Martelotta (2011). Em outras palavras, é possível notar a trajetória de mudança da ordenação de advérbios intensificadores, ainda que observando apenas duas sincronias e em um único estado do Brasil.

As estruturas aparentemente mais cristalizadas, como aquelas que aparecem em *i* e *ii*, caracterizam, como relativamente previsto em Martelotta (2011), muitos dos exemplos de estruturas pré-verbais. E, assim como o que ocorreu na análise das cartas particulares do século XIX, a fórmula *muito + verbo estimar* obteve seis ocorrências com sujeito pré-verbal, em cláusulas que seriam inseridas na tabela como menos gramaticalizadas. Por ter caráter muito formulaico, esses exemplos foram descartados da análise.

A seguir, tomamos os exemplos de dados de cartas particulares da Bahia no século XX.

## 8. Ordenação de *muito* em cartas particulares da Bahia

a. Posição pré-verbal sem sujeito expresso, em estrutura mais gramaticalizada

(82) [19,2 CP BA] *Amanhã, está mar-|cada uma reunião do partido re-|publicano para tractar da chapa| dos candidatos a eleição federal,| e segundo consta-me, é T. um <dos> escolhidos, o que* ***muito*** *me| satisfará. Passamos regularmente| e aceite o abraço sincéro do seu|*

b. Posição pré-verbal sem sujeito expresso, em estrutura menos gramaticalizada

(83) [19,2 CP BA] *Minha familia* ***muito*** *se| recommenda a Vossa Excelência. | Com a maxima estima e subida| consideraçao subscrevo-me| de Vossa Excelência Primo compadre amigo affectuoso| e criado.|*

c. Posição pré-verbal com sujeito expresso, em estrutura menos gramaticalizada

(84) [19,2 CP BA] *T., O Tio, a Tia, B. e| L.* ***muito*** *agradecem e retri-|buem as saudações. O J. e, o| P., o C. e outros renovão-se|*

d. Posição pós-verbal sem sujeito expresso em estrutura mais gramaticalizada

(85) [19,2 CP BA] *e fiz-lhe sciente do modo| por que Vossa Senhoria se referio a| a elle, que agradeceu|* ***muito*** *e ficou penhorado,| pelas palavras de amiza=|de e affecto, que lhe| dirigio por meo intermedio.|*

e. Posição pós-verbal sem sujeito expresso em estrutura menos gramaticalizada

(86) [19,2 CP BA] *Desejo* ***muito*** *ter| occasião de abra-|çar o meu bom| amigo, e o ensejo| do anol [?] e irmos jun-|tar a nossa Es [??] -ga! Viuo no que deu? Sacrificou de| todo o governo de| Carlos Lacerda e, se mais| não fez, foi por-|*

f. Posição pós-verbal com sujeito expresso em estrutura mais gramaticalizada

(87) [19,2 CP BA] *Sòmente uma cousa agora me preocupa; lhe vêr. O mais cêdo possivel. Preocupo-me por não vêr possibilidade antes do fim deste ano. Mas, não deixo que isto me "chateie"* ***muito*** *porque pode ser que sem eu esperar a oportunidade Apareça.*

g. Posição pós-verbal com sujeito expresso em estrutura menos gramaticalizada

(88) [19,2 CP BA] *Você dizia que não poderia me tor- nar sua companheira enquanto eu não mudasse de ge-nio e me apontou outros defeitos. Eu melhorei* ***muito****, mas compreendo que seria impossível modificar-me totalmente.*

## 9. Ordenação de *muito* em cartas de leitores da Bahia, no século XX

A análise das cartas de leitores da Bahia, no século XX, resultou em apenas dois exemplos do uso do advérbio *muito*, ambos da posição pré-verbal, sem sujeito expresso. Assim, um deles encontra-se a seguir:

(89) [20,2 CL BA] *Eis aí, pois, Snr. Dr. M. B. de S., as explicações| que me cabe dar em tôrno do rumorôso caso da exoneração do| Dr. Dourival Pimenta Bastos e a devolução que lhe faço, direta|mente, dos insultos dirigidos á pessôa do Dr. Dorival Passos, de| quem* ***muito*** *me preso de ser amigo e parente.|| Prometendo voltar, se preciso, assinome cordialmente,| A. P.|| Feira de Santana, 26/10/51*

Atestamos então que a comparação dos séculos XIX e XX revela que há um processo de mudança em curso, no que tange à ordenação do advérbio intensificador *muito*, quando este modifica um verbo. Essa mudança se caracteriza pela transição, ao longo do tempo, do privilégio pela posição pré-verbal – e flutuação posicional mais livre – para a fixação da ordenação pós-verbal como prototípica para esse tipo de advérbio.

## CONSIDERAÇÕES FINAIS

Realizamos neste capítulo uma revisão bibliográfica de importantes trabalhos acerca da classe advérbio e fizemos uma escolha pelo tratamento da classe dentro da visão funcionalista, que concebe que as categorias se configuram num contínuo, havendo elementos com comportamento que os aproximam ou afastam de uma categoria prototípica.

Os advérbios podem ser concebidos como sendo, prototipicamente, a classe que modifica verbos (mas podem também modificar outras classes). Podem ser agrupados em duas grandes classes: advérbios centrados nos qualitativos ou advérbios centrados nos aspectuais, dependendo de seu comportamento sintático e semântico-pragmático.

Realizamos, a partir de amostras de cartas de leitores e particulares dos séculos XIX e XX, uma análise de alguns tipos de advérbios dos dois grandes tipos apresentados. Verificamos que, embora a distância de tempo da amostra do século XIX e do século XX seja pequena, houve mudanças significativas nos usos dos advérbios estudados, sobretudo na implementação da mudança de ordem: de um modo geral, os advérbios tendiam à posição pré-verbal até o século XIX (no caso dos advérbios em *-mente* aspectuais há fortes indícios de que a mudança já se implementa no fim do século XVIII ou no início do século XIX, conforme Costa Nunes (2014)) e depois passam a figurar com tendência mais alta na posição pós-verbal. Tal mudança pode ser associada a outras mudanças sintáticas, como a maior fixação da ordenação sujeito-verbo.

### NOTAS

1 Agradecemos a valiosa revisão feita pela doutoranda Júlia Langer de Campos e pelo mestrando Dennis Castanheiras, ambos da Universidade Federal do Rio de Janeiro.

2 Escolhemos estes advérbios porque são temas das pesquisas das autoras desse capítulo há muitos anos.

3 O fato relaciona-se aos mecanismos de univerbação, característicos dos movimentos de gramaticalização e lexicalização, provenientes da perda de composicionalidade da construção, normalmente consequente de sua alta frequência em um determinado contexto (Brinton e Traugott, 2005). Ou seja, o valor do elemento incorporado na construção se sujeita a um valor estabelecido no plano da construção como um todo.

4 Os exemplos de 1 a 7 foram retirados de Castilho (2010a).

5 Os exemplos de 8 a 10 foram tirados de Martelotta (2012).

6 Cf. Givón (1990, 1995).

7 Em Castilho et al. (2008), os autores apresentam uma descrição detalhada do uso dos advérbios no português culto falado no Brasil. Os advérbios são apresentados em três grandes seções do capítulo: em parte essa divisão é retomada na classificação semântica apresentada em Castilho (2010): advérbios predicadores, advérbios verificadores e advérbios circunstanciais. Para fazermos uma apresentação mais abrangente dos advérbios e para termos mais espaço para uma abordagem histórica – foco do presente livro – vamos nos restringir à classificação apresentada em Castilho (2010a).

8 Os exemplos de 11 a 28 foram retirados de Castilho (2010a).

9 Os exemplos de 29 a 36 foram tirados de Martelotta (2012).

10 Faremos uma breve menção ao tipo locativo, pois não será foco da análise de dados, conforme se prevê nos objetivos deste livro.

11 A amostra analisada para os estudos dos advérbios em *-mente* (subseções "Semântica e ordenação" e "Tipo de Modificação") é parte do *corpus* do PHPB e é composta por cartas particulares (*corpus* manuscrito) e de leitores da Bahia, Rio de Janeiro, Minas Gerais e Pernambuco, escritas nos séculos XIX e XX. Já para a análise do advérbio *muito*, restringimo-nos às cartas particulares e de leitores da Bahia.

12 Em geral, os advérbios qualitativos mantêm relação sintática e semântica com verbos ou adjetivos (a relação com estes últimos não será analisada aqui).

13 Que, por sua vez, se baseia na proposta de Givón (1979) acerca de orações mais ou menos gramaticalizadas.

14 Como foi encontrado um número relativamente pequeno de ocorrências e foram analisados fatores apenas de ordem mais formal, optamos por reuni-los em uma mesma tabela, de modo que os resultados ficassem disponíveis de modo mais claro.

# AS PREPOSIÇÕES: ASPECTOS HISTÓRICOS E USOS ATUAIS

Verena Kewitz
Maria Lucia L. de Almeida
Janderson Lemos de Souza
Carlos Alexandre Gonçalves

## SUMÁRIO

## APRESENTAÇÃO

Tratamos, neste capítulo, das preposições no português brasileiro (PB). Nesta apresentação, propomos um programa de pesquisa e apresentamos como o capítulo está organizado, assim como a metodologia adotada para a coleta de dados. A base do programa é o diálogo estabelecido entre a abordagem multissistêmica e a Linguística Cognitiva (LC), implementado ao longo de todo o capítulo.

### Um programa de pesquisa: como tratamos as preposições

Neste capítulo, pretendemos dar às preposições um tratamento histórico que se distingue por detalhar "processos estruturantes" e apresentar o que entendemos como "produtos estruturados" a partir de tais processos (cf. Castilho, 2010a[1]), o que exigirá do leitor que prescinda da expectativa tradicional de ver todas as preposições em seu percurso histórico, que aceite ver menos das folhas e mais da floresta, já que acreditamos que as preposições, inclusive as complexas (as chamadas locuções), se submetem aos mesmos processos cognitivos que organizam a gramática, por isso mesmo, concebida como gramática cognitiva. Tanto em função do programa de pesquisa aqui proposto quanto do período sob análise (séculos XVII a XXI) e da diversidade de textos, restringimo-nos a uma análise qualitativa com base num dos subsistemas como eixo de trabalho, a saber, a Semântica.

Nossa proposta, nesse programa, é estabelecer um diálogo entre a abordagem multissistêmica e a LC,[2] tendo em vista descaracterizar os diferentes usos das preposições como um fenômeno de variação. Esse diálogo é particularmente desafiador porque a LC tem como pressuposto fundamental que a gramática é semanticamente motivada, enquanto a abordagem multissistêmica suscita um olhar inovador sobre a língua, inserindo-as nas ciências dos sistemas complexos.

Tal programa de pesquisa resulta da conciliação das diferentes formações dos autores e da convicção de que convergem não só entre si, como também com a abordagem multissistêmica (cf. Introdução do volume 5 da coleção). Por isso, temos de nos esforçar por apresentar o programa com clareza e demonstrar a plausibilidade de tomar as preposições como seu objeto. Faz parte desse esforço a aproximação conceitual/terminológica entre a LC e a multissistêmica, pressupondo a apresentação desta em seção externa a este capítulo, que, por isso, destaca os pontos da teoria mobilizados para o programa de pesquisa.

A convergência se dá ao considerarmos um dos pressupostos mais básicos da LC – o *continuum* entre os diversos componentes de Gramática. De um lado, a LC rejeita, dentre outras dicotomias, aquela que separa Gramática e Discurso. De outro lado, a multissistêmica propõe, além da descentralização da Gramática, a independência dos demais subsistemas, dentre os quais o Discurso. Nesse sentido, falar em foco não significa necessariamente tomar algum subsistema como central na língua. Nossa aproximação entre a LC e a multissistêmica se dá sem perder de vista suas particularidades.

Temos, até aqui, um programa de pesquisa que se caracteriza pela aproximação entre uma teoria e uma abordagem. Resta-nos especificar que modelos integram o programa.

O primeiro diz respeito à categorização que, como fartamente rastreado pela literatura (Almeida, 1992; Soares da Silva, 2006; Ferrari, 2011), se define como radial. Sua adoção implica que não consideramos as preposições como categorias formais estanques, discretas. Mesmo que as preposições possam ser inseridas entre as classes fechadas (Ilari, 2015), a criação e mudança dos sentidos e a entrada de novos itens são mais facilmente identificáveis se adentramos o campo da história desses itens. Esse é o modelo que nos orienta metodologicamente: levando em conta que a língua é pancrônica (Castilho, 2010a), não faremos afirmações categóricas sobre as mudanças sofridas pelas preposições, ainda que possamos, eventualmente, identificar inovações ou manutenções em alguns casos.

O segundo modelo se define como baseado no uso. Nesse ponto, recuperamos de Langacker (1987) o papel da *rotinização* na fixação do *status de unidade*, que acreditamos coincidir com o papel da *frequência de uso* no *chunking*, segundo Bybee (2010).[3] O princípio de recursão da abordagem multissistêmcia capta bem esse aspecto em todos os subsistemas e processos (a exemplo da repetição na conversação, para ficarmos com apenas um exemplo).

Enfim, podemos caracterizar o programa de pesquisa como constituído de uma teoria, uma abordagem e dois modelos, em prol de uma descrição que atribui ao dispositivo sociocognitivo a distribuição semântica das preposições para bem mais que ligar. A ideia é que a *heterossemia* distribui a mesma motivação semântica em mais de uma categoria formal, enquanto o *chunking* amalgama unidades em que as preposições fixam uma *perspectiva* em relação a uma cena, razão pela qual não cabe falar de variação, conceito que pressupõe a possibilidade de duas *variantes* dizerem o mesmo, o que não tem lugar no quadro epistemológico aqui esboçado.

Em razão da LC, o ponto de partida escolhido para este capítulo é a Semântica. Especificamente, tomamos parcialmente como base para a organização do capítulo o texto de Castilho (2014) "O que é Semântica?", que divide esse campo em Semântica Lexical, Semântica Gramatical, Semântica Discursiva, Semântica Cognitiva e Semântica Diacrônica. O autor deixa claro, no entanto, que "*as categorias constitutivas desses campos da Semântica não são opositivas, antes integrativas e simultâneas*" (2014: 2, grifo nosso). Assim, a alocação dos itens preposicionais na Semântica Discursiva, por exemplo, não significa que as demais propriedades (gramaticais, lexicais etc.) não estejam sendo ativadas, e sim que as propriedades discursivas estão no foco da análise.

A conciliação da multissistêmica com a LC, no entanto, impede a adoção de tal divisão em razão da concepção de gramática exposta acima. A dimensão cognitiva é onipresente numa Gramática cognitiva e, por isso, não pode ser apartada do Léxico, da Gramática nem do Discurso. Diacronia, por sua vez, situa-se na esfera do analista, e não da cognição do falante. Tanto para a LC quanto para a multissistêmica, quaisquer divisões são mais uma questão metodológica (do analista) do que intrínseca à linguagem (portanto, do falante).

Elegemos o *chunking* como um processo organizador da Gramática, acompanhando Bybee (2010), que o considera central na mudança linguística, concebida como sucessivas reestruturações cognitivas, e não como um fenômeno marginal que possa ser apensado a uma teoria sincrônica. Para a autora, sincronia e diacronia têm de ser tratadas como integradas. Ainda segundo a autora, "*a mudança é tanto uma janela para representações cognitivas quanto uma criadora de padrões linguísticos*"[4] (2010: 105). O papel histórico do *chunking* justifica sua incorporação num estudo que se insere na história do PB, assim como o rompimento do compromisso com o princípio da sincronia pela LC se harmoniza com o enfoque pancrônico da abordagem multissistêmica. As escolhas não são aleatórias, e a aproximação entre a teoria e abordagem tem seu preço: concessões de um nível de detalhamento que só faz sentido na mobilização apenas da teoria ou apenas da abordagem. Uma dessas concessões está na não adoção da divisão da Semântica proposta por Castilho (2014).

Sendo assim, o presente capítulo está organizado da seguinte forma: nesta "Apresentação", propomos o programa de pesquisa; na primeira seção, "Um pouco de história", recapitulamos alguns aspectos sobre as preposições, os advérbios e as conjunções em algumas gramáticas latinas e portuguesas, bem como alguns aspectos de mudança das preposições no latim vulgar. A segunda seção, "Processos estruturantes", é dedicada à heterossemia e ao *chunking*. A terceira seção, "Produtos estruturados", é dedicada a casos em que se evidenciam a fonologização, a lexicalização, a morfologização, a sintaticização e a discursivização das preposições. Nas considerações finais, retomamos os pontos-chave.

Ressalte-se que a segunda e a terceira seções guardam entre si distribuição complementar: a segunda se dedica a apresentar processos da LC, enquanto a terceira pressupõe processos da multissistêmica e enfoca seus produtos. Por conseguinte, nossa ênfase em processos – nomeadamente a *heterossemia* (cf. Lichtenberk, 1991; Almeida e Lemos de Souza, 2015) e o *chunking* (Bybee, 2010; Lemos de Souza, 2015) – pretende destacar o papel do dispositivo sociocognitivo, desdobrado na fonologização, morfologização e sintaticização, sem, no entanto, detalharmos cada processo em sua ativação, desativação e reativação.

## Definição de preposição

Definir preposição requer, primeiramente, lembrar que a redução dos casos no latim vulgar fez com que as línguas neolatinas providenciassem outros recursos para a marcação de papéis sintáticos (Castilho, 2010a: 155). Ao lado de uma rigidez maior na ordenação dos constituintes, predominantemente SVO em português, houve uma *marcação pré-nuclear, através das preposições*, donde sua designação: *praepositiones*, "expressões postas antes das classes" (Castilho, 2010a: 155). Castilho (2010a: 156) ressalta, ainda, que:

> Para o objeto indireto, em lugar do dativo, foram usadas as preposições *a, para + substantivo*: latim culto *dare acquam puellis*, latim vulgar *dare acqua(m) ad puellas*, português *dar água às meninas/para as meninas*, com a substituição lexical de *puella*.
> Para o adjunto adnominal, em lugar do genitivo, foi usada a preposição *de + substantivo*: latim culto *amor fratris*, latim vulgar *amor de fratre*, português *amor do irmão*, com a substituição lexical de *frater* por *germanu → irmão*.
> Para o ablativo, expresso no latim vulgar por um caso misto, foram usadas várias preposições, tais como *de, com*: latim culto *implere acqua*, latim vulgar *implere de acqua*, português *encher de água/encher com água*.

Esse percurso do latim ao português (Williams, 1961) dirigiu a atenção dos analistas para o lugar das preposições na reorganização sintático-semântica da grade argumental.

Fillmore (1977: 60-1) considera a expressão de funções sintáticas como a primeira forma de contemplar o que chama de estrutura funcional da sentença, a expressão de papéis semânticos como segunda forma, a expressão de papéis discursivos como terceira forma – o acréscimo do papel discursivo leva o autor a ampliar o olhar da grade argumental para a estrutura funcional – e a expressão de ORIENTAÇÃO e PERSPECTIVA como a quarta forma. O autor, inserindo-se numa longa tradição, chamou a primeira forma de gramatical (em que se situam categorias como "sujeito" e "objeto"), a segunda de retórica (em que se situam categorias "tópico" e "comentário") e a terceira de semântica (em que se situam categorias como "agente" e "paciente").

A quarta forma, ainda segundo Fillmore, é a base do que hoje se chama teoria do caso. Para ele, o caso deveria deixar de ser concebido como uma propriedade morfológica de algumas línguas, como o latim, e passar a ser concebido como uma propriedade sintática de todas as línguas naturais, isto é, ser entendido como um universal linguístico. É a quarta forma, aqui recuperada na origem, a que consideramos a chave para afastar a noção de variação, e seu lugar na LC diz respeito à projeção do conceptualizador. A universalidade de tal projeção guarda, portanto, o espírito da reflexão original do autor.

Na seção "Processos estruturantes", detalharemos os conceitos de *cena* e *moldura* (*frame*), entre outros, fundamentais para a compreensão da perspectiva em que se projeta o conceptualizador. Por ora, basta situar, conforme Fillmore (1977), que *a quarta forma* é o foco deste capítulo, cuja inovação reside exatamente em tomá-la como concernente ao dispositivo sociocognitivo que organiza outras três formas.[5]

Restringindo-nos à quarta forma, cabe-nos esclarecer o que se entende por *orientação* e *perspectiva*. O risco de apresentar exemplos é que se tornam datados em algum tempo, mas vale a pena correr o risco para deixar claro do que estamos falando.

Um possível exemplo é "camada pré-sal", nível geológico em que se encontram reservas de petróleo em águas profundas. Tal nível se localiza, segundo especialistas, antes de uma camada de sal, seguida do pós-sal, como na imagem a seguir:

(1) *Camada* ***pré****-sal.*

Como se pode ver, a nomeação da camada exigiu a conversão da projeção vertical de baixo para cima na projeção horizontal de antes para depois, daí a concepção do nível mais profundo como **anterior** ("perspectiva adotada para a conceptualização") e, consequentemente, "as escolhas linguísticas", dentre as quais a do prefixo **pré**.

A mesma imagem nos suscita outro exemplo:

(2) [Cantiga popular] *O sobrado de mamãe é debaixo d'água. Debaixo d'água por cima da areia. Tem ouro, tem prata, tem diamante que nos alumeia.*

Olhando para a imagem anterior, poderíamos situar o sobrado no fundo da camada de água, apoiada no fundo do mar, tão **debaixo de** quanto o pós-sal. O sobrado estaria igualmente debaixo d'água se apenas submerso, e não apoiado no fundo. Nesse caso, estaria tão *debaixo* quanto *por cima d*a água porque haveria água por todos os lados.

Isso traria dificuldade para uma semântica baseada na lógica de condições de verdade porque, do ponto de vista aristotélico que orienta a semântica formal, estar, ao mesmo tempo, *em cima* e *debaixo* fere o princípio da contradição, que tem lugar de fundamento na semântica formal, a qual assume que a linguagem tem como função precípua declarar o real.

Estar *por cima d*a areia, por sua vez, também não implica estar fincado. O sobrado boiando talvez estivesse *acima d*a areia, mas não se pode excluir a hipótese de continuar por cima dela.

Embaraços como ter de eleger uma sentença como verdadeira e outra como falsa são denunciados pela LC, pois a função básica da linguagem não é representar a realidade, mas sim atender aos propósitos expressivos dos falantes (Langacker, 1987: 314). Se existe tal coisa como o real como ele é, não é esse real que se revela no funcionamento da linguagem, mas sim o real tal como *experienciado* por um conceptualizador que não tem um corpo, é um corpo, por sua vez, situado no tempo, no espaço, na cultura e na história.

Assim, não há uma relação direta entre as palavras e seus sentidos, mas remissões pelas palavras a *molduras* compartilhadas entre os interlocutores e indicações de como os sentidos ativados pelas palavras destacam certos elementos dessas *molduras* (Fillmore e Atkins, 1992: 76). Evidência para isso é o célebre exemplo da 'cena comercial' em Fillmore (1977): se A diz "Comprei um carro", são relevados o comprador e a mercadoria; na sequência, se B pergunta "por quanto?", é posto em destaque o valor da mercadoria e subfocalizados vendedor, lugar etc.

A *quarta forma* de que fala Fillmore (1977) recebe destaque neste capítulo por entendermos que a linguagem, em "*seu uso pelos homens*" (Martins, 1999: 64), revela perspectivas de um conceptualizador:

> Nos termos de Langacker (1987), a perspectiva adotada para a conceptualização de uma cena é denominada ponto de vantagem (PV). As expressões

> "na frente" e "atrás", por exemplo, costumam ser interpretadas, tomando-se a localização do falante como ponto de vista implícito. [...] O que se verifica, portanto, é que não é simplesmente o cenário descrito que determina as escolhas linguísticas, mas o ponto de vista adotado pelo falante, ou ainda, o ponto de vantagem para o qual o falante se projeta mentalmente. (Ferrari, 2011: 14-5)

Ressalte-se que o conceptualizador é o construto teórico elaborado para deslocar o pressuposto da realidade como ela é, que a linguagem representa com base em condições de verdade, para a realidade tal como experienciada pelo falante, que a linguagem representa com base na "*hipótese da corporificação*" (Almeida, Lemos de Souza e Gonçalves, 2010; Ferrari, 2009a).

O conceptualizador, por sua vez, situa-se no espaço, no tempo, na cultura e na história, condição que caracteriza sua "*situacionalidade*" (Croft e Cruse, 2004: 58). Em outras palavras, porque situada, a cognição impõe ao conceptualizador uma *orientação* no espaço-tempo e lhe permite projetar uma *perspectiva*, que inclui conhecimento de mundo, crenças e atitudes. Neste capítulo, importa a situacionalidade do conceptualizador na projeção de perspectivas, projeção que entendemos ser expressa por meio das preposições (dentre outros elementos).

Fillmore (1977) pensou em orientação e perspectiva, em harmonia com a concepção de linguagem de que a LC se afasta. Nesta, orientação e perspectiva são associadas à corporeidade do falante, assim como à sua condição de situado no tempo, na história e na cultura. É com base nessa concepção de linguagem que analisamos os usos históricos e atuais das preposições ao longo de todo o capítulo.

## Metodologia

Neste capítulo, a análise das preposições é qualitativa por duas principais razões: (i) estamos lidando com propriedades semânticas sobretudo, o que não é facilmente quantificável e (ii) os *corpora* do Projeto para a História do Português Brasileiro (doravante PHPB) não se apresentam de forma equilibrada quanto aos séculos, ao número de palavras e à tipologia de textos. A esse respeito especificamente, baseamo-nos no modelo de Tradições Discursivas (Koch e Öesterreicher, 1990; Kabatek, 2006; Jacob, 2001; Simões, 2007, entre outros) que alerta para o fato de que certos tipos de texto não dão margem ao surgimento de determinadas estruturas ou itens linguísticos, entre outros aspectos. Para citar apenas um exemplo, expressões espaciais de localização e deslocamento aparecem mais frequentemente em *diários de viagem* e *memórias históricas* do que em *cartas pessoais*.

Em função disso, levantamos dados dos mais variados documentos manuscritos, impressos e do *corpus* diferencial do PHPB e do Projeto de História do Português Paulista (doravante, PHPP), dos séculos XVII a XX. Além desses, foram coletados dados de outros materiais como inquéritos orais e jornais atuais (on-line e impressos), os quais são elencados a seguir.[6]

| ***Corpus*** | **Documentos** | **Período / Séc.** |
|---|---|---|
| **PHPB** (<https://sites.google.com/site/corporaphpb/>) | | |
| | Cartas pessoais (CP) | XVIII-XX |
| | Cartas de administração privada (CAP) | XIX |
| | Cartas oficiais (CO) | XVIII-XIX |
| | Atas da Sociedade Protetora dos Desvalidos (Ata SPD) | XIX |
| | Cartas de leitores de jornais (CL) | XIX-XX |
| | Cartas de redatores de jornais (CR)/Editorial (E) | XIX-XX |
| | Anúncios de jornais (A) | XIX-XX |
| **PHPP** (<www.phpp.fflch.usp.br/corpus>) | | |
| | Cartas pessoais (CP) | XIX-XX |
| | Cartas de administração privada (CAP) | XVIII-XIX |
| | Cartas oficiais (CO) | XVIII-XIX |
| | Memórias históricas (M) e Diários de Viagem (DV) | XVIII |
| | Inventários (I) e Testamentos (T) | XVII |
| | Atas de Câmara (AT) | XVII |
| | Processo-crime (PC) | XIX |
| | Inquéritos orais – português popular (Pop) | XX-XXI |
| | Notícias de jornais (N) | XIX-XX |

| **Outros materiais** | | |
|---|---|---|
| | 11 inquéritos orais realizados por alunos da disciplina Introdução ao Estudo de Língua Portuguesa I (ciclo básico), da Universidade de São Paulo. As gravações têm entre 5 e 10 minutos[7] e levam em conta dados sociais dos informantes como grau de escolaridade, classe social, idade, sexo etc. (IO) | 2012-2014 |
| | 15 Inquéritos orais do Projeto *Filologia Bandeirante* (Megale, 1998) (Filoband) | XX |
| | Jornais brasileiros on-line: *Jornal do Brasil*, *O Globo*, *O Estado de São Paulo*, *Folha de S.Paulo*, *Gazeta do Povo* | XX-XXI |
| | Redes sociais, blogs e páginas de busca na internet (Google) | XXI |

O primeiro conjunto de documentos (PHPB) concentra materiais recolhidos pelas equipes regionais, a saber Bahia, Minas Gerais, Rio de Janeiro, Pernambuco, Rio Grande do Norte, Paraíba, Paraná, Ceará, Alagoas, Pará-Oeste, Santa Catarina, Mato Grosso do Sul e São Paulo. O segundo conjunto de documentos envolve especificamente todo o material editado pela equipe paulista desde pelo menos 2006, contendo documentos de tipologia textual diversa dos séculos XVII ao XXI.

Outros materiais, não constantes no *corpus* do PHPB, foram consultados à medida que a análise procedia, como jornais on-line e inquéritos orais adicionais, estes especificamente para a análise das propriedades fonológicas das preposições.

O processo de coleta de dados envolveu uma equipe considerável de alunos de iniciação científica da UFRJ e da USP,[8] além dos autores deste capítulo. Cada preposição simples foi coletada separadamente, mas também procuramos dados em função da organização do capítulo para cada seção apresentada, avançando também para a coleta de algumas preposições complexas.

## UM POUCO DE HISTÓRIA

Sabe-se que as línguas românicas, dentre as quais o português, se originaram da variedade falada do latim, o chamado latim vulgar. Nesta seção, reunimos os principais aspectos das preposições, advérbios e conjunções, latinos e portugueses, resenhados em Almeida (1984), que tomou por base as seguintes gramáticas:

**Quadro 1– Relação de gramáticas consultadas**

| Gramáticas do latim clássico | Gramáticas do latim vulgar | Gramáticas do português |
|---|---|---|
| Freire (1959)<br>Souza (1900) | Sävborg (1941)<br>Maurer Jr. (1959) | Barros (1540)<br>Argote (1725)<br>Nunes (1930)<br>Carneiro (1946) |

Nosso foco nas duas próximas subseções recai sobre conceitos e classificações de preposições, advérbios e conjunções nessas gramáticas, para, na subseção "De volta ao latim", sublinhar as tendências cíclicas encontradas no latim clássico, no latim vulgar (Sävborg, 1941; Maurer Jr., 1959) e no português.

## O latim clássico

O sistema preposicional do latim clássico era bastante distinto do que se vê nas línguas românicas, pois, se, por um lado, possuía um grande número de membros dessa classe, por outro, seu uso era mais restrito, devido ao sistema de casos, que tornava as preposições ora dispensáveis (*domus regis*, "casa do rei"), ora restritas a construções, que, na próxima seção, trataremos como *chunks* (*de* + *ablativo*, *ad* + *acusativo*). Diga-se, de passagem, que a primeira construção (*de* + *ablativo*) se mantém no PB, só que restrita à tradição discursiva relativa a títulos em textos jurídicos (*da denúncia*, *do mérito*, *do pedido*) exatamente com o mesmo significado latino.

Nos compêndios gramaticais listados no Quadro 1, essa categoria não é definida de maneira clara, pois, em sua descrição, aparecem imbricados critérios sintáticos e semânticos, muitos dos quais também válidos para advérbios e conjunções. As listas dos itens que integram a classe das preposições, dos advérbios e das conjunções divergem de autor para autor. Em Freire (1959: 174), por exemplo, encontra-se uma observação quanto aos diversos usos de *post* ("depois") e *ante* ("antes"), listados no Quadro 2, a seguir:

**Quadro 2 – Usos de *post* e *ante* em latim**

| | |
|---|---|
| (a) como preposição (ou seja, transitivamente) | *Post (ante) tri anni quam veni huc* "Três anos depois (antes) de aqui chegar" |
| (b) como advérbio (ou seja, intransitivamente) | *Tertio anno post (ante)* "Terceiro ano depois (antes)" |
| (c) como conjunção (ou seja, introduzindo sentença) | *Tertio anno post quam (ante quam)* "Terceiro ano depois que (antes que)" |

Os exemplos no Quadro 2 ilustram a dificuldade de classificar as partículas *ante* e *post* já em latim. As formas em (3), a seguir, são classificadas como advérbio por Souza (1900) e como preposição por Freire (1959):

(3)

| | | |
|---|---|---|
| *circa* – perto de | *extra* – fora de | *post* – após |
| *circiter* – cerca de | *infra* – abaixo de | *prope* – perto de |
| *contra* – contra | *intra* – dentro de | *supra* – por cima de |
| *coram* – em presença de | *juxta* – ao pé de | *ultra* – além de |

Nas gramáticas do latim, a lista dos advérbios é bastante extensa, mas chama atenção o fato de os gramáticos registrarem, dentre eles, muitas preposições "*empregadas adverbialmente, ou seja, como partículas autônomas e sem caso*" (Freire 1959: 359). Tal é o caso, por exemplo, de *ad* ("para"), *ante* ("diante"), *extra* ("fora") e *propter* ("junto, perto"). Não só as listas de preposições e advérbios são permeáveis, mas também as de conjunções. Por exemplo, em Freire (1959), *ve* e *ne* são colocados tanto na relação de conjunções quanto de advérbios. A esse respeito, observe-se a seguinte sentença:

(4) *Hominem* ***ne*** *sepelito* ***neue*** *urito.*
"Não se sepulte e não se queime o homem".

Como o exemplo claramente demonstra, o primeiro vocábulo altera o sentido do verbo, o que corresponde a uma função adverbial, mas o segundo também introduz a oração coordenada e, portanto, desempenha papel de conjunção, além de atuar sobre o verbo. Novamente aqui, tem-se uma fronteira pouco definida entre as classes em discussão.

Quanto às conjunções, as gramáticas do latim clássico apresentam formas em sublistas diversas, como se vê no Quadro 3, a seguir:

**Quadro 3 – Sublistas de formas latinas interpretadas como conjunções**

| Partículas | Preposições | Locuções formadas por pronome demonstrativo ou adjetivo, seguidos de advérbios | Advérbios/preposições com pronomes relativos aglutinados |
|---|---|---|---|
| *et, aut, nec, quando, quod, quid, quia, si* etc. | *contra, ante, post, supra, ultra* etc. | *Eiusmodi* | *postquam, antequam, priusquam* etc. |

Os critérios utilizados para definir e exemplificar as classes em foco não são fornecidos explicitamente, mas depreende-se que sua alocação à lista das conjunções deve-se ao fato de servirem ou para introduzir orações ou para estabelecer relação lógica entre preposições, misturando-se, sem dar justificativas, fatores sintáticos com semânticos.

O exame das gramáticas latinas revela, portanto, que os autores estabelecem classes distintas para as categorias preposição, advérbio e conjunção. Apesar disso, as listas apresentam sobreposições. Por outro lado, há numerosos casos em que um vocábulo (ou locução) adquire privilégios de regência que não tinha numa etapa anterior da língua. Tendo em vista que os exemplos são numerosos, concluímos que se trata de mais uma evidência de heterossemia, processo de que trataremos na seção "Processos estruturantes".

## O português

O objetivo desta seção é verificar os critérios dados pelos gramáticos antigos para o estabelecimento das classes (e definições de suas listas), além de observar as tendências regulares da mudança. A contraposição das quatro gramáticas aqui abordadas deve-se ao percurso do início da normatização do português (Barros, 1540; Argote, 1725) até estudos histórico-descritivos que dedicaram mais espaço às categorias em observação (Nunes, 1930; Carneiro, 1946). Nos quadros a seguir, sintetizam-se as principais ideias desses autores:

**Quadro 4 – Preposições, conjunções e advérbios em Barros (1540)**

<table>
<tr><td>Advérbios</td><td>Definição: “ua das nove partes da oração que anda sempre conjunta e coseita com o verbo [...]. Assim que tem o advérbio este poder, acrescenta, diminui e totalmente destrui a obra do verbo a que se junta e ele é o que dá aos verbos cantidade e calidade acidental” (p. 35). Imbricam-se aqui, portanto, dois critérios: sintático e semântico. O autor afirma que estas palavras podem ser definidas segundo sua “espécie e significação”.<br>Espécie: podem ser primitivas (muito, pouco) e derivadas (bem, mal).<br>Significação: de lugar, de tempo, de quantidade, de qualidade, de afirmar, de negar, de duvidar, de demonstrar, de desejar, de chamar, de perguntar, de ajuntar, de despertar, de comparar, de acabar e de ordenar. Os exemplos de cada tipo são os tradicionais (de tempo – hoje, de quantidade – muito etc.). Entretanto, os advérbios de demonstrar (eia, ei-lo, ei-la), os de desejar (oxalá), os de chamar (ó, olá) e os de despertar (eia, sus) revelam uma inclusão nesta categoria tanto das atualmente chamadas palavras de designação quanto das interjeições.</td></tr>
<tr><td>Preposição</td><td>Definição: “ua parte das nove que tem a nossa gramática, a qual se põe entre as outras por ajuntamento ou composição” (p. 40). O critério aqui é, portanto, morfossintático. Exemplos:<br>(a) ordenamento por ajuntamento – vou à escola<br>(b) ordenamento por composição – a + provo = aprovo<br>As preposições podem se juntar não somente aos verbos, como também aos advérbios e a outras preposições: prep. + adv – de fora, de dentro. Apesar do exemplo, o autor não explicita se percebe a equivalência adverbial da sequência.<br>Se a preposição se apresentar sozinha ela será “singela” (cerca), se aglutinada a outra será “dobrada” (acerca). Neste caso, segundo o autor, aumenta a sua “eficácia”. Essa observação revela a existência de uma ligação ainda grande com a tendência do latim vulgar de acrescentar uma preposição a outra para reforçar o sentido da preposição anterior, ocasionalmente esvaziada. O exemplo dado, por outro lado, mostra que não havia naquela época a especificação semântica que hoje apresentam esses dois vocábulos. Atualmente, cerca (cerca de) é usado em contextos que apresentam o traço [+concreto] e acerca (acerca de) o traço [+abstrato].</td></tr>
</table>

| | |
|---|---|
| **Conjunção** | Definição: "*Se houvéssemos de tratar de quantas espécies há de conjunção, seria curiosidade e nojosa aos ouvintes; basta saber que temos duas conjunções mais comuns. A ua chamam copulativa* [...] *e a outra disjuntiva, porque divide as partes*" (p. 46). Pelos exemplos dados, a noção de conjunção prende-se mais à relação entre as palavras que entre orações:<br>(a) Alexandre *e* César...<br>(b) dos filósofos, Sócrates *ou* Platão, não sei qual... |

**Quadro 5 – Preposições, conjunções e advérbios em Argote (1725)**

| **Argote (1725)**[9] | |
|---|---|
| **Advérbio** | Definição: "*he huma palavra que não tem tempos, não se declina por casos e junta a outra palavra determina e declara a sua significação*" (p. 169-178).<br>Classificação: de lugar, de tempo, de afirmar, de negar, de perguntar, de mostrar, de chamar (as interjeições), de comparar e de quantidade.<br>A definição dada a advérbio é bastante vaga, pois, embora abranja aspectos morfossintáticos e semânticos, não determina a que outras palavras pode o advérbio se juntar. |
| **Preposição** | Definição: "*preposição he huma palavra que se põe antes de outras palavras ou junta ou separada*" (p. 178-186). Vê-se que o critério restringe-se a aspectos morfossintáticos. No primeiro grupo, incluem-se *a, de, ex, extra, intra, per, pro*; no segundo, *além, aquém, antes, em, junto, perto, por, para* etc.<br>A inclusão de *antes* na segunda lista, por exemplo, pode ser justificada pelo fato de que *ante* em latim tinha uso prepositivo. Nota-se que essa definição de preposição não cobre devidamente todos os elementos que o gramático inclui na lista. *Ante, além, aquém* e *perto* deveriam estar na lista dos advérbios. Podemos hipotetizar que os fatos diacrônicos e sincrônicos tenham se confundido na mente do gramático e que ele tenha colocado esses itens na lista das preposições pensando nas suas equivalentes semânticas da língua latina (*cis-aquém, trans-além de* etc.) que, estas sim, satisfariam à definição. |
| **Conjunção** | Definição: "*é uma partícula que serve de unir o sentido e palavras da oração*" (pp. 186-90). O exemplo dado é semelhante ao de Barros: "Eu e Pedro somos religiosos", e à classificação anterior são acrescidos mais dois tipos: as causais e as condicionais. |

**Quadro 6 – Preposições, conjunções e advérbios em Nunes (1930)**

<table>
<tr><td colspan="3">J. J. Nunes (1930)</td></tr>
<tr><td colspan="3">Esta gramática apresenta a categoria das palavras invariáveis, subdividida em dois grupos: palavras de relação (advérbios, preposições e conjunções) e palavras de sentimento (interjeições), com a ressalva de que “entre as três primeiras não há em rigor verdadeira distinção tendo, na sua origem, a maioria das chamadas conjunções saído dos advérbios e destes as preposições latinas que foram adotadas pela nossa língua. Ainda hoje já palavras, como antes, depois, etc. que funcionam ora como preposição ora como advérbio” (p. 304). Vê-se que as categorias são definidas de forma abrangente e genérica como palavras que mostram “ou as circunstâncias que acompanham ou frases” (p. 340).</td></tr>
<tr><td rowspan="10">Advérbio / Locução adverbial</td><td colspan="2">As locuções têm o mesmo princípio de formação dos advérbios, ainda que não fique claro o que diferencia o advérbio (simples) da locução adverbial.</td></tr>
<tr><td>Classificação:</td><td>Exemplos:</td></tr>
<tr><td>1°. grupo: preposição + nome</td><td>por fim, sem dúvida, depressa, de certo, de súbito, em baixo, de balde, em vão, a miúdo.</td></tr>
<tr><td>2°. grupo: preposição + advérbio</td><td>donde, aonde, desuso, atéli ou até ali, de mais, entretanto</td></tr>
<tr><td>3°. grupo: advérbio + advérbio</td><td>nunca mais</td></tr>
<tr><td>4°. grupo: pronome + substantivo ou advérbio</td><td>Outrossim</td></tr>
<tr><td>5°. grupo: pronome + pronome</td><td>esso mesmo (arcaico = igualmente)</td></tr>
<tr><td>6°. grupo: conjunção + verbo</td><td>Sequer</td></tr>
<tr><td>7°. grupo: frases</td><td>de quando em quando, nem mais nem menos</td></tr>
<tr><td colspan="2">O autor distingue ainda locução adverbial de nome adverbiado, este sendo o adjetivo em função sintática de advérbio como “comprar caro ou barato; morar próximo, junto, distante; falar alto ou baixo” etc.</td></tr>
</table>

| | |
|---|---|
| **Preposição** | Classificação: legadas diretamente do latim (*a, ante, cerca, contra, com, de, em, entre, per, por, pos, segundo, sob, sobre, trás*); preposições criadas por processos similares aos da formação de advérbios (*desde, para, após* etc.); palavras "habilitadas" para funcionarem como preposição (adjetivos deverbais – *salvo, junto*; particípios presentes – *mediante, rente, durante*; substantivos – *cabo*). As locuções prepositivas são aquelas terminadas por preposições (*em vez de, por baixo de* etc.)<br>O autor chama a atenção para o fato de, no português, assim como no latim, as preposições muitas vezes funcionarem com advérbios "consoante sua origem" (p. 349). Embora não forneça exemplos, dois aspectos podem ser depreendidos da sua afirmativa: (i) a constatação da existência de vocábulos aptos a desempenharem ambas as funções e (ii) a aceitação, implícita, de que a diferença de classificação liga-se à existência ou não de complementos. |
| **Conjunção** | Segundo o autor, poucas passaram do latim ao português, valendo-se a língua de outras palavras para exercer esta função, principalmente advérbios e preposições, ou formando novos vocábulos através de processos similares aos usados para a formação dos advérbios e das preposições. |

**Quadro 7 – Preposições, conjunções e advérbios em Carneiro (1946)**

| **Pinto Carneiro (1946)** | |
|---|---|
| As três categorias são definidas de forma muito semelhante:<br>*Advérbios: "são palavras que se juntam aos verbos, adjetivos e até a outros advérbios, determinando-lhes a relação"* (p. 242); *Preposições: "são palavras invariáveis que servem para ligar partes ou elementos de uma oração mostrando a relação de dependência que existe entre elas"* (p. 252); *Conjunções: "são palavras invariáveis que ligam palavras, orações ou períodos"* (p. 254). | |
| **Advérbio** | Critério de definição: significação.<br>Elemento: simples ou composto.<br>Origem: nominais e pronominais (demonstrativos, relativos e interrogativos)<br>Na lista de locuções adverbiais, encontram-se expressões grafadas com dois vocábulos ao lado de outra como *decerto* e *sequer* e locuções terminadas por preposição como *através de*. |
| **Preposição** | Forma: simples e compostas (ou locuções).<br>O item *até* é listado como advérbio e como preposição. |
| **Conjunção** | Forma: simples e composta<br>Função: coordenativas (copulativas, disjuntivas, adversativas e concessivas) e subordinativas (condicionais, causais, temporais, concessivas, consecutivas, finais, comparativas, integrantes) |

Na tentativa de compreender os critérios de definição e classificação utilizados nas gramáticas e os caminhos históricos das mudanças sofridas pelas categorias advérbio, preposição e conjunção, verificamos o seguinte:

a. A distinção entre preposição *separada* e *inseparável* é mantida nas duas gramáticas mais antigas, exatamente como no latim. Nas mais recentes, esta distinção é abandonada e a combinação de preposições como nomes ou verbos passa a ser tratada no capítulo "Prefixação".
b. As listas de palavras de cada categoria não coincidem, pois certas palavras ora são alocadas à categoria das preposições, como *cerca*, *acerca* (João de Barros), *além*, *aquém*, *antes*, *junto*, *perto* (Argote), ora o são à categoria dos advérbios (gramáticas mais recentes). Note-se que a rotulação primeiramente dada às palavras citadas está de acordo com a que recebem na gramática do latim clássico. Tal fato, porém – diferentes classificações no tempo de um mesmo vocábulo –, não se deve somente à utilização de diferentes critérios pelos gramáticos para composição de suas listas, mas também a fatores outros como mudança na língua, na qual intervêm os processos de heterossemia e *chunking*, como veremos na seção "Processos estruturantes".
c. A classificação dos advérbios, segundo sua significação, sofre enorme flutuação através do tempo, apresentando extensa lista com dezoito tipos de advérbio, na gramática de 1540, lista esta que posteriormente vai se reduzindo. É interessante observar que, tanto nessa gramática quanto na de 1725, acham-se compreendidas sob os rótulos de *advérbio de desejar* e *de chamar* as palavras posteriormente classificadas como interjeição.
d. O conceito de locução adverbial não é claro nem em Nunes nem em Pinto Carneiro. Ambos apresentam a etimologia dos advérbios realçando o fato de terem sido formados predominantemente pelo processo de aglutinação de palavras (cf. *chunking* na seção "Processos estruturantes"). Apesar disso, porém, citam palavras como *depressa*, *donde*, *aonde*, *desuso*, *outrossim*, *sequer*, *decerto* etc. nas suas listas de locuções ao lado de outras grafadas com mais de um vocábulo. Nunes (1930: 347) diz que, "*afora muito dos*

*advérbios antecedentemente nomeados que, apesar de compostos de mais de uma palavra, é de uso escreverem-se como se fossem simples, outras locuções compreende a língua portuguesa, susceptíveis da mesma divisão que aquelas*". Se muitos dos advérbios foram formados por aglutinação e se a grafia não é fator determinante para classificá-los como simples ou locução, então como se estabelece a diferença? A incoerência apontada, na realidade, encobre um problema que deve ser discutido em dois níveis. O primeiro é que os critérios utilizados pelos autores das gramáticas permitem tais afirmativas. O segundo é o que se dá na língua especificamente, pois o processo de aglutinação para a formação de palavras destas categorias se apresenta como dominante desde o latim, como foi observado na seção precedente, e se mantém no português, como será retomado na próxima seção.

e. Os critérios que servem de base às definições das categorias apoiam-se em fatores morfológicos, sintáticos ou semânticos, utilizados isolada ou conjuntamente, como se vê no quadro a seguir:

**Quadro 8 – Critérios utilizados na definição das classes**

| | PREPOSIÇÃO | ADVÉRBIO | CONJUNÇÃO |
|---|---|---|---|
| JOÃO DE BARROS (1540) | morfossintático | semântico/sintático | sintático |
| ARGOTE (1725) | morfossintático | morfossintático e semântico | semântico/sintático |
| NUNES (1930) | semântico/sintático | semântico/sintático | semântico/sintático |
| PINTO CARNEIRO (1946) | semântico/sintático | semântico/sintático | sintático |

Nunes (1930), através de uma abordagem semântico-sintática, engloba as três categorias numa só definição. Dessa forma, fica difícil distinguir o que diferencia uma classe da outra, o que leva o próprio autor a admitir que "*muitas preposições podem funcionar como advérbio* [...] *e que para compensar a perda das conjunções latinas recorreu a língua a outras palavras, principalmente aos advérbios e preposições e com elas criou novas*" (Nunes, 1930: 349-51). Os demais autores não foram tão genéricos, mas a procura de precisão não foi suficiente, pois, como se vê no Quadro 8, utilizaram diferentes critérios para estabelecer as três classes em questão. Apesar da tentativa de demarcação de fronteiras entre as categorias em estudo (mesmo com o custo da falta de homogeneização de critérios), não foi possível evitar a permeabilidade das listas.

A presença do fator morfológico nas definições das duas primeiras gramáticas se explica pela sua ligação ainda grande ao modelo descritivo das gramáticas latinas, nas quais era feita a divisão das preposições em *separáveis* e *inseparáveis*, como vimos em "O latim clássico". Constata-se, assim, que as gramáticas latinas e portuguesas de épocas diversas estabelecem classes distintas para a preposição, o advérbio e a conjunção. No entanto, as listas para cada uma delas apresentam sempre conjuntos-interseção, mesmo que os critérios sejam diferentes.

Com o objetivo de ver mais detalhadamente o mecanismo de passagem de palavras individuais de uma para outra classe lexical, reunimos as informações principais a respeito de alguns termos, utilizando os dados levantados no latim e no português, incluindo-se aqui outras obras que tratam dessa problemática.

Em *Regras da língua portuguesa* (Argote, 1725), encontramos o vocábulo *antes* na lista de preposições. Vimos que, em latim, *ante* pode ter uso prepositivo e adverbial. No português contemporâneo, houve a fixação da forma *antes* em função adverbial (em oposição a *ante*, preposição). O /s/ paragógico teria se dado por analogia a *depois*, mas a preposição e o advérbio têm a mesma origem. Além do aspecto formal, houve uma ruptura semântica, ainda no português arcaico, que distanciou o emprego adverbial do prepositivo: *ante* (preposição) – indica faceamento de duas entidades ("*Poys que o alcayde poser prazo aas partes que aparescã **ant'**el rey*", Foro Real, século XIII), o que está face a face, de acordo com a perspectiva do conceptualizador, está sequenciado no espaço (mas não no tempo), sentido ainda conservado em expressões como *pé ante pé* e no exemplo do século XV: "*assi hiam todos huũ **ante** ho outro per gramde espaço do caminho, a quall proçissom eradoorida de veer*" (Crónica de Dom João I, Parte 1[10]); *ante* (advérbio) – o sequencialmente também permite a extensão para o sentido *de preferência* (por meio da metáfora "o que vem primeiro é melhor"); *ante* (advérbio) – equivalente a *de preferência*: "*Vossa mercê querê **ante**/que por Dona Violante/hua tal coisa se saiba*" (Nuno Pereira, Canc. Geral, I.31). Modernamente, após nova mudança semântica, o advérbio, além de manter seu sentido arcaico (preferência) e o de anterioridade, manteve o da preposição em gêneros textuais específicos, como veremos mais adiante.

Em *Sintaxe histórica portuguesa*, Dias (1876) inclui na lista de preposições o vocábulo *diante*. Sua inclusão provavelmente deve-se à utilização que dele fazia o português arcaico, eminentemente prepositivo, sem o acréscimo do *de* + complemento, o que aconteceu em fase posterior da língua (Ex.: "*E pos geolhos deante o Sacramento*", Mil. de Sto. Antonio, 5). O acréscimo de preposições é, como já vimos, uma tendência que existe desde o latim vulgar, perpetuando-se no tempo, como pode ser comprovado quando comparamos as formas atuais com a lista de preposições da *Gramática da língua portuguesa*, de João de Barros. Aqui, encontramos *cerca de* e *acerca* classificadas como preposições, exatamente como *circa* em latim, com a observação de que o acréscimo de uma preposição a outra "aumenta a eficácia".

Na gramática de Carneiro, encontra-se *até* classificado como preposição e como advérbio. Epiphanio Dias também o inclui nas duas listas, chamando atenção para o fato de, em função adverbial, *até* adquirir o sentido de *mesmo*. Isso também encontra paralelo no latim, pois a preposição *ad* pode ser empregada adverbialmente com números: "*ad duo milia et quingenti vivi capiuntur*" (T. Liv., 4, 49).

O vocábulo latino *foris* podia funcionar como preposição e como advérbio. Em português, a situação é idêntica, embora tenhamos a forma *afora*, além de *fora*, pelo conhecido processo de acréscimo de uma preposição a outra. Além disso, a cada estrutura sintática corresponde um sentido um tanto diverso: *fora de N* – localização em espaço concreto; *afora de N* – localização em espaço abstrato. Fato similar acontece com *post* latino, que, além de funcionar como preposição e advérbio, também era usado como conjunção. Em português, *post* combinou-se com as preposições *a* e *de*, resultando nas formas *após* e *depois*, o que, obviamente, foi acompanhado de especialização semântica e sintática.

Nunes e Carneiro apresentam os vocábulos *conforme* e *consoante* em suas listas de preposições. No entanto, Dias (1970 [1918]: 110) afirma que sua utilização como preposição é relativamente recente, originando-se esses vocábulos de um processo de redução sofrido pelos advérbios de modo correspondente. Segundo ele, *conforme*, em tal função, só é encontrado a partir dos escritos do Pe. Antônio Vieira, e *consoante* entrou na literatura por meio das obras de Camilo Castelo Branco.

A permeabilidade entre as listas de conjunção e advérbio pode ser percebida quando observamos que algumas conjunções (*porque*, *porquanto*) foram usadas adverbialmente no português arcaico, introduzindo uma oração principal, à maneira dos advérbios latinos *enim* e *nam*: "*Porque se muito os nossos desejávão*" (*Os Lusíadas*, IV, 2), com sentido adversativo (*mas*, *porém*). Essa permeabilidade é mais facilmente vista na lista de conjunções subordinativas, devido à origem dessa classe de palavras. Tornaram-se conjunções: advérbios (*mal*, *embora*), preposições (*segundo*), advérbios e preposições seguidos de *que* (*antes que*, *sem que*), locuções adverbiais seguidas de *que* (*à medida que*, *ao passo que*, *por pouco que*).

Também as conjunções coordenativas suscitam problemas de classificação, pois formas como *contudo*, *todavia* e *entretanto* podem ser usadas em frases precedidas da conjunção *mas*. Isso se deve ao fato de que são originalmente sintagmas, alguns deles preposicionais, que ativavam outros significados. A conversão de unidades da sintaxe em unidades da morfologia por obra do *chunking* foi acompanhada da mudança semântica que lhes conferiu, no português contemporâneo, significado adversativo.[11]

O mesmo raciocínio pode ser encaminhado à conjunção coordenativa *porém*, primitivamente um advérbio (*porende*), que deixa transparecer sua natureza adverbial em suas prerrogativas posicionais, próprias dos advérbios (não das conjunções). A esse respeito, Moraes de Castilho (2013: 203) afirma o seguinte:

> Aparentemente, apenas *poren/porende* assumiram o papel de conjunção, ligando uma sentença à outra, criando o sentido de que a segunda sentença nega os pressupostos contidos na primeira.
>
> São condições para este novo papel do velho locativo *ende*: (1) ser preposicionado; (2) aparecer entre dois enunciados sentenciais, e não mais no início [...]; (3) coocorrer com *mais/mas*.

> Em sua figuração entre duas sentenças, o sentido liberado por *poren* é ambíguo, podendo ser parafraseado por "por isso", isto é, operando do mesmo modo que o *en* fórico [...].

Brandão (1963: 540) afirma que as preposições, desde o indo-europeu, se originam de certas expressões adverbiais e tinham a função semântica de determinar, denotar mais precisamente "*certas circunstâncias e matizes do enunciado verbal, sobretudo as relações de espaço, tempo e direção*", dando margem ao surgimento de outras como causa, modo, fim etc. O autor conclui que, "*em alguns idiomas, nem sempre aparecem assaz demarcadas as raias entre o advérbio e a preposição*".

Os apontamentos feitos até aqui levantam questões não apenas no plano das definições e classificações das preposições, advérbios e conjunções, mas sobretudo no que diz respeito ao próprio conceito de *categorização*. Na próxima seção, dedicaremos espaço à polissemia das preposições, em que apresentaremos o modelo de categorização adotado neste capítulo e situaremos teoricamente a passagem do concreto ao abstrato presente nas gramáticas citadas na presente seção.

No quadro adiante, listamos alguns vocábulos que podem funcionar como (a) advérbio / conjunção, (b) preposição / advérbio e (c) preposição / advérbio / conjunção. Com isso, poderemos colocar a problemática referente a essas categorias, sobretudo se se levam em conta dados históricos.

**Quadro 9 – Lista de formas com instabilidade categorial**

| **(a) Advérbio / Conjunção** | |
|---|---|
| EMBORA | *Não vou embora*<br>*Não vou embora queira* |
| JÁ | *Não vou já*<br>*Não vou já que você falou* |
| ASSIM | *Não vou assim*<br>*Vou assim que você chegar* |
| AINDA | *Não vou comprar ainda*<br>*Não vou comprar ainda que você queira* |
| MESMO | *Eu vou mesmo*<br>*Eu vou mesmo que você não queira* |
| MAIS / MAS<br>(← MAGIS – advérbio latino) | *Coloque mais*<br>*Coloque mais café*<br>*É mais bonito*<br>*Fui mas não gostei* |
| COM TUDO / CONTUDO | *Está com tudo e não está prosa*<br>*[...] contudo, não vejo saída* |
| **(b) Preposição / Advérbio** | |
| FORA/AFORA | *Não ponha isso fora*<br>*Ficou fora de casa*<br>*Correu rua afora*<br>*[...] outras perspectivas afora essa*<br>*Afora de mim, [...]* |
| ANTE | *"Vossa morte querê ante [...]"*<br>*Pé ante pé* |
| ANTE + "S" paragógico | *Eu quero antes ser feliz*<br>*Procure chegar antes*<br>*[...] antes da festa*<br>*[...] antes que eu morra* |

| (c) Preposição / Advérbio / Conjunção | |
|---|---|
| APÓS<br>DEPOIS<br>POIS | *Moro após a praça*<br>*Moro depois*<br>*Comprei pois gostei* |

Os dados do quadro revelam fatos que, por sua significativa constância, podem indicar o caminho da mudança semântica, embora não seja nosso objetivo apresentar esse caminho neste capítulo. O primeiro é a recorrência de troca nas especificações abstrato/concreto na significação dos vocábulos componentes das categorias em estudo. Por isso, esse é o ponto de partida para a caracterização da polissemia na LC. Note-se, por exemplo, que *afora* se especializou como abstrato. A alternância se encontra em *embora* (lugar, concessiva), *ante/antes* (lugar, preferência), *após/depois/pois* (lugar, tempo, conclusão).

Em alguns casos, o sentido do vocábulo se restringe por eliminação de uma especificação que, no uso anterior da palavra, poderia ser ativada em dado contexto. Este é o caso de *acima/em cima*. Recorrente ainda no português europeu, o substantivo *cima*, que significa a "parte superior de algo" (*as cimas das árvores*), no PB,[12] restringe-se às preposições complexas *por/de/para cima de*, além da forma relexicalizada *acima*, que, neste capítulo, vem sendo considerada um *chunk*. O substantivo *cima* foi usado, no português antigo, para significar não somente altura, mas também comprimento e fim. Assim, *dar cima* ou *cimar* significava "dar fim, terminar", como em "*E por esto sofreo tanto que aa cima foi vencido*" (*Demanda do Santo Graal*). Nesse exemplo, a especificação predominante é *abstrato*. Os usos da palavra, entretanto, evidenciam a especificação *concreto* para a expressão *em cima* e *abstrato* para *acima* já no século XIX, como se vê nos exemplos a seguir:

(5) a. [19,2 CL SC] *Despedaçado* ***em cima*** *da mesa.*
b. [19,2 CL SC] *Deparei, sob a epigraphe* ***á cima***, *com uma | transcripção do Patriota em que se aponta.*

Encontramo-nos diante do mesmo processo de mudança quando observamos o uso que os falantes fazem hoje das preposições *sob* e *sobre*. Essas preposições estão perdendo seu lugar na modalidade oral para indicar um ponto de referência concreto, mas não quando se referem a entidades abstratas (**em cima de Deus, não há nada*). Nos exemplos a seguir, extraídos de anúncios na internet, observa-se o uso de *encima* e *acima* combinados a entidades concretas:

(6) a. *Maravilhoso apartamento com churrasqueira* ***encima*** *do shopping B. Camboriú.* [Disponível em: <http://sc.olx.com.br/norte-de-santa-catarina/temporada/maravilhoso-apartamento-com-churrasqueira-encima-do-shopping-b-camboriu-ref-alt68-62922370>]
b. *Localizado* ***acima*** *do prédio do Shopping Praça* XV, *o Central Park é composto por 84 apartamentos.*
[Disponível em: <http://www.diariopopular.com.br/tudo/index.php?n_sistema=3056&id_noticia=OTE0ODI=&id_area=NQ==>]

Castilho (2009: 288) reconhece também as relações entre essas três categorias: preposições e advérbios são predicadores, e a diferença recai no fato de que as primeiras são sempre transitivas, o que não ocorre com os advérbios. A semelhança entre preposições e conjunções, segundo o autor, é que ambas integram a classe dos conectores, ligando palavras e sentenças; e a diferença está em que as preposições são predicadoras, ao passo que as conjunções aparentemente não apresentam essa propriedade.

## De volta ao latim

À guisa de conclusão desta seção, voltemos ao latim para sublinhar as tendências cíclicas que são encontradas na língua, do latim ao português, focalizando aqui o latim vulgar.[13]

A perda das desinências de caso no latim vulgar, ao lado do enfraquecimento de consoantes e do timbre vocálico, acarreta o uso cada vez mais corrente de preposições (entre outros elementos). Em geral, a preposição *de* é a mais frequente enquanto substituta dos casos genitivo e ablativo, embora outras também sejam encontradas nas mesmas funções (cf. Maurer Jr., 1959: 85-7), como nos exemplos de Castilho (2010a: 156) citados na "Apresentação".

Dentre as preposições que se perderam e que ficaram no latim vulgar, Maurer Jr. (1959: 166-7) menciona, para as primeiras, *ob*, *propter*, *praeter*, *ab* e *ex* (estas duas últimas "sobrevivem" como reforço de outros elementos) e, para as segundas, além de *de*, também *ad*, *cum*, *in*, *sine*, *pro/per*, *super*, *supra*, *sub*, *inter*, *intra*, *trans* e *secundum*. Ao tratar das mudanças de expressão das funções sintáticas, o mesmo autor enfatiza a escolha da preposição *de* como item substituto natural para a maioria das funções do genitivo e do ablativo, como nos complementos adnominais e circunstanciais.[14]

Para Maurer Jr. (1959) e Sävborg (1941), um dos fenômenos mais comuns no latim vulgar é a formação das chamadas locuções (prepositivas e adverbiais). No entanto, os dois autores divergem no que diz respeito à classificação e ao sentido dessas expressões. Maurer Jr. (1959: 240), de um lado, afirma que a justaposição, abundante no latim clássico, não se conservou no latim vulgar. Sävborg (1941), ao contrário, classifica as locuções em dois grupos: *preposição + preposição* e *preposição + advérbio*, ambas funcionando ora como preposição, ora como advérbio no latim vulgar.

Em relação ao sentido, Maurer Jr. (1959: 167) enfatiza que a anteposição de uma preposição nesses dois tipos de combinação em nada altera o sentido do segundo elemento, rotulando esse uso como *reforço*. No Quadro 10, inserem-se as combinações descritas pelos dois autores, a título de sistematização, que discutimos em seguida.

**Quadro 10 – Sistematização das combinações formadoras de locuções no latim vulgar**

<table>
<tr><td>Autor</td><td>Sävborg (1941)</td><td>Maurer Jr. (1959)[15]</td></tr>
<tr><td>Defin.</td><td>Justaposição</td><td>Reforço</td></tr>
<tr><td>prep<br>+<br>prep</td><td>(a) de + trans: detrans flumine; de trans Tiberio venio (port. detrás).<br>(b) de + ultra: prep. ultra – sinônimo de trans. Ultra pode ser empregada como advérbio, mas em todos os exemplos onde ultra é precedido da preposição de, ela é preposição: deultra flumino Acthiopiae (Rufin, Cântic., livro II, ed. Lomm).<br>(c) de + sub: aparece frequentemente em textos eclesiásticos, mais especificamente na expressão de sub caelo. Reconhece-se aqui uma expressão proveniente do grego. Desub não sobreviveu à época latina. As línguas românicas preferiram subtus a sub e desubtus a desub. O autor dá como causa provável desta seleção o fato de que estes podiam ser usados como advérbio e preposição e haveria uma preferência por palavras que pudessem ser empregadas em ambas as funções.<br>(d) de + inter: esta justaposição se encontra ainda hoje no português: dentre.<br>(e) de + circa: de reforça o sentido de circa: accipe ... decirca lumbo tuo.</td><td rowspan="2">(a) de + prep / adv<br>[latim literário e vulgar] de intus → fr. dans<br>[latim literário e vulgar] de super → rom. despre<br>de intro → port./esp./it. dentro<br>de ex → port. des<br>de post → port. depois, esp. despues<br>de ia(m) → fr. dèjà<br>de ab → it. da<br><br>(b) ab + prep<br>ab + ante → port. abante/avante<br><br>(c) ad + prep / adv<br>ad + satis (“suficiente”)<br>ad + trans → port. atrás<br>ad + post → port. após<br>afforas → port. afora<br>ad + prope<br>ad + supra<br><br>(d) per + prep / adv<br>per + ad → port. pera / para<br>per + ante → port. perante<br>per + inter → rom. printre</td></tr>
<tr><td>prep<br>+<br>adv</td><td>As combinações se dão basicamente com as preposições ab e de + os advérbios foris e intus, que funcionam ora como preposição, ora como advérbio.</td></tr>
</table>

As combinações do segundo grupo na primeira coluna, *preposição + advérbio*, ocorrem no latim vulgar justamente em função da perda de desinências de caso, abrindo, assim, espaço para a formação de locuções (cf. Wackernagel apud Sävborg, 1941). Outro fato que, segundo esse autor e também Maurer Jr., teria contribuído para tais formações seria a necessidade de clareza, pois os advérbios *foris* e *intus* apresentavam duplo sentido (*de fora*, *para fora* e *de dentro*, *para dentro*, respectivamente). Para esclarecer o sentido direcional, buscou-se juntar um *de* ou um *ab*.

As observações sobre a evolução do latim ao português reunidas neste capítulo salientam a recorrências das combinações e das ressignificações no curso da mudança linguística. Nessa conciliação da LC com a multissistêmica, exploraremos esses fenômenos como constitutivos de um processo, o *chunking*.

As observações também permitem identificar afinidades entre preposições e outras classes. Exploraremos tais afinidades como evidência do papel dessas classes na expressão da orientação e da perspectiva, organizada por outro processo, a heterossemia.

## PROCESSOS ESTRUTURANTES

A preposição, na análise da abordagem tradicional, é considerada uma palavra relacional tanto sintática (relacionar termos de uma oração) quanto semanticamente (subordinar um consequente a um antecedente):

> Chamam-se PREPOSIÇÕES às palavras invariáveis que relacionam dois termos de uma oração, de tal modo que o sentido do primeiro (ANTECEDENTE) é explicado ou completado pelo segundo (CONSEQUENTE).
>
> Assim:
>
> | ANTECEDENTE | PREPOSIÇÃO | CONSEQUENTE |
> |---|---|---|
> | Vou | a | Roma |
> | Chegaram | a | tempo |
> | Todos saíram | de | casa |
> | Chorava | de | dor |
> | Estive | com | Pedro |
> | Concordo | com | você |
>
> (Cunha e Cintra, 2001: 555)

Graças a essa concepção da preposição, instituiu-se que se trata de palavra relacional sintática e semanticamente, com destaque para o papel sintático, devido à "[...] *infalível predileção histórica da Linguística pelos fenômenos 'de forma' – seu impulso maior, pelo menos até muito recentemente, nos campos da fonologia, morfologia e sintaxe*" (Martins, 2011: 470). Como dissemos na "Apresentação", para Fillmore (1977), o papel sintático das preposições corresponde à primeira forma de se contemplar a estrutura funcional da sentença, enquanto o papel semântico corresponde à terceira forma, e é nosso objetivo, neste capítulo, explorar a quarta forma, aquela em que se destacam as noções de **orientação** e **perspectiva**. Exemplo para a importância dessas noções está na análise de *ante* feita na subseção "O português".

Reconhecer que o papel semântico é contemplado pela tradição gramatical não contribui para a consecução de tal objetivo porque a Semântica em questão é considerada tributária da Sintaxe, o que, na Linguística gerativa, corresponde à Semântica ter função interpretativa, em oposição à função gerativa, exclusiva da Sintaxe. Para fazer jus ao pressuposto de que a gramática é semanticamente motivada, entendemos ser necessário identificar os processos mediante os quais a cognição, ou o DSC, mobiliza as formas a serviço dos significados. No que tange às preposições, identificamos como processos estruturantes o *chunking* e a heterossemia.

Antes de situarmos cada processo, recapitulemos da "Apresentação" que a noção de **perspectiva** (Fillmore, 1977) foi recebida pela LC como ponto de vantagem, entendido como "*a perspectiva adotada para a conceptualização de uma cena*" (cf. Ferrari, 2009: 14-5, e seção "Processos estruturantes" deste capítulo). Isso exige de nós apresentar o que se entende por *cena*, o que nos remete de volta a Fillmore (1977: 63), que estabelece a distinção entre cena e moldura e reserva o primeiro termo para ações interpessoais, como para observações visuais, configurações familiares, entre outras possibilidades; moldura, como já dito, é o conjunto das escolhas linguísticas motivado pela perspectiva do conceptualizador na cena.

Lembremos que estamos nos atendo à quarta forma com que se organiza a estrutura da sentença. As demais formas são objetos de outros estudos, mas atuam simultaneamente na linguagem. Os termos com que estamos abordando a quarta forma, por sua vez, não são os únicos possíveis. Neste capítulo, estamos adotando o que passou a ser conhecido como sentido estrito de moldura:

> Em sentido amplo, [...] a noção de 'frame' é, em geral, sinônima à de Modelo Cognitivo Idealizado, referindo-se às estruturas do conhecimento que corporificam nosso pensamento sobre o mundo. Em sentido mais estrito, refere-se a um tipo específico de de organização do conhecimento no léxico.[16] (Geeraerts, 2010: 223)

Como se vê, o sentido estrito de moldura, adotado neste capítulo, se distingue do de *modelo cognitivo idealizado* (doravante, MCI, caracterizado adiante) e do de *cena* (conceito reservado para a representação mental das experiências no que elas incluem de recorrente[17]) e, com isso, se restringe às escolhas linguísticas, em geral, e à organização do conhecimento no léxico, em particular. Nesta nossa exploração da quarta forma de organização da estrutura da sentença, a escolha de uma preposição se dá na esfera da moldura, motivada pela conceptualização da cena, razão pela qual, como afirmamos na "Apresentação", diferentes escolhas não caracterizam o fenômeno sociolinguístico da variação, e sim o fenômeno cognitivo de perspectivização.

Castilho (2014: 37) argumenta que o contexto da motivação, que estrutura a moldura, "*é um padrão de práticas linguísticas* [...] *que funcionam como pano de fundo para o entendimento das expressões*". Assim, *viajar de praia a praia* e *viajar de costa a costa*, temos, segundo o autor, diferentes molduras evocadas por *praia* e *costa*, respectivamente, fazer a viagem por *mar* e por *terra*, o que evidencia o sentido estrito de moldura, exatamente como adotamos neste capítulo.

Quanto à *perspectiva*, Castilho (2014: 39) define-a como a dimensão da construção de conceitos, inserindo-a no processo de hierarquização dos participantes de uma cena, e a partir da sua etimologia ("ver através de"), apresenta fatores associados, como o ponto de vista, a orientação, a direção do escaneamento mental, subjetividade / objetividade etc. (cf. Langacker, 2000), de modo que a relação entre os participantes da cena pode ser especificada, a exemplo de *a estrada vai de São Paulo ao Rio de Janeiro*.

A situacionalidade do conceptualizador segundo a LC nos parece corresponder à convicção de que "*as preposições têm um sentido de base, funcionando como predicadores de* ESPAÇO" (Castilho, 2010a: 596) na multissistêmica. De acordo com o quadro teórico adotado, entendemos o ESPAÇO como fator fundamental da experiência corpórea, o que o torna uma das bases de conhecimento de mundo, por sua vez, indissociável do conhecimento da língua.

No exemplo "*a estrada vai de São Paulo ao Rio de Janeiro*", a experiência corpórea está no deslocamento no ESPAÇO, com uma origem, um caminho e um alvo. A partir dela, a abstração se dá na atribuição de deslocamento a uma estrada quando o que se desloca, na verdade, são os veículos que por ela trafegam, o que a cognição recebe com naturalidade graças à incidência da metonímia (o contato entre os veículos e a estrada permite transferir a capacidade de deslocamento deles para ela[18]).

O conceito que a LC construiu para indicar como o espaço contribui para as cenas tais como representadas pela cognição humana é o de **esquema imagético** (doravante EI). EIs são:

> [...] padrões imaginativos, não proposicionais e dinâmicos dos nossos movimentos no espaço, da nossa manipulação dos objectos e de interacções perceptivas. Eles apresentam uma estrutura interna, ligam-se entre si através de transformações e podem ser metaforicamente elaborados para a conceptualização de conceitos abstractos. (Soares da Silva, 2006: 185)

Lakoff (1987) identifica os seguintes EIs: CONTINENTE (em que os elementos estruturais são "interior", "fronteira" e "exterior"), PARTE-TODO (em que os elementos estruturais são "um todo", "partes" e "uma configuração"), LIGAÇÃO (em que os elementos estruturais são "duas entidades, A e B" e "ligação entre elas"), CENTRO-PERIFERIA (em que os elementos estruturais são "uma entidade", "um centro" e "uma periferia"), ORIGEM-CAMINHO-ALVO (em que os elementos estruturais são "uma fonte", "um destino", "um caminho" e "uma direção"), CIMA-BAIXO, FRENTE-TRÁS, ORDEM LINEAR, entre outros. Os EIs, segundo o autor, evidenciam que o raciocínio abstrato baseia-se na experiência corpórea e nas projeções metafóricas do domínio concreto ao domínio abstrato (Lakoff, 1987: 275).

Vimos anteriormente que "moldura" ora é tomada como sinônimo de MCI, ora não. Neste capítulo, adotamos a distinção entre esses termos, mas falta explicar o que vem a ser MCI. Lembremos que Geeraerts (2010), ao explicar a distinção entre moldura e cena, associou o sentido estrito de moldura a *um tipo específico de organização do conhecimento no léxico*. Isso faz sentido já que, em Fillmore (1977), moldura diz respeito às escolhas linguísticas que o conceptualizador faz em função da perspectiva que projeta na cena.

Já o conceito de MCI foi concebido por Lakoff (1987) para dar conta dos efeitos típicos da categorização por protótipos. Assim é que há um MCI relativamente estável na cultura ocidental para a categoria de "solteirão" – homem maduro não casado. Esse seria o protótipo. Em contrapartida, não integrariam nessa categoria o papa, que, por motivos religiosos, não pode casar, nem o Tarzan, que, apesar da existência da Jane, continua a viver sozinho na floresta. Aliás, só podemos introduzir esses exemplos sem maiores explicações porque está sendo presumido que o leitor compartilhe o MCI de papa, Tarzan e Jane.

Embora tecnicamente essas entidades se encaixem na categoria, pertenceriam a categorias subordinadas, afastadas do protótipo. Nessa medida, o conceito de MCI é considerado pela LC uma das bases de conhecimento relativamente estáveis, que são empregadas no raciocínio e na categorização. Vale ressaltar que o termo "idealizado" *não* é sinônimo de "imaginado", "sonhado" nem "projetado". A idealização equivale a ser o produto de abstrações feitas sobre conceitos a partir de um conjunto de experiências. Esse conceito contribuiu para caracterizar a organização do conhecimento como radial e enciclopédica.

*Grosso modo*, é o conceito que as palavras ativam. Ao categorizar significados, a cognição elege os mais representativos de uma dada categoria, e esses significados tomados como protótipos correspondem ao que Lakoff (1987: 68) define como MCI.

Para ilustrar ainda mais, o MCI de *festa* é a festa prototípica, o MCI de *universidade* é a universidade prototípica, e assim por diante, o que equivale a dizer que o ser humano experiencia as mais diversas festas e universidades, porém a cognição retém somente o que é recorrente na sociedade e na cultura em que se situa a cognição. Essa retenção é o expediente cognitivo que estabiliza múltiplas experiências em cenas, o que nos remete diretamente à situacionalidade do conceptualizador.

Experiências motivam conceitos, e as propriedades que a mente estende das experiências para os conceitos são as que a mente é capaz de perceber como constitutivas das experiências. São propriedades tais como percebidas, que até podem ser verificadas concretamente, mas não é a existência, e sim a percepção, que a linguagem está a serviço de exibir.

Até aqui, temos (i) a adoção do conceito de moldura, que, em seu sentido estrito, relaciona-se com o conceito de cena e se distingue do de MCI; (ii) a situacionalidade do conceptualizador no espaço-tempo evocando EIs; (iii) a projeção da experiência corpórea em raciocínio abstrato; (iv) e a polissemia, mais do que multiplicidade de significados, como categorização de significados com base nessa projeção, razão pela qual, em vez de significado literal e figurado, a LC distingue entre significado experiencial, mais associado aos EIs, e significado abstrato, fruto da atuação de padrões de figuratividade sobre os significados experienciais.

Como se vê, a estrutura proposicional tal como concebida por Fillmore (1977), que nos levou a eleger a quarta forma para um tratamento inovador da preposição, é considerada por Lakoff (1987) o princípio organizador de cada MCI, assim como os EIs, a metáfora e a metonímia. Daí o nosso percurso da cena para os EIs e das relações recorrentes entre EIs, de que participam padrões de figuratividade, para a polissemia.

Essa rede conceitual nos permite afirmar que cada preposição, tomada como forma polissêmica, indica um EI (cf. "*Vou a Roma*" e "*Todos saíram de casa*" na citação de Cunha e Cintra, 1985, acima) ou estabelece ora "relações entre MCIs" (ex.: *capítulo sobre preposições*), ora "relações internas a um MCI" (cf. "*Chegaram a tempo*" na citação de Cunha e Cintra, 1985, acima).[19] Essas relações serão especificadas em detalhes na próxima subseção.

## Polissemia e o *princípio da invariância*

A LC se caracteriza, também, como uma teoria que privilegia a polissemia em detrimento da homonímia. No início da teoria, os autores enfatizavam que a polissemia consiste numa categorização radial de sentidos. Lakoff (1987: 316) considera crucial a relação sistemática e motivada cognitivamente entre os sentidos. Tal sistematicidade já era atribuída a processos figurativos, restritos à metáfora e à metonímia.

Mais recentemente, a teoria destacou o papel da cultura na categorização dos sentidos (cf. Sweetser, 1990). A motivação histórico-cultural para um novo uso de uma palavra já existente na língua recebeu mais peso na organização do léxico, explicitando como comunidades conceptualizam e organizam o mundo. Batoréo e Ferrari (2015) demonstram o quanto a polissemia da expressão *ao fundo* incorpora da perspectivização no PB e no PE, variedades da língua que conceptualizam o mundo diferentemente, em função de suas particularidades histórico-culturais.

Em todas as fases da LC, considera-se que polissemia contribui para a economia cognitiva, tendo em vista que a criação de novos sentidos tem um custo menor que a formação de novas palavras. Os processos figurativos, por sua vez, passam a incluir a tensão homonímica (Soares da Silva, 2006) e a heterossemia, como veremos na próxima seção.

Por sua vez, homonímia, na LC, é definida como um acidente histórico em que duas formas, etimológica e semanticamente distintas, tornam-se fonologicamente iguais. Soares da Silva (2006) lembra que há dois critérios para a distinção entre polissemia e homonímia:[20] o critério sincrônico (em que são levadas em conta as associações que os falantes reconhecem entre os sentidos) e o critério diacrônico (em que, na medida da disponibilidade de dados, são recuperadas as origens das formas). O autor, assim como Lakoff (1987), conclui pela adoção do critério sincrônico. Neste capítulo, adotamos o critério diacrônico (Sweetser, 1990) mais pela conciliação com a multissistêmica num projeto de história do PB que por fidelidade à LC, na qual há espaço para ambos os critérios.

Como se vê, a polissemia é considerada como evidência de que a cognição categoriza por protótipos, exatamente nos termos em que vimos Castilho (2014) absorver a moldura de Fillmore (1982) e vimos Lakoff (1987) definir MCI.

A polissemia das preposições é reconhecida pela tradição gramatical:

> [...] podemos concluir que, embora as preposições apresentem grande variedade de usos, bastante diferenciados no discurso, é possível estabelecer para cada uma delas uma significação fundamental, marcada pela expressão de movimento ou de situação resultante (ausência de movimento) e aplicável aos campos espacial, temporal e nocional. (Cunha e Cintra, 1985: 558)

No entanto, essa forma de reconhecer a polissemia é denunciada pela LC como artificiosa, pois leva a reconhecer o esvaziamento de sentido da preposição, como se vê na tradição gramatical, na teoria de gramaticalização, entre outras abordagens.[21] Contra essa forma de tratar a polissemia insurge-se a LC, e contra essa forma de conceber os processos linguísticos insurge-se a multissistêmica.

A alternativa proposta de Lakoff (1987) consiste em associar a polissemia ora a correspondências dentro de um MCI, ora a correspondências entre MCIs, por obra dos mapeamentos metafóricos e metonímicos que são constitutivos dos MCIs. Tais mapeamentos, por sua vez, são organizados pelo princípio da invariância (Lakoff, 1993: 216), segundo o qual a estrutura da experiência se mantém como estrutura da abstração, que, como vimos, é orientada por padrões de figuratividade.

Por exemplo, a horizontalidade e o dinamismo de experiência de *entrar em casa* é conservada pela metáfora em *entrar no cheque especial*. A compreensão da metáfora depende do princípio da invariância, portanto.

A afinidade histórica que, na seção "Um pouco de história", constatamos entre preposições, advérbios e conjunções faz com que essas sejam categorias de formas relacionais, razão pela qual dizer que preposições são palavras relacionais não diz nada de específico sobre as preposições, conforme ressaltamos na seção citada anteriormente. O fato de essas categorias abrigarem formas relacionais explica por que são categorias fechadas, ou seja, mais resistentes à formação de um novo item do que as categorias de classes abertas (como verbos e substantivos).

No entanto, é importante ressaltar, ainda que incidentalmente, que as preposições constituírem uma classe fechada não as impede de serem bases para a formação de palavras de classes abertas, o que não costuma ser reconhecido pelos estudos morfológicos, como se vê em *diante* (preposição) → *dianteiro* (adjetivo), *trás* (preposição) → *traseiro* (adjetivo). Na seção "Um pouco de história", vimos que advérbios podem ser formados a partir de preposições, como *adiante* e *atrás*. Agora, vejamos que verbos podem ser formados a partir desses advérbios, a exemplo de *adiante* → *adiantar* e *atrás* → *atrasar*. Esse fato se enquadra nos que, na seção citada anteriormente, apontamos como presentes desde o latim, língua em que preposições já serviam de base à formação de verbos, como em *super* (preposição latina) → *superāre* (verbo latino) → *superar* (verbo português) e *intra* (preposição latina) → *intrare* (verbo latino) → *entrar* (verbo português) (cf. Cunha, 1985).

Dito isso, retornemos ao fato de que relacionar não distingue as preposições. Para ilustrar as funções semântico-cognitivas em que acreditamos manifestar-se a polissemia das preposições, consideremos os usos da preposição *de* no exemplo a seguir:

(7) [19,1 CL CE] *CORRESPONDENCIA. || Senhor Redactor. || Quanto os homens saõ sucepti - | veis* ***de*** *errarem, quando se deixaõ levar | pelas primeiras impressões adqueridas | sem terem hum preleito conhecimento |* ***das*** *pessoas, sobre que fundão seos con - | ceitos ! He o cazo. Em Abril pelo tem- | po* ***da*** *Semana Santa, logo no Domingo |* ***de*** *Ramos comessou o Ouvidor* ***da*** *nova | Comarca Manoel Pedro de Moraes Ma - | yer a dar pasto ao seo orgulhoso, e | despotico genio, obrigando a Irman- | dade* ***do*** *SantíSsimo Sacramento ir buscal-o a ca- | za a companhando-o até a Igreja, e* ***da*** *| hi tornal-o a levar com o mesmo acom- | panhamento, e solemnidade; não po- | dendo porem conseguir similhante ab- | surdo, ordenou aos Juizes* ***da*** *mesma Ir- | mandade (que tambem eraõ Juizes Or- | dinarios) que alternando entre elles fos- | se hum buscal-o, e trasel-o a caza* ***de****- | manhã, e outro a tarde : hum* ***d****estes ho- | mens mui pacifico, e timorato cumprio | o Decreto* ***do*** *Bachá* [...]

As funções seriam:

i. exprimir o EI envolvido na experiência quando o conceptualizador se projeta como trajetor ou marco na cena (7a-e):

- EI CONTINENTE:

(7a) *comessou o Ouvidor* ***da*** *nova | Comarca M. P. de M. M. a dar pasto ao seo orgulhoso*
(7b) *e* ***da*** *| hi tornal-o a levar com o mesmo acom- | panhamento*
(7c) *obrigando a Irman- | dade* ***do*** *SantíSsimo Sacramento*

- EI PARTE-TODO:

(7d) *hum* ***d****estes ho- | mens mui pacifico*
(7e) *ordenou aos Juizes* ***da*** *mesma Ir- | mandade*

ii. estabelecer relações entre MCIs (7f-j):

- MCIs dos quais participa o EI CONTINENTE:

(7f) *Em Abril pelo tem- | po* ***da*** *Semana Santa*
(7g) *logo no Domingo |* ***de*** *Ramos*

- MCIs dos quais participa o EI LIGAÇÃO, que pode ser estática (7h-i) ou dinâmica (7j):

(7h) *sem terem hum preleito conhecimento |* ***das*** *pessoas*
(7i) *e timorato cumprio | o Decreto* ***do*** *Bachá*
(7j) *Quanto os homens saõ sucepti - | veis* ***de*** *errarem*

iii. estabelecer relações dentro de um MCI (7k):

(7k) *e trasel-o a caza* ***de****- | manhã*

Na função (i), as preposições definem a orientação e a perspectiva no espaço-tempo. Castilho (2010a) recupera de Viaro (1994) as seguintes categorias em que as preposições se distribuem semanticamente: afastamento, aproximação, meio, circularidade, verticalidade, sequência, interioridade e proximidade. Em seguida, observa que tais categorias, afora "circularidade", correspondem aos eixos vertical e horizontal propostos pela abordagem multissistêmica, conforme se vê no Quadro 11. Do ponto de vista cognitivista aqui configurado, trata-se da expressão dos EIs como evidência da corporeidade do conceptualizador.

**Quadro 11 – As preposições e o tratamento da categoria cognitiva de ESPAÇO**

| Categoria cognitiva | Organização da categoria cognitiva | Subcategorias cognitivas | Papéis semânticos derivados |
|---|---|---|---|
| ESPAÇO | POSIÇÃO NO ESPAÇO | eixo horizontal | /origem/,/meio/,/meta/ |
| | | eixo vertical | /superior/~/inferior/ |
| | | eixo transversal | /anterior/~/posterior/ |
| | DISPOSIÇÃO NO ESPAÇO | eixo continente / conteúdo | /dentro/~/fora/ |
| | PROXIMIDADE NO ESPAÇO | eixo longe/ perto | /proximal/~/distal/ |
| | MOVIMENTO NO ESPAÇO | eixo real/ fictício | /dinâmico/~/estático/ |

Fonte: Castilho, 2010a: 585

Nas funções (ii) e (iii), elas contribuem para aquelas relações naturais entre EIs de que fala Lakoff (1987), visto que os EIs constituem os MCIs. As três funções organizam a polissemia das preposições.

## *Chunking* e o princípio da recursão

Como anunciamos no início desta seção, consideramos o *chunking* e a heterossemia como processos estruturantes da atuação das preposições na quarta forma de organização da estrutura da sentença. A subseção "*Chunking* e o *princípio da recursão*" é dedicada ao primeiro processo; a subseção "Heterossemia e o *princípio da motivação maximizada*", ao segundo.

A atuação da preposição dentro de um MCI segundo Lakoff (1987) nos parece concernir ao que Bybee (2010: 34[22]) define como *chunking*, processo de formação de *chunks*, que, por sua vez, são unidades que se definem, não por alguma propriedade estrutural, mas pelo fato de serem rotinizadas pelo uso, ou seja, pela repetição. Nos termos instituídos por Langacker (1987), *chunks* gozam do *status de unidade* graças à *rotinização*. Exemplos claros de *chunks* são provérbios, expressões idiomáticas e grupos de palavras que costumam ser produzidos e entendidos como "blocos", como *acho que* e *diz que*, realizados fonologicamente [aʃki] e [dis.ki], respectivamente, para citar apenas alguns, na medida em que são armazenados na memória como unidades.

A distinção entre exprimir EIs e estabelecer relações internas a um MCI nos parece crucial também para a descrição da sintaticização das preposições, visto que, na primeira função, a preposição integra a grade argumental de outro item lexical, enquanto, na segunda, a preposição se restringe ao MCI à direita. Por exemplo, em *sair de casa*, a preposição *de* indica o EI ORIGEM-CAMINHO-ALVO, integrando a grade argumental do verbo *sair*. Já em *sair de férias*, a preposição, porque estabelece uma correspondência interna ao MCI de *férias*, forma um *chunk*, que significa um estado em relação a esse MCI, estado esse submetido à metáfora conceptual ESTADOS SÃO LUGARES.

Portanto, um *chunk* pode coincidir com o que se entende por uma palavra, caso em que exibe os moldes previstos pela morfologia construcional (cf. Lemos de Souza, 2015); pode coincidir com o que se entende por preposições complexas (ou locuções prepositivas, como *embaixo de* e *em cima de*); pode coincidir com uma tradição discursiva (cf. Simões e Kewitz, 2009), se pensarmos por exemplo nas fórmulas de abertura de uma carta oficial (*Venho, por meio desta,...*) ou nas formas convencionalizadas de cumprimento (*Olá, Bom dia, E aí?* etc.).

A repetição gera um padrão indutivo de uso, o que é condizente com o princípio de recursão da multissistêmica, no sentido de que reativamos morfemas, palavras, sintagmas e outras tantas estruturas de forma recorrente, quase como encaixando novos itens a fórmulas pré-existentes numa dada língua. Assim, qualquer sintagma terá a mesma estrutura (especificador + núcleo + complementizador, sendo o primeiro e o terceiro opcionais). Outros exemplos da manifestação desse princípio são as diversas expressões de redobramento no PB, como a aplicação da regra de concordância em todos os elementos (*as casas grandes*), redobramento por topicalização (*O menino ele foi embora*), as relativas copiadoras (*o menino que o pai dele é professor saiu*), redobramento do complemento verbal (*eu te disse pra você*), redobramento semântico (*subir pra cima, descer pra baixo*), e assim por diante (Moraes de Castilho, 2005, 2013).

A nosso ver, a proposta de Castilho (2010a) a respeito do princípio de recursão corresponde, em parte, ao papel da repetição para a formação de *chunks* na visão de Bybee (2010). Essa autora inclui no *chunking* processos como redução fonológica (desfonologização), mudança semântica, inferências, formação de construções etc., uma vez que *chunks* podem se rotinizar de tal forma, que o status de unidade da sintaxe se converte em status de unidade da morfologia, como em *de graça* e *de repente*, fenômeno que, na abordagem multissistêmica, pode ser visto como processo de morfologização das preposições.[23]

Castilho (2010a), ao contrário, propõe que os processos e os produtos sejam independentes uns dos outros (descentralizando, assim, a gramática), governados pelo DSC, embora tudo se dê dinâmica e simultaneamente no momento da criação e das mudanças linguísticas. E a repetição é uma dentre outras manifestações do princípio de recursão, que tem sua atuação na Gramática, no Léxico, no Discurso e na Semântica.

Para finalizar esta subseção, como dissemos anteriormente, as preposições complexas também podem ser consideradas *chunks* na medida em que não constituem sintagmas preposicionais isolados e as partes raramente podem ser entendidas separadamente (cf. Bybee, 2010: 139-40). Isso é reforçado quando a base das preposições complexas é um substantivo que, num *chunk*, tem suas propriedades nominais desativadas, a exemplo de *cima* em *acima de*, *em cima de*, *por cima de* etc., como já descrevemos. Por outras palavras, o item *cima* não só perdeu suas propriedades de substantivo, como foi desativado do léxico do PB, ocorrendo o mesmo com *beça* em *à beça* e *toa* em *à toa*.

Recursivamente, vemos a formação de preposições complexas a partir da fórmula *embrionária* [prep + base + prep] (cf. Ilari et al, 2015: 294). No entanto, essa fórmula pode abarcar itens tão diversos que acarretaria em chamar tudo de preposição complexa (ou locução), o que nos parece não condizente com o programa de pesquisa esboçado neste capítulo. Longe de resolver o dilema dos critérios de classificação das preposições complexas, preferimos aqui chamar certas expressões preposicionadas de *chunks* se elas se configuram como formas rotinizadas.

## INTRODUÇÃO E DELIMITAÇÃO DE TÓPICO DISCURSIVO

Na seção anterior, mencionamos *chunks* associados a tradições discursivas. Algumas preposições simples e complexas atuam como introdutoras de tópico discursivo, delimitando-o ou apenas colocando no texto o assunto a ser tratado, ou de forma geral, funcionando na organização do discurso (cf. Laura, 2013).

Os SPreps nessa função discursiva podem ser considerados *chunks* na medida em que se rotinizaram para apresentar um assunto. Ressalta-se, no entanto, que não são apenas as preposições que cumprem essa função. Conforme aponta Jubran (2006: 111), as marcas de introdução e delimitação tópicas *não configuram um padrão de ocorrências que possibilite categorização segura*, pois são marcas coocorrentes, multifuncionais, facultativas e de classes diversas. Como nosso foco são as preposições, não é difícil notar que algumas – especialmente as complexas – cumprem a função de introduzir e/ou delimitar o tópico discursivo, como nos exemplos (8) a (10) a seguir:

(8) [19,2 CAP BA Carta 8] ***Em resposta á*** *Carta que Vossa Senhoria me endereçou da- | tada de hontem, convidando-me a tomar con- | ta interinamente do Cargo de Escrivam da Casa da | Santa Mizericordia, durante o impedimento de Vossa Senhoria, | devo dizer-lhe que as minhas occupações me | não permittem fazel-o n'esta occazião*

(9) [19,2 CAP BA Carta 349] ***Em observancia ao*** *officio de Vossa Senhoria, com data | de hontem,* ***relativamente a*** *uma occorrencia, | sobre a qual o diario da Bahia chama a atten= | cão de Vossa Senhoria, havida no Campo Santo, na tarde | do 1º do corrente, por occasião de um enterro, informo | a Vossa Senhoria que houve uma alteração, desagradavel sem | duvida, entre o Capellão e alguns imprudentes, que| provocarão-no com palavras desattenciosas.*

(10) [19,2 CAP BA Carta 113] *Illustrissimo Senhor |*
*Accuso a recepção do officio de Vossa Senhoria | de 10 do corrente, do qual accompanhou | a copia, que devolvo, da informação | prestada pelo Medico interino do Hos- | pital da Caridade,* ***a cerca dos*** *moti= | vos por que tem sido reenviados os= | presos doentes, que para ali são reme= | ttidos, afim de que eu responda a res= | peito com o que me offerecer*
***Em satisfação a resposta exigida****, ca= | be-me diser que só tenho prestado | attestado de molestia a presos, que | tem soffrido molestias eviden-*

> *temente | verdadeiras, é não simuladas, e que | exigem um tratamento serio, e convenien= | te, tratamento que não podem ter | nas estreitas e insalubres abobadas das | prisões, em que se achão.|*
> ***Sobre** os dois presos F. P. | P., e V. F. M., que pelo | Carcereiro da Currecção forão remetti= | dos em padiolas para o Hospital, devo | diser que não forão com attestado | meu, sendo para informado de que | se achavão verdadeiramente doentes.|*
> ***Quanto ao** preso M. M. P., tenho a declarar que este ||| preso se achava de facto doente, | e foi tam verdadeira sua moles= | tia, que este individuo demorou- | se por algum tempo em tratamento | no Hospital, o que não teria a= | ccontecido se tivesse simulada mo= | lestia.|*
> ***Quanto á** J. B. das N. tenho a inda a informar a Vossa Senhoria | que quando foi este preso remettido | para o Hospital, soffria elle dores e | inchação no queixo, provavelmente | devida a um dente cariado, que con= | vinha ser extrahido.*

Segundo Castilho (2010a: 608), "*as construções de tópico preposicionadas criam a moldura à volta da qual girará o texto*". A depender do grau de simetria entre os interlocutores, algumas fórmulas são recorrentes para criar a moldura do texto nesse sentido. Por exemplo, em (8) e (9), o remetente, para se dirigir a um superior e responder às suas exigências, lança mão das expressões *em resposta á* (*Carta*) e *em observancia ao* (*officio*), preparando, assim, seu leitor para o que vem em seguida. Já em (10), o remetente recorre a várias expressões preposicionadas para tratar de vários assuntos: *sobre, quanto a, acerca de* e *em satisfação a resposta exigida.*

Note-se que, em cartas de administração privada e oficiais, a relação assimétrica entre remetente e destinatário atua como moldura para o uso de diferentes recursos para introduzir o assunto. Nesses casos, o remetente não pode ir direto ao assunto que gerou a correspondência; é preciso antes preparar toda a situação comunicativa, ou seja, seu texto a seu superior.

Geralmente, esses textos apresentam certa regularidade de fórmulas de abertura e de fechamento do texto, mas isso pode variar de tempos em tempos e, sobretudo, em função do grau de simetria entre os interlocutores. Nos dias de hoje, vemos um *chunk* em ofícios e cartas comerciais, representado pela expressão formulaica *Venho, por meio deste/desta.*

Em textos mais próximos da imediatez comunicativa (cf. Koch e Öesterreicher, 1990), como inquéritos orais e cartas pessoais,[24] a preposição mais recorrente é *sobre* para introduzir e/ou delimitar um assunto, como se vê nos exemplos (11) a (13):

(11) [20,2 Pop SP, Fita 8b]
*Doc. é... a iscola tá cum problema né?*
*Inf.é essa iscola aí... agora* ***sobri*** *a u lanchi todu tá in/ é:.. é bom... num tem nada qui recramá... agora* ***sobri*** *essi pobrema qui eu tô falandu purqui elis mi falô né?... agora us otru po/... pobrema aí... tá indu bem né?*

(12) [19,2 CP RJ/SP, Carta 34] ***Sobre*** *o assumpto principal da tua carta, | isto é,* ***sobre*** *a venda da tua <parte> e das dos outros da | União, eu tinha tencção de escrever-te a respeito, | pedindo justamente esclarecimentos.*

(13) [20,2 SSA Nurc DID 231] *Eu tenho que saber escrever pra redigir... mas na prova vamos dizer...* ***sobre*** *um assunto de medicina... então você pega um um quesito* ***sobre*** *problema respiratório...*

Essas breves observações estão longe de fazer jus à relação entre marcadores discursivos e tradições discursivas. Abrimos esta subseção somente para concluir o raciocínio aberto quando do reconhecimento de que há *chunks* que introduzem e delimitam tópicos discursivos. Tal reconhecimento confirma que *chunking* é um processo cognitivo cuja abrangência reforça a inseparabilidade entre gramática e discurso, conforme sustentado pela LC.

## Heterossemia e o *princípio da motivação maximizada*

Nesta seção, pretendemos avançar na tese de que o que caracteriza as preposições semanticamente é a indicação da perspectiva do conceptualizador, para o que consideramos necessário retomar da apresentação a concepção de gramática como um contínuo de componentes submetidos às mesmas motivações semânticas. Precisamos também resgatar da seção "Um pouco de história" a relação reconhecida por diferentes autores entre preposições, advérbios e conjunções.

Acreditamos que a dificuldade que identificamos nos autores reunidos na seção citada anteriormente em distinguir entre essas classes de palavras se deve ao fato de que o foco sempre esteve voltado para as relações entre as classes. Deslocado o foco para as motivações semânticas, a categorização de formas em classes assume o *status* de consequência. Em se tratando das classes em questão, perspectivizar é a motivação semântica, e a distribuição da mesma motivação em diferentes categorias formais consiste num processo que reconhecemos como **heterossemia**.

Lichtenberk (1991: 476) usa o conceito de heterossemia em referência a

> [...] casos (dentro de uma dada língua) em que dois ou mais significados ou funções que guardam entre si uma relação histórica, no sentido de derivarem da mesma fonte última, são confirmados por reflexos do elemento comum na origem pertencentes a diferentes categorias morfossintáticas.[25]

Ainda segundo o autor, não é necessário para a caracterização de um caso de heterossemia que haja relações derivacionais sincrônicas, nem que o uso da fonte ainda esteja vivo na língua, tampouco que se identifique um sentido comum essencial.

Esse conceito, inicialmente originado na teoria da gramaticalização e ausente na LC, passa a ser usado, por exemplo, em Rice (1999) para tratar das preposições, embora a autora assuma nesse texto o conceito de língua-linha. Ao se atribuir um olhar cognitivista a esse conceito, mantemos afastada a concepção de língua-linha e reforçamos o compromisso com a multissistêmica.

No mesmo estudo de caso que Lakoff (1987) dedica à palavra *over* para propor o tratamento da polissemia como categorização semântica, o autor observa que essa palavra pode ser classificada como preposição, advérbio, prefixo etc. (cf. Lakoff, 1987: 419), exatamente como vimos alguns autores na seção "Um pouco de história" alocarem certas formas em mais de uma categoria. O fato é recorrente em teorias diferentes e nos parece dever-se àquela predileção da linguística por fenômenos de forma, mencionada na apresentação deste capítulo.

A predileção por fenômenos do sentido tem levado à leitura cognitivista do conceito de heterossemia (cf. Rice, 1999; Vialli, 2013; Brocardo, 2008; Velozo e Bernardo, 2014; Gonçalves e Almeida, 2014; Almeida e

Lemos de Souza, 2015; Lemos de Souza, 2015) e à conclusão de que o processo se desdobra em duas instâncias na gramática das línguas naturais: a categorização de formas a partir da mesma motivação semântica; e a categorização de significados de modo a evitar o percurso da polissemia à vagueza, instância a que nos referiremos como de contenção da polissemia. Assim, a heterossemia se caracteriza como um fenômeno de categorização superordenada, visto que incide sobre outros fenômenos de categorização, de formas e de significados.

Relativamente às preposições, a primeira instância da heterossemia se manifesta na relação entre essa classe, a dos advérbios e a das conjunções, assim como na relação entre classe e a dos prefixos. "*Um tipo particular de heterossemia, a heterossemia transcategorial, restringe este tipo de conceito à relação entre formas de classes abertas e fechadas*" (Brocardo, 2008: 8). Já a segunda instância se manifesta como interrupção do caminho da polissemia à vagueza graças exatamente ao ajuste do conceptualizador a diferentes EIs e MCIs.

Se elementos da cena podem estar em primeiro ou segundo plano da perspectiva do conceptualizador, se a construção de qualquer sentença revela a perspectiva adotada, se preposições integram *chunks*, então as categorias gramaticais internas às unidades (nome/pronome – *sair [de casa]/entregar [a ele]*, verbo – *duro [de matar]* ou advérbio – *passar [por cima]*) caracterizam os diferentes padrões gramaticais recrutados como parte da moldura. Estamos, portanto, longe da ideia de variação no uso das preposições, da mesma forma que estamos longe da mera listagem dos possíveis sentidos de uma preposição. Temos, sim, instâncias da heterossemia: uma em que a mesma função semântico-cognitiva de perspectivizar se distribui em diferentes categorias formais (presa, dependente e livres) e outra em que a perspectiva determinada pela mesma preposição é ajustada a diferentes EIs e MCIs, razão por que a polissemia não evolui à vagueza.

Na instância em que a heterossemia contém a polissemia em categorias, retornemos à tarefa de identificar as bases experienciais e os padrões de figuratividade em que as preposições ora exprimem EIs, ora estabelecem relações entre MCIs ou relações internas a um MCI. Tomemos alguns dados da preposição *com*:

(14) [19,1 CL BA Carta 1] *Venho* ***com*** *baionetas, não para em | prega-las contra vossos peitos, mas | para resistir a aquelles que persisti- | rem na rebellião contra a vontade e | clemencia do nosso generoso Monar- | cha.*

(15) [19,1 CL BA Carta 1] *Seja como for: co- | mo os jovens desejão, que o nosso Con- | gresso mude tudo, de huma só vez; | e mesmo que mudem os telhados para | baixo, e os alicerces para cima; Offe- | reço-lhe este Dialogo, e* ***com*** *elle o seu | coração.*

(16) [19,2 CL BA Carta 36] *Senhor Redactor: || As correspondencias publicadas em os nu- | meros 488 e 491 do seu estimavel Jornal, | assignadas por G. e Anti-Russo, acabam de | preencher uma lacuna, a qual não podia dei- | xar de pesar no animo de quantos,* ***com*** *vi- | vo e bem legitimo interesse, acompanham a | momentosa questão, que ora se está pleite- | ando nos arredores de Sebastopol.*

(17) [19,1 CL BA Carta 1] *Os transportes são| os seguintes navios Americanos – | Robin Hood, Comandante. Evans; Roger, | Mestre Williams; Bingham; Tri- | tão, Comandante Smith; Chiliano; Butler; | Cornelia; Constant; e o brigue | Hespanhol Catalina,* ***com*** *3500 sol- | dados.*

Em (14) e (16), a preposição *com* exprime o EI LIGAÇÃO (entre *eu* e *baionetas*, entre *quantos* e *interesse*). Em (17), o EI CONTINENTE (*soldados* dentro de *navios*). Em (15), relaciona o MCI de *dialógo* ao MCI de *coração* mediante um padrão de figuratividade a partir do EI CONTINENTE: a metáfora leva a conceber o coração como continente e sentimentos como conteúdos (o que permite, por sua vez, que o continente seja tomado como o conteúdo graças à metonímia – contiguidade espacial) e a conceber pessoas como continentes e seus próprios sentimentos como conteúdos. A análise exaustiva da preposição *com* exigiria a identificação de relações internas a MCIs, que levam à formação de *chunks* como *com prazer*, *com louvor*, *com cuidado*, *com certeza* etc.

Na instância da categorização de formas, o conceito de heterossemia inclui "*até aqueles casos em que os reflexos da fonte comum não são fonologicamente idênticos*" (Lichtenberk, 1991: 476[26]), como:

- da preposição *inter* à preposição *entre* na categoria "interioridade", eixo continente/conteúdo (cair **entre** o prédio e a casa), e aos prefixos *entre* (**entre**abrir, **entre**ato) e *inter* (**inter**valo, **inter**mediar);

- da preposição *sub* à preposição *sob* na categoria "verticalidade" [perspectivizada de cima para baixo], eixo vertical (andar **sob** o sol do meio-dia), e aos prefixos *sob* (**sob**estar, **so**erguer) e *sub* (**sub**alterno, **su**fixo, **sus**ter);
- da preposição *super* à preposição *sobre* na categoria "verticalidade" [perspectivizada de baixo para cima], eixo vertical (livros **sobre** a mesa), aos prefixos *super* (**super**visão, **super**mercado, **super**cílio) e *sobre* (**sobre**aviso, **sobre**mesa, **sober**ano, **sober**ba, **sobr**ancelha, **sob**ejo).
- da preposição *circum*, que se mantém prefixo (**circun**volução) à preposição *cerca*, que funciona no eixo proximal, adjungida da preposição *a* e seguida da preposição *de* (*acerca desse assunto*).

Nada impede que haja identidade fonológica, como na formação da conjunção *mas* e do advérbio *mais* a partir de *magis* (cf. seção "Um pouco de história" e Castilho, 1997b) e:

- da preposição *contra* à preposição *contra* na categoria oposição (*os carros bateram na via de mão dupla um **contra** o outro*), "sequência", eixo horizontal (*um time **contra** o outro*), e ao prefixo *contra* (***contra**dizer*, ***contra**proposta*).

Simplesmente, pode não haver identidade fonológica, como nos pares preposição *a* – prefixo *ab* e preposição *a* – prefixo *ad*. Esses pares nos levam a afirmar que há homonímia entre duas preposições, $a^1$ e $a^2$, no PB: a primeira advém da preposição latina *ab*, a segunda da preposição latina *ad*. Ambas integram grades argumentais que exprimem o EI ORIGEM-CAMINHO-ALVO, só que, quando se trata da primeira, o sujeito é o alvo, e o complemento é a origem (ex.: *roubar ao banco*, *fugir ao tema*, que, no PB atual, também pode ser *roubar do banco* e *fugir do tema*, respectivamente,[27] o que colabora para a polissemia de *de* numa nova reorganização cognitiva), ao passo que, quando se trata da segunda, o sujeito é o trajetor (que parte de uma origem), e o complemento é o marco (que serve de alvo para o trajetor), construção que tem origem em *ad* + acusativo, como indicamos na seção "Um pouco de história" (ex.: *ir ao banco*). Concomitantemente, esses mesmos pares nos levam a afirmar que há heterossemia entre a preposição $a^1$ e o prefixo *ab-* e entre a preposição $a^2$ e o prefixo *ad-* no PB:

- da preposição *ad* à preposição $a^2$ na categoria "aproximação", eixo horizontal (*do Leme **ao** Pontal*), e ao prefixo *ad* (***ad**nominal, **ad**jetivo, **ad**junto*);
- da preposição *ab* à preposição $a^1$ na categoria "afastamento", eixo horizontal (*roubar **ao** banco*), e ao prefixo *ab* (***ab**negado, **ab**orrecer, **ab**lativo*).

Como se vê, a clássica discussão sobre a prefixação como derivação ou composição envolve não somente o compromisso com a categorização clássica, que toma derivação e composição como categorias discretas, como também a perspectiva da forma para o sentido (=semasiologia). Com a perspectiva do sentido para a forma (=onomasiologia), como pressupõe a concepção da gramática como semanticamente motivada, aliada à abordagem multissistêmica, uma conclusão plausível é que a alocação das formas numa categoria ou noutra é consequência, e não causa, do componente da gramática em que atuam. Daí as diferenças morfológicas e sintáticas que as categorias guardam entre si.

Ao convidarmos o leitor a ver menos das folhas para ver mais da floresta, dispusemos-nos a apontar os processos que estruturam os produtos e a conciliar uma abordagem com uma teoria. Na seção anterior, apresentamos o *chunking* como um processo que remete a um princípio proposto pela multissistêmica, o princípio da recursão. Nesta, apresentamos a heterossemia como um processo de categorização superordenada. Resta apresentar o princípio adotado pela LC para conceber os componentes da gramática como um contínuo submetido às mesmas motivações semânticas, o princípio da motivação maximizada.

Trata-se da concepção da gramática como um fenômeno cognitivo, por isso organizada por princípios que a otimizam. Um desses princípios consiste em minimizar a arbitrariedade, ou seja, maximizar a motivação. A categorização radial, que vimos estar na base da polissemia, contribui para a motivação, na medida em que a experiência serve de base para a abstração e, portanto, pode ser recuperada na abstração graças ao princípio da invariância, que pode ser resumido da seguinte forma: a estrutura conceptual, em outras palavras, a topologia cognitiva, associada com o domínio fonte, num mapeamento metafórico, é preservada no domínio alvo: Evans (2007: 117-8[28]).

Sendo assim, as mesmas motivações semânticas devem ser identificadas em todos os componentes da gramática. A heterossemia, como outro processo cognitivo, maximiza a motivação nas duas instâncias em que se manifesta.

Já o *chunking*, quanto mais recruta a mesma preposição em diferentes *chunks* tanto mais reduz a arbitrariedade que haveria em ser esta, e não aquela, preposição nas mesmas molduras, sem incorrer na composicionalidade clássica, que localiza o significado na forma, e não na moldura. Por exemplo, provavelmente, os autores deste capítulo – atuando como conceptualizadores da cena em que põem em perspectiva seu papel no tempo em que a cena é invocada – diriam que dão aula às segundas-feiras, às terças, às quartas... porque os *chunks* que indicam dias da semana recrutam a preposição *a*[2]. Já seus alunos, ressalvadas características etárias e geográficas – atuando como conceptualizadores da mesma cena em que põem em perspectiva outro papel no tempo em que a cena é invocada –, diriam que têm aula *de segunda, de terça, de quarta*. Só que *de* integra *chunks* que significam tempo (ex.: *de manhã, de tarde, de novo* etc.) e *chunks* que significam estado (ex.: *de mau humor, de segunda mão, de quinta* [*categoria*], *de boa* etc.). O professor que ouvir de seu aluno que sua aula é *de quinta* deve desativar a semântica de estado e ativar a de tempo para não se ofender.

Esse fenômeno ilustra (i) a atuação da preposição *de* no *chunking*; (ii) a polissemia da preposição *de* distribuída nas categorias tempo e estado pela heterossemia; (iii) a categoria tempo como abstração da categoria espaço (em que *de* significa origem,[29] como em *menino do Rio*); (iv) a categoria estado como abstração da categoria espaço (cf. metáfora ESTADOS SÃO LUGARES em Lakoff e Johnson, 1980); e (v) a comunicação dependendo da remissão às molduras compartilhadas (cf. Fillmore e Atkins, 1992, acima).

Ressalte-se que esses mesmos *chunks* que significam tempo ocorrem sem qualquer preposição. Neste caso, professores e alunos diriam que dão ou têm aula segunda, terça, quarta... O apagamento da preposição que encabeça adjuntos é uma tendência mais geral no PB (cf. Mioto, Figueiredo Silva e Lopes, 2007) e favorece ao rearranjo das estruturas envolvidas. Por exemplo, orações condicionais podem ser construídas com as conjunções *se* e *caso*, a primeira seguida de verbo no futuro (*se ele vier*), a segunda de verbo no presente (*caso ele venha*). No entanto, condicionais com *se* podem incluir o *chunk por acaso* (*se, por acaso, chover...*). A construção se encontra, já com apagamento da preposição, na célebre letra de Chico Buarque: *se acaso me quiseres, sou dessas mulheres que só dizem sim*. Instituído o apagamento como norma oral, a semelhança fonológica entre *caso* e *acaso* tem favorecido à formação de uma condicional nova no PB: *se caso*.[30]

Esse fenômeno ilustra (i) a simultaneidade dos fenômenos de fonologização, sintaticização e semanticização que a multissistêmica preconiza como característica definidora de sistemas complexos; (ii) as formas *se* e *caso* na mesma moldura, o da condicionalidade ou contrafactualidade; e (iii) essas formas ora em distribuição complementar, como nas condicionais canônicas, ora em convívio, como na condicional inovadora.

Assim, a heterossemia e o *chunking* se qualificam como processos cognitivos porque contribuem para o que Lakoff (1987) chama de organização ecológica da gramática, cujos componentes só se distribuem num *continuum* porque submetidos às mesmas motivações semânticas, no que maximizam as motivações. Já a motivação tem status de princípio de organização da gramática porque um sistema com arbitrariedade maximizada não teria como ser cognitivamente eficiente. Na instância em que a heterossemia contém a polissemia, submete-se, como os demais padrões de figuratividade, ao princípio da invariância (cf. "Polissemia e o princípio da invariância"), no que também maximiza as motivações.

## Fonologização e morfologização das preposições

A abordagem multissistêmica permite reler certas proposições clássicas na descrição gramatical como convites a reconhecer que o analista vê um fenômeno por vez, mas o objeto de análise é constituído, simultaneamente, por diversos fenômenos. As teorias é que elegem um desses fenômenos como central, o que, muitas vezes, acarreta uma "*multiplicidade de critérios de classificação*" (Basílio, 1987: 54) e de categorias estanques.

Ao apresentarmos um processo de cada vez, não pretendemos contribuir para esse equívoco. A incapacidade humana de descrever *um complexo de propriedades* fazendo jus à sua simultaneidade não pode levar a crer que há uma propriedade, depois outra propriedade, depois outra...

Pensando assim, a separação entre subsistemas pela multissistêmica tem *status* metodológico, está na esfera da lente com que o analista observa o objeto, e não no objeto. Nesta seção, apresentaremos como alguns dos processos que a multissistêmica propõe se aplicam às preposições. Sua leitura deve ter presente a influência da heterossemia e do *chunking*.

## FONOLOGIZAÇÃO DAS PREPOSIÇÕES

Do ponto de vista da estruturação fonológica, as preposições do português podem ser distribuídas em dois grandes grupos:

- o dos monossílabos leves, a exemplo de $a^1$, $a^2$ e *de*, que, desprovidos de acento, não projetam palavras fonológicas próprias, isto é, são clíticos e, por isso mesmo, fonologicamente dependentes das palavras adjacentes; e
- o de monossílabos pesados (*sem*, *trás*) e dissílabos com acento na primeira (*sobre*, *entre*, *para*) ou na segunda sílaba (*após*, *até*).

No segundo grupo, as preposições constituem palavras fonológicas independentes, uma vez que, por sua estruturação silábica, reúnem condições suficientes para formar um pé métrico individual, não sendo acentualmente dependentes de qualquer outra palavra contígua. Evidência de que as do primeiro grupo constituem clíticos é o fato de serem interpretadas como sílabas das palavras seguintes, vindo muitas vezes escritas sem espaço em branco,[31] como atestam as seguintes junções dos *corpora* escritos apresentados na Metodologia, bem menos usuais com as preposições do segundo grupo:

(18) *porora*, *avoce*, *aquem*, *nacemana*, *poracaso*, *emque eu*, *ade honra*, *aella*, *doaltar*.

Ressalte-se que estamos considerando a sílaba como unidade prosódica, e não gráfica, com a seguinte arquitetura, em que os elementos fora dos parênteses são obrigatórios, e os elementos identificados por parênteses são opcionais:

**Figura 1 – Estrutura da sílaba**

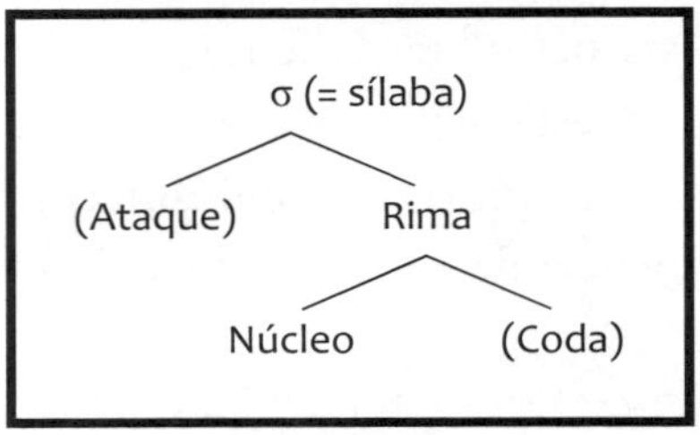


Fonte: Adaptado de Bisol (2013: 22)

Dito isso, torna-se possível perceber que o formato prosódico das preposições mais usuais e mais gramaticalizadas, como $a^1$, $a^2$ (sem ataque nem coda) e *de* (sem coda), é o de monossílabo livre. Por isso, processos fonológicos variados podem atuar no sentido de comprimir o corpo fônico de outras preposições igualmente frequentes e gramaticalizadas, como *em*, *com* e *para*, levando-as a se realizarem numa única sílaba leve.

No século XIX, há registros de uma primeira compressão fonológica da preposição *para*: o apagamento da vogal tônica cria um monossílabo sem coda e ataque complexo, *pra*, o que faz com que essa forma se diferencie do homônimo verbal, conjugação de *parar*, que jamais se submete a esse processo.

(19) a. [19,2 PT MG] *C. - ...bem, eu não queria ir à casa do Marcão.../Ivone – daí veio **pra** cá.../*
b. [19,2 CAP BA Carta 394] *O requerimento de M. | C., que pretende tomar **pr'a** sua companhia | a crioilinha P.*
c. [19,2 PT] *Busca outro mandrião Senaõ quez ficar **p'ra** Tia*

Também no século XIX, já aparecem casos de *para* com uma única sílaba CV, *pa*, o que sugere um processo gradual de mudança, *para* → *pra* → *pa*, que culmina com a perda da complexidade no ataque. É o que se observa nos excertos a seguir:

(20) a. [19,2 Ata SPD BA, Doc. 23] *o qual O Senhor | Prisidente mandu qu 1º Segetario | Officiace os Seguintes Senhore **pa** dar | Os pariceris Sobre os Comodos para a funda<caõ> | do Azilio pelo que O Senhor Prisidente adi | ou o riquirimento para a Segunda | Sessão.*

b. [19,2 Ata SPD BA, Doc. 40] *O Senhor Visce Presidente por nada mais ter a | se tratar Convidu au Sinhor Socio presente para o dia | Vinte Sette do Corente e mandu qu O Sinhor 1 Secretario | anuciace* ***pa*** *este dia Com Orgencia | Visce Presidente Capitao M. D. | 1º Secretario jntirino L. da S. S.*

Esses dois únicos dados encontrados em todos os *corpora* escritos do PHPB devem ser vistos com ressalvas: (i) o mesmo autor grafa *para* (ocorrências sublinhadas nos exemplos) com maior frequência do que *pa* (apenas duas ocorrências); (ii) a nacionalidade do autor (Luciano da Silva Serra) não foi identificada com precisão, segundo o editor dos documentos (Oliveira, 2005), podendo ser africano ou brasileiro. Além disso, a ausência de *pa* e reduções similares de outras preposições parecem ter espaço em textos orais, aparecendo na escrita geralmente a forma *pra*, especialmente em textos como blogs, redes sociais, textos publicitários, crônicas e notícias.

Sem dúvida alguma, essas realizações são mais isoladas e raras nos textos escritos que compõem a amostra tomada para análise, uma vez que, por serem estigmatizadas, são ainda mais marcadas que *pra*, por si só já considerada característica de estilos de fala menos formais (cf. Bechara, 2009; Rocha Lima, 1976). Nos dias de hoje, a emergência de *pa* parece ser favorecida, entre outros fatores internos, pela presença de um rótico na palavra seguinte, como se observa nos exemplos abaixo, a que chegamos com o auxílio da ferramenta eletrônica de busca Google. Com a popularização da internet e das redes sociais, é possível encontrar postagens escritas numa modalidade bem próxima à fala espontânea, algumas das quais praticamente transcrições fonéticas:

(21) a. *Entrei* ***pu*** *crube de ansiosus* [<https://www.facebook.com/JuvenauJuvensiu/posts/674498673799000>]

b. *Ja min deu u dinheru* ***pa*** *intrega u jogu* [<https://www.facebook.com/JuvenauJuvensiu/posts/677147808986737>]

Num estudo comparativo dos processos fonológicos envolvendo as preposições *a* e *para* no PB, Kewitz (2007) ressalta que a preposição *a* tende a ser apagada no PB falado atual, por ser uma forma átona e fonologicamente idêntica ao artigo feminino *a*, ao contrário do que ocorre no PE, em que ainda se faz a distinção entre as duas formas. Isso é mais facilmente constatado quando se leva em conta a possibilidade de choque de rimas: no PE, o artigo feminino realiza-se como [ə], e a fusão artigo + preposição, como [a], ao passo que, no PB, artigo feminino e fusão são realizadas igualmente como [a] (Cyrino e Reich, 2002: 376, apud Kewitz, 2007: 110). No PB escrito, a marcação da fusão se dá pelo sinal de crase, mas parece estar havendo uma generalização do uso desse sinal mesmo quando não se trata de crase/fusão entre artigo feminino com a preposição *a*, como em *pagar à prazo* (talvez por analogia a *pagar à vista*), *à partir das dez horas* etc. Isso revela que o falante de PB, ao escrever, tende a não mais perceber que se trata de um processo, o da fusão entre esses dois elementos.

Ao contrário, a preposição *para*, conforme expusemos anteriormente, pode ser reduzida, mas continua sendo percebida como tal, a exemplo de sua máxima redução possível: *isso é p'cê* (*isso é para você*) (Kewitz, 2007: 109).

Outra preposição que sofre compressão fonológica é *em*. Essa preposição seria, em princípio, um monossílabo pesado, por conta do travamento silábico (presença de coda, o arquifonema nasal /N/). A nasalidade da coda, no entanto, realiza-se sistematicamente no ataque quando *em* se combina com os artigos definidos *o* e *a*, o que, também nesse caso, cria um monossílabo leve de constituição CV: *na*, *no*. A contração da preposição com o artigo é conhecida na literatura como amálgama (fusão de formas dependentes, ou seja, clíticos) e igualmente se aplica às preposições *a*, *de* e *por*, levando a formas autônomas que, por sua constituição morfológica, parecem sofrer flexão nominal, por se assemelharem a substantivos e adjetivos que variam em gênero e número (p. ex., *aos*, *das*, *pela*, *nos*).

A contração também ocorre com a preposição *com*, que, à semelhança de *em*, perde o travamento nasal ao se amalgamar com o artigo. Nesse caso, no entanto, como a posição de ataque já está preenchida, a oclusiva /k/ constitui o ataque da nova sílaba formada, *ca*, *cos*, realizações não previstas nas gramáticas tradicionais, mas comentadas, por exemplo, em Raposo et al. (2013), obra de referência recente sobre o português europeu, variedade que, nos dias de hoje, só desabona essas formas na língua escrita.

As realizações leves da preposição *com* são, no Brasil, sem dúvida alguma, estigmatizadas, pois tendem a ser produzidas por falantes de baixa escolaridade e quase sempre oriundos de classes sociais menos favorecidas socioeconomicamente. Não aparecem nos *corpora* escritos, mas são amplamente encontradas na fala (22a-e), aparecendo, inclusive, em letras de música brasileira (23a-b) e redes sociais (24a-b):

(22) a. [20,2 SP Filoband, Inq.9] *Eu ia na com os meus irmão* ***ca*** *minha mãe na procissão*

b. [20,2 SP Filoband, Inq.9] *A minina nu ia lá na juntu cu* ***cus*** *garotu nu ia lá*

c. [20,2 SP Filoband, Inq.9] *Sabe o qui ela fazia* ***cus*** *iscravu?*

d. [20,2 MG Filoband, Inq.13] *Fala* ***ca*** *mãe cêis toma café?*

e. [20,2 MG Filoband, Inq.13] *Eu* ***ca*** *minha muié qui qui lutava*

(23) a. *Quando eu chegar de volta /* ***Co 'as*** *espora torta* ("Co'as espora torta", Pirisca Grecco)

b. *Virava o cabo do mango / botando* ***co'as*** *duas mãos* ("Co'as duas mãos", João Sampaio)

(24) a. *Tem cara na Espanha que pira* ***cos*** *caras e galera aqui no Brasil não conhecendo,...* (Ligamatic, 13/05/2011. Disponível em: <www.ligamagic.com.br/?view=forum/mensagem&id=80345>).

b. *ultimamente minha relaçao* ***cas*** *pessoas se resume a - q saudade - mt sdd - vamo se ver - sim vamo marca...* (Twitter, 16/09/2015. Disponível em: <https://twitter.com/iahgos/644317087209508864>, acesso em 11 nov. 2015).

Essas seis preposições mais gramaticalizadas (*a*, *de*, *em*, *com*, *por* e *para*), por figurarem com grande frequência antes de artigos, assumem formas diferentes em função do mecanismo de *chunking*. Dito de outra maneira, o encadeamento das palavras e a repetição sequencial da relação entre dois clíticos (preposição leve + artigo) moldam as formas, fazendo emergir itens cristalizados com feição morfofonológica própria. Desse modo, a frequência da palavra, a frequência no contexto e a previsibilidade a partir das unidades adjacentes justificam os amálgamas e explicam a fusão, numa só forma, dessas palavras de diferentes classes.

No Quadro 12 a seguir, listam-se as possibilidades de fusão preposição + artigo existentes na língua. Observe-se que o que remanesce da preposição é apenas seu ataque (se essa posição está preenchida) ou a coda ressilabificada para o ataque (no caso de *em*). Desse modo, quanto mais corpulenta a preposição, maior a distância fônica em relação ao amálgama, fato que se mostra bastante saliente em *por/pela*, por exemplo, em que não há correspondentes idênticos para os segmentos da rima.

**Quadro 12 – Amálgamas de preposição + artigo existentes na língua**

| Preposição | Masculino | Feminino |
|---|---|---|
| a | ao(s) | à(s) |
| com | co(s) | ca(s) |
| de | do(s) | da(s) |
| em | no(s) | na(s) |
| para | pro(s) | pra(s) |
| por | pelo(s) | pela(s) |

As fusões de *por* reforçam a tese de que o *chunking* é o mecanismo que, de fato, rege a formação de novas unidades gramaticais no curso da mudança linguística, via fixação do uso pela repetição de uma sequência. A total perda da fronteira entre os constituintes, pelos motivos acima apontados – frequência do item, frequência no ambiente sintático e previsibilidade a partir das palavras adjacentes –, criou combinações fixas, uma vez que um processo histórico, a dissimilação, atuou sob a forma arcaica, *per*, que, combinada com os antigos artigos definidos, *la* e *lo*, perdeu seu rótico, em proveito da lateral: *per la* → *perla* → *pella* → *pela* (Williams, 1961).

Há, nos dias de hoje, opacidade na relação entre a preposição e os amálgamas, pois aquela conservou o rótico e estes, a lateral dos artigos. Além disso, a vogal /e/ se mantém nos amálgamas, mas evolui para /o/ na preposição. No português arcaico, há registros da variação *per* ~ *por*, e relatam-nos Coutinho (1938) e Silveira (1964) que, somente no século XVII, *por* suplanta *per*, que, no entanto, permanece nas combinações com os artigos definidos. Nos *corpora* escritos, *por*, embora não sofra processo fonológico relevante, aparece cliticizado em *chunks*, como *por causa*, *por ora*, *por tantas*, *por cá* e *por lá*, como nos exemplos em (25):

(25) a. [19,2 CP RJ, Carta 02-PF] *estou dormindo nogabinete pondo ce ũ cortinado* ***porcausa*** *dos mosquitos.*
b. [19,2 CP RJ, Carta 02-PF] *e* ***porora*** *são os passos preparatorios.*
c. [18,1 CAP SP, AI Carta 5] *eomeu he ajuntar aesta aldea os indios que dela andaõ exparÇidos* ***portantas*** *partes*, (...)
d. [18,1 CAP SP, AI Carta 7] *osleva. os naõ trazem mais e* ***porCa*** *ficam ella moRem*
e. [18,1 CAP SP, AI Carta 7] *os que aqui faltam emuitos* ***porLa*** *Sam mortos.*

A fronteira entre constituintes pode ser desfeita através de junturas implementadas por processos fonológicos variados, como a ressilabificação de consoantes (*por acaso* → [pu.ɾa.ˈka.zu]), a haplologia (*ponto de ônibus* → [põ.ˈdʒjõ.ni.bus]), a elisão (*pra ele parar* → [pɾe.li.paˈɾa]), a degeminação (*com a Aline* → [kaˈlĩnɪ]) e a ditongação (*de abacaxi* → [dʒja.ba.ka.ˈʃɪ]). Por sua atonicidade, as preposições que doravante chamaremos de leves (*a*, *com*, *de*, *em*, *por*, *para*) são um alvo constante dos processos de juntura, sendo a juntura externa quase categoricamente resolvida com a queda de seus núcleos silábicos, isto é, com a elisão (queda em decorrência da adjacência com vogal diferente) e degeminação (queda por contato com vogal idêntica, isto é, crase). Vejam-se, a esse propósito, as seguintes realizações encontradas no *corpus* de fala:

(26) a. [20,2 Filoband SP Inq. 12] *Como daqui* PA *itapecerica* ***p(a) andá*** *di a pé né?*
b. [20,2 Filoband SP Inq. 15] *Tira* ***c(a) agulha***
c. [20,2 Filoband SP Inq. 12] *Eu nu sei e se veio d****(a) alemanha*** *eu nu sei*
d. [20,2 Filoband SP Inq. 10] *...na fiação e* ***n(a) otra*** *fábrica*

Considerando a frequência da combinação, vários *chunks* são formados também na relação entre preposições e pronomes, fronteira muitas vezes rompida por apagamentos vocálicos, como em *nisto*, *dalgum* e *nestes*, entre tantos outros casos. Exemplo disso, que, aliás, experimentou mudança categorial, é *dele* (e suas variações morfológicas), hoje um pronome possessivo. A tradição consagrou várias combinações com /d/ e /n/ (27a-b) de algum modo incorporados à estrutura do termo seguinte:

(27) a. *nela, dela, daquele, naquele, dali, daqui*
b. *dalgum, nalgum, doutro, noutro, donde*

Interessante notar que há certa resistência ao uso de algumas dessas combinações na língua escrita culta contemporânea, embora sejam abundantes nos textos tomados para exame. Algumas sequer são unanimemente abonadas pelas gramáticas (*dalgum, nalgum, dum, num/numa*); outras não são aceitas em todos os contextos. Por exemplo, a expressão *é o caso* ***dele*** *voltar*, amplamente usada na língua oral, inclusive culta, tende a ser corrigida, na escrita, por *é o caso* ***de ele*** *voltar*, sem elisão, alegadamente para evitar que se preposicione o sujeito. Além disso, a escrita prioriza formas sem amálgama, como *em um*, enquanto as amalgamadas são praticamente categóricas na fala. Dito de outra maneira, nem todas as combinações em (27) têm o mesmo estatuto na língua, pois a lista reúne desde formas mais abonadas e mais gramaticalizadas a formas com mais resistência de uso em determinados ambientes sintáticos e menos características de registros escritos com maior grau de formalidade e controle.

O apagamento do núcleo silábico da preposição, por elisão ou degeminação, também aparece na formação de compostos, muitos deles com *água* na segunda posição (28a-b):

(28) a. *gota d'água, banana d'água, olho d'água, mãe d'água, caixa d'água*
b. *fidalgo, estrela Dalva, rio Douro*

Em diversas letras de músicas brasileiras, aparecem combinações de preposições com outras formas, sobretudo pronomes, o que revela a sensibilidade do compositor em relação ao apagamento das vogais:

(29) a. *Falta uma besteira /* ***presse*** *meu Brasil melhorar* ("Opaxorô", Gilberto Gil)
b. *E rezando /* ***prum*** *dia você se encontrar* ("Pra você dar o nome", Five a Seco)

c. *Larga eu* ***procê*** *vê / o que vai acontecê* ("Larga eu procê vê", Fábio e Flávio)
d. *Eu tô* ***cuma*** *vuntade di batê* ***nocê***. ("E.A.C.", Neguinho do Baralho)

Pelo que se expôs, quanto mais diminuta a preposição, mais sujeita à atuação de processos fonológicos que podem culminar na incorporação de sua consoante à estrutura da palavra seguinte. Em textos dos séculos XVIII e XIX, o apóstrofo é comumente utilizado para marcar apagamentos vocálicos. Desse modo, temos, com esse diacrítico, a indicação precisa de que o escritor reconhece a queda das vogais na cliticização das preposições ao termo subsequente:

(30) a. [18,2 SP M] *haviaõ dadoprincipio | nomesmo porto com a invocação deSantos, como o**d'Lisboa**, | para nelle recolherem ecurarem os Marinheiros*
b. [19,2 CP RJ Carta 02-OC] *sabes que é com indisivel prazer que eu cumpro as ordens partidas dos labios* ***d'um*** *ente celestial como tu;*
c. [19,2 CL BA Carta 51] *Depois que voltou teve inchação de pernas, cousa que* ***d'antes*** *não soffria.*
d. [19,2 CAP BA Carta 53] *O Ceará mostrou-se* ***n'altura*** *dos seus brios e gratidão.*
e. [19,2 CAP BA Carta 50] *Não podendo arrumar suas fazendas em | razam* ***d'achar*** *se estragadas*
f. [19,2 CAP BA Carta 55] *Que tinha tomado* ***d'alluguel*** *à esta Santa | Casa, na rua Sita ao Jogo do Lourenço*
g. [19,2 CL SP Carta 255] *Morei |* ***n'antes*** *do becco do inferno e ha cousa de 3 mezes mu- | dei-me*

Preposições dissilábicas, daqui em diante referenciadas como pesadas, são menos sensíveis à queda de sua vogal átona final, sendo a juntura feita preferencialmente por ditongação, como atestam os dados de fala a seguir, extraídos do *corpus* de língua oral:

(31) a. [20,2 Filoband SP Inq. 10] *...sobr**e o** assuntu di co/co/ conhecimento*
[iw]
b. [21,1 CE IO 2013] ... *entr**e a** vida e a morte*
[ja]

Não se verificou, na referida amostra, registro de juntura externa por degeminação, elisão ou haplologia envolvendo as preposições pesadas *entre*, *sobre*, *sob* e *ante* (as duas últimas sequer aparecem nesse *corpus*). Pode-se admitir que a ditongação é, em primeira instância, motivada pela presença de uma vogal alta anterior na borda direita da preposição, o que parece constituir fator inibidor à queda.

A única preposição destoante do grupo das pesadas é *desde*, que, talvez por redobrar *de* em sua sílaba átona, também favorece ao apagamento, como se observa, por exemplo, em *desde aquela* e *desde que*, os quais, por serem produzidos com apagamento na fala, como em (32a), muitas vezes são grafados como em (32b) e (32c), a seguir, extraídos da internet com o auxílio do Google:

(32) a. [21 1 SP IO 2012] *Doc: e com relação à política o que você pode dizê que mudou* ***desda****: a época da ditadura até hoje tanto em São Paulo... quanto no Brasil intero?*
b. ***Des daquela*** *época eu amava fotografar looks do dia.* [<https://www.facebook.com/CanalModaTeenYT/posts/331538617028012>, acesso em 22 maio 2015]
c. ***Des que*** *eu tinha um ano de idade meus pais se separara* [<https://br.answers.yahoo.com/question/index?qid=20121229142801AAg41sk>, acesso em 22 maio 2015]

A ditongação também não constitui principal processo de juntura com a preposição *contra*. Nesse caso, atua em conjunto com a degeminação (33a) e a elisão (33b). Esses dados, oriundos do *corpus* oral, reforçam a tese de que a vogal anterior de fato favorece à ditongação.

(33) a. [20,2 Filoband SP Inq. 9] *Lei di deus é contr****(a) a*** *lei di deus...*
b. [20,2 Filoband SP Inq. 9] *É o pai contr****(a) u*** *filho*

Voltemos às preposições monossilábicas. Ressaltamos, mais acima, que elas criam combinações formais particulares (*chunks*) devido à frequência com que aparecem, sobretudo, diante de artigos. Nesse aspecto, a única preposição que não constitui amálgamas é *sem*. O que faz essa preposição diferente das outras duas com coda nasal, *em* e *com*?

Defendemos, aqui, a ideia de que *sem* é uma preposição pesada, em oposição a *com* e *em*, que podem ser consideradas leves. Evidência disso é o fato de *com* e *em* se ajustarem ao vocalismo átono, sendo produzidas, na maior parte dos falares brasileiros, com vogal alta: [kũ], [ĩ]. Essas formas, obviamente, apresentam versões pesadas, com ditongos nasais, o que é categórico no caso de *em* e variável em *com*, que pode ser realizada [ˈkõ] ou [ˈkõw̃], a depender do dialeto.

Não ocorre versão leve de *sem*, categoricamente realizada ([ˈsẽj̃]), talvez por conta do contraste que existe com outra palavra de uso muito frequente na língua, o advérbio *sim*. Há, desse modo, duas grandes pressões em favor da preservação de *sem*: (a) a semântica, por conta da homonímia que haveria com outra forma; e (b) a fonológica, pelo fato de projetar uma palavra prosódica própria, em virtude de se manifestar com um ditongo decrescente nasal. Temos, com isso, indício de que a fonologização é semanticamente motivada, o que explica o fato de *sem* ser a única preposição monossilábica pesada.

Vale lembrar que *trás*, um monossílabo com coda, consta da lista de preposições fornecida pela maior parte das gramáticas do português. Essa forma, no entanto, nunca aparece sozinha nos vários *corpora* em que a coleta foi feita. Suas principais ocorrências contam com a presença de outra preposição que sistematicamente a precede: *a*, *de*, *por* e *para*. No caso das duas primeiras, o mecanismo de *chunking* levou à consagração, na escrita, dos advérbios *atrás* e *detrás*, combinações mais frequentes que *por trás* e *para trás*.

Para finalização desta subseção, resta falar de outra realização leve vinculada à preposição *em*. Por metátese, *em* também pode manifestar a nasalidade no ataque e assumir a forma de *ni* (por vezes grafado *ne*). Esse uso, igualmente não contemplado pela tradição gramatical, é considerado rural ou, em ambiente urbano, característico de falantes pouco letrados (Ferrari, 1997). Aparece mais frequentemente quando a preposição rege complementos oblíquos e objetos indiretos, como cantado nas músicas "Pinga ni mim" (Sérgio Reis) e "Mamãe passou açúcar ni mim" (Wilson Simonal), e quando a forma subsequente não pode ser precedida de artigo. Pode-se inferir, considerando realizações desse tipo, que a forma *ni* é construída em conformidade com um esquema em que o gênero, indicado pelo artigo, determina a contração resultante. Logo, se a palavra seguinte é do gênero feminino, o resultado é *na*; caso seja do gênero masculino, o amálgama é *no*. Por fim, se a forma seguinte não apresenta gênero, o resultado é *ni*:

(34) a. *pinga* ***na*** *casa*, ***na*** *parede*, ***na*** *porta*
*pinga* ***no*** *telhado*, ***no*** *muro*, ***no*** *carro*
*pinga* ***ni*** *mim*, ***ni*** *você*, ***ni*** *todo mundo*
b. [20,2 SP/MG Pop Fita 12a, Rodrigues 2013: 93] *i hoji a genti vevi uma vida assim... difici* ***nuns*** *pontu i fál mais mió* ***ni*** *otrus né?*
c. [20,2 SP Pop Fita 10b, Rodrigues 2013: 54] *di animal tamém a genti cuidava a genti montava* ***ni*** *animal... é ia* ***na*** *cidadi di animal*

O uso da forma *ni*, no entanto, não se limita à falta de especificação de gênero, uma vez que, como exemplifica Ferrari (1997), é encontrada em sentenças como *Moro ni Campo Grande*, *Ele ta lá ni Lúcia* e *Amanhã eu tô ni outra feira*. Além disso, pode preceder a conjunção *que*, como em *ni que eu falei, ela chegou*. De qualquer modo, temos, com *ni*, mais uma realização leve da preposição *em*. Passemos, a seguir, à descrição de aspectos referentes à morfologização de preposições. Muitas das questões levantadas durante a descrição fonológica ganham novo olhar na próxima seção.

## MORFOLOGIZAÇÃO DE PREPOSIÇÕES

Muitos dos casos abordados na seção anterior também podem ser considerados de morfologização, sobretudo os que envolvem a criação de *chunks* oriundos do amálgama de uma preposição leve com uma palavra de outra classe, principalmente artigos definidos. Esse processo fonológico acaba por levar preposições, formas, em princípio, invariáveis, a se assemelhar a nomes, tendo em vista sua estruturação aparentar a de categorias lexicais sensíveis à flexão.

No quadro a seguir, adaptado de Ilari et al. (2015: 182-3), apresentamos um resumo das combinações de preposição encontradas na língua, independentemente de serem ou não abonadas pelas gramáticas tradicionais. Como os autores, também acreditamos que a preposição, apesar de invariável, "*pode aglutinar-se a palavras sujeitas à variação morfológica; dessa aglutinação resultam expressões complexas que os falantes entendem como variáveis*" (Ilari et al., 2015: 183).

**Quadro 13 – Preposições amalgamáveis**

| | **para** | **por** | **com** | **em** | **de** |
|---|---|---|---|---|---|
| *Artigos* | | | | | |
| a(s) | pra(s) | pela(s) | ca(s) | na(s) | da(s) |
| o(s) | pro(s) | pelo(s) | co(s) | no(s) | do(s) |
| uma(s) | pruma(s) | – | cuma(s) | numa(s) | duma(s) |
| um(s) | prum(ns) | – | cum(ns) | num(s) | dum(s) |
| *pronomes demonstrativos* | | | | | |
| isso / isto | – | – | – | nisso / nisto | disso / disto |
| essa(s) / esta(s) | pressa(s) / presta(s) | – | – | nessa(s) / nesta(s) | dessa(s) / desta(s) |
| esse(s) / este(s) | presse(s) / preste(s) | – | – | nesse(s) / neste(s) | desse(s) / deste(s) |
| aquilo | praquilo | – | caquilo | naquilo | daquilo |
| aquela(s) | praquela(s) | – | caquela(s) | naquela(s) | daquela(s) |
| aquele(s) | praquele(s) | – | caquela(s) | naquele(s) | daquele(s) |
| *pronomes pessoais e indefinidos* | | | | | |
| ela(s) | prela(s) | – | – | nela(s) | dela(s) |
| ele(s) | prele(s) | – | – | nele(s) | dele(s) |
| você(s) | procê(s) | – | cocê(s) | nocê (s) | doce(s) |
| alguma(s) | pralguma(s) | – | – | nalguma(s) | dalguma(s) |
| algum(s) | pralgum(ns) | – | – | nalgum(s) | dalgum(ns) |
| outra(s) | proutra(s) | – | coutra(s) | noutra(s) | doutra(s) |
| outro(s) | proutra(s) | – | coutro(s) | noutro(s) | doutro(s) |
| *Advérbios* | | | | | |
| aqui / ali / aí | praqui, prali, paí | – | – | – | daqui / dali / daí |
| onde | pronde | – | – | – | donde |

Nesta seção, focalizamos um tipo de morfologização muito encontrado nas línguas do mundo: a relação entre preposições e prefixos. O foco na forma levaria a abordar tal relação como a transformação de preposições em prefixos, forma se convertendo em forma. Já o foco no significado leva a identificar uma motivação semântica e sua manifestação em categorias formais, formas a serviço da cognição, fenômeno que, como vimos, nos parece caracterizar uma instância da heterossemia. Temos, nesse caso, sintaxe e morfologia submetidos aos mesmos princípios de organização da gramática, ratificando a atuação do princípio da motivação maximizada.

De acordo com Câmara Jr. (1979), o latim, em sua variedade clássica, desenvolveu duas diferentes categorias oriundas dos chamados prevérbios do indo-europeu, elementos em princípio soltos que, na estrutura da frase, posicionavam-se obrigatoriamente antes de verbos. Essas formas sofreram um processo de aglutinação, passando a presas, agregando-se posteriormente a nomes (isto é, evoluíram para prefixos) ou passaram a elementos de ligação entre dois ou mais termos da sentença (ou seja, tornaram-se preposições), o que justifica a relação entre as duas categorias já em latim.

Ainda segundo Câmara Jr. (1979), o sistema latino de prefixos era paralelo ao de preposições. Esse paralelismo, no entanto, foi rompido no latim vulgar e algumas partículas que também funcionavam como preposição continuaram a existir somente em construções morfológicas, a exemplo de *ultra* ("além de") e *intra* ("dentro"), além da já aludida *ex* ("de").

Não é inteiramente verdadeira, no entanto, a alegação de que as preposições latinas apresentam correspondentes prefixais em português, embora esta tenha sido, de fato, a principal tendência. Considerando a correspondência com o português, podemos distribuir as preposições latinas em seis grandes grupos:

1. partículas que desapareceram por completo, sendo seus significados expressos por outras preposições ou locuções prepositivas. Não aparecem em nenhuma palavra complexa do português, como *apud* ("com"), *propter* ("para") e *coram* ("antes");
2. preposições que igualmente desapareceram, mas, ao contrário das primeiras, figuram em poucas palavras complexas de isolabilidade

duvidosa, dada a baixa aplicabilidade. Tal é o caso de *juxta* ("conforme"), que, em português, só aparece em *justapor* e seus derivados (*justaposto*, *justaposição*), e *circum* ("ao redor de"), um pouco menos opaca, por constar de maior número de construções analisáveis, como *circunscrever* e *circuncisão*;

3. elementos que hoje constituem radicais presos e, embora apareçam em um número pequeno de formações, podem ser usados como palavras mediante o processo de redução vocabular por truncamento. Essa é a situação *ultra* ("além de"), cuja anexação a *som* cunhou uma palavra extremamente usual nos dias de hoje, *ultrassom* → *ultra*. Em *Minha filha bateu um ultra de abdômen*, o radical preso assume, sozinho, o significado da construção complexa de que se desgarrou. O mesmo acontece também com *infra* ("dentro de"), que, por conta de *infraestrutura*, pode ser usado sozinho em *Falta infra naquele hospital*;[32]
4. partículas que deixaram de ser preposições, figurando apenas na periferia esquerda de construções morfológicas. Nesse grupo, há formas ainda produtivas (*pré* ← *prae*, *re*), ao lado de outras bastante fossilizadas (*ab*):

**Quadro 14 – Preposições latinas em palavras complexas do português**

| Preposição | Significado original | Exemplos em palavras complexas do português |
|---|---|---|
| ab | distante de | *ablativo, abjurar, abstrair* |
| ad | junto de | *adnominal, adjunto, advogar, adventício* |
| ex | para fora de | *ex-chefe, ex-marido, ex-cliente* |
| extra | para fora de | *extraconjugal, extraoficial, extraordinário* |
| prae | na frente, adiante | *pré-cirúgico, pré-texto, pré-vestibular* |
| pro | a favor de | *pró-cientista, pró-análise, pró-cliente* |
| re | de novo | *reler, rever, repensar, restituir* |

5. formas que sofreram mudança sonora e hoje se apresentam com configuração segmental diferente da do elemento morfológico correspondente. Nesse grupo, incluem-se partículas, como *antes* e *ambos*, hoje mais usados como advérbio e numeral, respectivamente, embora tenham sido preposições em latim:

**Quadro 15 – Preposições latinas em sua relação de formas livres e presas**

| Forma original | Formas atuais | Exemplos dos dois usos em português |
|---|---|---|
| amb | ambos / ambi | *ambos os lados, ambos os meninos, ambos os livros*<br>*ambidestro, ambivalente, ambilinear* |
| ante | antes / ante- | *antes de tudo, antes de estudar, horas antes*<br>*anteontem, anteprojeto, antebraço, antenupcial* |
| cum | com / co- | *escreveu com ele, participa com outros, orienta em conjunto*<br>*ele é coautor do texto, coparticipa do projeto, coorienta* |
| inter | entre / inter- | *entre mim e ele, entre o mar e o rio*<br>*interinstitucional, interclube, interestadual* |
| per | por/ per | *por ora, espero por ele, por favor, trocou gato por lebre*<br>*percorrer, perfolhear, perfurar, perispírito* |
| post | após / pós- | *ano após ano, após greve de quatro meses, após ele*<br>*pós-graduação, pós-operatório, pós-moderno, pós-venda* |
| sub | sob / sub- | *está sob suspeitas, sob aplausos da multidão*<br>*subchefe, subgerente, subcutâneo, sub-solo, sub-síndico* |
| super | sobre / super- | *sobre a mesa, não falo sobre isso, sobre todas as coisas*<br>*super-homem, super-fantástico, superior, super-interessante* |

6. preposições que chegaram ao português com a mesma forma em seu uso como preposição e como prefixo, a exemplo de *contra* (irmão *contra* irmão; *contra*-ataque) e *de* (casa *de* mãe; *demarcar*).

Como se vê, as preposições do latim clássico apresentaram diferentes destinos em sua evolução para o português e, por sua posição, muitas vezes se integraram à estrutura do elemento seguinte, passando a funcionar também como elementos morfológicos: radicais, em sua minoria, e prefixos, produtivos ou não. Maurer Jr. (1959: 243-5) afirma que alguns itens prefixais formaram compostos desde o latim clássico, ao passo que outros formaram-se no latim vulgar, como *con-* (*confortare*, *componere*), *de-* (*demarcare*, *demorare*), concorrendo com *dis-* (*disligare*, *discordare*), *ex-* (*exponere*, *excurrere*) e *in-* (*inodiare* → *enojar*). As demais formas que o autor apresenta ou são improdutivas no latim vulgar, ou são clássicas ou ainda entraram nas línguas românicas pelo processo de relatinização,[33] como é o caso de *extra-*, *contra-*, *retro-*, *post-* etc.

Outro caminho foi a passagem a advérbios, como veremos adiante ser lembrado por Bomfim (1988). Temos, portanto, três classes bastante integradas na história da língua: prefixos, preposições e advérbios, conforme expusemos na seção "Um pouco de história". Como já vimos, trata-se de categorias de formas que, por obra da heterossemia, atendem à mesma motivação semântica, a de perspectivizar, em diferentes componentes da gramática, o que maximiza aquela motivação.

Nos dias de hoje, estamos assistindo a uma mudança no estatuto de *super* (uma preposição em latim e um prefixo em português), uma vez que são cada vez mais frequentes usos como os em (35), a seguir, nos quais *super* claramente funciona como advérbio. Em outras palavras, a mudança que atinge essas formas envolve as categorias afins à motivação semântica que as organiza por heterossemia:

(35) a. [21,1] ***Super*** *gosto de vcs e o atendimento da Aline Simas foi demais!!! Uhuuuu* [<https://www.facebook.com/seekrbr/posts/858718390858981>, acesso em 22 maio 2015]

b. [21,1] ***Super*** *me divirto e aprendo com a page da Base Propaganda* [<https://www.facebook.com/publigor/posts/549685911750985>, acesso em 22 maio 2015]

c. [21,1] *Adorei professora vou* ***super*** *me inscrever! Passo na 270! Bj* [e-mail de aluna, 2015]

Como se vê, é de longa data o relacionamento entre essas classes e os dados nos fazem ver que há uma recorrência cíclica do mesmo fenômeno em etapas distantes da língua, razão pela qual a LC elege um conjunto de princípios centrais na organização da gramática das línguas naturais. Por exemplo, outras preposições, agora no português, aparecem envolvidas na formação de palavras complexas:

| (36) | *entre*aberta | *entre*meado | *entre*ver | *entre*tenimento |
|---|---|---|---|---|
| | *sobre*voar | *sobre*tudo | *sobre*screver | *sobre*mesa |
| | *sem*-terra | *sem*-teto | *sem*-vergonha | *sem*-noção |

As palavras complexas em (36) apresentam uma formação bastante peculiar, no sentido de que constituem o resultado da união de uma forma livre com uma preposição. Tais casos podem ser considerados prefixação, uma vez que os elementos à esquerda se integram recorrentemente à estrutura das palavras seguintes, atribuindo ao todo um significado que se ajusta à moldura em questão.

Entretanto, esses elementos também possuem estatuto de palavra e, nessa perspectiva, o resultado da concatenação nos dados em (36) pode ser considerado um caso de composição. Importantes nomes da Filologia portuguesa já haviam atentado para esse fato. Said Ali (1964: 229), por exemplo, observa que o fato de prefixos, em sua maioria, serem preposições e advérbios combináveis com outras palavras equivale a afirmar que *não está bem demarcada a fronteira entre a derivação prefixal e a composição* (cf. Câmara Jr., 1989). Como já vimos, a ânsia por estar bem demarcada se deve ao compromisso com a categorização clássica, compromisso abandonado tanto pela LC quanto pela multissistêmica.

Em trabalhos mais recentes, vários autores destacam a íntima relação entre preposições e prefixos nas línguas naturais. Booij (2005) observa que, em francês e em holandês, várias partículas funcionam ora como preposições, ora como afixos. Observação semelhante faz Haspelmath (2002) sobre o dinamarquês e o inglês. Hopper e Traugott (1993) mostram que a evolução de preposições a prefixos constitui trajetória de gramaticalização muito comum nas línguas, sendo tênues as fronteiras entre essas duas categorias. Kastovsky (2009), por sua vez, mostra que a imprecisão sobre o lugar da prefixação no âmbito da formação de palavras é, na verdade, forte evidência empírica em favor de um *continuum* composição-derivação (cf. Gonçalves e Faria, 2012).

A partir de fatos como esses, Booij (2005) afirma que palavras gramaticais podem possuir contraparte prefixal. O primeiro indício dessa propriedade é de ordem fonológica, como se observa em português, língua na qual preposições e prefixos, apesar de formal e semanticamente relacionados, podem apresentar diferentes realizações segmentais, como vimos há pouco. Outro argumento em favor do estabelecimento de contraparte prefixal para determinadas preposições é de ordem semântica. Booij (2005: 3) observa que o prefixo pode ter *um significado diferente ou um leque mais restrito de significados que a preposição correspondente.*

Exemplo da primeira situação em português é *entre*, que, como preposição, jamais significa "parcialmente", como em *entreaberta.* Neste caso, é possível recuperar o sentido espacial de *entre* como um ponto (Z) no meio de dois outros pontos (X e Y), como pode ser observado no esquema abaixo representado para *porta entreaberta*:

**Esquema 1 – representação espacial de *porta entreaberta***

O ponto X corresponde ao estado da porta fechada, o ponto Y, da porta aberta (totalmente), e o ponto Z ao estado da *porta entreaberta.*

Já o argumento semântico de Booij (2005) acima, recebido de forma cognitivista, exige desfazer a ideia de que formas têm significados. Tal ideia leva a tomar o significado como propriedade da forma. Alternativamente, a LC considera o significado como efeito da forma em uso, relativizado a uma cena, como vimos defendendo neste capítulo. Tal ideia desfaz a dicotomia entre semântica e pragmática, ou entre língua e discurso, como parte da concepção de gramática exposta na "Apresentação".

Pensando assim, não se trata de a forma ser mais ou menos polissêmica como preposição ou como prefixo, e sim de ativar significados restritos ao componente da gramática em que atua – a preposição na Sintaxe, o prefixo na Morfologia. Mais uma vez, revelam-se de suma importância a radialidade entre os componentes da gramática e a maximização da motivação que há em os mesmos princípios atuarem em todos os componentes.

Por exemplo, *sem* como prefixo e como preposição terá sempre o sentido de *desprovido de*, *ausência*, a exemplo de *sem-teto* ("aquele que não possui moradia"), *sem-noção* ("aquele que não tem senso de realidade") e *estar sem dinheiro* ("estar desprovido de dinheiro") (cf. Ilari et al., 2015: 279 e Castilho, 2009b: 323). Como prefixo, terá essa significação restrita aos itens que as regras de combinação da língua autorizam a formar palavras do tipo *sem*-X. Como preposição, terá essa significação estendida a mais itens em razão da maior liberdade de combinação que a sintaxe oferece em relação à morfologia. Distribuir a mesma motivação semântica em diferentes categorias formais implica restringir a significação das formas aos limites das categorias formais envolvidas, razão pela qual a heterossemia é um princípio de categorização superordenada e, por isso mesmo, maximizador da motivação.

De acordo com Romero (2009: 547), *sem* origina-se da preposição latina *sine*, que, por sua vez, forma-se "*da união de* si, *um demonstrativo declinado no antigo caso instrumental, e de* ne, *uma partícula de negação*". Assim, ainda segundo a autora, *sine* poderia ser traduzido por "não com este", portanto, "em ausência deste". Interessante notar também que essa definição se vale da preposição *com* para colocar o sentido de *sem*, ou seja, *não + com = sem*.

A percepção da restrição de significados dos prefixos (em relação às preposições correspondentes) levou Booij (2010), de uma perspectiva formalista, a introduzir e operacionalizar o conceito de heterossemia na sua segunda instância: *interpretação específica de itens lexicais polissêmicos que estão presos em construções particulares, tanto morfológicas quanto sintáticas* (p. 63). Ressaltamos que a atuação desse princípio otimiza a polissemia, já que impede a evolução à vagueza. Nos modelos construcionais, como o de Booij (2010), considera-se que a heterossemia facilita a formação de esquemas, como demonstra Rio-Torto (2012) na análise de prefixos de origem preposicional, que vão da locatividade à reciprocidade, a exemplo de *inter-* em *interministerial* e *interclube*, respectivamente.

No que diz respeito à formação de pares preposição-prefixo no PB, entendemos que a heterossemia, tal como definida na seção "Processos estruturantes", une não somente preposições e prefixos, como também preposições e advérbios. Não nos parece obra do acaso que prefixos sejam formas presas, preposições formas dependentes e advérbios formas livres, para recuperar a classificação que Mattoso Câmara Jr. propõe. Estamos considerando esses três tipos de formas como as diferentes categorias morfossintáticas em que se manifesta a mesma motivação semântica, o que caracteriza a heterossemia.

Câmara Jr. (1989: 102) enfocou a relação entre preposições e prefixos para defender que a prefixação seja considerada um caso de composição (e não derivação):

> Os prefixos aí são de natureza lexical; como variantes de preposições sob o aspecto de formas presas, se associam com um semantema principal, como pre- no port. prever [...], introduzindo no conjunto uma ideia subsidiária, que cria para o semantema uma significação nova. É por isso que devemos considerar perfeitamente legítima a antiga norma das nossas gramáticas de separar o estudo dos prefixos do dos sufixos, considerando aqueles "elementos de composição", ao contrário de alguns autores modernos, que falam em "derivação sufixal e prefixal" em português.

Ao tomar os prefixos como as contrapartes presas das preposições, o autor observa, em nota,[34] que nem sempre a forma dependente original está presente na língua, assim como Lichtenberk observa, também em nota, que não é necessário, para a caracterização de um caso de heterossemia, que haja relações derivacionais sincrônicas, nem que o uso da fonte ainda esteja vivo na língua, tampouco que se identifique um sentido comum essencial. Parece-nos que os dois autores capturam o mesmo fenômeno a partir de ângulos diferentes: Câmara Jr. com foco na forma e Lichtenberk com foco no significado.

Também com foco no significado, Bomfim (1988: 13), identificou a relação entre preposições e advérbios como expressão de circunstâncias:

> Uma das características dos advérbios e das locuções adverbiais é conterem explícita ou implicitamente uma preposição. Em outras palavras, diríamos que a função de adjunto adverbial pressupõe um sintagma preposicional ou um advérbio no qual a preposição está implícita, como nos exemplos 16.
>
> 16. a. Procedeu corretamente.
>     b. Procedeu às claras.
>     c. Procedeu com emoção.
>
> Essa peculiaridade deve-se ao fato de haver um íntimo relacionamento entre preposição e circunstância. Diacronicamente pode-se atentar para o fato de que, no latim, os advérbios podiam formar-se, afora outros processos, a partir de um adjetivo no ablativo ou em casos arcaizados como o instrumental e o locativo. Nas diferentes fases do latim até sua diversificação nas línguas românicas, o emprego dos casos foi gradativamente

> substituído por construções com preposição e acusativo. Essas construções, com função de adjunto adverbial, algumas vezes aglutinaram-se, dando origem a advérbios como *amanhã* (*ad maniana*), *ontem* (*ad nocte*), *assaz* (*ad satie*) e outros.

Podemos acrescentar aos exemplos de Bomfim (1988) a formação de preposições a partir de preposições – relexicalização de preposições (*a* + *fora* → *afora*, *de* + *ex* + *de* → *desde*, *per* + *ante* → *perante*) – e a formação de advérbios a partir de preposições – lexicalização de advérbios (*de* + *ante* → *diante*, *ante* + [s] paragógico → *antes*, *a* + *trás* → *atrás*, *de* + *trás* → *detrás*), como já estudado em Castilho (2004, 2009b, 2010a).

> Este processo é produtivo ainda hoje, como se pode verificar na escrita de pessoas pouco letradas que realizam "encima" e "derrepente". Ensina Said Ali, ainda, que as preposições latinas foram primitivamente advérbios e que as portuguesas são provenientes parte do latim literário, parte do românico e outras, ainda, são advérbios portugueses seguidos de *de* (*diante de*, *depois de*, *defronte de*...) (Almeida, 1999: 209)

Até aqui, temos a percepção por Câmara Jr. (1979) da relação formal entre preposições e prefixos; a percepção por Bomfim (1988) da relação semântica entre preposições e advérbios, como outros autores citados na seção "Um pouco de história"; e nossa percepção de que Bomfim (1988) estava tratando mais de *chunks* e advérbios formados por preposições que de uma generalização capaz de unir preposições e advérbios pela expressão do que quer que se defina como circunstância. A generalização que buscamos une preposições, prefixos e advérbios e toma a distribuição como formas dependentes, presas e livres, respectivamente, como efeito da heterossemia.

## PRODUTOS ESTRUTURADOS

Uma vez apresentados os dois processos cognitivos que mais diretamente afetam a categorização e a polissemia das preposições, passaremos a analisar alguns produtos estruturados por tais processos. Como anunciamos na apresentação, não temos a pretensão de esgotar as formas reconhecidas como preposições simples e preposições complexas. Pretendemos ilustrar a vitalidade dos processos com base nos dados reunidos nos *corpora* do PHPB.

## *Após/pós*

A preposição *após* revela que o conceptualizador projeta uma perspectiva situada como posterior no espaço ou no tempo (EI FRENTE-TRÁS). Por heterossemia, relaciona-se com o prefixo *pós*:

| | |
|---|---|
| após | *ano após ano, após greve de quatro meses, após ser trocada a chave* |
| pós- | *pós-graduação, pós-operatório, pós-moderno, pós-venda* |

Vale notar, entretanto, que, a depender do(s) EI(s) ou MCI(s) envolvidos, a perspectiva se ajusta. Assim é que, em *ano após ano*, há sucessividade (portanto, um processamento dinâmico da cena); em *após greve de quatro meses*, há a fixação de um ponto (portanto, um processamento estático da cena); em *após ser trocada a chave*, há novamente a fixação de um ponto, só que esse ponto é um evento.

Além disso, sua contraparte prefixal apresenta também graus diferentes de fixidez da conceptualização do espaço/tempo indicado por essa preposição. Então, *pós-graduação* designa um tipo específico de curso, formalmente organizado como posterior à graduação; de forma similar, *pós-moderno* nomeia um movimento artístico-filosófico de características bem definidas; trata-se de nomes de coisas. Diferentemente, em *pós-operatório* e *pós-venda*, o prefixo indica posterioridade indefinida a um evento, como tal, dinâmico.

A constatação a que se chega é que a perspectiva indicada pela preposição e pelo prefixo correspondente é ajustado ao(s) EI(s) ou MCI(s) envolvido(s). A rotinização das preposições na expressão dos mesmos EIs e relação dos mesmos MCIs não deve, contudo, ser confundida como o significado das preposições, posição que grassa no senso comum e em algumas teorias. Adotando-se a posição não entitativista, verifique-se o quadro a seguir:

**Quadro 16 – Preposições separadas por eixos espaciais**

| Eixo espacial | Preposições |
|---|---|
| **horizontal** | Ponto Inicial/Origem: *de, desde, a partir de*<br>Ponto Medial: *por, no meio de*<br>Ponto Final/Meta: *até, contra, a, para*<br>Lateral: *à esquerda de, à direita de* |
| **vertical** | Superior: *sobre, por cima de, em cima de*<br>Inferior: *sob, embaixo de, por baixo de, debaixo de* |
| **transversal** | Anterior: *ante, diante de, antes de, em frente de, em face de, defronte [de, a], à frente de*<br>Posterior: *atrás de, por trás de, após, depois de, em pós de* |
| **continente** | Dentro: *em, com, entre, dentro de, em meio de/a*<br>Fora: *sem, fora de, na ausência de* |
| **proximal / distal** | Proximal: *perto de, acerca de, a cabo de, junto de, a par de, em presença de, à beira de*<br>Distal: *longe de, distante de* |

Fonte: Adaptado de Castilho, 2004, 2009b[35]

Por este quadro, observa-se a complexidade tanto no que diz respeito às formas presentes em português para a expressão de ESPAÇO e de TEMPO, as chamadas categorias cognitivas mais básicas, quanto ao uso de cada preposição. Essa organização é pertinente em certa medida, mas note-se também que as preposição de cada eixo "transitam" entre outros eixos. Apenas para ilustrar, as preposições do eixo horizontal se encaixam perfeitamente no eixo vertical e transversal, como em *fui de cima para baixo*, *de frente para trás*; a preposição *entre* pode se referir tanto a continente quanto ao espaço entre dois pontos, como em *entre todos os livros* e *entre o prédio e o bar*, respectivamente, e assim por diante. Como bem reconhece o autor, "*a lista de Preps que aparece após cada eixo é meramente exemplificativa, pois um mesmo item pode integrar mais de um eixo*" (Castilho, 2009b: 293).

## *Sob/sub/sobre/debaixo de*

Nas gramáticas da língua portuguesa, encontramos distinção que abrange basicamente o aspecto direcional e posicional, isto é, a descrição é a respeito da noção de posicionamento em que *sobre* corresponde à parte superior e *sob* à parte inferior. Assim, em exemplos como *não coloque o cotovelo sobre a mesa* e *as caixas estão sob a escada*, os respectivos sentidos que as preposições expressam são claramente correspondentes às descrições que encontramos nas gramáticas, *em cima da mesa* e *embaixo da escada*.

Dessa forma, vemos que se trata da expressão do EI CIMA-BAIXO, em que há uma relação verticalizada e proporcional entre *sobre* e *sob*:

SOBRE

____________________

SOB

(37) As roupas limpas foram postas **sobre** a poltrona.

(38) A poltrona estava **sob** as roupas limpas.

ROUPAS LIMPAS

________________________

POLTRONA

Os exemplos (37) e (38) remetem ao exemplo (1), em que a camada pré-sal é assim chamada por ser concebida como anterior à camada de sal. Anterioridade e posterioridade são elementos do EI FRENTE-TRÁS, enquanto cima e baixo são elementos do EI CIMA-BAIXO. Se a camada fosse concebida a partir desse EI, poderia se chamar subsal (se o conceptualizador projetasse sua perspectiva de cima para baixo) ou sobressal (se o conceptualizador projetasse sua perspectiva de baixo para cima). Assim, uma vez que as roupas foram postas sobre a poltrona, a posição da poltrona é sob as roupas. Logo, dependendo do ponto de vista do falante da sentença (Sweetser, 2012), temos uma ou outra preposição indicando o posicionamento dos elementos.

A categorização de significados a partir da experiência corpórea, que, na subseção "Polissemia e o *princípio da invariância*", vimos caracterizar a polissemia de acordo com a LC, incide sobre todas as formas de uma língua. No eixo vertical, a experiência revela que o que está embaixo sofre pressão. A transferência da experiência da pressão para domínios que não o físico se caracteriza como um tipo de metáfora (cf. metáfora da Dinâmica de Forças: Sweetser, 1999; Talmy, 2000). Então, vejamos os exemplos, extraídos da internet:

(39) [21,1] *Desde sua fundação, Israel esteve* ***sob*** *ataque de bombas, tanques, foguetes e terrorismo contra sua população civil.* [<http://exame.abril.com.br>, 10/09/2015, acesso em 30 nov. 2015]

(40) [21,1] *Caminhoneiros* ***sob*** *efeito de drogas aumentam riscos de acidentes.* [<http://g1.globo.com/bom-dia-brasil>, 14/10/2015, acesso em 30 nov. 2015]

(41) [21,1] *Banco não informou clientes que estava* ***sob*** *investigação.* [<www.economia.estadao.com.br>, 19/04/2010, acesso em 30 nov. 2015]

Fica claro, nos exemplos (39) a (41), que o uso de *sob* não é meramente locativo. Nota-se um processo de abstração que possibilitou que a preposição *sob* deixasse de apontar um local no espaço e passasse a apontar um estado. Os MCIs de *ataque*, *efeito* e *investigação* incluem o EI CIMA-BAIXO, e o mapeamento metafórico é organizado pelo princípio da invariância (cf. subseção "Polissemia e o *princípio da invariância*"), que garante que o que é tomado como cima e baixo na experiência seja mantido como cima e baixo na abstração. Em outras palavras, ainda é possível notar uma relação em que a parte inferior está submetida à parte superior, ou seja, a direcionalidade do EI se manteve: em (39), o ataque em cima, Israel embaixo; em (40), o efeito de drogas em cima, caminhoneiros embaixo; em (41), a investigação em cima, o banco em baixo.

Também não varia o fator distância entre cima e baixo. No plano experiencial, a distância é mínima, há total contato entre os elementos. À medida que a abstração ocorre, a distância aumenta, reduzindo ou eliminando o contato, o que motiva a ocorrência de substantivos deverbais como complementos das preposições. Com isso, podemos estabelecer uma escala de aumento da distância e afastamento do referencial locativo. Vejamos os exemplos apresentados na escala:

(42) *Cientistas descobrem vermes hospedeiros que se instalam* ***sob*** *a pele.*

(43) *Inúmeras casas sumiram* ***sob*** *o mar após tsunami de 5 metros.*

(44) *Pessoas idosas costumam guardar dinheiro dentro de sapatos* ***sob*** *a cama.*

(45) *Casais em litígio se recusam a conviver* ***sob*** *o mesmo teto.*

(46) *Os reféns estavam* ***sob*** *a mira dos assassinos.*

(47) ***Sob*** *o sol escaldante da capixaba, caminham dois infelizes sedentos.*

(48) *Novos funcionários ficam* ***sob*** *supervisão durante uma semana.*

(49) *Os enfermeiros precisam agir* ***sob*** *a orientação dos médicos.*

(50) *Os manifestantes não estavam* ***sob*** *condição de reivindicar seus direitos.*

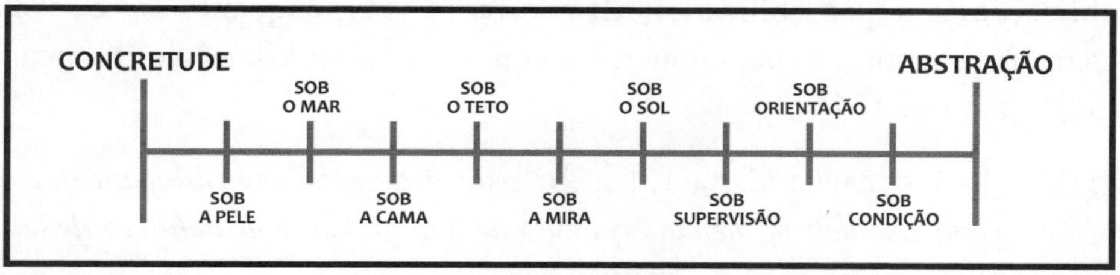


De (42) a (50), notamos que a distância entre o elemento inferior em relação ao elemento superior aumenta. Enquanto *sob a pele* apresenta uma relação de aproximação plena entre *a pele* e os *vermes hospedeiros, sob condição* indica um estado que determina a atuação do sujeito *os manifestantes.* Logo, percebemos que a perspectiva de cima para baixo projetada pelo conceptualizador prevalece sobre a perspectiva de baixo para cima quanto maior a abstração. Contudo, o princípio da invariância conserva da experiência que o que está em cima pesa sobre o que está embaixo, peso que se vai abstraindo como controle ou poder sobre o que está em baixo, determinando sua área de atuação. Por isso, a noção de restrição oferecida por *sob.*

O que essas observações revelam sobre a semântica das preposições em tela é que a afirmação de que uma indica "posição inferior" e a outra "posição superior" minimiza sobre suas possibilidades de entender e/ou explicar os papéis que preposições exercem na construção do sentido. Passemos a observar o uso de *sub* como prefixo.

Comecemos por lembrar que, nos esportes, se formam palavras como *subdez, subvinte* etc. para designar a faixa etária dos atletas. Nessas palavras, temos a acepção básica de "inferior a", como em *subterrâneo* e *submarino.*

Em outras áreas do conhecimento, encontramos também construções como *subrede* (uma *sub*rede é a divisão de uma rede de computadores; a divisão de uma rede grande em redes menores resulta num tráfego de dados reduzido), em que o prefixo indica *sub*ordinação. Já em *submundo* e *subemprego,* incide a metáfora conceitual de que o que está para baixo é menor, assumindo tais expressões valores pejorativos.

Dados dos séculos XVIII a XX contradizem a conclusão de Almeida (1984) de que *sob* e *sobre* se especializam em usos abstratos enquanto *debaixo de/*

*em cima de* em usos mais concretos. A preposição complexa *debaixo de* é usada escopando informações abstratas, como proteção (51), condições, obrigações e responsabilidade (52) e governo (55), enquanto *sob* e *sobre* escopam informações mais concretas, como céu, túmulos, pó dos homens (53) e peitinho (54):

(51) [18,1 SP CAP/AI Carta 17] [...] *fizesta deligencia Somente para que | Vossa Excellencia menaõ expulSe | de Sua graÇa, pois* ***debaixo*** *deSua pRotecçaõ hé que aqui estamos,* [...]

(52) [19,2 CAP BA Carta 312] *Contracto que fazem a Meza Administractiva da | Santa Caza da Mizericordia d'esta Cidade, e L. | J. T. thesoureiro Geral das loterias, para | a extracção das loterias concedidas a dita Santa | Caza* ***debaixo das*** *condições, e obrigações seguintes | que serão fielmente cumprida como vão n'este con | tracto exarados: a saber | 1ª Fazer extrahir o dito Thesoureiro as loterias* ***debaixo*** *|* ***de*** *sua responsabelidade, ficando por sua conta, | e risco os prejuizos que se possão dar,* [...]

(53) [19,2 CAP BA Carta 368] *Quem ha ahi tão duro d'alma que | ao contemplar eSsa muda habitação ||| da morte, triste alvejando* ***sob*** *o anilado | ceo dos tropicos, por entre overde das ar- | vores, com seu jardim, seus lugubres | cyprestes, que gemem* ***sobre*** *os tumo- | los, não se proste, em melancholico | recolhimento, ante a omnipotencia | de Deos, não medite, olhos no pó,* ***sobre*** *| o pó dos homens!*

(54) [20,1 CP SP] [...] *mas Sophia | não deve assustar-se muito, é ter sempre em casa | um pouco de mostarda em pó porque num caso | desses é só applicar uma cataplasma de linhaça pul= | verizada com um pouco de mostarda,* ***sobre*** *o peiti= | nho, apenas uns segundos, que não tem perigo, os | pulmãosinhos começão a funcionar bem* [...]

(55) [20,1 CP SP] *o aju | dante* ***debaicho do*** *governo de Everardo vae per | feitamente bem, creio que por enquanto nào | se deve pensar em tomar admenistrador | pode vir outro Satanás, igual ao que foi*

Tais evidências vão ao encontro da afirmação de Castilho (2010a: 138):

> A gramaticalização é o processo de constituição da gramática. Ao constituir uma gramática, as comunidades elegem uma representação linguística para as categorias cognitivas [...].

Essas representações, como se vê pelos exemplos, podem mudar. A ratificar essa conclusão, olhamos para as expressões idiomáticas e vemos que nelas persiste o uso do *debaixo de*, cuja significação pragmática encontra-se ao lado do idiomatismo:

(56) *Até debaixo d'água* = em qualquer condição

(57) *Estar debaixo d'água* = estar alagado, ter sofrido enchente

(58) *Varrer para debaixo do tapete* = esconder a verdade ou ainda ignorar algum fato

## *Ante/perante/diante de*

É lugar comum nos compêndios gramaticais a afirmação de que *ante*, como preposição, não é mais utilizada. Bechara (2000), por exemplo, não apresenta os usos das preposições *ante* e *perante*, ainda que apareçam listadas no conjunto das preposições essenciais.

Em textos orais mais espontâneos, é raro o uso das preposições *ante* e *perante* (um *chunk per* + *ante*), sendo preferida a preposição complexa *diante de* tanto para localização no espaço quanto para os usos de que vamos tratar aqui. Numa pesquisa sobre as preposições de ESPAÇO ANTERIOR em jornais do século XIX e nos inquéritos orais do Projeto Nurc, Castilho (2004:18) chegou aos seguintes resultados:

**Tabela 1 – Diacronia das preposições do ESPAÇO ANTERIOR**

| ÉTIMO / ITEM | SÉCULO XIX | SÉCULO XX |
|---|---|---|
| ante | 17/17 – 100% | – |
| perante | 7/7 – 100% | – |
| antes de | 24/26 – 93% | 2/26 – 7% |
| diante de | 15/20 – 75% | 5/20 – 25% |

Fonte: Adaptado de Castilho (2004: 18)

No entanto, esses resultados precisam ser vistos com a ressalva de que, para o século XIX, foram considerados textos escritos publicados em jornais (anúncios, carta de leitor e carta de redator), ao passo que os dados do século XX são provenientes de inquéritos orais. Mesmo que os textos de jornais no século XIX sejam caracterizados pela ausência de edição e revisão, diferentemente do que ocorre nos jornais atuais, não podem ser comparados a textos orais atuais. Numa busca por dados de *ante* e *perante* em jornais atuais on-line, encontramos alguns resultados quantitativos relevantes (considerando-se edições diárias entre 2000 e 2015). Vejamos:

**Tabela 2 – Número de dados de *ante, perante* e *diante de* pelo sistema de busca do jornal *O Estado de S.Paulo* on-line por editoria**

| ante | | perante | | diante de | |
|---|---|---|---|---|---|
| **Editoria** | **Quantidade** | **Editoria** | **Quantidade** | **Editoria** | **Quantidade** |
| Economia | 52850 | Internacional | 3154 | Esportes | 56308 |
| Notícias | 20314 | Política | 1668 | Economia | 24620 |
| Geral | 7206 | Economia | 1569 | Eldorado/ ESPN | 15148 |
| Internacional | 6505 | Opinião | 1224 | Internacional | 11990 |
| Esportes | 2778 | Cultura | 920 | Política | 9853 |
| Política | 2578 | Notícias | 911 | Cultura | 9100 |
| Cultura | 2494 | Esportes | 724 | Notícias | 7960 |
| Brasil | 1636 | Geral | 676 | Geral | 7820 |
| Opinião | 1341 | Política | 471 | Opinião | 4238 |
| São Paulo | 1082 | Brasil | 382 | Brasil | 3362 |
| **98.784** | | **11.699** | | **150.399** | |

Fonte: Disponível em: <www.estadao.com.br>, acesso em 21 nov. 2015.

A maioria dos dados de *ante* nos jornais atuais restringe-se a um ambiente discursivo em que há a comparação de números e índices financeiros, como se vê nos exemplos:

(59) [21,1] *Dólar registra alta* ***ante*** *o real com dados de emprego dos* EUA || *O dólar comercial encerrou a sessão desta sexta-feira, 07, em alta* ***ante*** *o real, após divulgação de dados dos Estados Unidos.* [*Jornal do Brasil*, 22/04/2014. Disponível em: <http://www.jb.com.br/economia/noticias/2014/03/07/dolar-registra-alta...>, acesso em 16 mar. 2014]

(60) [21,1] *O levantamento mostra que entre os dias 1 e 6 de outubro, Duas Caras exibiu 19 breaks comerciais,* ***ante*** *16 de Paraíso em sua primeira semana no ar. O número de anunciantes também foi maior: 74 de Duas Caras,* ***ante*** *68 de Paraíso, assim como o de inserções, 159 da trama de Aguinaldo Silva,* ***ante*** *131 da novela de Gilberto Braga.* [*O Estado de S.Paulo*, 11/10/2007. Disponível em <http://www.estadao.com.br/noticias/arteelazer,duas-caras-fatura-mais-que-paraiso-tropical,63569,0.htm>, acesso em 16 mar. 2014]

Algumas ocorrências de *perante* e *diante de* nesse mesmo ambiente discursivo podem ser encontradas, como mostra o exemplo:

(61) [21,1] *Dólar sobe* ***perante*** *o iene e se mantém estável* ***perante*** *o euro | 16/04/2014 | Nova York, 16 abr* (*EFE*) *|| O dólar avançou nesta quarta-feira* ***perante*** *o iene e se manteve praticamente estável* ***perante*** *o euro, depois que a presidente do Federal Reserve, Janet Yellen, anunciou que a instituição não planeja subir as taxas de juros a curto prazo.* [UOL Notícias, 2014. Disponível em <http://economia.uol.com.br/noticias/efe/2014/04/16/dolar-sobe-perante-o-iene-e-se-mantem-estavel-perante-o-euro.htm>, acesso em: 16 mar. 2014]

(62) [21,1] *No exterior, o dólar começou o dia com ganhos* ***diante da*** *maioria das moedas* [...] [*O Estado de S.Paulo*, 28/11/2014. Disponível em <http://economia.estadao.com.br/noticias/mercados,dolar-cai-em-linha-com-exterior-e-especulacoes-sobre-a-fazenda,1595593>, acesso em 16 mar. 2014]

Os exemplos anteriores, assim como os resultados quantitativos da Tabela 2, demonstram que as preposições *ante* e *perante* vêm sendo usadas no português atual, ainda que de forma restrita a jornais e em textos sobretudo da esfera econômica. Portanto, há indícios de associação do uso a uma ou mais de uma tradição discursiva. Neves (2000: 720) aponta brevemente o uso de *ante* como copresença que pode *envolver cotejo* e equaliza a preposição às expressões *em comparação com*, *face a*, *perante*.[36] Dado que *cotejar* é o mesmo que dispor dois participantes no ESPAÇO ANTERIOR, ou seja, um frente ao outro, não é de se estranhar que o observador estabeleça uma comparação entre eles, o que nada mais é que perspectivização.

Refinando a busca, encontramos resultados quantitativos para *ante*, *perante* e *diante de* no acervo do mesmo jornal, entre 1875[37] e 2010, dispostos em gráficos, que reproduzimos a seguir:

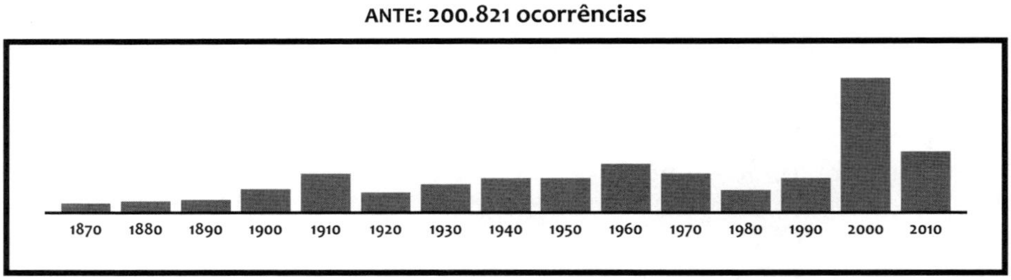


Fonte: Disponível em: <http://acervo.estadao.com.br/procura/#!/ante/Acervo/acervo>

Além do gráfico, a página fornece alguns exemplos, os quais precisam ser analisados com as seguintes ressalvas: (i) há vários dados em que *ante* é prefixo (*ante-hontem*, *anterior*, *ante-projecto*, *antescedência* etc.) em todas as décadas e (ii) as ocorrências com *ante* como preposição usada em contexto de comparação de números aparecem em edições somente a partir da década de 1990, coincidindo com o alto índice nos anos 2000. Os demais usos, excetuando-se os prefixos, são locativos (*ante o cadaver decomposto*, 1944) e causativos (*resistência ante as novas medidas*, 1965).

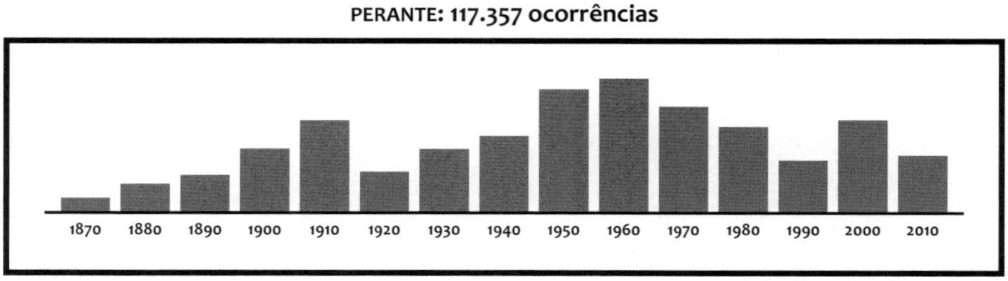


Fonte: Disponível em: <http://acervo.estadao.com.br/procura/#!/perante/Acervo/acervo>

No gráfico acima, observa-se uma distribuição distinta da de *ante*, uma vez que *perante* se apresenta com certa regularidade ao longo das décadas em questão. Grande parte dos dados com *perante* é em contextos de indicação de uma autoridade ou testemunha, como *perante o tabelião*, *conselho*, *justiça*, *delegado*, *opinião pública* etc. Esse uso perpassa os séculos do português, especialmente em textos da esfera jurídico-administrativa, na tradição discursiva de indicação da autoridade que faz todo o estado de coisas registrado no documento ter validade, donde a fórmula *perante mim escrivão/tabelião*.

**DIANTE (DE): 396.490 ocorrências**

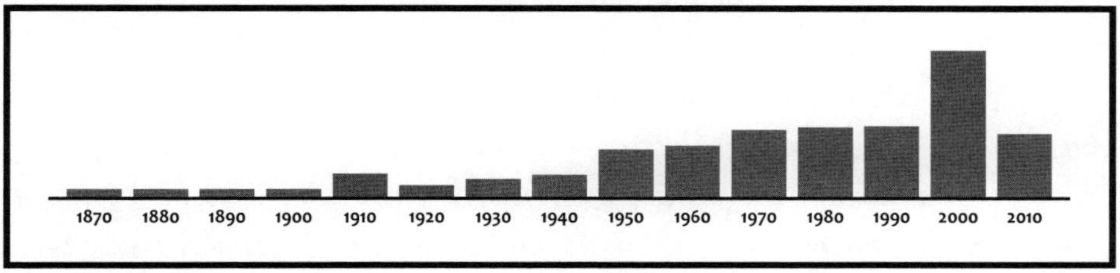


Fonte: Disponível em: <http://acervo.estadao.com.br/procura/#!/diante/Acervo/acervo>

Comparando-se o gráfico para *diante* (*de*) com o de *ante*, observa-se certa semelhança na distribuição quantitativa. Os exemplos do jornal são mormente de localização física (*diante do espelho*, 1995), metafórica (*diante dos últimos acontecimentos*, 1950), temporal (*de hoje em diante*) e algumas poucas ocorrências em sentenças comparativas (*o dólar diante da maioria das moedas*, 2014).

Somente uma pesquisa mais detalhada e ampla em diferentes tipos de texto e ao longo de vários séculos poderá revelar as motivações semânticas de *ante*, *perante* e *diante* (*de*) brevemente esboçadas aqui. O que quisemos mostrar com os gráficos e exemplos acima é que as preposições *ante* e *perante* vêm sendo reativadas em sentenças comparativas, sobretudo quando se trata de números em textos sobre economia.

## Entre

A preposição *entre* provém da preposição latina *inter*, que, por sua vez, consiste na combinação *in* + *–ter* (sufixo de comparação de superioridade "mais dentro") (cf. Poggio, 1999: 541; Castilho 2010a: 607). Na subseção "Polissemia e o *princípio da invariância*", vimos que *inter* é a base de *intrare*, herdado pelo português como *entrar*.

Tanto a preposição *entre* (cair **entre** o prédio e a casa) quanto os prefixos *inter* (**inter**valo, **inter**mediar) e *entre* (**entre**abrir, **entre**ato) no português exprimem o EI CONTINENTE, estabelecendo ou uma relação não marcada quanto à quantidade de pontos envolvidas na relação dentro do conjunto que contém, como em (63) e (64), ou uma relação em que os dois pontos são definidos, como em (65) e (66):

(63) [20,1 CP RJ/SP] *Penso que vocês devem bancar | pequenas rusgas afim de atra | car relações cordiaes que* ***entre*** *vocês | devem existir para felicidade | da velhice de uma Mãe que |só pelos filhos vive*

(64) [19,2 CO RJ Carta 14] *Excelentíssimo Collega Amigo eSenhor | Consta-me que ahi chegou um navio Portu-guez; em uindo ua' porção de colonos,* ***entre*** *os quaes vem ua' família de 4 ou 5 pessoas, to-das lazaras,* [...]

(65) [18,2 M FGMD SP] *Estas Ilhas saõ as de Guaibe, ouSanto Amaro, eadeSaõ | Vicente,* ***entre*** *aterra firme dePedro Lopes, ea Ilha de-| Santo Amaro, fica a1ª barra doNorte, aque chamaõBertioga:*

(66) [19,1 CP BA(FS) Carta 11] *em casa de jantar, pequena copa, cozinha, e há| baranda, que segue ate o quarto ultimo dos quatro,* ***entre****| a casa de jantar, e aquela baranda há hũa partes, para o qual tem| janellas a casa de jantar, hũ dos quartos, a baranda, e a| cozinha* [...]

Em (63) e (64), o conceptualizador projeta um *contêiner* em que estão inclusos todos os irmãos do destinatário e de colonos num navio português, respectivamente, ao passo que, em (65) e (66), delimita-se um espaço entre dois pontos numa trajetória fictícia (o que caracterizaria o EI ORIGEM-CAMINHO-ALVO) entre *a terra de firme de Pedro Lopes* e a *Ilha de Santo Amaro*, em que ficam subfocalizadas as outras dimensões do *contêiner*. Vale lembrar que algumas línguas, como o inglês, possuem duas preposições distintas para cada EI apontado anteriormente, como *among*(*st*)/*amid*(*st*) (conjunto de pontos formando uma massa contínua, i.e. *contêiner*) e *between* (entre dois pontos) (cf. Talmy, 2000: 191). No PB, ambos os EIs são representados pela preposição *entre*, ou seja, a cena é conceptualizada de tal forma que uma FIGURA é localizada em relação a um FUNDO caracterizado como vários pontos (cf. *região* em Langacker, 1987) ou dois pontos (cf. *episódio* em Langacker, 1987), conforme o Esquema 2:

**Esquema 2 – Representação espacial de *entre***

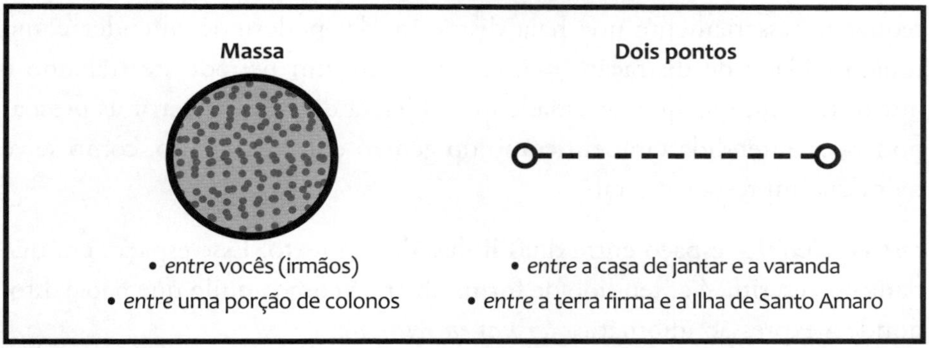


A ideia de "parcialmente" atribuída ao prefixo *entre* em *entreaberta* na subseção "Fonologização das preposições" é uma projeção metafórica daquilo que não percorreu todo o trajeto de um ponto a outro, ou seja, ficou no meio do caminho entre um ponto e outro, como se viu no Esquema 1 (*porta entreaberta*). A mesma leitura se pode fazer em *entrever*, ou seja, ver parcialmente.

O prefixo *entre* apresenta ainda uma leitura espacial em *entreaberta*, ao passo que, em outras palavras, observa-se a transposição de esquemas, como nos exemplos a seguir:

***entremez*** – tempo/*inter*valo *entre* dois atos principais de uma peça de maior duração → peça curta encenada entre dois atos de uma peça de maior duração → gênero discursivo na península ibérica até o século XVIII. Nos dias de hoje, qualquer tempo entre dois atos de uma peça é somente um *intervalo*, uma vez que nada é encenado nesse período de tempo. Em outros canais ou meios de comunicação, como a TV, temos intervalo comercial; em congressos e eventos, *coffee break*, e assim por diante.

***entrevista*** – ver-se reciprocamente, estar frente a frente. Duas pessoas sentadas frente a frente fazem com que essa disposição seja entendida como uma situação comunicativa em que perguntas são feitas a alguém. Mesmo que não estejam face a face, o ato de fazer perguntas a alguém configura uma entrevista, que, em meios de comunicação oral ou impressa, é um gênero discursivo.

***entretenimento*** – intervalo de tempo entre outros dois pontos. No entanto, requer necessariamente que haja distração, daí podermos entender como uma atividade de distração (= diversão) entre um período de trabalho e outro. E assim qualquer atividade que objetiva distrair e divertir as pessoas poder ser entendida também como do gênero entretenimento, como se vê na mídia impressa e digital.

***entrelinha(s)*** – espaço entre duas linhas de um texto. Esse espaço, em que nada está escrito, é entendido de forma abstrata como aquilo que não é dito, donde a expressão idiomática *ler nas entrelinhas*.

***entressafra*** – período entre duas safras em que nada é plantado. Metaforicamente, refere-se ao período de redução de oferta de qualquer produto, ideia, negociação etc., aumentando, consequentemente, os preços, as dificuldades, e assim por diante. Ex.: "Entressafra" de notícias no Gaeco preocupa advogados de defesa (disponível em <http://www.jornaldelondrina.com.br/blogs/baixoclero>, acesso em 13 maio 2015).

***entreposto*** – colocado entre dois pontos de uma linha; posto entre dois pontos, um deles o produtor, o outro o consumidor. Assim, passou a se referir ao local onde os produtos eram armazenados para serem, em seguida, distribuídos. Designa hoje somente o armazém (prédio) onde se guardam os produtos para distribuição ou se refere a uma cidade de grande movimentação comercial, a exemplo de algumas cidades tropeiras desde o século XVII.

Com a análise de *entre*, encerramos a seção sobre produtos estruturados, selecionados a partir da formação de pares preposição-prefixo pela heterossemia para ilustrar a validade dos conceitos reunidos na seção sobre processos estruturantes.

## CONSIDERAÇÕES FINAIS

Neste capítulo, apresentamos um projeto de pesquisa que se caracteriza pela aproximação entre a linguística cognitiva e a abordagem multissistêmica com base na identificação de fortes afinidades. A primeira, reconhecida já na "Apresentação", está no rompimento com o princípio da sincronia.

Tendo em vista tal aproximação, assumimos a distinção entre processos estruturantes e produtos estruturados proposta pela multissistêmica, de modo a convidar o leitor a ver mais dos processos que dos produtos. Entre os processos, elegemos a polissemia, o *chunking* e a heterossemia como os mais pertinentes à forma como tratamos as preposições, enfocada no que Fillmore (1977) concebeu como *a quarta forma*. Entre os produtos, elegemos alguns dos que mencionamos ao tratarmos da heterossemia.

A remissão a dados dos *corpora* do PHPB, a que o capítulo e o volume se filiam, além dos dados da internet, faz lembrar as palavras Jacob (2001: 153), sempre pertinentes quando lidamos com dados históricos: "*Un problema práctico – banal pero no por ello menos importante – se da p. ej. cuando una forma simplemente no aparece en el corpus porque los textos no dan ocasión para su uso*".

A mudança linguística é objeto de muitos estudos, em que são revelados os percursos de cada forma sob análise. Neste capítulo, optamos por oferecer ao leitor os processos cognitivos que acreditamos organizar a gramática. Tais processos, por sua vez, remetem a princípios.

Sendo assim, resgatamos da LC o papel da polissemia na organização da Gramática e sua relação com o princípio da invariância na subseção "Polissemia e o *princípio da invariância*".

Em seguida, resgatamos de um modelo baseado no uso o *chunking* e o associamos, não somente aos processos concebidos pela multissistêmica, como também a seu princípio da recursão na subseção "*Chunking* e o *princípio da recursão*". Tal princípio "*capta as situações linguísticas em que retomamos o que já foi dito, ou escrito, fazendo recorrer segmentos de palavras, sentidos, estruturas gramaticais e discursivas*" (Castilho, 2015: 101). Basicamente, depreende-se que esse princípio atua remetendo aos mesmos processos em ocorrências diferentes. Então, o estudo das preposições nos vários *corpora* de que lançamos mão nos mostra que esse é processo atuante do latim ao português.

Por fim, resgatamos do funcionalismo a heterossemia e a relemos em associação com o princípio da motivação maximizada da LC na subseção "*Chunking* e o *princípio da recursão*".

A partir desses processos, dedicamos a seção "Produtos estruturados" a alguns dos produtos estruturados que mencionamos ao tratarmos dos processos, sem pretender esgotar o quadro das preposições simples no PB, tampouco das preposições complexas.

# NOTAS

1 Nesta abordagem, a definição de língua é dada tanto do ângulo da sua produção (*conjunto de processos mentais, pré-verbais, organizáveis num multissistema operacional*) quanto do ângulo dos produtos (*conjunto de categorias organizadas num multissistema*), lembrando que a língua nos dois ângulos é governada pelo dispositivo sociocognitvo: Castilho (2010a: 77) e "Introdução" do volume 5 desta coleção.

2 Vale lembrar que a LC não é composta de uma única teoria: é antes um arquipélago, cujas "ilhas" privilegiam alguns aspectos que ora convergem, ora divergem.

3 Na subseção "*Chunking* e o *princípio da recursão*", apresentamos mais detalhadamente a definição de *chunk* e *chunking* e justificamos a não tradução desses termos.

4 No original: "[...] change is both a window into cognitive representations and a creator of linguistic patterns".

5 Para o devido entendimento de como a primeira, segunda e terceira formas costumam ser abordadas, remetemos o leitor para Berlinck, Duarte e Oliveira (2015) e Cyrino, Nunes e Pagotto (2015).

6 Após cada documento, apresentamos as siglas (entre parênteses no quadro) que são usadas para identificar de que textos foram extraídos os exemplos, por convenção do PHPB/PHPP. Quando se trata de dados coletados em páginas da internet, colocamos o endereço completo após o exemplo.

7 A transcrição das gravações realizadas pelos alunos foi feita de acordo com as normas do português popular (Rodrigues, 2013).

8 Da Universidade Federal do Rio de Janeiro, Bruno Bastos, Jorge Luís Lisboa Júnior, Lilian Cruz, Matheus Dias, Michel Emile, Renata Miranda Assis, Thaiane Santos Espíndola e Ygor Mello. Além desses alunos de Iniciação Científica, a aluna Gabrielle Souza contribuiu em algumas análises. Da Universidade de São Paulo, contribuiu com a coleta de alguns dados o aluno Edson R. Castilho.

9 Como elemento sistematizador da língua, o autor faz uso da noção de "castas" de palavras, sem, no entanto, defini-las explicitamente, supondo-se serem "classes hierarquizadas". Os advérbios, as preposições e as conjunções são tratadas como pertencentes à "casta" das palavras invariáveis e apresentadas nesta ordem.

10 Os textos *Foro Real* e *Crónica de Dom João I* estão disponíveis em *Corpus Informatizado do Português Medieval* (<http://cipm.fcsh.unl.pt/>).

11 Para o estudo de *mas*, cf. Castilho (1997).

12 Há preferência, no PB, pelos substantivos *topo*, *alto* ou *cume* para designar a parte superior (*o topo/o cume /o alto da montanha*). No PE, encontra-se também o substantivo *cimeira* para designar *reunião de cúpula*, além de *parte superior*.

13 Há poucas gramáticas e estudos sobre o latim vulgar, sendo os dois aqui considerados os mais completos (Maurer Jr., 1959) e Sävborg (1941).

14 Na subseção "Morfologização de preposições", retomamos esse conceito a partir da colocação de Bomfim (1988).

15 O autor não apresenta, para todos os casos de reforço no latim vulgar, o resultado da combinação nas línguas românicas, por isso, reproduzimos o que consta em sua obra, com especial atenção ao português.

16 In the broadest sense, [...] the notion of 'frame' is largely synonymous with that of Idealized Cognitive Model, referring in general to the knowledge structures that embody our thinking about the world. In the more restricted sense, it refers to a specific type of knowledge organization in the lexicon.

17 O que há de específico nas experiências não vai para a cena. Por exemplo, a experiência de estar numa sala de aula com um bebedouro não faz com que o bebedouro constitua a cena sala de aula.

18 Talmy (2000) denomina esse fenômeno de *movimento fictício*, e Castilho (2009, 2010a) aplicou essa concepção a vários processos da multissistêmica com base nos achados do Projeto de Gramática do Português Falado e do PHPB.

19 Esses termos entraram para a história da LC com o tratamento proposto por Lakoff (1987) para a palavra *over*, hoje considerado como representativo de um momento de excessivo destaque à polissemia. Por questões de espaço, esse debate não será exposto neste capítulo.

20 Apenas para ilustrar, o exemplo clássico de homonímia, *manga* (de camisa), do latim *manica*, e *manga* (fruta), cuja origem é controversa entre vários autores (cf. Nascentes, 1955; Cunha, 1985; Viaro, 2011, entre outros).

21 A esse respeito, cf. Castilho (2004, 2009, 2010a), Kewitz (2007), entre outros.

22 A autora resgata os termos *chunk* e *chunking* da descrição gramatical em língua inglesa e lhes confere um tratamento condizente com os modelos baseados no uso (*usage-based models*), os quais se caracterizam por evitar a tendência estruturalista de estipular uma propriedade intrínseca a qualquer forma linguística. Optamos por não traduzir nenhum dos termos, seja por sua história, seja pela ausência de um termo em português que corresponda à [formação de] unidades a partir da frequência de uso e sujeitas à recursividade.

23 Pensemos também no que ocorre com *embaixo*, *debaixo* etc., em contraposição com *em cima*, *de cima* etc. É digno de nota o processo de morfologização no PB atual escrito com *a gente* (→ *agente*), *de repente* (→ *derrepente*) e *com certeza* (→ *concerteza*), demonstrando não só a formação de *chunks*, mas também a percepção do falante/escritor em relação a esses *chunks*.

24 Cartas pessoais e textos orais estão mais próximos do polo da imediatez comunicativa pelos recursos usados para introduzir tópicos (como as formas no gerúndio *falando em/nisso;* expressões hesitativas *Ah*!; conjunções *e*, *mas;* combinações *e aí?*, *e ainda mais*, *e depois;*, advérbios *então*, *agora*, *realmente* etc., dentre outras estratégias e condições comunicativas como grau de emoção, grau de publicidade etc.

25 ([...]) cases (within a single language) where two or more meanings or functions that are historically related, in the sense of deriving from the same ultimate source, are borne by reflexes of the common source element that belong in different morphosyntactic categories.

26 Original em inglês: [...] *even those cases where the reflexes of the common source are not phonologically identical* [...].

27 No PE atual, é ainda recorrente o uso da preposição *a*[1] nessa função, como *Fulano comprou um livro a Beltrano* (cf. Mateus et al., 1983; Torres Morais, 2002, entre outros). Essa sentença no PB é entendida como *Beltrano* sendo o alvo, e não a origem, pois diferenciamos essas funções sintáticas pela escolha da preposição *de* (*comprar de* X *comprar a*, equivalente a *comprar para*). Outro ponto digno de nota é que esse convívio entre *a*[2] e *de* poderia ser considerado como variação em outras abordagens. No programa de pesquisa delineado neste capítulo, trata-se de duas perspectivas, consequentemente de duas formas que integram duas construções que não dizem o mesmo. É plausível a hipótese de se tratar de mudança em curso, não a de se tratar de variação, já que, conforme já dissemos, sinonímia é um conceito que não tem lugar na LC.

28 Como exemplo desse princípio, Evans (2007) diz que a palavra *morte* pode servir de metáfora para *fim*, *ruptura*, mas nunca para *banho* ou *cadeira de balanço*. Ressalta-se, no entanto, que essa visão está presente nas línguas ocidentais sobretudo.

29 Para Câmara Jr. (1989: 88), "*A preposição* de *é índice de* '*genitivo*' *em qualquer caso, inclusive diante de um verbo* (vontade de correr)". Esta posição permite esboçar o percurso posse → origem no espaço → origem no tempo → tempo → estado na organização da polissemia da preposição *de*. A relação entre *de* e *ab*, por um lado, é organizada pelos dois eixos em que se distribuem os EIs: o vertical para *de*, o horizontal para *ab*. A relação com *ex*, de outro, é organizada pelos elementos dentro e fora, que organizam o EI *container*. Tais elementos são ativados por *ex*, e não por *de* nem por *ab*.

30 Ressalte-se que, do ponto de vista da multissistêmica e da LC, jamais está em jogo um fenômeno isolado. Enfocamos a troca de preposições e o apagamento de preposições mas, em cada caso, deflagra-se uma cadeia de fenômenos, como o número (os dias da semana saem do plural para o singular) e a determinação (tanto a troca quanto o apagamento eliminam o artigo definido). Tais fenômenos podem ser objetos de outras análises mas não poderão ser tomados isoladamente sem ferir o caráter multissistêmico do fenômeno maior que é uma língua natural.

31 Vale lembrar que a edição semidiplomática dos documentos analisados prevê a manutenção das fronteiras entre palavras, ou seja, quando grafadas juntas no original, mantém-se essa característica na edição. Esse fenômeno é bastante recorrente em documentos manuscritos até, pelo menos, a primeira metade do século XX, antes dos primeiros acordos ortográficos. Os elementos que frequentemente aparecem cliticizados a nomes, verbos e adjetivos são artigos, pronomes, conjunções e preposições. Dentre as preposições, Silva (2015) analisou quantitativamente esses elementos em junções de vocábulos e constatou maior frequência das preposições *de* e *a* num conjunto de cartas paulistas dos séculos XVIII e XIX.

32 A relação entre *ultra* ("além de") e *ultra* (truncamento de *ultrassom* ou *ultrassonografia*), assim como a relação entre *infra* ("dentro de") e *infra* (truncamento de *infraestrutura*) caracteriza o fenômeno da tensão homonímica (cf. Soares da Silva, 2006).

33 Processo de introdução de palavras do latim clássico, ao lado das que já existiam na língua, originada no latim vulgar. No português, o processo de relatinização se verifica a partir do século XV (Cardeira, 2009).

34 Nota do autor: "Às vezes a forma dependente, que corresponderia à preposição como tal, falta no estado atual da língua".

35 Em Castilho (2009b: 293), vê-se um rearranjo das preposições em cada eixo espacial em relação à classificação apresentada em Castilho (2004: 13), da qual mantivemos alguns itens, como *à esquerda/direita de*, entre outros.

36 Embora a autora apresente também as relações semânticas e sintáticas da preposição *perante*, ela nada diz sobre seu uso em comparativas.

37 O jornal foi fundado em 1875 sob o nome de *A Província de São Paulo*.

# REFERÊNCIAS BIBLIOGRÁFICAS

Critérios de indexação:

(1) As entradas vêm pelo sobrenome, em sequência alfabética e cronológica, do texto mais antigo para o texto mais recente.
(2) Em caso de mais de um autor, um ponto e vírgula separa os nomes.
(3) A data de publicação aparece no final do verbete. Sempre que possível, indica-se entre colchetes a data da primeira edição.
(4) Nos textos publicados em coletâneas, remete-se apenas aos organizadores, data e páginas, entre parênteses. Para a obtenção dos dados bibliográficos completos, procure pelo sobrenome do organizador e data da publicação.


ABAURRE, M. B. M. (Org.). *A construção fonológica da palavra*. Gramática do português culto falado no Brasil. v. 7. São Paulo: Contexto, 2013.

ABAURRE, Maria Bernadete; RODRIGUES, Angela (Orgs.). *Novos estudos descritivos*. Gramática do português falado. v. 8. Campinas: Ed. da Unicamp, 2003.

AGUILERA, Vanderci de Andrade (Org.). *Para a história do português brasileiro*. v. 7. Londrina: Editora da Universidade Estadual de Londrina, 2009.

AIROLDI, Fulvia Colombo; ARECHALDE, María Ángeles Soler (Coords.). *Cambio lingüístico y normatividad*. Cidade do México: Universidade Nacional Autónoma de México, 2003.

ALBANI, F. L. V.; CEZARIO, M. M. Ordenação do advérbio *sempre* no português arcaico e no contemporâneo. In: M. Rios de Oliveira e M. M. Cezario (Orgs. 2012: 157-176).

ALI, Manuel Said. *Gramática histórica da língua portuguesa*. São Paulo: Melhoramentos, 1964.

ALKMIM, Tânia (Org.). *Para a história do português brasileiro*. v. 3. São Paulo: Humanitas/USP, 2002.

ALMEIDA, Érica Sousa de. *A formação de perífrases verbais no português*: um processo diacrônico. Rio de Janeiro, Dissertação de Mestrado, Universidade Federal do Rio de Janeiro, 2006.

ALMEIDA, Gilce de Souza. *Quem te viu quem lhe vê*: a expressão do objeto acusativo de referência à segunda pessoa na fala de Salvador. Salvador, Dissertação de Mestrado, Universidade Federal da Bahia, 2009.

ALMEIDA, Maria Lucia Leitão de. *Preposições, advérbios e conjunções*: um estudo de reanálise. Rio de Janeiro, Dissertação de Mestrado, Universidade Federal do Rio de Janeiro, 1984.

ALMEIDA, Maria Lucia Leitão de. *O fenômeno da indeterminação do sujeito*. Rio de Janeiro, Tese de Doutorado, Universidade Federal do Rio de Janeiro, 1992.

ALMEIDA, Maria Lucia Leitão de. O processo de mesclagem em anguladores no português do Brasil. *Revista Veredas*, v. único: 34-43, 1999.

ALMEIDA, Maria Lucia Leitão de; LEMOS DE SOUZA, Janderson. Prefixos, preposições e heterossemia. *Cadernos do NEMP*, 6: 5-16, 2015.

ALMEIDA, Maria Lucia Leitão et al. (Orgs.). *Linguística cognitiva em foco*: morfologia e semântica do português. Rio de Janeiro: Publit, 2010.

ALMEIDA, Napoleão Mendes de. *Gramática metódica da língua portuguesa*. 38. ed. São Paulo: Saraiva, 1992.

ALMEIDA, Norma Lucia F. de. Urbanização, escolarização e variação linguística em Feira de Santana-Bahia (século XX). *Tabuleiro de Letras*, 4: 71-85, 2012.

ALONSO, K. S. B. *Construções binominais quantitativas e construção de modificação de grau*: uma abordagem baseada no uso. Rio de Janeiro, Tese de Doutorado, Universidade Federal do Rio de Janeiro, 2010.

AMARAL, Amadeu. *O dialeto caipira*. São Paulo: Anhembi, 1955 [1920]. Disponível em: <http://www.dominiopublico.gov.br/pesquisa/DetalheObraForm.do?select_action=&co_obra=7381>. Acesso em: 28 jun. 2015.

AMOR DIVINO, Ludinalva Santos do. *Como trato meu receptor?* A propósito do uso de tu/você em Santo Antônio de Jesus-BA. Salvador, Dissertação de Mestrado, Universidade Federal da Bahia, 2008.

ARAÚJO, Andréia Silva; FREITAG, Raquel Meister Ko. Variação na expressão do tempo verbal passado na fala e escrita de Itabaiana/SE: formas de pretérito imperfeito e perífrase na expressão do passado em curso. *Scientia Plena*, 6: 125-131, 2010.

ARAÚJO, Andréia Silva; FREITAG, Raquel Meister Ko. A forma de futuro do pretérito no português do Brasil e a função de polidez. *Forma y Función*, 28.1: 79-87, 2015.

ARDUIN, Joana. *A variação dos pronomes possessivos de segunda pessoa do singular teu/seu na região sul do Brasil*. Florianópolis, Dissertação de Mestrado, Universidade Federal de Santa Catarina, 2005.

ARGOTE, J. C. de. *Regras da lingua portugueza, espelho da lingua latina*: ou disposiçaõ para facilitar o ensino da lingua latina pelas regras da portugueza. Lisboa: Officina da Musica, 1725.

AVELAR, Juanito O. *Estruturas com o verbo ter, preenchimento de sujeito e movimento em forma lógica*. Comunicação apresentada no III Congresso Internacional da Abralin. Rio de Janeiro: UFRJ, 2003.

AZEREDO, J. C. de. *Gramática Houaiss da língua portuguesa*. São Paulo: Publifolha, 2008.

BAGNO, Marcos. *A Língua de Eulália*: novela sociolinguística. São Paulo: Contexto, 1997.

BAGNO, Marcos. *Dramática da língua portuguesa*: tradição gramatical, mídia e exclusão social. São Paulo: Loyola, 2000.

BAGNO, Marcos. *Português ou Brasileiro?* Um convite à pesquisa. São Paulo: Parábola, 2001.

BAGNO, Marcos (Org.). *Linguística da norma*. São Paulo: Loyola, 2002.

BAGNO, Marcos. *A Norma oculta*. Língua & poder na sociedade brasileira. São Paulo: Parábola, 2003.

BAGNO, Marcos. *Gramática pedagógica do português brasileiro*. São Paulo: Parábola, 2011.

BAGNO, Marcos. *Língua, linguagem, Linguística*. Pondo os pingos nos ii. São Paulo: Parábola, 2014.

BAKHTIN, Mikhail. *Estética da criação verbal*. São Paulo: Martins Fontes, 1997.

BARBADINHO NETO, R. (Org.). *Miscelânea em honra de Rocha Lima*. Rio de Janeiro: Oficinas Gráficas do Colégio Pedro II, 1980.

BARBOSA, Juliana Bertucci. *Tenho feito/fiz a tese*: uma proposta de caracterização do pretérito perfeito no português. São Paulo, Tese de Doutorado, Universidade Estadual Júlio de Mesquita, 2008.

BARBOSA, M. G. *Gramaticalização de advérbios a partir de adjetivos*: um estudo sobre adjetivos adverbializados. Rio de Janeiro, Dissertação de Mestrado, Universidade Federal do Rio de Janeiro, 2006.

BARBOSA, T. A. M. *A variação entre futuro do pretérito e pretérito imperfeito do indicativo em orações condicionais iniciadas por "se" na fala uberlandense*. Uberlândia, Dissertação de Mestrado, Universidade Federal de Uberlândia, 2005.

BARCIA, Lucia Rosado. *As formas de tratamento em cartas de leitores oitocentistas*: peculiaridades do gênero e reflexos da mudança pronominal. Rio de Janeiro, Dissertação de Mestrado, Universidade Federal do Rio de Janeiro, 2006.

BARLOW, M; KEMMER, S. (Eds.). *Usage Based Models of Language*. Stanford: CSLI Publications, 2000.

BARRETO, M. *Novíssimos estudos da língua portuguesa*. Rio de Janeiro: Presença/Fundação Casa de Rui Barbosa/Instituto Nacional do Livro, 1980.

BARROS, João de. *Gramática da língua portuguesa*. 3. ed. atualizada por José Pedro Machado. Lisboa: s/e, 1957 [1540].

BARROSO, Paulo Henrique de Oliveira. Os estágios de gramaticalização do verbo *PROCURAR*. Anais do I Seminário de Linguística da Unicsul. São Paulo, 2006.

BARROSO, Paulo Henrique de Oliveira. O verbo *buscar* em processo de gramaticalização – sua recategorização. *Estudos Linguísticos*, 36: 248-257, 2007a.

BARROSO, Paulo Henrique de Oliveira. Análise multissistêmica do verbo *buscar*. *Caderno de Resumos*, 361-362, 2007b.

BASILIO, Margarida. *Teoria Lexical*. São Paulo: Ática, 1987. Coleção Princípios.

BASTO, Claudio. Formas de tratamento, em português. *Revista Lusitana*, 29: 183-202, 1931.

BATORÉO, Hanna; FERRARI, Lílian. "Quão fundo é o fundo?" Perspectivização no caso das expressões com "ao fundo" em português europeu e português do Brasil. *Estudos Linguísticos* (Lisboa), 10: 145-154, 2015.

BECHARA, E. *Gramática escolar da língua portuguesa*. Rio de Janeiro: Lucerna, 2003.

BECHARA, E. *Moderna gramática portuguesa*. São Paulo: Companhia Editora Nacional, 2009 [1. ed. 1999/37. ed. 2003].

BERLINCK, Rosane de Andrade. The Portuguese Dative. In: W. Van Belle e W. Van Langendonck (Orgs. 1996: 119-151).

BERLINCK, Rosane de Andrade. O Objeto indireto no português brasileiro: um estudo diacrônico. In: G. Massini-Cagliari et al. (Orgs. 2005: 123-139).

BERLINCK, Rosane de A.; DUARTE, Maria Eugênia L.; OLIVEIRA, Marilza de. Predicação. In: M. Kato; M. do Nascimento (Orgs.). *Gramática do português culto falado no Brasil*. v. 3. A construção da sentença. Campinas: Editora da Unicamp, pp. 111-120, 2009. Segunda edição: *A construção da sentença*. Gramática do Português Culto Falado no Brasil. São Paulo: Editora Contexto, pp. 811-150, 2015.

BERTINETTO, Pier Marco. The Progressive in Romance, as Compared with English. In: Osten Dähl (Ed. 2000: 559-664).

BISOL, Leda. A sílaba e seus constituintes. In: M. B. M. Abaurre (Org. 2013: 21-52).

BLANCHE-BENVENISTE, Claire et al. (Eds.). *Hommage à la mémoire de Jean Stéfanini*. Aix: Presses de l'Université de Provence, 1988.

BLANCHE-BENVENISTE, Claire. La notion de variation syntaxique dans la langue parlée. *Langue Française*, 115: 19-29, 1997.

BOAS, Hans C. Semantic *Frames* as Interlingual Representations for Multilingual Lexical Databases. *International Journal of Lexicography*, 18.4: 445-478, 2005.

BOAS, Hans C. (Ed.) *Multilingual FrameNets in Computational Lexicography*: Methods and Applications. Berlin/New York: Mouton de Gruyter, 2009.

BOLINGER, Dwight. *Degree Words*. Mouton. Paris: The Hague, 1972.

BOMFIM, E. *Advérbios*. São Paulo: Ática, 1988.

BOOIJ, G. Compounding and Derivation. Evidence for Construction Morphology. In: W. Dressler et al. (Eds. 2005: 109-131).

BOOIJ, G. *Construction Morphology*. Oxford: Oxford University Press, 2010.

BORBA, Francisco et al. *Dicionário Unesp do português contemporâneo*. São Paulo: Editora da Unesp, 2004.

BRANDÃO, Cláudio. *Sintaxe clássica portuguêsa*. Belo Horizonte: Imprensa da Universidade de Minas Gerais, 1963.

BRANDÃO, Silvia Figueiredo; MOTA, Maria Antónia Ramos Coelho da (Orgs.). *Análise contrastiva de variedades do português*: primeiros estudos. Rio de Janeiro: In-fólio, 2003.

BRAVO, Diana; BRIZ, Antonio. *Pragmática sociocultural*: Estudios sobre el discurso de cortesía en español. Barcelona: Ariel, 2004.

BRINTON, L. J. *Pragmatic Markers in English*: Grammaticalization and Discourse Functions. Berlin/New York: Mouton de Gruyter, 1996.

BRINTON, L. J; TRAUGOTT, E. C. *Lexicalization and Language Change*. Cambridge: Cambridge University Press, 2005.

BRITO, Onilda Regina Marchioni de. "*Faça o mundo te ouvir*": a uniformidade de tratamento na história do português brasileiro. Londrina, Dissertação de Mestrado, Universidade Estadual de Londrina, 2001.

BRIZ, Antonio. Cortesía verbal codificada y cortesía verbal interpretada en la conversación. In: D. Bravo e A. Briz (Eds. 2004, p. 67-93).

BROCARDO, Maria Teresa. A questão da polissemia na mudança linguística. In: Clara Nunes Correia (Org. 2008: 5-11).

BROWN, Penelope; LEVINSON, Stephen C. *Politeness*: Some Universal in Language Usage. Cambridge: Cambridge University Press, 1987.

BROWN, Roger; GILMAN, Albert. The Pronouns of Power and Solidarity. In: T. A. Sebeok (Ed. 1960: 253-276).

BYBEE, J. L. *Morphology*: A Study of the Relation Between Meaning and Form. Amsterdam: John Benjamins, 1985.

BYBEE, Joan; PERKINGS, Revere; PAGLIUCA, William. *The Evolution of Grammar*: Tense, Aspect and Modality in the Languages of the World. Chicago: University of Chicago Press, 1994.

BYBEE, Joan. Mechanisms of Change in Grammaticization: the Role of Frequency. In: B. D. Joseph e Richard D. Janda (Eds. 2003: 602-623), 2003a.

BYBEE, J. L. Cognitive Process in Grammaticalization. In: Michel Tomasello,. *The New Psychology of Language*: Cognitive and Functional Approaches to Language Structure. v. II. New Jersey/London: Lawrence Erlbaum, 145-167, 2003b.

BYBEE, Joan. *Language, Usage and Cognition*. Cambridge: Cambridge University Press, 2010.

CALLOU, Dinah. Um estudo em tempo real em dialeto rural brasileiro: questões morfossintáticas. In: S. Grosse e K. Zimmermann (Eds. 2000: 255-172).

CALLOU, Dinah; DUARTE, Maria Eugênia Lamoglia; AVELAR, Juan. As estruturas de complementação na fala culta do Rio de Janeiro: análise em tempo real de curta duração. In: R. V. Mattos e Silva (Org. 2001, tomo 1: 251-263).

CALLOU, Dinah; AVELAR, Juanito. Estruturas com *ter* e *haver* em anúncios do século XIX. In: Tânia Alckmin (Org. 2002: 47-68).

CALLOU, Dinah; ELEUTÉRIO, Sílvia; OLIVEIRA, Josane Moreira de. Estruturas de futuridade em cartas pessoais do século XIX. In: Célia Regina dos Santos Lopes (Org. 2005: 83-93).

CALLOU, Dinah; BARBOSA, Afrânio (Orgs.). *A norma brasileira em construção*: cartas a Rui Barbosa (1866-1899). Rio de Janeiro: Fundação Casa de Rui Barbosa, 2011.

CÂMARA JUNIOR, Joaquim Mattoso. *Uma forma verbal portuguesa*. Estudo estilístico e gramatical. Rio de Janeiro: Jornal do Comércio/Rodrigues & Cia., 1957.

CÂMARA JUNIOR, Joaquim Mattoso. *História e estrutura da língua portuguesa*. Rio de Janeiro: Padrão, 1976.

CÂMARA JUNIOR, Joaquim Mattoso. *Princípios de linguística geral*. Rio de Janeiro: Padrão, 1977.

CÂMARA JUNIOR, Joaquim Mattoso. *História e estrutura da língua portuguesa*. 4. ed. Rio de Janeiro: Padrão, 1985.

CÂMARA, T. M. N. L. Alternância do uso do pretérito imperfeito e do futuro do pretérito no discurso oral. *Augustus*, 7.15: 83-88, 2002.

CAMARGO JUNIOR, Arnaldo Rebello. *A realização do objeto direto em referência ao interlocutor*. São Paulo, Dissertação de Mestrado, Universidade de São Paulo, 2007.

CAMPOS, Odette G. L. Altmann de Souza; GALEMBECK, Paulo de Tarso; RODRIGUES, Ângela C. Souza. A flexão modo-temporal no português culto do Brasil: formas de pretérito perfeito e imperfeito do indicativo. In: Ataliba T. de Castilho e Margarida Basílio (Orgs. 1993: 405-423).

CARDEIRA, Esperança. Revisitando a periodização do Português: o Português Médio. *Domínios da Lingu@gem*, 3.2: 103-120, 2009.

CARDOSO, Bruno. *Um estudo variacionista das formas imperativas nas cidades de Florianópolis e Lages*: uma questão de encaixamento? Florianópolis, Dissertação de Mestrado em Linguística, Centro de Comunicação e Expressão, Universidade Federal de Santa Catarina, 2012.

CARNEIRO, José Pinto. *Gramática portuguesa*. 2. ed. Rio de Janeiro: Liceu, 1946.

CARNEIRO, Zenaide Novais. *Cartas brasileiras (1809-1907)*: um estudo filológico-linguístico. Campinas, Tese de Doutorado, Universidade Estadual de Campinas, 2005.

CART, A et al. *Gramática Latina*. São Paulo: T. A. Queiroz/Ed. da Universidade de São Paulo, 1986.

CASTANHEIRA, D.; CEZARIO, M. M. C. Locuções adverbiais de tempo em cartas oficiais do século XIX: motivações para a ordenação. *Revista SOLETRAS*, 1: 41-59, 2014.

CASTILHO, A. T. de. Introdução ao estudo do aspecto verbal em língua portuguesa. *Revista Alfa*, Marília, FFCL de Marília, 12: 13-133, 1968.

CASTILHO, A. T. de. Advérbios qualitativos no português falado. *Boletín de Filología*. Homenaje a Ambrosio Rabanales. Tomo XXXVII. Universidad de Chile, Facultad de Filosofía y Humanidades, Departamento de Linguística, 271-300, 1988-1999.

CASTILHO, A. T. de (Org.). *A ordem*. Gramática do português falado. v. 1. Campinas: Ed. da Unicamp, 1990.

CASTILHO, Ataliba T. de. A gramaticalização. *Estudos Linguísticos e Literários*, 19: 25-63, 1997a.

CASTILHO, Ataliba T. de. Língua falada e gramaticalização. O caso de *mas*. *Filologia e Linguística Portuguesa*. 1: 107-120, 1997b.

CASTILHO, Ataliba T. de. Para uma sintaxe da repetição. Língua falada e gramaticalização. *Língua e Literatura*, 22: 293-332, 1997c.

CASTILHO, Ataliba T. de (Org.). *Primeiras idéias*. Para a história do português brasileiro. v. 1. São Paulo: Humanitas, 1998.

CASTILHO, Ataliba T. de. Para um programa de pesquisas sobre a história social do português de São Paulo. In: R. V. Mattos e Silva (Org. 2001: 337-370).

CASTILHO, Ataliba T. de. Aspecto verbal no português falado. In: Maria Bernadete Abaurre e Angela Rodrigues. (Orgs. 2003: 83-121).

CASTILHO, Ataliba T. de. *A língua falada no ensino de português*. São Paulo: Contexto, 2004 [1. ed. 1998].

CASTILHO, Ataliba T. de et al. *Descrição, história e aquisição do português brasileiro*. Campinas: Pontes, 2007.

CASTILHO, Ataliba T. de. *História do Português Paulista*. Série Estudos. v. 1. Campinas: Instituto de Estudos da Linguagem/Unicamp, 2009a.

CASTILHO, Ataliba T. de. Para uma análise multissistêmica das preposições. In: A. T. de Castilho (Org. 2009a: 279-332), 2009b.

CASTILHO, Ataliba T. de. *Nova Gramática do Português Brasileiro*. São Paulo: Contexto, 2010a.

CASTILHO, Ataliba T. de. Mudança sintática sob a perspectiva funcional. Coautoria com Célia Regina S. Lopes. In: D. da Hora e Camilo Rosa Silva (Orgs. 2010: 97-121), 2010b.

CASTILHO, Ataliba T. de. Para uma abordagem cognitivista-funcionalista da gramaticalização. In: D. da Hora; e Camilo Rosa Silva (Orgs. 2010c: 272-283).

CASTILHO, Ataliba T. de. O que é Semântica? 2014. Disponível em: <https://issuu.com/museulp/docs/sem__ntica.docx_dbc88b76884fbf>. Acesso em: 16 out. 2017.

CASTILHO, Ataliba T. de. O que se entende por língua e por gramática. Reelaboração do capítulo 1 da *Nova Gramática do Português Brasileiro*, 2015. Digitado.

CASTILHO, Ataliba T. de; BASÍLIO, Margarida (Orgs.). *As abordagens*. Gramática do português falado. v. 4. Campinas: Ed. da Unicamp, 1993.

CASTILHO, A. T. de; CASTILHO, C. M. M. de. Advérbios modalizadores. In: Rodolfo Ilari (Org. 2002: 199-148).

CASTILHO, Ataliba T. de; VIARO, Mário Eduardo et al. Gramaticalização de algumas preposições no português brasileiro do séc. XIX. Comunicação apresentada ao V Seminário do Projeto para a História do Português Brasileiro. Ouro Preto, outubro de 2002.

CASTILHO, Ataliba T. de; ILARI, Rodolfo. Advérbios predicadores. In: R. Ilari e M. H. M. Neves (Orgs. 2008: 413-456).

CASTILHO, A. T. de et al. O advérbio. In: Rodolfo Ilari e Maria Helena de Moura Neves (Orgs. 2008: 403-506).

CASTRO, Ana. *On Possessives in Portuguese*. Lisboa, Tese de Doutorado, Universidade Nova de Lisboa, 2006. *Revista do GEL 1*: 35-48, 2004b.

CAVALCANTE, Sílvia Regina de Oliveira. O sujeito indeterminado na escrita dos séculos XIX e XX: uma mudança encaixada? In: R. V. Mattos e Silva (Org. 2001, tomo 1, p. 233-250).

CEZARIO, Maria Maura. Ordenação de adverbiais temporais e aspectuais no português escrito. In: C. A. Gonçalves e M. L. L. Almeida (Orgs. 2008).

CEZARIO, Maria Moura *Ordenação de adverbiais temporais e aspectuais no português escrito*: uma abordagem histórica. Rio de Janeiro, relatório final enviado ao CNPq, Universidade Federal do Rio de Janeiro, 2013.

CEZARIO, Maria Maura et al. Ordenação de advérbios em textos religiosos. *Matraga*, 16: 177-201, 2004.

CEZARIO, Maria Maura, ILOGTI DE SÁ, Érika Cristine; COSTA NUNES, Júlia. O. Ordenação de adverbiais temporais ou aspectuais. *Transformar. Revista do CenPE/Fundação São José*, Itaperuna, Templo Gráfica, 3: 2005.

CEZARIO, Maria Maura; MACHADO, N; SOARES, B. Ordenação de advérbios temporais e aspectuais no português escrito: uma abordagem histórica. In: M. R. Oliveira e I. da C. do Rosário (Orgs. 2009: 187-200).

CEZARIO, Maria Maura; CUNHA, Mariângela Furtado (Orgs.). *Linguística centrada no uso*. Uma homenagem a Mário Martelotta. Rio de Janeiro: Mauad-X, 2013.

CHAFE, W. Givenness, Contrastiveness, Definiteness, Subjects Topics and Point of View. In: C. Li (Ed. 1976: 25-55).

CHAVES, Elaine. *Implementação do pronome você*: a contribuição de pistas gráficas. Belo Horizonte, Dissertação de Mestrado, Universidade Federal de Minas Gerais, 2006.

CIAPUSCIO, Guiomar et al. (Eds.). *Sincronía y diacronia de tradiciones discursivas en Latinoamérica*. Madri/Frankfurt: Iberoamericana/Vervuert, 2006.

CINTRA, Luís F. Lindley. *Sobre "Formas de Tratamento" na língua portuguesa*. Lisboa: Livros Horizonte, 1972.

CLIMENT, M. B. *Sintaxis latina*. Madrid: Barmejo, t. 1-2, 1956.

COAN, Márluce. *Anterioridade a um ponto de referência passado*: pretérito (mais-que-) perfeito. Florianópolis, Dissertação de Mestrado, Universidade Federal de Santa Catarina, 1997.

COAN, Márluce. *As categorias tempo, aspecto, modalidade e referência na significação dos pretéritos mais-que-perfeito e perfeito*: correlação entre função(ões)-forma(s) em tempo real e aparente. Florianópolis, Tese de Doutorado, Universidade Federal de Santa Catarina, 2003.

COAN, Márluce. *Análise variacionista dos pretéritos mais-que-perfeito simples, mais-que-perfeito composto e perfeito simples de 1887 a 2012 em revistas históricas do Instituto do Ceará*. Fortaleza, Projeto de Pesquisa, Universidade Federal do Ceará, Conselho Nacional do Desenvolvimento Científico e Tecnológico, 2015.

COELHO DA SILVA, Francielly. *Variação entre os pronomes tu e você na função de sujeito na fala de Natal (RN)*: uma abordagem sociofuncionalista. Natal, Dissertação de Mestrado, Universidade Federal do Rio Grande do Norte, 2015.

COELHO, Izete Lehmkuhl; GÖRSKI, Edair Maria. A variação no uso dos pronomes *tu* e *você* em Santa Catarina. In: L. Rebollo e C. Lopes (Orgs. 2011: 263-287).

COMPANY-COMPANY, Concepción. ¿Qué es un cambio linguístico? In: Maria Ángeles Soler e Fulvia Colombo Airoldi (Coords. 2003: 13-32).

COMRIE, Bernd. *Aspect*. Cambridge: Cambridge University Press, 1976.

CONDE SILVESTRE, Juán Camilo. *Sociolinguística histórica*. Madrid: Gredos, 2007.

CORÔA, Maria Luzia. *O tempo dos verbos do português:* uma introdução à sua interpretação semântica. São Paulo: Parábola, 2005.

CORREIA, Clara Nunes (Org.). *Cadernos WGT* (Workshop Gramática & Texto). 2008. Disponível em: <http://www.clunl.edu.pt/resources/docs/grupos/gramatica/cadernos/tb_pol.pdf>. Acesso em: 27 maio 2015.

CORTINA, Arnaldo; NASSER, Sílvia Maria Gomes da Conceição (Orgs.). *Sujeito e Linguagem*: Séries Trilhas Linguísticas, 17: 47-74, 2009.

COSTA NUNES, J. *Ordenação de advérbios temporais em -mente no português escrito*. Rio de Janeiro, Dissertação de Mestrado, Universidade Federal do Rio de Janeiro, 2009.

COSTA NUNES, J. O. Ordenação de advérbios temporais ou aspectuais em -mente no português escrito contemporâneo. In: M. Rios de Oliveira e M. M. Cezario (Orgs. 2012: 199-217).

COSTA NUNES, J. O. *Mente de antigamente*. Rio de Janeiro, Tese de Doutorado, Universidade Federal do Rio de Janeiro, Faculdade de Letras, 2014.

COSTA, Ana Lúcia dos Prazeres. *A variação entre formas de futuro do pretérito e de pretérito imperfeito no português informal no Rio de Janeiro*. Rio de Janeiro, Dissertação de Mestrado, Universidade Federal do Rio de Janeiro, 1997.

COSTA, Ana Lúcia dos Prazeres. *O futuro do pretérito e suas variantes no português do Rio de Janeiro:* um estudo diacrônico. Rio de Janeiro, Tese de Doutorado, Universidade Federal do Rio de Janeiro, 2003.

COSTA, Josenilda Pereira dos Santos et al. O uso do pronome *tu* na linguagem cotidiana dos estudantes de Jitaúna/BA. Monografia de Conclusão de Curso, Universidade do Estado da Bahia, Salvador, 2007.

COUTINHO, Ismael de Lima. *Pontos de gramática histórica*. São Paulo: Cia. Editora Nacional, 1938.

COUTINHO, Ismael de Lima. *Gramática Histórica*. 6. ed. Rio de Janeiro: Livraria Acadêmica, 1972.

COUTINHO, Ismael de Lima. *Gramática histórica*. 2 ed. Rio de Janeiro: Ed. Ao Livro Técnico S/A, 2005.

CROFT, W. *Radical Construction Grammar*: Syntactic Theory in Typological Perspective. Oxford: Oxford University Press, 2001.

CROFT, W.; CRUSE, D. Alan. *Cognitive Linguistics*. Cambridge: Cambridge University Press, 2004.

CUNHA, Antonio Geraldo da. *Dicionário etimológico Nova Fronteira da língua portuguesa*. Rio de Janeiro: Nova Fronteira, 1986.

CUNHA, C. F. da. *Gramática da língua portuguesa*. Rio de Janeiro: Fename, 1976.

CUNHA, C. F. *Gramática da língua portuguesa*. 4. ed. Rio de Janeiro: Fename, 1977.

CUNHA, C. F. da; CINTRA, L. F. L. *Nova gramática do português contemporâneo*. Rio de Janeiro: Nova Fronteira, 1985.

CUYCKENS, H.; DAVIDSE, K.; VANDELANOTTE, L. (Eds.). *Subjectification, Intersubjectification and Grammaticalization*. Berlin/New York: Mouton de Gruyter, 2010.

CYRINO, Sonia; NUNES, Jairo; PAGOTTO, Emilio. Complementação. In: M. Kato e M. do Nascimento (Orgs. 2015: 37-80).

DÄHL, Osten. (Ed.). *Tense and Aspect in the Languages of Europe*. Berlin: Mouton, 2000.

DALTO, Cristiane Dias de Lima. *Estudo sociolinguístico dos pronomes-objeto de primeira e de segunda pessoas nas três capitais do Sul do Brasil*. Curitiba, Dissertação de Mestrado em Estudos Linguísticos, Setor de Ciências Humanas, Letras e Artes, Universidade Federal do Paraná, 2002.

DASCAL, M. (Org.). *Fundamentos metodológicos da linguística*. v. 1. Campinas: edição do organizador, 1982.

DAVET, Julie Cristiane Teixeira. *Estudo da concordância verbal de segunda pessoa do singular em Florianópolis-SC*: algumas implicações identitárias. Florianópolis, Dissertação de Mestrado, Universidade Federal de Santa Catarina, 2013.

DE STADLER, L.; EYRICH, C. (Eds.) *Issues in Cognitive Linguistics*. 1993 Proceedings of the International Cognitive Linguistics Conference. Berlin/New York: Mouton de Gruyter, 1999.

DENZIN, Norman K.; LINCOLN, Yvonna S. *The Handbook of Qualitative Research*. Londres: Sage, 2005.

DIAS, Augusto Epiphanio. *Syntaxe historica portuguesa*. Lisboa: Livraria Clássica Editora, 1970 [1. ed. 1918].

DIAS, F. M. P. C. *Variação e funcionalidade modo-temporal no português oral de Fortaleza/CE*: futuro do pretérito *versus* pretérito imperfeito na codificação de eventualidade em construções condicionais. Fortaleza, Dissertação de Mestrado, Universidade Federal do Ceará, 2007.

DRESSLER, W. et al. (Eds.). *Morphology and its Demarcations*. Amsterdam/Philadelphia: John Benjamins, 2005.

DUARTE, Maria Eugênia Lamoglia. Do pronome nulo ao pronome pleno: a trajetória do sujeito no português do Brasil. In: I. Roberts e M. Kato (Orgs. 1993: 107-125).

DUARTE, Maria Eugenia Lamoglia. *A perda do princípio "Evite pronome" no português brasileiro*. Campinas, Tese de Doutorado, Universidade Estadual de Campinas, 1995.

DUARTE, Maria Eugênia Lammoglia. Sociolinguística Paramétrica: perspectivas. In: D. da Hora e E. Christiano (Orgs. 1999: 107-114).

DUARTE, Maria Eugênia Lammoglia. A evolução na representação do sujeito pronominal em dois tempos. In: M. da C. Paiva e M. E. L. Duarte (Orgs. 2003: 115-128).

DUARTE, Maria Eugênia Lammoglia; CALLOU, Dinah (Orgs.). *Para a História do Português Brasileiro*: notícias de *corpora* e outros estudos. v. 4. Rio de Janeiro: Universidade Federal do Rio de Janeiro/Faperj, 2002.

DUBOIS, John. Competing Motivations. In: John Haiman (Ed. 1985: 343-365).

ECKARDT, R.; JÄGER, G.; VEENSTRA, T. (Eds.). *Variation, Selection, Development* – Probing the Evolutionary Model of Language Change. Berlin/New York: Mouton de Gruyter, 2008.

ERNOUT Alfred; MEILLET, Antoine. *Dictionnaire étymologique de la langue latine*: histoire des mots. 3. ed. Paris: Libraire C. Klincksieck, 1951.

EVANS, Vyvyan. *A Glossary of Cognitive Linguistics*. Edinburgh: Edinburgh University Press, 2007.

FARACO, Carlos Alberto. O tratamento *Você* em português: uma abordagem histórica. *Fragmenta*, 13: 51-82, 1996.

FARIA, Ernesto. *Gramática superior da língua latina*. Rio de Janeiro: Livraria Acadêmica, 1958.

FERNANDES, Flávia Orci. *Sintaticização e semanticização das construções andar, continuar, ficar, viver + gerúndio na história do português paulista*. Campinas, Dissertação de Mestrado, Universidade Estadual de Campinas, 2012.

FERRARI, Lilian. Variação e cognição: o caso das preposições locativas *em* e *ni* no português do Brasil. *Revista da ANPOLL*, 1.3: 121-133, 1997.

FERRARI, Lilian. Linguística cognitiva: pesquisas recentes e aplicações interdisciplinares. In: Lilian Ferrari (Org., 2009b), 2009a.

FERRARI, Lilian. *Espaços mentais e construções gramaticais*: do uso linguístico à tecnologia. Rio de Janeiro: Imprinta, 2009b.

FERRARI, Lilian. *Introdução à linguística cognitiva*. São Paulo: Contexto, 2011.

FERRARI, Lilian. *subjetividade e intersubjetividade em condicionais*: alternâncias entre presente e futuro no português brasileiro. *Alfa*, 59.1: 89-11, 2015.

FIGUEIRA, Servulo Augusto (Org.). *Psicanálise e Ciências Sociais*. Rio de Janeiro: Francisco Alves, 1980.

FILLMORE, Charles. Scenes-and-Frames Semantics. In: Antonio Zampolli (Ed. 1977: 55-81).

FILLMORE, Charles. Frame Semantics. In: Linguistic Society of Korea (Ed. 1982: 111-137).

FILLMORE, Charles; ATKINS, B. Toward a Frame-Based Lexicon: the Semantics of RISK and its Neighbors. In: A. Lehrer e E. Kittay (Eds. 1992: 75-102).

FISIAK, J; TAVARES, M. A. *A gramaticalização de e, aí, daí e então: estratificação/variação e mudança no domínio funcional da sequenciação retroativo-propulsora de informações* – um estudo funcionalista. Tese de Doutorado, Florianópolis, Universidade Federal de Santa Catarina, 2003.

FLEISCHMAN, Suzanne. *The Future in Thought and Language* – Diachronic Evidence from Romance. Cambridge: Cambridge University Press, 1982.

FLEISCHMAN, Suzanne. Temporal Distance: a Basic Linguistic Metaphor. In: J. W. M. Verhaar (Org. 1989: 1-50).

FLEISCHMAN, Suzanne; WAUGH, L. (Orgs.). *Discourse Pragmatics*. London: Routledge, 1991.

FONSECA, A. M. H. *A perífrase verbal ir + infinitivo e o futuro do dialeto riopretano*. São José do Rio Preto, Dissertação de Mestrado, Universidade Estadual Paulista, 2010.

FREIRE, António. *Gramática grega*. Porto: Livraria do Apostolado da Imprensa, 1959.

FREIRE, Gilson Costa. *Os clíticos de terceira pessoa e as estratégias para sua substituição na fala culta brasileira e lusitana*. Rio de Janeiro, Dissertação de Mestrado, Universidade Federal do Rio de Janeiro, 2000.

FREIRE, Gilson Costa. *A realização do acusativo e do dativo anafóricos de terceira pessoa na escrita brasileira e lusitana*. Rio de Janeiro, Tese de Doutorado, Universidade Federal do Rio de Janeiro, 2005.

FREITAG, Raquel Meister Ko. *A expressão do passado imperfectivo no português: variação/gramaticalização e mudança*. Florianópolis, Tese de Doutorado, Universidade Federal de Santa Catarina, 2007.

FREITAG, Raquel Meister Ko. A expressão do passado imperfectivo no português arcaico. *Domínios de Lingu@Gem*, v. 3: 166-183, 2009.

FREITAG, Raquel Meister Ko. Aspecto inerente e passado imperfectivo no português: atuação dos princípios da persistência e da marcação. *Alfa*, v. 55, n. 2: 477-500, 2011.

FREITAG, Raquel Meister Ko.; ARAÚJO, Andréia Silva. O passado condicional: formas e contextos de uso. *Caligrama: Revista de Estudos Românicos*, v. 16: 199-228, 2011.

FREITAG, Raquel Meister Ko. Banco de dados Falares Sergipanos. *Working Papers em Linguística*, 14.2: 156-164, 2013.

FREITAS, E. V. P. *A ordem dos itens temporais e aspectuais em -mente*. Dissertação de Mestrado, Universidade Federal do Rio de Janeiro, 2004.

FURTADO DA CUNHA, Maria Angélica (Org.). *Corpus Discurso e Gramática* – a língua falada e escrita na cidade do Natal. Natal: Editora da Universidade Federal do Rio Grande do Norte, 1998.

GARCIA, O. M. *Comunicação em prosa moderna*: aprenda a escrever, aprendendo a pensar. Rio de Janeiro: Ed. Fundação Getúlio Vargas, 1977.

GÄRTNER, Eberhard; HUNDT, Christine; SCHÖNBERGER, Axel. *Estudos de gramática portuguesa*. 3 v. Frankfurt am Main: TFM, 2000.

GEERAERTS, Dirk. *Theories of Lexical Semantics*. Oxford: Oxford University Press, 2010.

GIBBON, Adriana de Oliveira. *A expressão do tempo futuro na língua falada de Florianópolis*: gramaticalização e variação. Florianópolis, Dissertação de Mestrado, Universidade Federal de Santa Catarina, 2000.

GIVÓN, Talmy. Historical Syntax and Synchronic Morphology: an Archaelogist's Field Trip. *Papers from the 7th Regional Meeting*, Chicago, Chicago Linguistic Society, 7: 394-415, 1971.

GIVÓN, Talmy (Ed.). From Discourse to Syntax: Grammar as a Processing Strategy. Syntax and Semantics. v. 12. New York: Academic Press, 1979.

GIVÓN, Talmy. *Topic Continuity in Discourse*. Amsterdam/Philadelphia: John Benjamins, 1983.

GIVÓN, Talmy. *Syntax*: a Functional-Typological Introduction. Amsterdam/Philadelphia: John Benjamins, 1984.

GIVÓN, Talmy. *Syntax*: a Functional-Typological Introduction. 2. ed. Amsterdam/Philadelphia: John Benjamins, 1990.

GIVÓN, Talmy. *Functionalism and Grammar*. Amsterdam/Philadelphia: John Benjamins Publishing, 1995.

GIVÓN, Talmy. *Syntax*: an Introduction. Vol. I. Amsterdam/Philadelphia: John Benjamins, 2001.

GOES, Jan (Org.). *L'adverbe*: un pervers polymorphe. Paris: Artois Presses Université, 2005.

GOFFMAN, Erving. A Elaboração da face – Uma análise dos elementos rituais da interação social. In: S. A. Figueira. (Org. 1980, 76-114).

GOLDBERG, A. E. *Constructions*: a Construction Grammar Approach to Argument Structure. Chicago: University of Chicago Press, 1995.

GOLDBERG, A. E. *Constructions at Work*: the Nature of Generalization in Language. Oxford: Oxford University Press, 2006.

GOMES, Christina Abreu. Variação e mudança na expressão do dativo no português brasileiro. In: M. C. Paiva; M. E. L. Duarte. (Orgs. 2003: 81-96).

GONÇALVES, C. A. Falara-se mais-que-perfeito: estudo presente do tempo pretérito. *Alfa*, 37: 135-142: 1993.

GONÇALVES, C. A; ALMEIDA, M. L. L. (Org.). *Língua portuguesa*: identidade, difusão e variabilidade. Rio de Janeiro: Associação Internacional da Língua Portuguesa, 2008.

GONÇALVES, C. A.; ALMEIDA, M. L. L. Morfologia construcional: principais ideias, aplicação ao português e extensões necessárias. *Alfa*: *Revista de Linguística*, 58.1: 165-193, 2014.

GONÇALVES. C.A.; FARIA, A. L. (Orgs.). *Cadernos do NEMP*. Número 3: Fronteiras internas da morfologia – composição e derivação. Rio de Janeiro: UFRJ, 2012.

GREENBERG, Joseph H. (Ed.). *Universals of Language*. Cambridge: MIT Press, 1966a.

GREENBERG, Joseph H. Some Universals of Grammar with Particular Reference to the Order Meaningful Elements. In: Joseph H. Grennberg (Ed. 1966a: 73-113), 1966b.

GRICE, H. P. Lógica e conversação. In M. Dascal (Org. 1982: 81-103).

GROSSE, Sybille; ZIMMERMANN, Klaus (Eds.). *O português brasileiro*: pesquisas e projetos. Frankfurt am Main: TFM, 2000.

GRYNER, Helena. Equilíbrio de desequilíbrio na evolução das estruturas condicionais. In: Maria da Conceição de Paiva e Maria Eugênia Lamoglia Duarte (Orgs. 2003: 175-192).

HAIMAN, J. *Natural Syntax*. Cambridge: Cambridge University Press, 1985a.

HAIMAN, J. (Ed.). *Iconicity in Syntax*. Amsterdam: John Benjamins, 1985b.

HAIMAN, J.; THOMPSON, S. *Clause Combining in Grammar and Discourse*. Philadelphia: John Benjamins, 1988a.

HAIMAN, J.; THOMPSON, S. Introduction. In: J. Haima; S. Thompson (1988b: X-XIII).

HALLIDAY, M. A. K. *An Introduction to Functional Grammar*. 2. ed. London: Edward Arnold, 2004.

HALLIDAY, M. A. K.; HASAN, Ruqaiya. *Cohesion in English*. London: Longman, 1976.

HASPELMATH, M. *Understanding Morphology*. Oxford: Oxford University Press/Arnold Publications, 2002.

HASPELMATH, Martin et al (Eds.). *Language Typology and Language Universals*. Berlin, New York: Walter Gruyter, 2001.

HEINE, Bernd (Ed.). *Approaches to Grammaticalization*. v. 1. Philadelphia: John Benjamins Company, 1991.

HEINE, Bernd. *Auxiliaries*: Cognitive Forces and Grammaticalization. New York: Oxford University Press, 1993.

HEINE, Bernd. On the Role of Context in Grammaticalization. In: Ilse Wischer e Gabriele Diewald (Ed. 2002: 83-101).

HEINE, Bernd; HÜNNEMEYER, B.; CLAUDI, U. *Grammaticalization*: a Conceptual Framework. Chicago: University of Chicago Press, 1991.

HEINE, Bernd; KUTEVA, T. *World Lexicon of Grammaticalization*. Cambridge: Cambridge University Press, 2002.

HEINE, Bernd; KUTEVA, T. *The Changing Languages of Europe*. Oxford: Oxford: University Press, 2006.

HERNÀNDEX-CAMPOY, Juan Manuel; CONDE SILVESTRE, Juan Camilo. *The Handbook of Historical Sociolinguistics*. Oxford: Wiley-Blackwell, 2012.

HODGE, C. T. The Linguistic Cycle. *Language and Society*, 13: 1-7, 1970.

HOPPER, P. J. On Some Principles of Grammaticization. In: E. C. Traugott; B. Heine (Eds. 1991, v. 1: 17-36).

HOPPER, Paul-Jean; TRAUGOTT, Elizabeth. *Grammaticalization*. Cambridge: Cambridge University Press, 1993.

HOPPER, Paul-Jean; TRAUGOTT, Elizabeth. *Grammaticalization*. 2. ed. Cambridge: Cambridge University Press, 2003.

HORA, Dermeval da.; CHRISTIANO, Elizabeth. *Estudos Linguísticos*: realidade brasileira. João Pessoa: Ideia, 1999.

HORA, Dermeval da; SILVA, Camilo Rosa (Orgs.). *Para a história do português brasileiro*. Abordagens e perspectivas. João Pessoa: Ideia/Editora Universitária, 2010.

HOUAISS, Antonio. *Dicionário eletrônico Houaiss da Língua Portuguesa*, 2001. [CD-ROM]

HUMMEL, M. Considerações sobre os tipos *Ela fala esquisito* e *Ela chega cansada* no português coloquial e literário do Brasil e de Portugal. *Confluência. Revista do Instituto de Língua Portuguesa*, Rio de Janeiro, Liceu Literário Português, 2002a.

HUMMEL, M. A conversão do adjetivo em advérbio em perspectiva sincrônica e diacrônica. *Actas do Sexto Congresso da AIL – Associação Internacional de Lusitanistas*. Rio de Janeiro, 8 a 13 de agosto de 1999. 2002b.

HUMMEL, M. *Polifuncionalidade, polissemia y estratégia retórica*: los signos discursivos com base atributiva entre oralidade y escritura. Berlin/Boston: Walter de Gruyter, 2012.

ILARI, Rodolfo et al. Considerações sobre a posição dos advérbios. In: A. T. de Castilho (Org. 1990: 63-141).

ILARI, Rodolfo. *A expressão do tempo em português*: expressões da duração e da reiteração, os adjuntos que focalizam eventos, momentos estruturais na descrição dos tempos. São Paulo: Contexto, 1997.

ILARI, Rodolfo. *Linguística românica*. São Paulo: Ática, 1999.

ILARI, Rodolfo (Org.). *Gramática do português falado*. v. 2. Níveis de análise linguística. 4. ed. revista. Campinas: Editora da Unicamp, 2002a.

ILARI, Rodolfo. Sobre os advérbios aspectuais. In: Rodolfo Ilari (Org. 2002a: 249-285), 2002b.

ILARI, Rodolfo. A categoria advérbio na gramática do português falado. *Alfa: Revista de Linguística*, 51.1: 151-157, 2007.

ILARI, Rodolfo (Org.). *Gramática do português culto falado no Brasil*. v. 3. Palavras de classe aberta. São Paulo: Contexto, 2014.

ILARI, Rodolfo (Org.). *Gramática do português culto falado no Brasil*. v. 4. Palavras de classe fechada. São Paulo: Contexto, 2015.

ILARI, Rodolfo; BASSO, Renato M. O verbo. In: Rodolfo Ilari e Maria Helena de Moura Neves (Orgs. 2008: 163-370).

ILARI, Rodolfo; BASSO, Renato M. O verbo. In: Rodolfo Ilari (Org. 2014: 65-242).

ILARI, Rodolfo et al. A preposição. In: R. Ilari (Org.) 2015: 163-310.

ILARI, Rodolfo; NEVES, Maria Helena de Moura (Orgs.). *Gramática do português falado culto*, v. 2: classes de palavras e processos de construção. Campinas: Editora da Unicamp, 2008.

ILOGTI DE SÁ, E. C. *Aconteceu em 2015 e en 2015 il est arrivé*: ordenação dos circunstanciais temporais e aspectuais no português e no francês. Rio de Janeiro, Tese de Doutorado, Universidade Federal do Rio de Janeiro, 2015.

ILOGTI DE SÁ, E. C. *Ordenação de Locuções de Tempo e Aspecto em textos jornalísticos*: uma abordagem funcional. Rio de Janeiro, Dissertação de Mestrado, Universidade Federal do Rio de Janeiro, Faculdade de Letras, 2009.

JACKENDOFF, R. *Semantic Interpretation on Generative Grammar*. Cambridge: The MIT Press, 1972.

JACKENDOFF, R. *The Architecture of the Language Faculty*. Cambridge: The MIT Press, 1997.

JACOB, Daniel. ¿Representatividad lingüística o autonomía pragmática del texto antiguo? El ejemplo del pasado compuesto. In: Daniel Jabob e Johannes Kabatek. (Eds. 2001).

JACOB, Daniel; KABATEK, Johannes. (Eds.) *Lengua medieval y tradiciones discursivas en la Península Ibérica*. Descripción gramatical, pragmática histórica, metodología. Frankfurt am Main/Madrid: Vervuert/Iberoamericana, 2001.

JANSSEN, T.; REDECKER, G. (Eds.). *Cognitive Linguistics*: Foundations, Scope, and Methodology. Berlin/New York: Mouton de Gruyter, 1999.

JEANJEAN, C. Le futur simple et le futur périphrastique en français parlé. Étude distributionnelle. In: Claire Blanche-Benveniste (Ed. 1988: 235-258).

JOSEPH, B. D; JANDA, R. D. (Eds.). *The Handbook of Historical Linguistics*. Oxford: Blackwell Publishing, 2003.

JUBRAN, Clélia Cândida Spinardi; KOCH, Ingedore Grunfeld Villaça (Orgs.). *Construção do texto falado*. Gramática do português culto falado no Brasil. v. 1. Campinas: Ed. da Unicamp, 2006. Segunda edição: JUBRAN, Clélia Cândida Spinardi (Org.). *A construção do texto*. Gramática do português culto falado no Brasil. São Paulo: Contexto/ Fapesp, 2015.

JUBRAN, Clélia Cândia Spinardi. Tópico discursivo. In: C. C. S. Jubran e I. G. V. Koch (Orgs. 2006: 89-132).

JÚLIA, Tomas Jimenez. Disyunción exclusiva e inclusiva en español. *Verba. Anuario Galego de Filoloxia*, 13: 163-80, 1986.

KABATEK, Johannes. Tradiciones lingüísticas y cambios lingüísticos. *Lexis*, XXIX.2: 151-177, 2005.

KABATEK, Johannes. Tradiciones discursivas y cambio lingüistico. In: G. Ciapuscio et al. (Eds. 2006: 151-172).

KABATEK, Johannes. Tradições Discursivas e Mudança Linguística. In: Tânia Lobo et al. (Orgs. 2006: 505-527).

KABATEK, Johannes. (Ed.). *Sintaxis histórica del español y cambio lingüístico*: Nuevas perspectivas desde las Tradiciones Discursivas. Madrid/Frankfurt: Iberoamericana/Vervuert, 2008.

KARAM, L. *A variação entre o futuro do pretérito, o imperfeito e a perífrase com o verbo ir na fala do RS*. Porto Alegre, Dissertação de Mestrado, Universidade Federal do Rio Grande do Sul, 2000.

KASTOVSKY, Dieter. *Astronaut, Astrology, Astrophysics*: about Combining Forms, Classical Compounds and Affixoids. In: R. W. McConchie, Alpo Honkapohja e Jukka Tyrkkö (Eds. 2009: 1-13).

KATO, M.; NASCIMENTO, M. do (Orgs.). *A construção da sentença*. Gramática do Português Culto Falado no Brasil. v. 2. São Paulo: Contexto, 2015.

KEWITZ, Verena. *A gramaticalização de ser e estar no período medieval e no século XIX*. São Paulo, Tese de Doutorado, Universidade de São Paulo, 2002.

KEWITZ, Verena. *Gramaticalização e semanticização das preposições* a *e* para *no Português Brasileiro (sécs. XIX a XX)*. São Paulo, Tese de Doutorado, Universidade de São Paulo, 2007.

KEWITZ, Verena. Edição semidiplomática da Correspondência Passiva de Washington Luís na primeira metade do século XX: uma contribuição ao *corpus* do Projeto de História do Português Paulista. Primeira versão parcial. São Paulo: FFLCH-USP, 2013.

KEWITZ, Verena; SIMÕES, José da Silva. *Edição da Correspondência Passiva de Washington Luiz* – Século XIX. São Paulo: Humanitas, 2005/2006.

KLEIN-ANDREU, Flora. Losing Ground: a Discourse-Pragmatic Solution to the History of -ra in Spanish. In: Suzanne Fleischman e L. Waugh (Org. 1991: 164-178).

KOCH, Peter. Tradiciones Discursivas y Cambio Lingüístico: el ejemplo del tratamiento vuestra merced en español. In: J. Kabatek (Ed. 2008, p. 53-88).

KOCH, Peter; ÖESTERREICHER, Wulf. Sprache der Nähe-Sprache der Distanz. Mündlichkeit und Schriftlichkeit im Spannungsfeld von Sprachtheorie. *Romanistisches Jahrbuch*, 36: 15-34, 1990.

KOCH, Peter; ÖESTERREICHER, Wulf. *Lengua hablada en la Romania*: español, francés, italiano. Madrid: Editorial Gredos, 2007.

KRAGH, Jespersen; LINDSCHOUW, Jan (Orgs.). *Les variations diasystémiques et leurs interdépendances dans les langues romanes*. Strasbourg: Édtions de Linguistique et Philologie, 2015.

LABOV, William. *Sociolinguistics Patterns*. Philadelphia: University of Pennsylvania Press, 1972.

LABOV, William. *Principles of Linguistic Change* (Internal Factors). v. 1. Oxford: Blackwell, 1994.

LAKOFF, George. The Contemporary Theory of Metaphor. In: A. Ortony (Ed. 1993: 202-251).

LAKOFF, George. *Women, Fire and Dangerous Things*. What Categories Reveal about the Mind. Chicago: University of Chicago Press, 1987.

LAKOFF, George; JOHNSON, Mark. *Metaphors We Live by*. Chicago: University of Chicago Press, 1980.

LANGACKER, Ronald. *Foundations of Cognitive Grammar*: Theoretical Prerequisites. v. 1. Stanford: Stanford University Press, 1987.

LANGACKER, Ronald. *Grammar and Conceptualization*. Amsterdan: Mouton de Gruyter, 2000.

LANGER, J. C. *A gramaticalização da construção Xmente*: uma história do latim ao português. Rio de Janeiro, Dissertação de Mestrado, Universidade Federal do Rio de Janeiro, 2013.

LAURA, Fábio Izaltino. *Abordagem multissistêmica da marcação de Tema no português paulista*. Campinas, Tese de Doutorado, Universidade Estadual de Campinas, 2013.

LEHMAN, W. P.; MALKIEL, Y. (Eds.). *Directions for Historical Linguistics*. A Symposium. 3. ed. Austin: University of Texas Press, 1975. Tradução para o português de Marcos Bagno: *Fundamentos empíricos para uma teoria da mudança linguística*. São Paulo: Parábola, 2006 [1968].

LEHMANN, W. P.; MALKIEL, Y. (Eds.). *Perspectives on Historical Linguistics*. Amsterdam/Philadelphia: John Benjamins, 1982.

LEHMANN, C. *Thoughts on Grammaticalization*. A Programmatic Sketch. v. 1. Köln: Arbeiten des Kölner Universalien-Projects, 1982.

LEHMANN, C. Towards a Typology of Clause Linkage. In: J. Haiman e S. Thompson (Eds. 1988a: 275-333).

LEHRER, A.; KITTAY, E. (Eds.). *Frames, Fields and Contrasts*. Hillsdale, N. J.: Lawrence Erlbaum, 1992.

LEITE, J. F. M; JORDÃO, A. J. N. *Dicionário latino vernáculo*. Rio de Janeiro: Editora Lux, 1958.

LEMOS DE SOUZA, Janderson. Chunks em moldes: hipótese de diálogo entre Bybee e Booij. *Cadernos do NEMP*, 6: 67-81, 2015.

LI, C. (Ed.). *Subject and Topic*. New York: Academic Press, 1976.

LICHTENBERK, Frantisek. Semantic Change and Heterosemy in Grammaticalization. *Language*, 67.3: 475-509, 1991.

LIGHTFOOT, David. *How New Languages Emerge*. Cambridge: Cambridge University Press, 2006.

LIMA, José Pinto de. Sobre a génese e a evolução do futuro com "ir" em português. In: Augusto Soares da Silva (Org. 2001: 119-146).

LINGUISTIC SOCIETY OF KOREA (Ed.). *Linguistics in the Morning Calm*. Selected Papers from Sicol. Seoul: Hanshin, 1982.

LOBO, Tânia et al. (Orgs.). *Para a história do português brasileiro*: novos dados, novas análises. v. 6. 2 t. Salvador: Editora da Universidade Federal da Bahia, 2006.

LOPES, Célia Regina dos Santos. *A inserção de a gente no quadro pronominal do português*: percurso histórico. Tese de doutorado. Rio de Janeiro: Universidade Federal do Rio de Janeiro, 1999. [Editado como livro por Frankfurt am Main/Madrid: Vervuert/Iberoamericana, 2003].

LOPES, Célia Regina dos Santos. O percurso de *a gente* em tempo real de longa duração. In: R. V. Mattos e Silva (Org. 2001, tomo 1: 127-148).

LOPES, Célia Regina dos Santos (Org.). *A norma brasileira em construção*: fatos linguísticos em cartas pessoais do século XIX. Rio de Janeiro: Universidade Federal do Rio de Janeiro, Pós-Graduação em Letras Vernáculas/ Faperj, 2005.

LOPES, Célia Regina dos Santos. Retratos da variação entre "você" e "tu" no português do Brasil: sincronia e diacronia. In: C. Roncarati; J. Abraçado (Orgs. 2008, p. 55-71).

LOPES, Célia Regina dos Santos. Retratos da mudança no sistema pronominal: o tratamento carioca nas primeiras décadas do século XX. In: A. Cortina e S. M. G. C. Nasser (Orgs. 2009: 47-74).

LOPES, Célia Regina dos Santos. A persistência e a decategorização nos processos de gramaticalização. In: L. Vitral e S. Coelho. (Orgs. 2010: 275-314).

LOPES, Célia Regina dos Santos. O quadro dos pronomes pessoais: descompasso entre pesquisa e ensino. *Matraga*, 19: 116-141, 2012.

LOPES, Célia Regina dos Santos; CAVALCANTE, Sílvia. A cronologia do voceamento no português brasileiro: expansão de você-sujeito e retenção do clítico-te. *Linguística*, 25: 30-65, 2011.

LOPES, Célia Regina dos S.; DUARTE, Maria Eugênia Lammoglia. Formas nominais e pronominais de tratamento em português - séculos XVIII e XIX. Comunicação apresentada no XIII Congreso Internacional de la Asociación de Lingüística y Filología de América Latina – Alfal. San José, Universidad de Costa Rica, 2002.

LOPES, Célia Regina dos Santos; DUARTE, Maria Eugênia Lammoglia. De "Vossa Mercê" a "Você": análise da pronominalização de nominais em peças brasileiras e portuguesas setecentistas e oitocentistas. In: S. F. Brandão; M. A. R. C. Mota. (Orgs. 2003: 61-76).

LOPES, Célia Regina dos Santos et al. Sobre norma e tratamento em cartas a Rui Barbosa. In: V. A. Aguilera. (Org. 2009: 45-92).

LOPES, Célia Regina dos S.; GARCIA, L. R.; SILVA, A. De formas nominais a formas pronominais de tratamento: uma abordagem preliminar em textos brasileiros e portugueses dos séculos XVIII e XIX. Comunicação apresentada no IV Celerj – Congresso dos Estudantes de Letras do Estado do Rio de Janeiro. Volta Redonda, 2001.

LOPES, Célia Regina dos Santos; MACHADO, Ana Carolina Morito. Tradição e inovação: indícios do sincretismo entre a segunda e a terceira pessoas nas cartas dos avós. In: C. R. S. Lopes (Org. 2005: 45-66).

LOPES, H. C. *Aspectos sintácticos, semânticos e pragmáticos das construções causais*: contributo para uma reflexão sobre o ensino da gramática. Porto, Tese de Doutorado, Universidade do Porto, 2003.

LOREGIAN, Loremi. *Concordância verbal com o pronome tu na fala do sul do Brasil*. Florianópolis, Dissertação de Mestrado, Universidade Federal de Santa Catarina, 1996.

LOREGIAN-PENKAL, Loremi. *Re(análise) da referência de segunda pessoa na fala da Região Sul*. Curitiba, Tese de Doutorado, Universidade Federal do Paraná, 2004.

LUCCHESI, Dante; BAXTER, Alan; RIBEIRO, Ilza (Orgs.). *O português afro-brasileiro*. Salvador: Editora da UFBA, 2009.

LUNGUINHO, Marcus Vinicius. Um aspecto da configuração diacrônica do Português Paulista: a variação entre "ter de" e "ter que". In: Maria Aparecida C. T. Torres Morais e Maria Lúcia da C. V. de O. Andrade (Orgs. 2009: 197-216).

LUZ, Marilina dos Santos. Fórmulas de tratamento no português arcaico – subsídios para o seu estudo. *Revista Portuguesa de Filologia*, Coimbra, Ed. Casa do Castelo, 7-9, 1958.

LYONS, J. *Semantics*. Cambridge: Cambridge University Press, 1977.

LYONS, J. *Introdução à linguística teórica*. São Paulo: Editora Nacional/Edusp, 1979.

LYONS, J. *Linguistic Semantics*: an Introduction. New York: Cambridge University Press, 1995.

MACHADO FILHO, Américo Venancio Lopes. *Dicionário etimológico do português arcaico*. Salvador: Editora da UFBA, 2013.

MACHADO, José Pedro. *Dicionário etimológico da língua portuguesa*. Lisboa: Editorial Confluência, 2 v./Lisboa: Livros Horizonte, 1956-1977.

MACHADO, Ana Carolina Morito. *A implementação de "você" no quadro pronominal*: as estratégias de referência ao interlocutor em peças teatrais no século XX. Rio de Janeiro, Dissertação de Mestrado, Universidade Federal do Rio de Janeiro, 2006.

MACHADO, Ana Carolina Morito. *As formas de tratamento no teatro brasileiro e português dos séculos XIX e XX*. Rio de Janeiro, Tese de Doutorado, Universidade Federal do Rio de Janeiro, 2011.

MAGALHÃES, José; TRAVAGLIA, Luiz Carlos (Orgs.). *Múltiplas perspectivas em linguística*. Uberlândia: Editora da Universidade Federal de Uberlândia, 2008.

MAGNE, Augusto. *A demanda do Santo Graal – Glossário*. Rio de Janeiro: Imprensa Nacional, 1944.

MAIA, Viviane dos Santos. "*Tu vai para onde?... Você vai para onde*": manifestações da segunda pessoa na fala carioca. Rio de Janeiro, Dissertação de Mestrado, Universidade Federal do Rio de Janeiro, 2012.

MAINGUENEAU, Dominique. *Análise de textos de comunicação*. São Paulo: Cortez, 2001.

MAINGUENEAU, Dominique. *Cenas da enunciação*. Curitiba: Criar Edições, 2006.

MALER, B. (Ed.). *Orto do esposo*. Texto inédito do fim do século XIV ou começo do XV. Edição crítica com introdução, anotações e glossário. Rio de Janeiro: Instituto Nacional do Livro, 1956.

MALVAR, Elisabete. *O presente do futuro no português oral do Brasil*. Ottawa, Tese de Ph.D, University of Ottawa, 2003.

MALVAR, Elisabete; POPLACK, Shana. O presente e o passado do futuro no português do Brasil. In: Sebastião Votre e Cláudia Roncarati (Orgs. 2008: 186-206).

MARCOTULIO, Leonardo Lennertz. *Língua e História*: o 2º marquês do Lavradio e as estratégias linguísticas da escrita no Brasil Colonial. Rio de Janeiro: Ítaca Comunicações, 2010.

MARCOTULIO, Leonardo Lennertz. Sobre la génesis de "Vossa Mercê" en el portugués medieval. *Linguística*, 31-1: 61-79, 2015.

MARCOTULIO, Leonardo Lennertz; ASSIS, Dalila Mendes dos Santos de; GUEDES, Rafaela de Carvalho. De-possessivos de 2ª pessoa na história do Português Brasileiro. *Diacrítica*, 29-1: 203-231, 2015.

MARCUSCHI, L. A. *Análise da conversação*. São Paulo: Ática, 1986.

MARCUSCHI, L. A. Análise da conversação e análise gramatical. *Boletim da Abralin*, 10: 11-34, 1991.

MARCUSCHI, L. A. *Quando a referência é uma inferência*. Conferência apresentada no GEL-SP. 2000. Digitado.

MARMARIDOU, S. S. A. *Pragmatic Meaning and Cognition*. Amsterdam/Philadelphia: John Benjamins, 2000.

MARROQUIM, Mário. *A língua do Nordeste*. 2. ed. São Paulo: Nacional, 1945 [1. ed. 1934].

MARTELOTTA, M. E. Advérbios qualitativos em cartas familiares do século XIX. In: Célia Regina dos Santos Lopes (Org. 2005: 95-108).

MARTELOTTA, M. E. Advérbios: conceitos e tendências de ordenação. In: M. R. Oliveira e M. M. Cezario (Orgs. 2012: 13-96).

MARTELOTTA, M. E. Gramaticalização de conectivos portugueses: uma trajetória de espaço para o texto. In: H. T. Valentim e B. Moreira (Eds. 2008: 41-60).

MARTELOTTA, M. E. *Ordenação dos advérbios bem e mal no português escrito*: uma abordagem histórica. Rio de Janeiro: Universidade Federal do Rio de Janeiro (Relatório final apresentado ao CNPq), 2004.

MARTELOTTA, M. E. Ordenação dos advérbios qualitativos em *-mente* no português escrito no Brasil nos séculos XVIII e XIX. *Gragoatá. Revista do Programa de Pós-Graduação em Letras da Universidade Federal Fluminense*, 11.21: 11-26, 2006.

MARTELOTTA, M. E. *Ordenação dos advérbios qualitativos nas cartas a Rui Barbosa*. Rio de Janeiro: UFRJ, 2009. Digitado.

MARTELOTTA, M. E. Ordenação dos advérbios qualitativos. In: Dinah Callou e Afrânio Barbosa (Orgs. 237-263, 2011).

MARTELOTTA, M. E. *Os circunstanciadores temporais e sua ordenação*: uma visão funcional. Rio de Janeiro, Tese de Doutorado em Linguística, Faculdade de Letras, Universidade Federal do Rio de Janeiro, 1994.

MARTELOTTA, M. E.; PROCESSY, Wendel. *Os advérbios em latim*. Rio de Janeiro: UFRJ, 2006. Digitado.

MARTELOTTA, M. E; BARBOSA, A. Advérbios qualitativos e modalizadores em *-mente*: do português arcaico ao português do século XIX. In: J. Ramos e M. A. Alkmim (Orgs. 2007: 224-252).

MARTELOTTA, M. E; PROCESSY, W; SANTOS, M. N. dos. Ordenação de advérbios no latim clássico e no latim medieval. *Cadernos de Letras da Universidade Federal Fluminense*, 35: 49-59, 2008.

MARTELOTTA, M. E; VLCEK, N. Advérbios qualitativos em *-mente* em cartas de jornais do século XIX. *Linguística: Revista do Programa de Pós-Graduação em Linguística da Universidade Federal do Rio de Janeiro*, 2: 5-21, 2006.

MARTELOTTA, M. E; VOTRE, S. J; CEZARIO, M. M. *Gramaticalização no português do Brasil*: uma abordagem funcional. Rio de Janeiro: Tempo Brasileiro, 1996.

MARTELOTTA, M. E.; LEITÃO, Márcio M. *A posição dos advérbios qualitativos, intensificadores e locativos em anúncios do século XIX*. Rio de Janeiro, 1999. Digitado.

MARTELOTTA, M. E. Gramaticalização e vinculação entre cláusulas adverbiais. Relatório do Projeto Integrado Gramaticalização e Vinculação entre Cláusulas Adverbiais – Grupo Discurso & Gramática. Rio de Janeiro: Universidade Federal do Rio de Janeiro, 1998.

MARTELOTTA, M. E.; BARBOSA, A.; LEITÃO, M. M. Ordenação de advérbios intensificadores e qualitativos em *-mente* em cartas de jornais do séc. XIX: bases para uma análise diacrônica. In: M. E. L. Duarte e D. Callou (Orgs. 2002: 167-176).

MARTINS, Helena. *Metáfora e polissemia no estudo das línguas do mundo*: uma apresentação não-representacionista. Rio de Janeiro, Tese de Doutorado, Universidade Federal do Rio de Janeiro, 1999.

MARTINS, Helena. Três caminhos na filosofia da linguagem. In: Fernanda Mussalim e Anna Christina Bentes (Orgs. 2011: 439-473).

MARTINS, Marco Antonio; ABRACADO, Jussara (Org.). *Mapeamento sociolinguístico do português brasileiro*. São Paulo: Contexto, 2015: 133-172.

MASSINI-CAGLIARI, Gladis. et al. (Orgs.). *Estudos de linguística histórica do português*. Araraquara/São Paulo: UNESP/Cultura Acadêmica Editora, 2005.

MATEUS, Maria Helena Mira et al. *Gramática da língua portuguesa*. Coimbra: Livraria Almedina, 1983.

MATEUS, Maria Helena Mira et al. *Gramática da língua portuguesa*. 5. ed. Lisboa: Caminho, 2003.

MATOS, Sérgio. Aspectos da semântica e pragmática do imperfeito do indicativo. *Revista da Faculdade de Letras "Língua e Literaturas"*, 8: 435-473, 1996.

MATTHEWS, Peter H. *The Concise Oxford Dictionary of Linguistics*. Oxford: Oxford University Press, 1997.

MATTOS E SILVA, Rosa Virgínia. *Estruturas trecentistas*. Elementos para uma gramática do português arcaico. Rio de Janeiro: Imprensa Nacional/Casa da Moeda, 1989.

MATTOS E SILVA, Rosa Virgínia. Caminhos de mudanças sintático-semânticas no português arcaico. *Cadernos de Estudos Lingüísticos*, 20: 59-74, 1991.

MATTOS E SILVA, Rosa Virgínia. Lingüística: entre estrutura e história. *Cadernos ILUFBA*, 7: 23-4, 1995.

MATTOS E SILVA, Rosa Virgínia (Org.). *A carta de Caminha, testemunho linguístico de 1500*. Salvador: Ed. da UFBA, 1996.

MATTOS E SILVA, Rosa Virgínia. Observações sobre a variação no uso dos verbos *ser, estar, haver, ter* no galego-português ducentista. *Estudos Linguísticos e Literários*. 19, 1: 270-285, 1997.

MATTOS E SILVA, Rosa Virgínia V. Ideias para a história do português brasileiro: fragmentos para uma composição posterior. In: Ataliba T. de Castilho (Org. 1998: 21-52).

MATTOS E SILVA, Rosa Virgínia. Para uma compreensão histórica do português brasileiro: velhos problemas revisitados. Salvador: Instituto de Letras/Universidade Federal da Bahia, 1999a Digitado.

MATTOS E SILVA, Rosa Virgínia. Resíduos arcaizantes em 1540: a propósito do uso variável de *ser/estar* e de *haver/ter* em estruturas possessivas no período arcaico do português. In: Ivete Lara Camargos Walty (Org. 1999: 234-245), 1999b.

MATTOS E SILVA, Rosa Virgínia. Uma interpretação para a generalizada difusão da língua portuguesa no território brasileiro. *Gragoatá*, 9: 1-24, 2000.

MATTOS E SILVA, Rosa Virgínia. O português brasileiro: sua formação na complexidade multilinguística do Brasil colonial e pós-colonial. Conferência no Simpósio *O universo da língua portuguesa*: diversidade e inovação. Lisboa: Instituto Camões, 2001a.

MATTOS E SILVA, Rosa Virgínia. De fontes sócio-históricas para a história social linguística do Brasil: em busca de indícios. In: Rosa Virgínia Mattos e Silva (Org. 2001c, tomo 1: 275-302), 2001b.

MATTOS E SILVA, Rosa Virgínia (Org.). *Primeiros estudos*. Para a história do português brasileiro. v. 2. São Paulo: Humanitas/Fapesp, 2 t., 2001c.

MATTOS E SILVA, Rosa Virgínia. Reflexões e questionamentos para a constituição de *corpora* para o Projeto "Para a história do português brasileiro". In: M. E. L. Duarte e D. Callou (Orgs. 2002: 17-28), 2002a.

MATTOS E SILVA, Rosa Virgínia. Fatores sócio-históricos condicionantes na formação do português brasileiro: em questão o propalado conservadorismo da língua portuguesa no Brasil. Conferência plenária no XIII Congresso Internacional da Alfal, San José de Costa Rica, 2002b.

MATTOS E SILVA, Rosa Virgínia. Estudos de gramaticalização na Bahia. Comunicação apresentada à mesa-redonda sobre gramaticalização, GT de Sociolinguística/XVII Encontro da Associação Nacional de Pesquisa e Pós-Graduação em Letras e Linguística, Gramado, 2002c.

MATTOS E SILVA, Rosa Virgínia. Sobre o "Programa para a história da língua portuguesa" (PROHPOR) e sua inserção no projeto nacional "Para a história do português brasileiro" (PHPB). In: Roncarati e Abraçado (Orgs. 2003: 30-38).

MATTOS E SILVA, Rosa Virgínia. "*O português são dois...*" Novas fronteiras, velhos problemas. São Paulo: Parábola, 2004a.

MATTOS E SILVA, Rosa Virgínia. *Uma sócio-história do português brasileiro*. São Paulo: Parábola, 2004b.

MATTOS E SILVA, Rosa Virgínia. *O Português arcaico*. Uma aproximação. Lisboa: Imprensa Nacional/Casa da Moeda, 2 v., 2008.

MATTOS E SILVA, Rosa Virgínia; MACHADO FILHO, Américo Venâncio Lopes (Orgs.). *O português quinhentista*. Estudos linguísticos. Salvador: Editora da Universidade Federal da Bahia/Universidade Estadual de Feira de Santana, 2002.

MAURER JÚNIOR, Theodoro Henrique. *Gramática do latim vulgar*. Rio de Janeiro: Livraria Acadêmica, 1959.

MCCONCHIE, R. W.; HONKAPOHJA, Alpo; TYRKKÖ, Jukka (Eds.). *Selected Proceedings of the 2008 Symposium on New Approaches in English Historical Lexis* (*HEL-LEX 2*). Somerville, MA: Cascadilla Proceedings Project, 2009.

MEIER, H. *Ensaios de filologia românica*. Rio de Janeiro: Grifo, 1974.

MEGALE, H. Filologia bandeirante. *Itinerários*, Araraquara, 13: 11-34, 1998.

MEILLET, Antoine. *Linguistique historique et linguistique générale*. Paris: Libraire Honoré Champion, 1912a.

MEILLET, Antoine. L'évolution des formes grammaticales. *Scientia (Rivista di Scienza)*. 12 (26): 6-12, 1912b.

MEILLET, A; VENDRYES, J. *Traité de grammaire comparée des langues classiques*. Paris: Honoré Champion, 1979 [1. ed. 1924].

MELO, G. C. de. *Gramática fundamental da língua portuguesa*: de acordo com a nomenclatura gramatical brasileira. Rio de Janeiro: Livraria Acadêmica, 1970.

MENDES, Ronald Beline. *A gramaticalização de estar + gerúndio no português falado*. Campinas, Dissertação de Mestrado, Universidade Estadual de Campinas, 1999.

MENON, Odete P. S. Implementação de *você* no século XX, no português do Brasil. In: A. F. Sella, E. C. Roman e A. T. Corbari (Orgs. 2016: 21-79).

MIOTO, Carlos; FIGUEIREDO SILVA, Maria Cristinha; LOPES, Ruth. *Novo manual de sintaxe*. 3. ed. Florianópolis: Insular, 2007.

MIRA MATEUS, Maria Helena et al. *Gramática da língua portuguesa*. Lisboa: Caminho, 2003.

MIRANDA, Neusa S; SALOMÃO, Maria Margarida M. (Orgs.). *Construções do português do Brasil*: da gramática ao discurso. Belo Horizonte: Editora Universidade Federal de Minas Gerais, 2009.

MÓDOLO, Marcelo; MARQUES, Alexandra de Souza. *Correspondências particulares do Fundo Rafael Tobias de Aguiar - Museu Paulista*. São Paulo: Universidade de São Paulo, 2010. Disponível em: <http://phpp.fflch.usp.br/sites/phpp.fflch.usp.br/files/m%c3%93dolo-marques%20%282010%29%20correspond%c3%aancias%20particulares%20do%20fundo%20rafael%20tobias%20de%20aguiar%20editadas%2c%20museu%20paulista.pdf>. Acesso em: 21 jul. 2015.

MONTE, Vanessa Martins do. *Correspondências paulistas*: as formas de tratamento em cartas de circulação pública (1765-1775). São Paulo, Tese de Doutorado, Universidade de São Paulo, 2013. Disponível em: <http://www.teses.usp.br/teses/disponiveis/8/8142/tde-18062013-103230/pt-br.php>. Acesso em: 28 jun. 2015.

MORAES DE CASTILHO, Celia Maria. *O processo de redobramento sintático no português medieval*: a formação de perífrases com estar. Campinas, Tese de Doutorado, Universidade Estadual de Campinas, 2005.

MORAES DE CASTILHO, Célia Maria. *Fundamentos sintáticos do português brasileiro*. São Paulo: Contexto, 2013.

MORAES PINTO, D. C. de. *Os advérbios qualitativos e modalizadores em* -mente *e sua ordenação*: uma abordagem histórica. Rio de Janeiro, Dissertação de Mestrado, Universidade Federal do Rio de Janeiro, 2003.

MORAES PINTO, D. C. de. *Gramaticalização e ordenação nos advérbios qualitativos e modalizadores em* -mente. Rio de Janeiro, Tese de Doutorado, Universidade Federal do Rio de Janeiro, 2008.

MORAES PINTO, D. C. de. Advérbios qualitativos e modalizadores em *-mente*: ordenação, gramaticalização e polissemia. In: M. R. Oliveira e M. M. Cezario (Orgs. 2012: 219-242).

MOTA, Maria Alice. *A variação dos pronomes "tu" e "você" no português oral de São João da Ponte (MG)*. Belo Horizonte, Dissertação de Mestrado, Universidade Federal de Minas Gerais, 2008.

MOURA, Kássia Kamilla de. *A implementação do você em cartas pessoais norte-riograndenses do século XX*. Natal, Dissertação de Mestrado, Universidade Federal do Rio Grande do Norte, 2013.

MUSSALIM, Fernanda; BENTES, Anna Christina (Orgs.). *Introdução à linguística*: fundamentos epistemológicos. 4 ed. São Paulo: Cortez, 2011.

NARROG, Heiko; HEINE, Bernd (Orgs.). *The Oxford Handbook of Grammaticalization*. Oxford: Oxford University Press, 2011.

NARO, Anthony J. Mudanças linguísticas: fluxos e contrafluxos na comunidade de fala. *Cadernos de Estudos Linguísticos*, 20: 9-16, 1991.

NASCENTES, Antenor. *O linguajar carioca*. 2. ed. Rio de Janeiro: Simões, 1953 [1. ed. 1922].

NASCENTES, Antenor. *Dicionário etimológico da língua portuguesa*. Rio de Janeiro: Livraria Acadêmica, 1955.

NEGRI, Lígia et al. (Orgs.). *Sentido e significação*. Em torno da obra de Rodolfo Ilari. São Paulo: Contexto, 2004.

NEVES, M. H. de M. *A gramática de usos do português*. São Paulo: Editora da Unesp, 2000.

NEVES, M. H. de M. Os advérbios circunstanciais (de lugar e de tempo). In: Rodolfo Ilari (Org. 2002: 249-285).

NUNES DE SOUZA, Christiane Maria. *Poder e solidariedade no teatro florianopolitano dos séculos XIX e XX:* uma análise sociolinguística das formas de tratamento. Florianópolis, Dissertação de Mestrado, Universidade Federal de Santa Catarina, 2011.

NUNES DE SOUZA, Christiane Maria; COELHO, Izete Lehmkuhl. O sistema de tratamento em Santa Catarina: uma análise de cartas pessoais dos séculos XIX e XX. *Revista do Gelne*, 15.1/2: 213-243, 2013.

NUNES, J. J. *Compêndio de gramática histórica portuguesa*. 9. ed. Lisboa: Livraria Clássica Editora, 1989.

OHARA, Kyoko; HIROAKI, Sato, Fujii; ISHZAKI, Shun. The Japanese FrameNet Project: a Preliminary Report. Proceedings of Pacific Association for Computational Linguistics, Halifax, Canada: 249-254, 2003.

OLIVEIRA, Fátima. O futuro em português: alguns aspectos temporais e/ou modais. *Actas do 1º Encontro da Associação Portuguesa de Linguística*. Lisboa: Associação Portuguesa de Linguística: 353-373, 1985.

OLIVEIRA, Helênio Fonseca. Os conectores da disjunção. *Cadernos de Estudos Linguísticos*, 28: 45-58, 1995.

OLIVEIRA, Josane Moreira de. A variação do futuro verbal em português: teste de percepção/atitude na cidade de Feira de Santana-BA. *Tabuleiro de Letras*, 3: 1-20, 2011.

OLIVEIRA, Josane Moreira de. Análise sociolinguística do futuro verbal em português: um caso de variação e mudança. Comunicação apresentada no I Ciclo de Palestras do Gepils. São Francisco do Conde: Unilab, 2015. Digitado.

OLIVEIRA, Josane Moreira de. O futuro da língua portuguesa em três cantos do mundo: Angola, Brasil e Portugal. *Atas do XIII Colóquio da Lusofonia (V Encontro Açoriano)*. Florianópolis: Universidade do Sul de Santa Catarina: 202-210, 2010.

OLIVEIRA, Josane Moreira de. *O futuro da língua portuguesa ontem e hoje*: variação e mudança. Rio de Janeiro, Tese de Doutorado, Universidade Federal do Rio de Janeiro, 2006.

OLIVEIRA, Josane Moreira de. O papel da frequência na variação entre as formas de futuro verbal no português do Brasil. Comunicação apresentada na *II Jornadas Internacionales Beatriz Lavandera*. Buenos Aires, ago. 2013. Digitado.

OLIVEIRA, Josane Moreira de. O futuro verbal da Turma da Mônica: um estudo em tempo real. Comunicação apresentada no III Cids. Londrina, 2014. Digitado.

OLIVEIRA, Josane Moreira de; MENON, Odete Pereira da Silva. L'expression du futur verbal en portugais brésilien: un cas de variation diasystémique. In: Jespersen Kragh e Jan Lindschouw (Orgs. 2015: 493-506).

OLIVEIRA, Klebson de. *Negros e escrita no Brasil do século XIX*: Sócio-história, edição filológica de documentos e estudo linguístico. Salvador, Tese de Doutorado, Instituto de Letras, Universidade Federal da Bahia, 2005.

OLIVEIRA, M. R.; CEZARIO, M. M. (Orgs.). *Adverbiais* – Aspectos gramaticais e pressões discursivas. Niterói: Editora da Universidade Federal Fluminense, 2012.

OLIVEIRA, Mariângela Rios de. A trajetória de gramaticalização advérbio > clítico no uso dos pronomes *aí*, *ali*, *aqui* e *lá*. In: M. R. de Oliveira; I. da C. do Rosário (Orgs. 2009: v. 1: 142-152).

OLIVEIRA, Mariângela Rios de; CEZARIO, Maria Maura (Orgs.). *Adverbiais*: aspectos gramaticais e pressões discursivas. Niterói: Editora da Universidade Federal Fluminense, 2012.

OLIVEIRA, Mariângela Rios de; ROSÁRIO, I. da C. do (Orgs.). *Pesquisa em linguística funcional:* convergências e divergências. Rio de Janeiro: Leo Christiano Editorial, 2009.

OLIVEIRA, Mariângela Rios; ROSÁRIO, I. da C. *Linguística centrada no uso*: teoria e método. Rio de Janeiro: Lamparina/Fundação de Amparo à Pesquisa do Estado do Rio de Janeiro, 2015.

ORTONY, A. (Ed.) *Metaphor and Thought*. Cambridge: Cambridge University Press, 1993.

PAGOTTO, Emílio G. Norma e condescendência: ciência e pureza. *Línguas e Instrumentos Linguísticos*, 2: 49-68, 1998.

PAIVA, M. C. Ordem não marcada de circunstanciais locativos e temporais In: S. Votre e C. Roncarati (Orgs. 2008: 254-264), 2008a.

PAIVA, M. C. A ordem de circunstanciais no português brasileiro escrito. *Diacrítica*, 22.1: 73-91, 2008b.

PAIVA, M. C; SANTOS, Luana; GULPILHARES, Carla; GOMES, Patrícia. Padrão não marcado de ordenação de circunstâncias temporais: regularidades e divergências entre fala e escrita. *Linguística: Revista do Programa de Pós-graduação em Linguística*, 3.1: 69-88, 2007.

PAIVA, Maria da Conceição; DUARTE, Maria Eugênia Lamoglia. (Orgs.). *Mudança linguística em tempo real*. Rio de Janeiro: Contracapa, 2003.

PALOMANES RIBEIRO, R. M. *Construções gramaticais*: uma análise das resultativas do português com o verbo ficar. Tese de doutorado, Rio de Janeiro, Universidade Federal do Rio de Janeiro, 2007.

PAREDES SILVA, Vera Lúcia Pereira. *A variação você/tu na fala carioca*. Comunicação apresentada no 1º Encontro de Variação Linguística do Cone Sul. Universidade Federal do Rio Grande do Sul, setembro de 1996.

PAREDES SILVA, Vera Lúcia. A distribuição dos pronomes de segunda pessoa do singular na fala carioca ao longo do século XX. II Congresso Nacional da Abralin, 2000 [CD-ROM].

PAREDES SILVA, Vera Lúcia. *Cartas cariocas*: a variação do sujeito na escrita informal. Rio de Janeiro, Tese de Doutorado, Universidade Federal do Rio de Janeiro, 1988.

PAREDES SILVA, Vera Lúcia; SANTOS, Gilda Moreira dos; RIBEIRO, Tatiana Oliveira. Variação na 2ª pessoa: o pronome sujeito e a forma do imperativo. *Gragoatá*, 9: 115-123, 2000.

PENA-FERREIRA, Ediene. *Gramaticalização e auxiliaridade*: um estudo pancrônico do verbo *chegar*. Tese de doutorado, Fortaleza, Universidade Federal do Ceará, 2007.

PEREIRA, Eduardo Carlos. *Gramática histórica*. São Paulo: Companhia Editora Nacional, 1935 [1. ed. 1923].

PEREIRA, Rachel de Oliveira. *O tratamento em cartas amorosas e familiares da Família Penna*: um estudo diacrônico. Rio de Janeiro, Dissertação de Mestrado, Universidade Federal do Rio de Janeiro, 2012.

PERES, Edenize Ponzo. *O uso do você, ocê, cê em Belo Horizonte*: um estudo em tempo aparente e em tempo real. Belo Horizonte, Tese de Doutorado, Universidade Federal de Minas Gerais, 2006.

PERES, João. Towards an Integrated View of the Expression of Time in Portuguese. *Cadernos de Semântica*, 14: 1-49, 1993.

PERINI, Mário Alberto. *Gramática do português brasileiro*. São Paulo: Parábola, 2010.

PESSOA, Marlos. Da carta a outros gêneros textuais. In: M. E. L. Duarte e D. Callou. (Orgs. 2002: 197-206).

PIMPÃO, Tatiana Schwochow. *Uso variável do presente no modo subjuntivo*: uma análise de amostras de fala e escrita das cidades de Florianópolis e Lages nos séculos XIX e XX. Florianópolis, Tese de Doutorado, Universidade Federal de Santa Catarina, 2012.

POGGIO, Rosauta Maria Galvão Fagundes. *Processos de gramaticalização de preposições do Latim ao Português*. Uma abordagem funcionalista. Salvador: Editora da Universidade Federal da Bahia, 2002.

POGGIO, Rosauta Maria Galvão Fagundes. *Relações expressas por preposições no período arcaico do português em confronto com o latim*. Salvador, Tese de Doutorado, Universidade Federal da Bahia, 1999.

POLLOCK, J. Y. Verb Movement, Universal Grammar and the Structure of IP. *Linguistic Inquiry*, 20: 365-424, 1989.

PONTES, Eunice. *Estrutura do verbo no português coloquial*. Petrópolis: Vozes, 1982.

PRINCE, E. F. *On the Given and New Distinction*. Chicago: Linguistic Society, 1981.

QUIRK, R. et al. *A Universtity Grammar of English*. Londres: Longman Group Limited, 1985.

QUIRK, R. et al. *A Comprehensive Grammar of English*. Essex: Pearson Education Limited, 2007.

RAIBLE, Wolfgang. Linking Clauses. In: Martin Haspelmath et al. (Eds. 2001: 590-617).

RAMAT, P. ; RICCA, D. Sentence Adverbs in the Languages of Europe. In: Van der Auwera (Ed. 1998: 187-275).

RAMOS, Myriam Pereira Botelho. *Formas de tratamento no falar de Florianópolis*. Florianópolis, Dissertação de Mestrado, Universidade Federal de Santa Catarina, 1989.

RAPOSO, Eduardo Paiva et al. (Orgs.). *Gramática do Português*. Lisboa: Calouste Gulbenkian, 2 v., 2013.

REBELLO, A. L. P. Futuro do pretérito ou pretérito imperfeito? A abordagem das gramáticas e manuais de PBE. *Cadernos do Congresso Nacional de linguística e Filologia (CNLF): Ensino de Língua Portuguesa*, IX-09, 2005.

REBOLLO, Letícia; LOPES, Célia Regina dos Santos. *Formas de tratamento em Português e Espanhol*: variação, mudança e funções conversacionais. Niterói: Editora da Universidade Federal Fluminense, 2011.

REICHENBACH, Hans. *Elements of Symbolic Logic*. New York: The MacMillan Company, 1947.

RIBEIRO, Ilza. A formação dos tempos compostos: a evolução histórica das formas *ter*, *haver* e *ser*. In: Ian Roberts e Mary A. Kato (Orgs. 1993: 343-386).

RICE, Sally. Aspects of Prepositions and Prepositional Aspect. In: L. de Stadler e C. Eyrich (Eds. 1999: 225-247).

RIOS DE OLIVEIRA, M.; CEZARIO, M. M. (Org.). *Adverbiais*: aspectos gramaticais e pressões discursivas. Niterói: Editora da Universidade Federal Fluminense, 2012.

RIO-TORTO, Graça. *Heterossemia e mudança semântica*: da locatividade à reciprocidade. Coimbra: Universidade de Coimbra, 2012. Digitado.

ROBERTS, Ian; KATO, Mary (Orgs.). *Português brasileiro*: uma viagem diacrônica. Campinas: Editora da Universidade Estadual de Campinas, 1993.

ROCHA LIMA, C. H. da. *Gramática normativa da língua portuguesa*. 18. ed. Rio de Janeiro: José Olympio, 1976 [32. ed., 1994].

ROCHA, Patrícia Graciela da. *O sistema de tratamento do português de Florianópolis*: um estudo sincrônico. Florianópolis, Tese de Doutorado, Universidade Federal de Santa Catarina, 2012.

RODRIGUES, Angela Cecília de Souza. *Português Popular Brasileiro em São Paulo*: materiais para seu estudo. 2013. Disponível em: <www.phpp.fflch.usp.br/corpus>. Acesso em: 31 out. 2017.

RODRIGUES, Angélica. *Ir* e *pegar* nas construções do tipo *foi fez*: gramática de construções e contexto de gramaticalização. In: A. T. de Castilho (Org. 2009: 267-278).

RODRIGUES, V. V. *A função dos vocábulos em* -mente *na fala carioca*. Rio de Janeiro, Tese de Doutorado, Universidade Federal do Rio de Janeiro, 1994.

ROMERO, Nanci. Gramaticalização, lexicalização e semanticização de *com* e *sem*. In: A. T. de Castilho (Org. 2009: 519-558).

RONCARATI, Cláudia; ABRAÇADO, Jussara (Orgs.). *Português brasileiro*: contato linguístico, heterogeneidade e história. v. 1. Rio de Janeiro: 7Letras/Faperj, 2003.

RONCARATI, Cláudia; ABRAÇADO, Jussara (Orgs.). *Português Brasileiro II*: contato linguístico, heterogeneidade e história. Niterói: Editora da Universidade Federal Fluminense, 2008.

ROSCH, Eleanor. On the Internal Structure of Perceptual and Semantic Categories. In: E. Moore Timothy (Ed. 1973: 111-144).

RUMEU, Márcia Cristina de Brito. *Para uma história do português no Brasil*: formas pronominais e nominais de tratamento em cartas setecentistas e oitocentistas. Rio de Janeiro, Dissertação de Mestrado, Universidade Federal do Rio de Janeiro, 2004.

RUMEU, Márcia Cristina de Brito. *A implementação do "você" no português brasileiro oitocentista e novecentista*: um estudo de painel. Rio de Janeiro, Tese de Doutorado, Universidade Federal do Rio de Janeiro, 2008.

RUMEU, Márcia Cristina de Brito. *Língua e sociedade:* a história do pronome "você" no português brasileiro. Rio de Janeiro: Ítaca, 2013.

SAID ALI, M. *Gramática histórica da língua portuguesa*. Rio de Janeiro: Livraria Acadêmica, 1971.

SAID ALI, M. *Gramática secundária e gramática histórica da língua portuguesa*. Brasília: Editora Universidade de Brasília, 1964 [1. ed. 1931].

SALES, Iraildes Almeida. *Aspectos linguísticos e sociais no uso de pronomes em cartas pessoais baianas*. São Paulo, Dissertação de Mestrado, Universidade de São Paulo, 2007.

SANTANA, Jan Carlos Dias de. Uma abordagem variacionista do uso do *tu* por falantes cultos de Feira de Santana. XII Semana de Mobilização Científica - XII Semoc. 1-10, 2009.

SANTOS, A. M. dos. *O futuro verbal no português do Brasil em variação*. Brasília, Dissertação de Mestrado, Universidade de Brasília, 1997.

SANTOS, E. C.; BERNARDO, K. V.; TERRA, L.; BARROSO, P. H. O. Análise multissistêmica dos verbos *buscar*, *esperar*, *querer* e *vir*. In: A. T. Castilho (Org. 2009: 383-398).

SANTOS, Josete Rocha dos. *A variação entre as formas de futuro do presente no português formal e informal falado no Rio de Janeiro*. Rio de Janeiro, Dissertação de Mestrado, Universidade Federal do Rio de Janeiro, 2000.

SAPIR, Edward. *A linguagem*. Introdução ao estudo da fala. Trad. de J. Mattoso Câmara Jr. Rio de Janeiro: Instituto Nacional do Livro 1954 [1. ed. 1921].

SÄVBORG, Torsten. *Étude sur le rôle de la préposition de dans les expressions de lieu relatives en latin vulgaire et en ancien gallo-roman*. Uppsala: A.-B. Lundequistska Bokhandeln, 1941.

SCHERRE, Maria Marta Pereira et al. Usos dos pronomes "você" e "tu" no português brasileiro. Comunicação apresentada no II Simpósio Mundial de Estudos de Língua Portuguesa, Universidade de Évora, 2009.

SCHERRE, Maria Marta Pereira et al. Usos dos pronomes *Você* e *Tu*. In: Marco Antonio Martins e Jussara Abraçado. (Org. 2015: 133-172)

SCHMID, M S; AUSTIN, J. R; STEIN, D. *Historical Linguistics 1997*: Selected Papers from the 13th International Conference on Historical Linguistics, Dusseldorf, 10-17 August 1997. Amsterdam/Philadelphia: John Benjamins, 1998.

SCHIFFRIN, D. (Ed.). *Meaning, Form and Use in Context*. Proceedings of the 1984 Geogertown University Round Table on Linguistics. Washington: Georgetown University Press, 1988.

SEBEOK, Thomas Albert. *Style in Language*. Massachusetts: MIT Press, 1960.

SELLA, A. F.; ROMAN, E. C.; CORBARI, A. T. (Orgs.). *X Celsul*: congregando pesquisas. São Carlos: Pedro & João Editores, 2016.

SETTE, Neide Durães. *Formas de tratamento no português coloquial*. Recife, Dissertação de Mestrado, Universidade Federal de Pernambuco, 1980.

SILVA E SILVA, E. I. *As tendências de ordenação do advérbio* mal: uma abordagem diacrônica. Rio de Janeiro, Dissertação de Mestrado, Universidade Federal do Rio de Janeiro, 2001.

SILVA NETO, Serafim da. *Introdução ao estudo da língua portuguesa no Brasil*. Rio de Janeiro: Presença, 1977.

SILVA, Ademar da. *A expressão de futuridade no português falado*. Araraquara/São Paulo: Editora da Unesp/Cultura Acadêmica, 2002.

SILVA, Augusto Soares da (Org.). *Linguagem e cognição*. Braga: Associação Portuguesa de Linguística/Universidade Católica Portuguesa, 2001.

SILVA, Érica Nascimento. *Cartas amorosas de 1930*: o tratamento e o perfil sociolinguístico de um casal não ilustre. Rio de Janeiro, Dissertação de Mestrado, Universidade Federal do Rio de Janeiro, 2012.

SILVA, Giselle Machline de Oliveira e. *Estudo da regularidade na variação dos possessivos no português do Rio de Janeiro*. Rio de Janeiro, Tese de Doutorado, Universidade Federal do Rio de Janeiro, 1982.

SILVA, Lucas Pereira da. *A produção de cartas de Administração Privada*: análise de hábitos de escrita nos séculos XVIII e XIX na Capitania de São Paulo. 2015. Digitado.

SILVA, T. S. *A alternância entre o pretérito imperfeito e o futuro do pretérito na fala de Florianópolis*. Florianópolis, Dissertação de Mestrado, Universidade Federal de Santa Catarina, 1998.

SILVEIRA, Souza da. *Lições de português*. Rio de Janeiro: Livros de Portugal, 1964.

SIMÕES, José da Silva. *Sintaticização, discursivização e semanticização das orações de gerúndio no português brasileiro*. São Paulo, Tese de Doutorado, Universidade de São Paulo, 2007.

SIMÕES, José da Silva; KEWITZ, Verena. Tradições Discursivas e organização de *corpora*. In: V. Aguilera (Org. 2009: 467-529)

SLOBIN, Dan I. *Psicolinguística*. São Paulo: Editora Nacional/Edusp, 1980.

SOARES DA SILVA, Augusto. *O mundo dos sentidos em português*. Coimbra: Almedina, 2006.

SOARES, B.; CEZARIO, M. M. Ordem de sintagmas preposicionais com valor temporal em textos jornalísticos. *Diacritica*, 26: 226-247, 2012.

SOARES, Bruna das Graças. *Ordenação de locuções adverbiais temporais iniciadas pela preposição em (e contrações) em textos jornalísticos*. Rio de Janeiro, Dissertação de Mestrado, Universidade Federal do Rio de Janeiro, 2012.

SOTO, Eva Ucy Miranda Sá. *Variação/mudança do pronome de tratamento alocutivo*: uma análise enunciativa em cartas brasileiras. Araraquara, Tese de Doutorado, Universidade Estadual Paulista, 2001.

SOUZA, António José Gonçalves. *Elementos de gramática latina*. Coimbra, 1900.

SOUZA, Camila Duarte de. *Eu te amo, eu lhe adoro, eu quero você*: a variação das formas de acusativo de 2ª pessoa em cartas pessoais (1880-1980). Rio de Janeiro, Dissertação de Mestrado, Universidade Federal do Rio de Janeiro, 2014.

SOUZA, Camila Duarte de; LOPES, Célia Regina dos Santos. Estudo histórico do complemento acusativo de 2ª. pessoa do singular. *Fórum Linguístico*, 12.4: 900-914, 2015.

SOUZA, Janaina Pedreira Fernandes de. *Mapeando a entrada do você no quadro pronominal*: análise de cartas familiares dos séculos XIX-XX. Rio de Janeiro, Dissertação de Mestrado, Universidade Federal do Rio de Janeiro, 2012.

STASSEN, L. *Comparison and Universal Grammar*. Oxford: Blackwell, 1985.

SUBIRATS, Carlos. Spanish FrameNet: A Frame-Semantic Analysis of the Spanish Lexicon. In: Hans C. Boas (Ed. 2009: 136-162).

SWAN, T. Adverbialization and Subject-Modification in Old English. In: J. Fisiak e M. Krygier (Eds. 1996: 443-456).

SWEETSER, Eve. *From Etymology to Pragmatics*. Metaphorical and Cultural Aspects of Semantic Structure. Cambridge/New York: Cambridge University Press, 1990.

SWEETSER, Eve. Compositionality and Blending: Semantic Composition in a Cognitively Realistic Framework. In: T. Janssen e G. Redecker (Eds. 1999: 129-162).

SWEETSER, Eve. Viewpoint and Perspective in Language and Gesture. In: Eve Sweester e B. Dancygier (Eds. 2012)

SWEETSER, Eve; DANCYGIER, B. (Eds.) *Viewpoint in Language*: A Multimodal Perspective. Cambridge: Cambridge University Press, 2012.

TALMY, Leonard. *Toward a Cognitive Semantics*. Cambridge: MIT Press. 2 v. 2000.

TANNEN, Debora. *Framing in Discourse*. Oxford University Press, 1993.

TARALLO, Fernando. Por uma sociolinguística românica paramétrica. *Ensaios de Linguística*, 7.13: 51-79, 1987.

TAVARES, M. A. *A gramaticalização de e, aí, daí e então*: estratificação/variação e mudança no domínio funcional da sequenciação retroativo-propulsora de informações – um estudo funcionalista. Florianópolis, Tese de Doutorado, Universidade Federal de Santa Catarina, 2003.

TAVARES, M. A. Correlações função-forma em dois períodos do século XX: indícios de especialização funcional. *Gragoatá. Publicação do Programa de Pós-Graduação da Universidade Federal Fluminense*, 21: 43-58, 2006.

TEIXEIRA, Eliana Pitombo. *Era uma vez Você*. Salvador, Tese de Doutorado, Universidade Federal da Bahia, 2002.

TESCARI NETO, A; PEZATTI, E. G. A ordenação dos adverbiais modalizadores. *Revista Letras*, 65: 191-208, 2005.

TESCH, Leila Maria. *A expressão do tempo verbal futuro no uso capixaba*: variação e gramaticalização. Rio de Janeiro, Tese de Doutorado, Universidade Federal do Rio de Janeiro, 2011.

THOMAS, Earl W. *The Syntax of Spoken Brazilian Portuguese*. Nashville: Vanderbilt University Press, 1969.

THOMAS, Earl W. *A Grammar of Spoken Brazilian Portuguese*. Nashville: Vanderbilt University Press, 1974.

THOMPSON, Sandra A. Subordination in Formal and Informal Discourse. In: D. Schiffrin (Ed. 1988: 85-94)

THOMPSON, Sandra; MULAC. A. A Quantitative Perspective on the Grammaticalization of Epistemic Parenteticals in English. In: E. Traugott e B. Heine (Eds. 1991: 314-329).

TIMOTHY, E. Moore (Ed.). *Cognitive Development and the Acquisition of Language*. New York: Academic Press, 1973.

TOMASELLO, M. *Constructing a Language*: a Usage-Based Theory of Language Acquisition. Cambridge/London: Harvard University Press, 2005.

TORRES CACOULLOS, R. From Lexical to Grammatical to Social Meaning. *Language in Societ*ym, 30: 443-478, 2001.

TORRES MORAIS, Maria Aparecida. Rastreando aspectos gramaticais e sociohistóricos do português brasileiro em anúncios de jornais do século XIX. In: T. Alkmim (Org. 2002: 69-125).

TORRES MORAIS, Maria Aparecida. Conversando sobre o objeto indireto nulo no português brasileiro. *Estudos da Língua(gem)*, 8.1: 171-185, 2010.

TORRES MORAIS, Maria Aparecida; BERLINCK, Rosane de Andrade. A caracterização do objeto indireto no português: aspectos sincrônicos e diacrônicos. In: T. Lobo et al. (Orgs. 2006, 73-106).

TORRES MORAIS, Maria Aparecida; BERLINCK, Rosane de Andrade. "Eu disse pra ele" ou "Disse-lhe a ele": a expressão do dativo nas variedades brasileira e europeia do português. In: A. T. de Castilho et al. (Orgs. 2007: 61-83).

TORRES MORAIS, Maria Aparecida C. T.; ANDRADE, Maria Lúcia da C. V. de. (Orgs.). *História do português paulista*. v. 2. Campinas: Publicações Instituto de Estudos da Linguagem/Fundação de Amparo à Pesquisa do Estado de São Paulo, 2009.

TRASK, Robert Lawrence. *Dicionário de linguagem e linguística*. Trad. Rodolfo Ilari. São Paulo: Contexto, 2004.

TRAUGOTT, E. From Propositional to Textual to Expressive Meanings: Some Semantic-Pragmatic Aspects of Grammaticalization. In: Winfred P. Lehmann e Yakov Malkiel (Eds. 1982: 245-271).

TRAUGOTT, E. C. Pragmatic Strengthening and Grammaticalization. In: *Proceedings of the Fourteenth Annual Meeting of the Berkeley Linguistics Society*. 406-416, 1988.

TRAUGOTT, E. C. *The Role of the Development of Discourse Markers in a Theory of Grammaticalization*. Stanford: Stanford University, 1995. Digitado.

TRAUGOTT, E. C. Constructions in Grammaticalization. In: B. D. Joseph e R. D. Janda (Eds. 2003: 624-647).

TRAUGOTT, E. C. Grammaticalization, Constructions and the Incremental Development of Language: Suggestions from the Development of Degree Modifiers in English. In: R. Eckardt, G. Jäger e T. Veenstra. (Eds. 2008: 219-250).

TRAUGOTT, E. C. (Inter)Subjectivivity and Intersubjectification: a Reassessment. In: H. Cuyckens; K. Davidse e L. Vandelanotte (Eds. 2010: 29-71).

TRAUGOTT, E. C. Grammaticalization and Mechanisms of Change In: Heiko Narrog e Bernd Heine (Eds. 2011: 19-30).

TRAUGOTT, E. C.; HEINE, Bernd (Eds.). *Approaches to Grammaticalization*. v. 1. Philadelphia: John Benjamins Company, 1991.

TRAUGOTT, E. C.; DASHER, Richard. *Regularity in Semantic Change*. Cambridge: Cambridge University Press, 2002.

TRAUGOTT, E. C.; BRINTON, Laurel J. *Lexicalization and Language Change*. Cambridge: Cambridge University Press, 2005.

TRAUGOTT, E. C.; TROUSDALE, G. *Constructionalization and Constructional Changes*. Oxford: Oxford University Press, 2013.

TRAVAGLIA, L. C. *O aspecto verbal no português*: a categoria e sua expressão. Uberlândia: Editora da Universidade Federal de Uberlândia, 1981.

TRAVAGLIA, L. C. *O aspecto verbal no português*: a categoria e sua expressão. 3. ed. Uberlândia: Ed. Universidade Federal de Uberlândia, 1994.

VALDÉS, Juan. *Dialogo de la lengua*. Alicante: Biblioteca Virtual Miguel de Cervantes, 2004.

VALENTIM, H. T.; MOREIRA, B. (Eds.). *Estudos Linguísticos/Linguistic Studies 2*. Lisboa: Colibri/Centro de Estudos Linguísticos da Universidade de Lisboa, 2008.

VAN BELLE, William; VAN LANGENDONCK, Willy (Eds.). *The Dative*. v 1. Descriptives Studies. Amsterdam/ Philadelphia: John Benjamins Publishing Company, 1996.

Van der Auwera, Johan. (Ed). *Adverbial Construction in the Languages of Europe*. Berlin/New York: Moutron de Gruyter, 1998.

Van Hoecke, Willy. The Latin Dative. In: W. V. Belle e W. V. Langendonck (Orgs. 1996: 3-37).

Velozo, Naira; Bernardo, Sandra. De mais a mas: categorização, heterossemia e polissemia. *Veredas – Revista de Estudos Linguísticos* (UFJF), 18.2: 69-81, 2014.

Verhaar, J. W. M. (Org.). *Studies in Language*. Amsterdam: John Benjamins Publishing, 1989.

Vialli, Luciana de Albuquerque Daltio. *Reduplicação de base verbal:* uma análise pela Morfologia Construcional. Rio de Janeiro, Tese de Doutorado Universidade Federal do Rio de Janeiro, Rio de Janeiro, 2013. Disponível em: <http://www.letras.ufrj.br/posverna/doutorado/VialliLAD.pdf>. Acesso em: 15 maio 2015.

Viaro, Mário E. *Das Preposições Latinas às do Português e do Romeno:* derivações semânticas. São Paulo, Dissertação de Mestrado, Universidade de São Paulo, 1994.

Viaro, Mário E. *Etimologia*. São Paulo: Contexto, 2011.

Viotti, Evani. Uma história sobre *ter* e *haver*. *Cadernos de Estudos Linguísticos*, 34: 41-50, 1998.

Vitral, Lorenzo. A evolução da negação no português brasileiro: sintaxe formal e gramaticalização. In: E. Gärtner, C. Hundt e Schönberger (Eds. 2000: 175-180).

Vitral, Lorenzo; Ramos, Jânia. Gramaticalização de "você": um processo de perda de informação semântica? *Filologia e Linguística Portuguesa*, 3: 55-88, 1999.

Vitral, Lorenzo; Ramos, Jânia. *Gramaticalização*: uma abordagem formal. Rio de Janeiro: Tempo Brasileiro, 2006.

Vitral, Lorenzo; Coelho, Sueli (Orgs.) *Estudos de processos de gramaticalização*: metodologias e aplicações. Campinas/ São Paulo: Mercado de Letras, 2010.

Vlcek, N. P. A gramaticalização de advérbios em -mente/ -ment no português e no francês: uma análise histórica. Projeto de Pesquisa apresentado na Seleção de Mestrado da Universidade Federal do Rio de Janeiro, 2008.

Vlcek, N. P.; Martelotta, M.E. Esperando o inesperado: a gramaticalização de advérbios em *-mente* nos séculos XVIII e XIX do português. *Pesquisa em Linguística Funcional: convergências e divergências*. XIII Seminário Nacional do Grupo Discurso & Gramática. Rio de Janeiro: Léo Christiano Editorial, 228-237, 2009.

Votre, S.; Santos, E. *Colocação do advérbio na fala e na escrita*: uma análise sociolinguística. Relatório final do projeto Análise linguístico-pedagógica das diferenças sintáticas entre fala e escrita em alunos do 1º grau. Rio de Janeiro: Universidade Gama Filho, 1984.

Votre, Sebastião; Roncarati, Cláudia (Orgs.). *Anthony Naro e a linguística no Brasil*: uma homenagem acadêmica. Rio de Janeiro: 7Letras, 2008.

Votre, Sebastião; Oliveira, Mariangela Rios de. *Corpus Discurso & Gramática* – a língua falada e escrita na cidade do Rio de Janeiro. Disponível em: <http://www.discursoegramatica.letras.ufrj.br>. Acesso em: 12 ago. 2014.

Wachowicz, Teresa Cristina. *As leituras aspectuais da forma do progressivo do português brasileiro*. São Paulo, Tese de Doutorado, Universidade de São Paulo, 2003.

Walty, Ivete Lara Camargos. (Org.). *Para sempre em mim*. Homenagem à Professora Ângela Vaz Leão. Belo Horizonte: Editora da Pontifícia Universidade Católica de Minas Gerais, 1999.

Weinreich, Uriel; Labov, William; Herzog, Marvin I. Empirical Foundations for a Theory of Language Change. In: P. Lehman; Y. Malkiel (Eds. 1968: 95-188).

Wichmann, A.; Simon-Vanderbergen, A. M.; Aijmer, K. How Prosody Reflects Semantic Change: a Synchronic Case Study of *of Course*. In: H. Cuyckens, K. Davidse e L. Vandelanotte (Eds. 2010, 103-154).

Williams, E. B. *Do latim ao português*: fonologia e morfologia históricas da língua portuguesa. Trad. Antônio Houaiss. 6. ed. Rio de Janeiro: Tempo Brasileiro, 1994.

Williams, Edwin. *Do latim ao português*. Rio de Janeiro: MEC/INL, 1961.

Wischer, Ilse; Diewald, Gabriele (Ed.). *New Reflections on Grammaticalization*. Amsterdam/Philadelphia: John Benjamins Publishing, 2002.

Zampolli, Antonio (Ed.). *Linguistic Structures Processing*. Amsterdam: North-Holland Publishing Company, 1977.

# OS AUTORES

**Célia Regina Lopes**

Graduada (Português/Literaturas), mestra e doutora em Língua Portuguesa pela Universidade Federal do Rio de Janeiro (UFRJ). Professora de Língua Portuguesa na Faculdade de Letras na mesma instituição. Atua na graduação e na pós-graduação (PPG-Letras Vernáculas). Bolsista de Produtividade do CNPq. Tem experiência em Sociolinguística, Linguística Histórica e História da Língua Portuguesa.

**Aroldo de Andrade**

Graduado em Relações Internacionais, mestre em Linguística pela Universidade de Brasília (UnB) e doutor em Linguística pela Universidade Estadual de Campinas (Unicamp). Realizou estágio de doutorado na Universidade de Cambridge. Leciona atualmente na Universidade Federal de Minas Gerais (UFMG). Atua nas áreas de Linguística Histórica, Linguística de *corpus* e descrição e análise linguística, com ênfase na interface Sintaxe-Pragmática.

**Bruna Soares**

Graduada em Letras (Português/Inglês) pela UFRJ, mestre e doutoranda na mesma instituição. Faz parte do Grupo de Pesquisa Discurso e Gramática, na UFRJ.

**Camila Duarte de Souza**

Graduada em Letras (Português/Literaturas) e mestra em Língua Portuguesa pela UFRJ. Leciona atualmente na Prefeitura Municipal de Duque de Caxias (RJ).

**Carlos Alexandre Gonçalves**

Graduado, mestre e doutor pela UFRJ. Professor Titular de Língua Portuguesa na mesma instituição (Departamento de Letras Vernáculas). Pesquisador do Conselho Nacional de Desenvolvimento e Pesquisa (CNPq) e cientista da Fundação de Amparo à Pesquisa no Estado do Rio de Janeiro (Faperj). Tem experiência na área de Morfologia do Português e na interface Fonologia-Morfologia.

**Christiane Maria Nunes de Souza**

Graduada em Letras (Língua Inglesa/Língua e Literaturas), mestra e doutora em Linguística pela Universidade Federal de Santa Catarina (UFSC). Atua como professora convidada no Programa de Pós-graduação em Linguística (área de concentração: Sociolinguística e Dialetologia) na mesma instituição. É membro do Núcleo de Pesquisas Variação Linguística na Região Sul do Brasil (Varsul) do Projeto para a História do Português Brasileiro de Santa Catarina (PHPB-SC).

**Deise de Moraes Pinto**

Graduada em Letras, mestra e doutora em Linguística pela UFRJ. É professora do Departamento de Linguística e Filologia da Faculdade de Letras da UFRJ e integra a equipe do grupo de estudos Discurso e Gramática. Tem experiência na área de Linguística Histórica, com ênfase em Teoria e Análise Linguística, e atua principalmente nos seguintes temas: Linguística funcional centrada no uso, construcionalização e mudanças construcionais, formação de construções, gramaticalização e lexicalização, adverbiais.

**Érika Ilogti de Sá**

Graduada em Letras (Português/Francês), mestra e doutora em Linguística pela UFRJ. Tem experiência na área de Linguística, Linguística Histórica e Filologia, com ênfase em Teoria e Análise Linguística. Lida principalmente com temas relacionados a adverbiais, sob a óptica da Linguística funcional centrada no uso. Faz parte do grupo de pesquisa Discurso e Gramática da UFRJ.

**Iracema Cruz**

Graduada em Letras (Licenciatura em Língua Portuguesa) pela Universidade Estadual Vale do Acaraú (UVA), especialista em Linguística pela AVM Faculdade Integrada e mestre em Estudos Linguísticos pela Universidade Federal de Minas Gerais (UFMG).

**Izete Lehmkuhl Coelho**

Graduada em Letras (Português), mestra em Literatura e doutora em Linguística (área de Sociolinguística e Dialetologia) pela UFSC. É professora de Língua Portuguesa pela mesma instituição. Faz parte do Projeto Varsul e é coordenadora regional do PHPB-SC. É bolsista do CNPq.

**Janaina Pedreira de Souza**

Graduada em Letras (Português/Literaturas), mestra e doutoranda pela UFRJ. É professora de Língua Portuguesa no município de Duque de Caxias (RJ).

**Janderson Lemos de Souza**

Bacharel em Letras (Português/Inglês) e mestre em Letras (Estudos da Linguagem) pela Pontifícia Universidade Católica do Rio de Janeiro (PUC-Rio), doutor em Letras Vernáculas (Língua Portuguesa) pela UFRJ. Professor do Departamento de Letras e do Programa de Pós-graduação em Letras da Universidade Federal de São Paulo (Unifesp).

**Josane Moreira de Oliveira**

Graduada em Letras Vernáculas e mestra em Letras e Linguística pela Universidade Federal da Bahia (UFBA), doutora em Letras Vernáculas pela UFRJ. É professora e pesquisadora da Universidade Estadual de Feira de Santana (UEFS). Tem experiência na área de Linguística, com ênfase em Sociolinguística, atuando nos seguintes temas: Língua Portuguesa, Sociolinguística Laboviana, Variação e Mudança, Linguística Histórica, Gramaticalização e Comparação de Variedades do Português e de Línguas.

**Julia Costa Nunes**

Graduada em Letras (Português/Inglês), mestra e doutora em Linguística pela UFRJ. Faz parte do Grupo de Pesquisa Discurso e Gramática. É coordenadora de Letras na Faculdade Gama e Souza (Campus I – Olaria, RJ), atuando como professora.

**Karen Sampaio Alonso**

Graduada em Letras (Português/Literaturas), mestra em Linguística (UFRJ) e doutora em Linguística pela UFRJ. Leciona na mesma instituição (Departamento de Linguística e Filologia).

**Kássia Kamilla de Moura**

Graduada em Língua Francesa/Literaturas e em Língua Portuguesa/Literaturas, especialista em Linguística e Ensino de Língua Portuguesa, mestra em Estudos da Linguagem e doutoranda em Estudos da Linguagem pela Universidade Federal do Rio Grande do Norte (UFRN). Desenvolve pesquisas sobre fenômenos morfossintáticos em variação/mudança do português brasileiro, com ênfase no sistema pronominal e faz parte do Projeto História do Português Brasileiro no Rio Grande do Norte (PHPB-RN).

**Leonardo Lennertz Marcotulio**

Graduado em Letras (Português/Espanhol), mestre em Letras Vernáculas (Língua Portuguesa) e doutor em Letras Vernáculas (Língua Portuguesa) pela UFRJ. Áreas de especialidade: História da Língua Portuguesa, Linguística Histórica e Filologia. Professor de Língua Portuguesa e do Programa de Pós-graduação em Letras Neolatinas da UFRJ.

**Márcia Cristina de Brito Rumeu**

Graduada em Letras (Licenciatura em Português/Literaturas), mestra em Letras Vernáculas (Língua Portuguesa) e doutora em Letras Vernáculas (Língua Portuguesa) pela UFRJ. É professora de Língua Portuguesa pela Faculdade de Letras da UFMG. Áreas de especialidade: História dos pronomes pessoais do português, as formas de tratamento na dinâmica das relações sociais em sincronias passadas do português, Sociolinguística histórica da língua portuguesa no/do Brasil, edição de *corpora* históricos.

**Marco Antonio Martins**

Mestre e doutor em Linguística pela UFSC, com estágio de doutorado no Centro de Linguística da Universidade Nova de Lisboa. É pesquisador do CNPq e professor da UFSC, onde atua como professor permanente no Programa de Pós-graduação em Linguística. Foi presidente do Grupo de Estudos Linguísticos do Nordeste (Gelne) e vice-presidente da Associação Brasileira de Linguística (Abralin).

**Maria Lucia L. de Almeida**

Graduada em Português/Literaturas, mestre e doutora em Linguística pela UFRJ. Integrou os projetos de pesquisa Censo de Variação Linguística, Discurso e Gramática, Gramática & Cognição, todos desenvolvidos na UFRJ. Foi líder do Núcleo de Estudos Morfossemânticos do Português (Nemp). Atualmente é líder do Grupo de Estudos Semânticos do Português. É professora titular no setor de Língua Portuguesa, do Departamento de Letras Vernáculas da UFRJ.

**Maria Maura Cezario**

Graduada em Letras, mestra e doutora em Linguística pela UFRJ. É professora do Departamento de Linguística e Filologia e do Programa de Pós-graduação em Linguística da Faculdade Letras da UFRJ. Coordena a equipe do Grupo de Estudos Discurso & Gramática. Tem experiência na área de Linguística, com ênfase em Teoria e Análise Linguística, e lida principalmente com os seguintes temas: Linguística funcional centrada no uso, construcionalização e mudanças construcionais, adverbiais e conectivos.

**Mariana de Oliveira Lacerda**

Graduada em Letras Vernáculas, mestra e doutora em Linguística pela UFBA. É pesquisadora do Projeto *Corpus* Eletrônico de Documentos Históricos do Sertão, que faz parte do Núcleo de Estudos em Língua Portuguesa da UEFS, onde é professora da subárea de Linguística Histórica.

**Márluce Coan**

Graduada em Letras, mestra e doutora em Linguística pela UFSC. É professora do Departamento de Letras Vernáculas e do Programa de Pós-Graduação em Linguística da Universidade Federal do Ceará (UFC) e bolsista de produtividade em pesquisa do CNPq. Coordenadora dos Grupos de Pesquisa Sociolin-CE e Sociolin-LE.

**Nayara Domingues Cardoso**

Graduada em Letras (Licenciatura em Português) e mestra em Estudos Linguísticos pela UFMG.

**Rachel Lucena**

Graduada em Letras (Português/Russo), mestra e doutora em Língua Portuguesa (Letras Vernáculas) pela UFRJ.

**Raquel Meister Ko. Freitag**

Graduada em Letras, mestra e doutora em Linguística pela Universidade Federal de Sergipe (UFS). Professora do Departamento de Letras Vernáculas pela mesma instituição.

**Sabrina Balsalobre**

Graduada, mestra e doutora em Linguística e Língua Portuguesa pela Universidade Estadual Paulista Júlio de Mesquita Filho (Unesp/*Campus* de Araraquara). Suas áreas de interesse são, fundamentalmente, a variação linguística, formas de tratamento, norma linguística e imprensa negra. Além disso, são também de seu interesse questões africanas, tais como língua portuguesa em países lusófonos e literatura africana em língua portuguesa.

**Thiago Laurentino de Oliveira**

Graduado em Letras (Português/Literaturas), mestre e doutorando em Letras Vernáculas (Língua Portuguesa) pela UFRJ. Tem experiência em Sociolinguística, Linguística Histórica e História da Língua Portuguesa.

**Valéria Severina Gomes**

Graduada em Letras, mestra em Linguística e doutora em Linguística pela Universidade Federal de Pernambuco (UFPE). É professora da Universidade Federal Rural de Pernambuco (UFRPE) e professora colaboradora do ProfLetras da Universidade de Pernambuco (UPE). Atua com pesquisas sobre temas relacionados ao ensino da língua(gem), às tradições discursivas, à Línguística sócio-histórica e aos gêneros textuais. É membro do Grupo de Pesquisa Laboratório de Edição e Documentação Linguística de Pernambuco (Ledoc) e Coordenadora Regional, em Pernambuco, do Projeto Nacional Para a História do Português Brasileiro (PHPB).

**Vanessa Martins do Monte**

Graduada, mestra e doutora em Filologia e Língua Portuguesa pela Universidade de São Paulo (USP). É docente e pesquisadora, em regime de dedicação exclusiva, da Faculdade de Letras da USP. Tem experiência na área de Língua Portuguesa, com ênfase em Filologia e na História da Língua Portuguesa, atuando principalmente nos seguintes temas: filologia, história da língua portuguesa, formas de tratamento, manuscritos e português brasileiro.

**Verena Kewitz**

Graduada em Letras, mestra e doutora em Letras (Filologia e Língua Portuguesa) pela USP. É docente de graduação e pós-graduação na área de Filologia e Língua Portuguesa na mesma instituição. Suas pesquisas, publicações e orientações concentram-se na formação e edição filológica de *corpora* do português paulista e nos estudos diacrônicos sobre verbos e preposições com base no diálogo entre a Abordagem Multissistêmica, a Linguística Cognitiva e o modelo de Tradições Discursivas. É pesquisadora dos projetos PHPB e História do Português Paulista. Coordena o subprojeto Vésperas Brasilianas: uma agenda para os estudos sintáticos do Português Paulista nos primeiros séculos.

**Zenaide Novais Carneiro**

Graduada em Letras (Inglês) pela UEFS, mestra em Letras e Linguística pela UFBA e doutora em Linguística pela Unicamp. É professora da UEFS, atuando em diversos programas de pós-graduação. Coordena o Projeto *Corpus* Eletrônico de Documentos Históricos do Sertão (CE-DOHS) e o Projeto Vozes do Sertão em Dados: história, povos e formação do português brasileiro, financiados, respectivamente, pela FAPESB e pelo CNPq. É membro do Programa para a História do Português (Prohpor) e do PHPB.

# Cadastre-se no site da Contexto

e fique por dentro dos nossos lançamentos e eventos.

www.editoracontexto.com.br

Formação de Professores | Educação

História | Ciências Humanas

Língua Portuguesa | Linguística

Geografia

Comunicação

Turismo

Economia

Geral

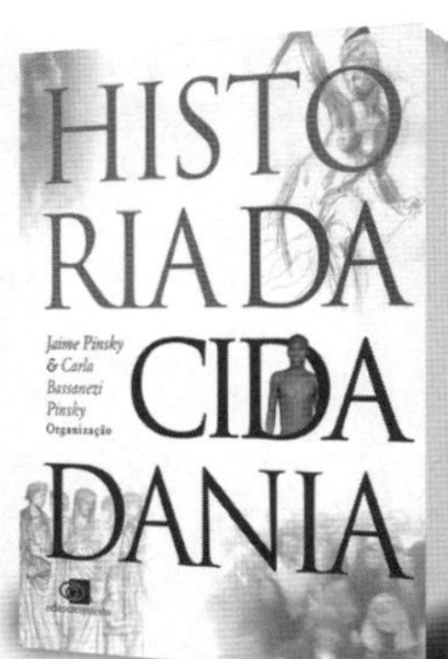

Faça parte de nossa rede.

www.editoracontexto.com.br/redes

editora contexto

Promovendo a Circulação do Saber

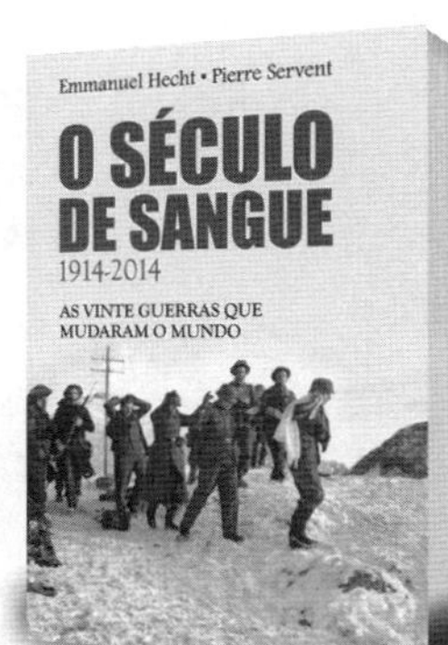

**GRÁFICA PAYM**
Tel. [11] 4392-3344
paym@graficapaym.com.br